【中国现代史学要籍文献选汇·中国历史（第一编）】

清史纲要

（上下册合集）

吴曾祺 编

上海三联书店

图书在版编目(CIP)数据

清史纲要/吴曾祺编. —上海：上海三联书店，2020.11
（中国现代史学要籍文献汇编. 中国历史）
ISBN 978-7-5426-7170-7

Ⅰ.①清…　Ⅱ.①吴…　Ⅲ.①中国历史－清代
Ⅳ.①K249

中国版本图书馆CIP数据核字(2020)第169390号

清史纲要

编　　者：吴曾祺
责任编辑：程　力
责任校对：江　岩
装帧设计：清　风
策　　划：嘎　拉
执　　行：取映文化
加工整理：嘎　拉　笑　然　牵　牛　牧　原
监　　制：姚　军
出版发行：上海三联书店
（200030）中国上海市漕溪北路331号A座6楼
印刷装订：常熟市人民印刷有限公司
版　　次：2021年1月第1版
印　　次：2021年1月第1次印刷
开　　本：650×900毫米　1/16开
字　　数：510千字
印　　张：39.25

ISBN 978-7-5426-7170-7/K.605　　定价：258.00元（精装）

吴曾祺編

清史綱要

上册

中華民國二年一月初版

例言

本書就前清一代事實擇其關係重大及足資考證者提綱挈要按年編次以供學校及自修者研究近代史之用且備修有清一代正史者參考之資

本書書法悉依後代修前朝史通例凡稱帝稱諭稱我依名從主人之例悉仍不改惟滿清未入主中華以前諸主或稱名或稱清主沒時稱殂至世祖以後則稱帝稱崩以清界限

凡人民抵抗官吏之舉動大都由政治不良而起即有一二魁傑但爲少數人謀私利並非救民水火亦究與尋常竊盜行爲不同在官書往往稱聚衆暴動者爲寇賊爲逆匪甚至有以此等字樣施之外國及別種部落本非受治者其實成則爲王敗則爲寇本無定位本書大半採自奏報公牘於此等稱謂就行文之便未能盡改惟已酌删其尤甚者至明末諸帝事實清代官書奏報亦有稱爲賊寇及加僞字者則悉已删改

雍乾諸帝文字之獄及戮辱宗室大臣等事及慈禧太后專政事實皆據事直書凡向來曲筆盡行删除

本書道光以前各卷脫稿於數年前故詞意既多遷就隱諱而頌揚粉飾之記載亦不能盡去付印時已由校訂者大加删削改正但恐尚有遺漏及删改未盡之處讀者不以詞害意可也

道光以前各卷由吳君曾祺編輯咸豐以後各卷由同人續編雖體例之苟可仍用者皆仿照前例以歸一律惟事實則特別加詳且前後貫串以期每事之首尾均得完全記載蓋遠略近詳本史家通例故自十一卷以後卷帙稍繁

本書記載範圍均就事實之輕重爲斷如大學士雖無實權而位居百揆之首故除授出缺必書軍機處爲政權所自任免之際亦必詳著咸同以後外交日亟總理各國事務衙門實當交涉之衝地位之崇埒軍機故詳著其管理及行走之人同治兵興以來督撫權重故又書總督之除免光緒末年變更官制勵行中央集權於是又及各部尚書之遷調凡此皆就當時時勢所趨重以爲詳略此外皆可以此類推

編年記載之籍於一代有名人物身沒之際往往綜其一生行事括爲小傳並加論贊本書亦略仿其例惟多採取通行可信之書所引必有來歷無一語爲編輯者以己意自撰至光緒中葉以後諸大臣雖於歷史上極有關係因爲時太近尙無翔實之記載可信之論定可以援引故僅著晉贈予謚等典禮不復論述其生平

一本書所記均繫月日其日期不明者卽附於每月之下同日有數事者另行並列不再著甲子

一向來文章家記事往往忽略時日官書奏報尤多遷就本書旣係編年體裁不能不詳著月日惟或就事之始期或從宣布之日或綜記於事畢之際記載旣不能一律卽不免有前後錯誤之處又有明知

重要之事例應記載而徧查失其年月竟至無從加入遂不得不暫闕者海內熟習前清掌故諸君能就所聞見詳晰開示俾再版時得更正加入實爲厚幸

清末民軍起事原委當讓之中華民國開國史詳細記載故本書但就事實之結果撮要記錄不復窮其本末

一本書編輯非出一手參考之書既不能網羅無遺國史館實錄等存稿又不獲盡窺其間疏漏舛誤之處知不能免倘望海內宏達有以教之

目錄

清史綱要

卷一

滿洲先世。居長白山。山高二百餘里。綿亙千餘里。山上有潭曰闥門。周八十里。鴨綠混同愛滹三水出焉。相傳有布庫里雍順者。姓愛新覺羅氏。始居長白山之東。俄漠惠之野鄂多理城。國號滿洲。數傳遭國人內亂。舉族被戕。幼子范察僅以身免。又數傳至都督孟特穆。（後追諡肇祖原皇帝）誘誅仇人。盡復故地。又三傳至都督福滿。（後追諡興祖直皇帝）生覺昌安。（後追諡景祖翼皇帝）盡收蘇克蘇滸河西二百里內諸部落。國勢始大。自都督孟特穆以下。皆居赫圖阿拉。距盛京二百七十里。是名興京。即明之建州右衛也。覺昌安生塔克世。（後追諡顯祖宣皇帝）塔克世生三子。長努爾哈赤。即太祖高皇帝也。當明萬歷十一年。有尼堪外蘭者。陰搆明總兵李成梁。引兵攻古勒城。城主章京阿太妻爲覺昌安長子禮敦之女。覺昌安聞有明兵。恐女孫遇害。偕塔克世往迎之。俱爲成梁所殺。努爾哈赤時年二十五。滿洲人稱之曰聰睿貝勒。起兵征尼堪外蘭。克圖倫城。尼堪外蘭走入明邊。遣人索之。明人執送努爾哈赤。遂與明通。明封努爾哈赤爲龍虎將軍。

是時諸國分裂。滿洲國之部五。蘇克蘇滸河渾河完顏棟鄂哲渾長白山之部二。訥殷鴨綠東海之部三。渥集瓦爾喀庫爾喀扈倫國之部四。葉赫烏拉輝發哈達皆金代部落之遺。努爾哈赤先統一滿洲五部。諸部懾懼合兵來攻。是爲九國之師。努爾哈赤大破之。已而長白山東海諸部先後皆擒服。而與扈倫爲敵國。哈達旋來降。烏拉輝發俱滅。惟與葉赫交兵。萬歷四十四年。貝勒等以努爾哈赤功德日盛。尊爲覆育列國英明皇帝。以是年爲天命元年。葉赫見諸國皆滅。恐不能自存。屢求援於明。明人亦欲扶植葉赫。以分其勢。故常以兵助之。努爾哈赤乃決意侵明。臨行書七罪告天。是爲第一次侵明之師。撫順清河相繼下。明人大恐。遣楊鎬經略遼東。分四路夾攻。努爾哈赤禦之薩爾滸山。覆其師二十萬。遂滅葉赫。明逮楊鎬治罪。以熊廷弼代之。廷弼始倡固守之策。滿洲亦罷兵年餘不攻。明人短廷弼者爭咎其怯。乃罷廷弼而用袁應泰。應泰不知兵。滿洲知經略易與。遂攻瀋陽。陷之。未幾。遼陽亦破。自興京徙都焉。即盛京也。

努爾哈赤在位十一年而殂。子皇太極立。即太宗文皇帝也。改元天聰。此時蒙古插漢部林丹汗士馬彊盛。各部惡之。盡附於滿洲。皇太極親統大軍。出其不意。逾內興安嶺千三百里。直至其庭。林丹汗不戰而潰。走死於青海之大草灘。滿洲收其部落數萬而還。明年。其子額哲以傳國寶降於滿洲。於是蒙古四十九貝勒及土默特兩旗。合上尊號。改天聰十二年爲崇德元年。國號大清。崇德八年。皇太極殂。子福臨立。即世祖章皇帝也。以明年爲順治元年。時福臨甫六歲。鄭親王濟爾哈朗睿親王多爾袞輔政。

順治元年甲申三月乙丑。清主命睿親王多爾袞爲奉命大將軍。率師取明山海關外地。並經略中原。先是二月初明以流寇內逼。用薊遼總督王永吉議。盡棄關外諸城。召寧遠總兵平西伯吳三桂統邊兵入關。衛京師。三桂徙寧遠兵民五十萬衆而西。日行數十里。抵豐潤。聞燕京已陷。不敢前。又聞家口被掠於賊。而賊已遣降將唐通白廣恩率兵二萬東攻灤州。向山海關。乃回兵擊潰賊衆。急遣使至多爾袞軍前乞師。時多爾袞尚未至寧遠。得三桂書。卽日進兵。途次復得三桂趣兵之請。並程而進。距山海關外十里。李自成方自將精銳二十萬東擊三桂。又分二萬騎繞出關外夾攻。多爾袞令英王阿濟格豫王多鐸。各將萬騎。由東西水關分道入。而自以大軍繼進。敗賊前鋒於關外一片石。三桂率親兵五百出謁多爾袞。卽軍中薙髮爲誓。多爾袞令三桂兵各以白布繫肩爲號。三桂開關出擊賊。殺傷相當。翌日大戰。賊衆自北山橫亙至海。滿洲與三桂兩軍對賊而陳。三桂軍其右。滿洲軍其左。尙不及賊陳之半。多爾袞命三桂先戰。衝其中堅。而滿洲軍蓄銳以待。是日。自成挾明太子諸王於西山立馬觀戰。賊張兩翼圍三桂數重。三桂軍人人血戰。衝盪數十合。呼聲震海嶠。及午。塵沙山起。怒若雷霆。兵賊不辨。滿洲軍大呼者三。風止。阿濟格多鐸率鐵騎橫躍入陳。所向摧陷。俄塵開。賊見甲而辮髮者。曰滿洲至矣。自成策馬先走。羣賊望之皆潰散。逐北數十里。斬獲數萬。自成遁。五月己丑。多爾袞至燕京。故明文武諸臣皆出迎五里外。下令禁兵士入民家。百姓安堵。秋毫無犯。

爲明崇禎帝發喪。令官民各服喪三日。諭禮部太常寺以禮改葬。旋命設明長陵以下十四陵司香內使各官。

令在京內閣六部都察院衙門官員。俱以原官同滿官一體辦事。其印信俱並鑄滿漢字。

己亥。捷奏至盛京。清主率鄭親王濟爾哈朗暨諸王貝勒羣臣祭告天地。御殿受朝賀。頒詔朝鮮及蒙古。

多爾袞定議建都燕京。遣輔國公屯齊喀和託等。齎奏奉迎。九月乙亥。清主發盛京。癸未。次廣寧。癸卯。駐通州。多爾袞率諸王貝勒貝子公及文武大臣迎駕。甲辰。清主至京師。

十月乙卯朔。清主親詣南郊。告祭天地。卽皇帝位。初頒時憲曆。頒詔中外。盡除明季加派稅餉廠衛諸弊政。

命文臣衣冠暫從明制。

己亥。建堂子於玉河橋東。滿洲起自遼瀋。有設竿祭天之禮。又總祀社稷諸神祇於靜室。名曰堂子。

加封多爾袞爲叔父攝政王。

丁卯。加封鄭親王濟爾哈朗爲信義輔政叔王。復肅親王豪格爵。晉封武英郡王阿濟格豫郡王多鐸俱爲親王。貝勒羅洛宏爲衍禧郡王。碩塞爲承澤郡王。吳三桂孔有德耿仲明尚可喜俱受賜有差。

時明福王由崧已卽位於南京。改元宏光。由崧神宗之孫。福王常洵子也。北京旣覆。南京大臣議所立。皆屬意潞王常淓。鳳陽總督馬士英密與黃得功劉良佐高傑劉澤清等謀。以兵送福王至儀眞。諸臣乃不敢異議。福王既立。遣其臣左懋第馬紹愉陳洪範齎書幣通聘於滿洲。並海運米五萬石銀五萬兩餉吳三桂軍。滿洲卻之。旋遣陳洪範南還。洪範於途次具密啓。請留同行之左懋第馬紹愉自願率兵歸附。並招徠南中諸將。從之。多爾袞致書史可法。招之降。可法報書不屈。

李自成之由山海關遁還京師。僭帝號於武英殿。盡滅三桂家。焚宮殿及九門城樓。詰旦。挾其子定永二王西走。時畿南土寇紛起。山西山東河南聞自成敗。皆殺賊官吏。復爲明。既而直隸巡撫衛國允沈文奎。先後削平大名順德廣平山寨之賊。都統葉臣等出固關。進平三晉。所至迎降。擒僞伯陳永福於太原。敗僞總兵李過於大同。巡撫馬國柱進勦汾州平陽之賊。山西悉平。肅親王豪格駐軍濟南。遣兵破青州。斬賊趙應元。又平滿家洞之賊。山東諸郡悉平。自成已由晉入陝。清廷議大舉討賊。分兩路出師。以英親王阿濟格爲靖遠大將軍。同吳三桂尚可喜等。由大同邊外會諸蒙古兵赴榆林延安。出陝西之背。以豫親王多鐸爲定國大將軍。率孔有德等。由河南夾攻潼關。約會於西安。既而豫親王之軍以十二月渡孟津。走賊將張有聲於洛陽。收沿河寨堡。進陝州。破賊將張有曾於靈寶。盡收關外地。自成盛兵潼關。爲守禦計。

十一月。以湯若望掌管欽天監。

以中原平定。遣朝鮮國入質世子李溰歸國。

十二月辛巳。有劉姓者。自稱明崇禎太子。內監楊玉爲易服。送至故明周后父周奎家。時崇禎帝公主亦在奎所。相見。掩面泣。奎奏聞。令內院傳故明貴妃袁氏及東宮內監官屬等辨視。皆不識。問以宮中舊事。亦不能對。因下法司覆勘。稱爲假冒。楊玉等十五人皆棄市。

順治二年乙酉。朝鮮來貢。天命之世。明兵來攻。朝鮮以兵助明海蓋軍。明兵敗。朝鮮大將姜宏立降。旋歸之。朝鮮不報謝。屢出師襲沿海城寨。天聰元年。命貝勒阿敏率師往征朝鮮。遣使議和。約爲兄弟之國。及皇太極受尊號。獨朝鮮不肯擁戴。遂親率師往征。朝鮮諸道皆沒。國王李倧懼。屢上書請成。詔令其納明所給誥命冊印。委身歸命。質二子。奉正朔。歲時貢獻表賀。一如明制。倧頓首受命。乃班師。皇太極殂。遺詔免其歲貢三之一。至是。聞定鼎燕京。入貢。自後歲以爲常。

宣化巡撫李鑑以赤城道朱壽鋈貪酷不法。將劾奏之。英王阿濟格爲之言。鑑不爲動。帝聞之。抵壽鋈罪。賞李鑑鞍馬貂裘各物。並以壽鋈家產給之。

二月。給事中向玉軒奏。民間墳墓有在滿洲圈占地內者。許其子孫隨時祭掃。從之。

御史傅景星奏。民房應給旗下者。當寬以限期。俟其搬移。始令旗人管業。下部速議。

多鐸奏大軍抵西安。李自成遁商州。多鐸初抵潼關。自成遣其大將劉宗敏據山爲陳。清軍大礮未至。遣前鋒三千。距關三十里。據堡立營。宗敏圍之三日夜。人馬寂然。賊莫測所以。不敢擊。及師大集。自成始出關迎戰。三千騎從中起。表裏夾擊。大敗之。會大礮亦至。遂進偪潼關。賊鑿重壕以拒。屢出銳卒繞清軍後。皆爲清奇兵及殿後兵所破。而阿濟格一軍。已從保德州結筏渡河。入綏德。走李錦。克延安鄜州。偪西安之北。自成腹背受敵。遂棄關。遁入西安。守關賊馬世堯以衆七千降。遂克潼關。越二日。抵西安。自成已先五日焚宮室。由藍田出武關。走湖廣。清兵水陸躡其後。破之於江北之鄧州承天德安江南之武昌九江者凡七。自成後自離其大隊。以十餘騎入藭九宮山。爲鄉民所殺。

己未。命豫親王多鐸移師取江南。英親王阿濟格等追勦餘寇。仍以英親王受命討賊。枉道越境。過土默特鄂爾多斯地方。妄行索取。轉而入邊。以致逗留。嚴行申飭。

己巳。以祁充格爲內弘文院大學士。

三月。禮部奏請直省府州縣學生員。應令各學選拔文行兼優者。大學二名。小學一名。送國子監肄業。聽監臣考課。仍以貢監名色彙送應試。從之。

四月甲子。命葬故明太監王承恩於故主陵旁。給香火地六十畝。仍建立碑額。以旌其忠。

諭各處莊頭人等。有違法禁。擅害鄉村。勒價強買。公行搶奪者。嚴行治罪。

初行武會試。

五月。命內三院大學士馮銓洪承疇李建泰范文程剛林祁充格等。纂修明史。

庚戌。宣平定江南捷音。豫王多鐸以本年三月統兵出虎牢關。分遣固山額眞拜尹圖出龍門關。尙書韓岱由南陽進軍。三路同趨歸德。時河南義旅劉洪起蕭應訓李際遇之屬。擁衆各四五萬。山東又有淩駉謝陞等各起兵收復郡縣。聲勢相應。福王庸惛。不以國事爲意。委政於馬士英。士英尤貪鄙。忌史可法。出之於外。使督師江北。而引用魏忠賢餘黨阮大鋮。使筦戎政。上下解體。士英以江北分四鎭。劉澤清駐淮安。高傑駐瓜州。黃得功駐儀徵。劉良佐駐壽春。議畫淮而守。會有自北來者。自稱太子。訊之。爲王之明。乃下之獄。而士民堅執爲眞。衆口藉藉。寧南侯左良玉擁重兵在武昌。素與士英不協。乃以擁護太子爲名。引兵南下。士英急召四鎭兵入衞。於是沿淮乃無一兵。清兵自歸德府啓行。許定國誘殺高傑。與李際遇先後納款。約爲鄕導。清兵破泗州。遂渡淮。駐兵揚州城北。可法初率師入援。至灄口。聞警奔還。急召防河兵。皆不至。獨督總兵劉肇基等兵二萬入城固守。多鐸屢爲書招可法使降。不應。遂命進攻。城陷。可法死之。清兵留十日。屠之而南。

五月初。師至揚子江。相持三日。清兵編亘筏。夜置燈火。放之中流。明軍礮擊之。日報虛捷。清兵乘霧夜渡數百騎。據阜鳴螺樹幟。防江兵皆潰遁。清軍方舟畢濟。留左翼兵據瓜州北岸爲聲援。遂陷鎭江。自丹陽句容直抵南京。營於郊壇之北。福王已先三日率太監宮人夜開通濟門走蕪湖。馬士英阮大鋮走杭州。

清軍入南京。明忻城伯趙之龍魏國公徐文爵內閣大學士王鐸禮部尚書錢謙益等。率城內官民迎降。豫王駐軍城外十日。始入城。斬滿洲掠物者八人以徇。福王至蕪湖。往依其臣黃得功。遣貝勒尼堪貝子屯齊等追之。得功迎戰。中流矢死。總兵田雄馬得功擁福王出降。江南悉定。其英王追流寇之軍。亦至九江。明故寧南侯左良玉之子夢庚以兵十萬降於英王軍前。總督袁繼咸不屈死。英王遣章天聲偕降將金聲桓徇江西。又遣兵分守荆州武昌。盡收湖北。班師。

六月。始定薙髮之制。限旬日以內。其有仍存明制。不遵本朝制度者。殺無赦。

豫親王既下金陵。遣貝勒博洛追潞王常淓於杭州。沿途徇所過郡邑。並分兵徇松江太倉。皆下之。遂渡錢塘江。駐營江岸。潮水連日不至。潞王大恐。開門出降。豫王承制。改南京爲江南省。凡郡邑以城降者。即使爲守令等官。分設江寧安慶巡撫以下官。凡三百七十三人。

陝西妖賊胡守龍等作亂。總督孟喬芳討平之。

戶部奏直省俵馬通行永折。每匹徵銀三十兩。從之。

閏六月丙戌。定羣臣公以下及生員耆老頂帶品式。

己丑。河決王家園。

辛卯。改江南民解漕白二糧。官兌官解。

癸巳。命內閣大學士洪承疇以原官總督軍務。招撫江南各省。

鳳陽巡撫趙福星奏。鹽課爲軍需所關。今各商所行。皆前朝舊引。其中不無混冒。請速給新引以裕國課。從之。

甲午。定諸王貝勒貝子宗室公頂帶式。

乙未。除割脚筋法。

癸卯。以恭順侯吳惟華爲太子太保兼右副都御史。總督軍務。招撫廣東。禮部左侍郎孫之獬爲兵部尚書。提督軍務。招撫江西。尚寶寺卿黃熙允爲兵部右侍郎。招撫福建。原任大同巡撫江禹緒仍以兵部右侍郎提督軍務。招撫湖廣。刑部郎中丁之龍爲兵部右侍郎。招撫雲貴。

乙巳。改南京爲江南省。設官事宜。照各省例行。

戊申。改應天府爲江寧府。府尹爲知府。

七月壬子。命貝勒勒克德渾爲平南大將軍。同固山額眞葉臣等往江南。代豫親王多鐸。

明東平侯劉澤淸率所部兵丁並文武各官歸降。

以都督同知謝宏儀爲右都督。招撫廣西。

詔自今內外章奏。俱由通政使司封進。

壬申。定歲給故明宗室贍養銀兩地畝。

甲戌。太常寺典簿王文言奏。江南長江一帶。荻蘆數千餘里。中多腴地。乞遣臺臣部臣以次清查。立爲蘆政。以充國用。帝不許。

八月癸未。靖遠大將軍英親王阿濟格師旋。至蘆溝橋。攝政王以其有罪應議處。使人告以不遣人迎接之故。

己丑。英親王阿濟格。率出征諸王貝勒貝子大臣等。及投誠故明寧南侯左夢庚等陛見。

英親王有罪。降爲郡王。固山額眞譚泰以黨附英王。削公爵降爲昂邦章京。

九月丁巳。河南巡撫羅繡錦奏。故明懷安王來歸降。察實。起送來京。

辛酉。鎮守廬鳳等處固山額眞準塔奏。故明新昌王潛遁海島雲臺山。聚衆抗拒。攻陷興化縣。我兵進剿。擒斬之。

甲子。諭戶部河間灤州遵化等府州縣。凡無主之地。查明給與旗下人耕種。其故明公侯伯駙馬皇親太監地。酌照家口給發外。餘給八旗。

丁丑。招撫江南大學士洪承疇奏。江西南昌南康九江瑞州撫州饒州臨江吉安廣信建昌袁州及江南徽寧等府俱平。又奏湖廣明澤侯田見秀義侯張鼐棉侯袁宗第赴省投降。命照恩詔事例免罪錄用。

喀爾喀部土謝圖汗來貢。

十月癸巳。定國大將軍豫親王多鐸班師還京。帝出正陽門。於南苑迎勞之。加封豫親王爲和碩德豫親王。從征將士各賜官爵銀幣有差。

南京亡後。明唐王聿鍵稱帝於福建。唐王者。明太祖九世孫也。世封南陽。崇禎九年起兵勤王。廢爲庶人。幽之鳳陽。宏光立。赦出。當徙廣西。行至杭州而南都陷。鄭鴻逵奉之入閩。旋聞杭州降。明南安伯鄭芝龍。禮部尚書黃道周。戶部主事蘇觀生等勸進。遂卽位於福州。改元隆武。同時張國維朱大典熊汝霖孫嘉績錢秉樂等。奉魯王以海。監國紹興。以海、太祖九世孫也。會薙髮令下。蘇州巡撫土國寶、松江提督吳兆勝、吳淞總兵李成棟。皆以降將復起兵歸明。於是明之故臣皆相約舉兵。所在響應。浙江郡邑多復爲明守。而安慶江西亦義旅四起。皆通表唐王。遙受其除拜。或近受魯王節制。貝勒勒克德渾以平南大將軍代豫王駐兵江寧。與洪承疇協力進攻。是年七月。勒克德渾自江寧移兵而南。分遣都統馬喇希恩格圖敗黃蜚於常州。敗王佐才於崑山。宜興常熟皆下。遣降將劉良佐圍江陰。典史閻應元固守。攻之不克。又太湖吳易一軍。頗有紀律。後貝勒博託俘潞王凱旋。略地而北。至吳江。與吳兆勝軍合。蹙吳易軍殲之。進圍江陰。值大雨。城崩。矢石俱盡。乃下之。洪承疇奏擒金聲於績溪。擒荊本徹於崇明。諸起兵者略定。勒克德渾始自杭州回江寧。移兵湖廣。

原任陝西河西道孔文譚請免孔氏子孫薙髮。奉旨切責。著革職永不敍用。
十一月己未。遣大學士祁充格郎中朱世起主事顧爾馬渾封李淏爲朝鮮國王世子。
欽天監正湯若望修補新曆全書告成。
以內大臣何洛會爲定西大將軍。剿四川張獻忠。
十二月辛巳。以正藍旗滿洲費揚古爲議政大臣。
癸卯。攝政王多爾袞集諸王貝勒貝子公大臣等。遣人傳語曰。今觀諸王貝勒大臣。但知諂媚於予。未見有尊崇皇上。予豈能容此。昔太宗升遐。嗣君未立。諸王貝勒大臣等率屬意於予。請予卽尊位。予曰。爾等若如此言。予當自刎。誓死不從。遂奉皇上纘承大統。似此危疑之時。以予爲君。予尚不可。今乃不敬皇上而媚予。予何能容。自今以後。有盡忠皇上者。予用之愛之。其不盡忠不敬事皇上者。雖媚予。予不爾宥也。
乙巳。刑部奏。致治必先明刑。分理各有專屬。今民間大小事務。在內不由五城御史。在外不由撫按監司郡縣。單詞片紙。俱向臣部告理。內外各官。盡成虛設。今務令無籍之輩。不得越訟。以滋刁風。則職掌分而訟端可息。得旨。內外諸司各有職掌。刑部專理詳讞。例不受辭。古人立法。原有深意。以後民間詞訟。在外則歸撫按監司。在內則歸順天府大宛二縣五城。此果有寃抑。許赴通政使司呈請察審送部。爾部不許仍前濫收詞訟。如問刑衙門聽斷不公。致使小民受寃者。事發重治。

丙午。禮部奏內監仍故明例。每遇朝參行禮。在文武諸臣之前。於體未合。嗣後內監人員。概不許與朝參。
亦不必排班伺候。從之。
固原武大定作亂。總兵何世元副使呂鳴夏死之。
順治三年丙戌正月癸亥。定歲祭陵廟禮。
以英郡王阿濟格張蓋坐午門坐以應得之罪。
甲戌。禮部奏今年二月會試天下舉人。其中式名額。及內簾房考官。均宜增廣其數。以收人才。得旨。開科
之始。人文宜廣。中式額數。准廣至四百名。房考官二十員。後不爲例。
丙申。遣侍郎巴山梅勒章京張大猷率師鎭守江寧。甲喇章京傅喀蟾梅勒章京李思忠率師鎭守西安。
三月辛亥。譒譯明洪武寶訓成。帝以寶訓一書。深裨治理。爲製序文。頒行中外。
乙丑。賜傅以漸等進士及第出身有差。
己巳。命肅親王豪格爲靖遠大將軍。同衍禧郡王羅洛宏等統師征張獻忠於四川。
四月。分隸投降官於八旗。
命貝勒博洛爲征南大將軍。率師征福建浙江。
諭兵部。恭順王孔有德、懷順王耿仲明、智順王尙可喜、續順公沈志祥。著各統所部兵馬。於五月初一日

先赴京師。步兵著委官率領。亦於是日起程。
寧夏總兵官劉芳名奏。寧夏兵變。殺巡撫焦安民。隨經撫定。擒斬首逆楊成名白友大等。
甲申。免浙江仁和錢塘間架稅。
乙酉。大學士剛林等奏。請於本年八月再行鄉試。來年二月再行會試。以收人才。其未歸地方生員舉人來投降者。亦許一體應試。從之。
除貫穿耳鼻之刑。
辛卯。御史蘇京奏。投充名色不一。皆無賴游手之人。身一入旗。奪人之田。攘人之稼。其被攘奪者。憤不甘心。亦投旗下。爭訟無已。刁風滋甚。祈敕部嚴禁濫投。事下戶部。
癸巳。除明季加徵太平府姑溪橋米稅。金柱山商稅。安慶府鹽稅。
戊戌。攝政王多爾袞諭內院。嗣後諸王大臣差遣在外。凡有啓奏。具本御前。予處啓本。著永行停止。
己亥。罷織造太監。
辛丑。諭吏部。朝廷設官治民。冗員反致病民。各府設推官一員。其掛衘別駐推官。盡行裁革。大縣設知縣縣丞典史各一員。小縣設知縣典史各一員。一切主簿。盡行裁革。
壬寅。諭戶部。聞直隸及各省地方在籍文武未經本朝錄用者。仍以向來品級名色。擅用新頒頂帶。交結官府。自諭示之後。將前代鄉宦名色。盡行革去。一應地丁錢糧雜汎差役。與民一體均當。朦混冒免者。治以重罪。

乙巳。戶部請定制錢七十文作銀一錢。不許多增。通行嚴禁。從之。

是歲。喀爾喀部額爾德尼哈談巴圖魯來貢。

五月丁未。以蘇尼特部騰機思騰機特吳班代多爾濟思喀布蠎悟思額爾密克石達等。各率所部。叛奔喀爾喀部碩雷。命德豫親王多鐸爲揚威大將軍。承澤郡王碩塞等率師會外藩蒙古兵往討蘇尼特。並取碩雷。

發朝鮮叛臣林慶業回國。

嚴隱匿滿洲逃人之禁。

己未。論破流賊及定河南江南功。晉三等公圖賴一等公。鎮國將軍宗室拜尹圖三等公。

殺明魯王等十一人。爲其私匿印信。潛謀不軌也。

六月丙戌。給事中林起龍奏。近日風俗大壞。異端蜂起。有白蓮、大成、混元、無爲、等教。以燒香禮懺煽惑人心。或起異謀。請行嚴捕。處以重罪。從之。

七月丁未。增設御史十五員。

乙卯。招撫江南大學士洪承疇奏請回京。以江南尚未大定。不允。

丁巳。揚威大將軍豫親王多鐸奏。師至營噶爾察克山。騰機思聞風遁去。追及於歐特克山。賊迎戰。大破之。斬騰機思及其台吉毛害。並迎下嫁騰機思格格還。我兵渡土喇河。復遣鎮國將軍瓦克達等。率兵追之。陣斬騰機特子多爾濟巴圖舍津。騰機思孫噶爾馬特木德克博音圖。斬首無算。

辛酉。吏部奏。朝覲考察之期。既定明年正月舉行。所有五花册。臣部即照舊式頒發各撫按。令其趲造齎送。撫按考語。止用才守政年四格。須按八指事。明白直書。不許鋪敍繁文。從之。

壬戌。江西巡撫李翔鳳進正一眞人張應景符四十幅。得旨。凡致福之道。惟在敬天勤民。安所事此。朝廷一用。天下必致效尤。其置之。

乙丑。革鑾儀衛緝訪人役。著爲令。

戊辰。甘肅巡撫黃圖安奏請終養。下吏部議。以西陲多事。圖安借端規卸。革職永不敍用。從之。

八月乙酉。揚威大將軍德豫親王多鐸等奏。我師自土勒河西行。於七月十三日至查濟布喇克喀爾喀部落。土謝圖汗兩子。率兵二萬。橫列查濟布喇克上游。我師嚴陣以待。敵來迎戰。大敗之。次日復敗碩雷汗之四子本箹巴圖魯台吉等。碩雷家口部衆。悉走塞冷格地方。因馬力疲乏班師。

戊子。以恭順王孔有德爲平南大將軍。率滿洲蒙古官兵征湖廣。

九月壬子。定遠大將軍肅親王豪格奏。大軍於三月二十六日抵西安。獻忠之入四川。僭號大西國王。改元大順。名成都曰西京。設左右丞相六部五軍都督府等官。遣孫可望李定國艾能奇白文選等。分徇諸郡邑。所至皆下。屠戮甚慘。而明之故臣孫守法王光恩武大定賀珍等。起兵興安漢中。屢破流賊。遂陷鳳翔。圍西安。受唐王封爵。關中響應。總督孟喬芳都統和洛輝屢敗其衆。復渭南蒲城武功同州。陝西略定。豪格至西安。遣兵分擊慶陽延安之衆。五月。進軍漢中。破賀珍等於雞頭關。漢中圍解。因分兵之半入川。而留貝子滿達海等搜漢中餘衆。攻獻忠於西充。斬之。四川略定。

十月丙子。改湖廣承天府爲安陸府。

甲午。禁官員人等於近京百里內圍獵。貝勒以上。欲獵於百里外者。請旨方行。違者治罪。

論征湖廣功。貝勒勒克德渾公傅勒赫等。及從征諸將外藩蒙古。賜賚有差。

丁酉。帝獵於近畿。壬寅。還宮。

太和中和等殿。體仁等閣。太和等門。工成。

十一月癸卯。征南大將軍貝勒博洛奏。全浙底定。分兵由衢州廣信兩路進師福建。初、魯王之立。熊汝霖孫嘉績等皆書生不知兵。乃迎方國安授以軍政。馬士英阮大鋮自南京逃入國安軍中。二人遂教國安與諸義兵爲難。又教其斬唐王犒軍之使。於是通國水火。博洛以是年三月兵臨錢塘江。國安卽擁兵數萬遁。挾魯王自紹興奔台州。惟諸將兵尙乘江守。江廣十餘里。大軍難之。會夏旱水涸。河漲有沙無潮。試涉僅及馬腹。士馬數萬自上游畢濟。列戍驟潰。士英大鋮嗾國安執監國以獻。監國脫走航海。後卒於臺灣。士英大鋮國安具伏誅。

浙江既下。閩中大震。初唐王立於鄭氏。閩粵兵餉。盡歸其掌握。王奮志有爲。而令不行於下。乃遣其大學士黃道周出關募兵。徒手號召。無所得。旋敗死婺源。湖廣總督何騰蛟領所部兵三萬屯長沙。又撫李自成左良玉餘衆。驟增兵十餘萬。唐王進騰蛟大學士。封定興伯。授堵允錫右副都御史。總制其軍。騰蛟部署降卒。參以舊軍。題授張光璧黃朝選劉承允曹志建董英馬進忠王允成李錦郝永忠袁宗第王進才馬士秀盧鼎爲總兵官。分鎭湘南北。與武昌荊州諸軍相持。所謂十三鎭也。江西有楊廷麟一軍。與萬元吉固守吉安。勢頗振。騰蛟請唐王幸湖南。廷麟請幸江西。唐王知芝龍不足恃。欲由贛入楚。依騰蛟。芝龍尼之。不得行。清兵既定浙東。走魯王。芝龍陰受洪承疇約款。託言海寇。馳還安平。盡撤水陸關隘諸防。仙霞嶺虛無一人。清兵長驅而入。殺其大學士黃鳴俊於浦城。連下建寧延平。時廷麟兵敗。由吉安進守贛州。不及援。騰蛟遣其將郝永忠以五千迎其主。次韶州。不進。唐王出奔汀州。被執。不食死。其弟聿鍔復立於廣州。旬日而敗。芝龍出降於福州。已而贛州亦破。廷麟死之。

十二月壬午。命昂邦章京拜山爲議政大臣。

順治四年丁亥。正月庚戌。漕運總督王文奎坐擅免荒田租賦。及瀆請故明陵寢祀典。革職。下刑部議罪。

湖廣總兵官柯永盛奏興國州等處寨寇悉平。下兵部察敍。初、陳友諒遺孽分爲柯陳二姓。盤踞江西武寧湖廣興國。而居興國者尤蕃衍黠悍。迄明之世爲患將三百年。有柯抱沖者。與何騰蛟結連。自立爲王。以其黨陳珩玉爲帥。倚山結寨。焚刦郡縣。攻陷興國州。殺武昌同知張夢白。勢甚猖獗。鎮臣柯永盛同按臣吳贊元。遣將征剿。十日內凡八戰。皆破之。擒抱沖珩玉。斬之。餘黨悉平。

庚午。罰輔政鄭親王濟爾哈朗銀二千兩。革刑部尚書吳達海職。以王殿臺基踰制。及擅用銅獅龜鶴。吳達海等議罪徇情故也。

辛未。命給直省文武官員敕書及精微批兼書滿漢字。

庚申。諭吏部。今當天下初定之時。在京三品以上及在外總督巡撫總兵等。俱爲國宣力。著有勤勞。與平時循分供職者不同。各准送親子一人入朝侍衛。以習本朝禮儀。將察視才能。授以任使。如無親子。准送親弟或親兄弟之子。宗族遠處毋得濫送。嗣後諸臣縱有過犯。經朕罷斥。其侍衛者如故。

乙丑。大清律成。頒行中外。

己巳。諭戶部。前令漢人投充滿洲者。誠恐貧窮小民。失其生理。困於飢寒。流爲盜賊。故諭願投充滿洲。以資餬口者。聽。近聞漢人不論貧富。相率投充。甚至投充之後。橫行鄉里。抗拒官府。大非軫恤窮民初意。自今以後。投充一事。著永行停止。

庚午。諭戶部。數年以來。圈撥田屋。實出於萬不得已。今聞被圈之家。流離失所。深可憐惜。著永行禁止。

五月壬寅。江寧巡撫土國寶奏。舟山海寇沈廷揚等就擒。餘黨悉平。

癸丑。實授廣東委署各官以佟養甲總督兩廣。

己未。招撫江南大學士洪承疇奏。擒故明推官陳子龍。蘇松一帶漸平。

癸巳。陝西總督孟喬芳奏。武大定攻陷紫陽縣。總兵官任珍擊敗之。斬首二千餘級。巢穴悉平。

甲午。殺蘇松提督吳勝兆。爲其謀反也。

七月辛丑。帝御太和殿。册封和碩德豫親王多鐸爲輔政叔德豫親王。

乙巳。攝政王諭內院都察院理藩院等衙門曰。前令輔政德豫親王和碩鄭親王共聽政務。今和碩鄭親王已經停罷。止令輔政德豫親王與聞。凡各部院事務。有應親理者。有應輔政德豫親王代理者。開列具奏。

丁卯。帝幸邊外閱武。丙申。還京師。

戶部議覆兩廣總督佟養甲奏佛朗西國人寓居濠鏡澳。以其攜來番島貨物。與粵商互市。蓋已有年。後深入省會。至於激變。遂行禁止。今督臣以通商裕國爲請。然前事可鑒。應仍照故明崇禎十三年禁其入省之例。止令商人載貨下澳貿易。從之。
十月戊子。吏部奏請以三載考績爲定制。自順治五年至七年。合天下之郡吏而大計之。報可。
己丑。諭入朝侍衞各官子弟內通文理者。吏部酌用。尋部議。監生以通判用。廩增附以州同用。有未入庠者以州判用。從之。
停粵東雷廉二府採珠。差官著即撤回。
唐王既敗。明臣瞿式耜呂大器等。奉桂王由榔。監國肇慶。旋稱帝。改元永歷。時順治三年九月也。王、神宗孫。桂端王常瀛子也。廣東總兵李成棟下廣州。分徇高雷廉。進攻肇慶。桂王走桂林。成棟進克平樂。桂林大震。桂王往依劉承允於武岡。式耜督參將焦璉固守。成棟攻之不下。退守昆陽。會張家玉起兵東莞。陳子壯起兵端州。總督佟養甲檄成棟回兵東救。家玉子壯俱敗死。式耜乘成棟之返。遣其總兵焦璉陳邦傳破平樂陽朔。下潯梧廣西復失桂王於是月還都桂林。
十一月壬子。裁山東明季添設牙雜二稅。
戊午。增四川總督一。
甲子。平南大將軍恭順王孔有德。以平湖南捷聞。勒克德渾被召還京。有德奉命同尚可喜耿仲明率師入楚。以是年三月師出岳州。敗馬進才於長沙。敗黃朝宣於湘潭。何騰蛟率所部郝永忠退保衡州。有德進兵薄之。斬黃朝宣。遣耿仲明由水路還長沙。敗其襲城之衆。復分兵四擊。張光璧堵允錫李錦馬進忠王有才皆敗走。合兵趨祁陽。克寶慶。進圍武岡。降劉承允。桂王走廣西。尚可喜進拔桂陽。趨道州。敗張光璧。遂克靖沅。抵黎平府。降岷王及郡王等二十餘人。何騰蛟與瞿式耜會諸將桂林。畫地分守。騰蛟復視師合州。督粵將焦璉滇將趙印選胡一清等。及己所部十三家營。併力拒戰。清兵遂引退。

己丑。定官民服飾之制。

順治五年戊子。二月。設六部漢尚書及都察院漢都御史各一員。

諭禮部。方今天下一家。滿漢官民。皆朕赤子。欲其各相親睦。莫如締結婚姻。自後滿漢官民有欲連姻者。聽之。其滿洲官民娶漢人之女。實係爲妻者。方准其娶。

吏部奏。佐貳雜職等官。例由吏員充選。今考定者俱經選用。而懸缺尚多。應令內外各衙門。將辦事吏員。自順治元二兩年實歷至今者。俱確查送部。照例考補。得旨允行。仍諭嗣後吏員實歷五年。即與考取。著爲令。

三月己亥。貝子屯齊尚善屯齊喀及公扎喀納富喇塔努賽等共訐告鄭親王濟爾哈朗。當太宗崩時。欲立肅親王爲君。以今上爲太子。詞內牽連諸人。齊集質訊。經王大臣議上。得旨。鄭王革去親王爵。降爲多羅郡王。餘得罪者凡數十人。肅親王以滅賊有功。免其死罪。幽繫之。

孔有德之由全州退還。瞿式耜復奉其主居桂林。未幾。清師復克辰州。湖南略定。而金聲桓李成棟之變作。時章天干巡撫江西與巡按董學成皆黷貨驕武士。聲桓積不悅。遂與副將王得仁殺巡按。脅巡撫。迎故明大學士姜曰廣僉都御史揭重熙於家。以江西復爲明。同時。李成棟亦於廣東殺總督佟養甲。並蓄髮易衣冠。移檄遠近。通表桂王。奉永歷正朔。各擁兵十餘萬。據上游。江南震動。何騰蛟自全州遣焦璉胡一清張光璧等陷永州。王進陷寶慶。馬進忠陷常德。堵允錫率李錦敗線國安之兵。取衡州。進圍長沙。四川土寇紛起。皆附桂王。受封號。桂王乃復居肇慶。朝廷命都統譚泰爲征南大將軍。與都統和洛輝自江寧赴九江。會耿尚二王。平江西廣東之亂。命鄭郡王濟爾哈朗順承郡王勒克德渾。會孔有德攻湖南之師。而洪承疇仍鎮江寧。經略沿海。譚泰和洛輝自江寧引兵二十萬。水陸俱進。連復九江南康饒州。長驅而進。直擣南昌。聲桓得仁圍贛州不下。聞警回救。譚泰等要之半途。大敗之。遂入城固守。成棟初謀引兵度嶺攻贛。以援南昌之賊。贛將王進庫僞約降以緩其師。成棟還軍嶺上。及得南昌告急之信。乃大舉攻贛。贛師乘其初至飢疲。突敗之。成棟走入信豐。

四月丁亥。命平西王吳三桂自錦州移鎮漢中。

閏四月丁未。諭戶部今後一切債負。每銀一兩。止許月息三分。不得多索。及息上加息。並不許放債與赴任之官。及外官放債與民。如違。與者取者俱治重罪。

乙卯。平西王吳三桂赴漢中戍守。瀕行。帝宴之於位育宮。

癸亥。命固山貝子屯齊爲平西大將軍。同固山額眞宗室韓岱率師討陝西叛回。以回人米喇印丁國棟踞蘭州作亂故也。

五月辛未。陝西總督孟喬芳奏。以回人擁立明延長王朱識鋒。煽惑人心。遊擊張勇敗之於馬家坪。識鋒就擒。斬之。

壬午。復以輔國公錫翰爲議政大臣。

復鄭郡王濟爾哈朗爵。

遣喇嘛席喇布格隆等齎書存問達賴喇嘛。並敦請之。又遣書存問班禪胡土克圖訥門汗。俾勸達賴來京。各賜以金鑲玉帶銀茶筩等物。

丁亥。命浙江總督移駐衢州。

戊子。天津婦人張氏自稱故明天啓后。同黨王禮張天保。私製玉印令旗。謀爲不軌。伏誅。

六月甲辰。陝西總督孟喬芳奏。侍郎額塞等大破逆回於蘭州。餘黨悉平。

八月乙巳。命英親王阿濟格同承澤郡王碩塞。剿天津土寇。

九月己巳。封貝勒勒克德渾爲多羅順承郡王。博洛爲多羅端重郡王。

封貝勒尼堪爲敬謹郡王。
十月。殺劉澤清。爲其句連曹縣叛賊。謀爲不軌也。
十一月。大同總兵姜瓖叛。瓖本明降將。爲大同總兵。常反側不自安。會蒙古喀爾喀部克楚虎爾行獵近邊。朝廷遣英親王阿濟格統兵戍大同。瓖意其圖己。恐懼。遂叛。英親王引兵圍之。久而不下。詔端重郡王博洛敬謹郡王尼堪率師往討。瓖使其黨分陷忻州朔州。明廢官羣起應之。秦晉二省皆震。
順治六年己丑。正月庚申朔。帝避痘。免朝賀。
丙子。定內三院官制。每院設學士一。侍讀學士一。侍講學士一。侍讀一。侍講一。著爲例。
封蘇尼特部騰機思子台吉撒瑪査爲貝勒。
南昌食盡。守西門者潛約內應。城陷。明臣姜曰廣殉難。金聲桓中二矢。投水死。生擒王得仁。殺之。侍郎揭重熙傅鼎銓以肇慶援師至。亦敗於程鄉。清師鼓行援贛。李成棟師潰於信豐。成棟墜水死。
二月。癸卯。命攝政王多爾袞統兵征大同。
三月。進封承澤郡王碩塞端重郡王博洛敬謹郡王尼堪俱爲親王。皆努爾哈赤孫也。
丁丑。輔政豫親王多鐸卒。年三十六。攝政王師次居庸關。聞之卽日馳入京城。
四月。增戶部十四司漢主事各一。

乙巳。孝端皇太后崩。

丁巳。封貝子滿達海爲和碩親王。

五月丁丑。改封恭順王孔有德爲定南王。懷順王耿仲明爲靖南王。智順王尚可喜爲平南王。各授金册玉印。

六月。戶部奏歲用不足。請開監生捐例。及給內外僧道度牒。准徒杖等罪折贖。報可。

庚子。朝鮮國王李倧卒。册封世子淏襲爵。

七月戊午。攝政王多爾袞率師征大同。不至而還。

八月。鄭親王濟爾哈朗之師以二月至湖南。適堵允錫所部李錦與何騰蛟所部馬進忠爭常德。進忠焚常德。走武崗。李錦尾之而西。各郡縣守將皆焚城而遁。沿途剽掠。並竄桂林。騰蛟入守湘潭空城。淸守將徐勇禽歸長沙。絕食七日。乃殺之。旋走堵允錫胡一淸於衡州。馬進忠據武崗。馬進才據靖州。曹志建據永州。孔有德自擊永州之兵。破敵數萬。惟武崗靖州未復。鄭親王自湖南班師。孔有德進取廣西。

大同城中食盡。姜瓖部下斬瓖以降。

辛丑。命攝政王多爾袞率王貝勒貝子公等征喀爾喀部二楚虎爾。

十一月甲戌。攝政王自喀呑布勒克旋師。

壬午。靖南王耿仲明往征廣東。至江西吉安府自盡。以失察屬下魏國賢劉養正隱匿滿洲逃人。奉嚴旨申飭故也。

十二月壬子。攝政王多爾袞元妃卒。令兩白旗牛彔章京以上官員及官員妻皆衣縞素。六旗牛彔章京以上官員皆去纓。

順治七年庚寅正月癸酉。封鄂爾多斯部單達爲貝勒。沙克查爲貝子。以其舉國投誠也。

攝政王多爾袞納肅親王豪格福晉博爾濟錦氏。

二月。李建泰據太平抗命。清兵圍之。勢迫出降。並其兄弟子姪皆斬之。

辛亥。攝政王傳諭各部事務有不須入奏者。付和碩巽親王端重親王敬謹親王辦理。

五月戊午。攝政王率諸王大臣出獵於山海關。

辛酉。以哈世屯爲議政大臣。

八月己丑。晉封巴林部輔國公額駙色卜騰爲多羅郡王。蒿齊忒部多羅額爾德尼貝勒孛羅特爲多羅額爾德尼郡王。科爾沁部輔國公顧穆爲多羅貝勒。喀喇沁部固山貝子古魯思喜布爲多羅都冷貝勒。以其舉國來降也。

十一月辛亥。喀爾喀部額爾德尼諾木齊等來朝。

壬戌。攝政王以有疾不樂。率諸王貝勒貝子公等及八旗固山額眞官兵。獵於邊外。

孔有德既收復武崗靖州。瞿式耜使戎政總督張同敞率胡一清趙印選王永祚諸將守全州。清軍薄全州。明諸將退守榕江。復自榕江走桂林。趙印選素忌焦璉。尼其援桂。而倡衆潰逃。有德入桂林。城中虛無人。執其督師瞿式耜及總督張同敞。俱不屈死。

尙可喜之解贛圍。粵兵嚴守庾嶺。可喜頓兵吉安。將一載。至是。明鎮將羅成耀等密納款。導清兵由間道入庾關。遂至南雄。走其巡撫羅成耀。遂克韶州。降其總兵吳六奇。進圍廣州。桂王留李元胤馬吉翔守肇慶。自走梧州。清師攻廣州。限於泥淖。不便馳騁。日久不克。會夏暑雨蒸溽。弓絃解膠。多議退師。會明鎮將高一功與陳邦傅自相仇殺。一功西走。陳邦傅戰敗。李元胤馬吉翔按兵肇慶不敢進。廣州遂陷。桂王走南寧。盡封趙印選胡一清等。以拒清師。

十二月戊子。攝政睿親王多爾袞卒於喀喇城。年三十九。詔臣民易服舉喪。喪儀悉用帝禮。

庚子。命大學士剛林等。取攝政王府所有信符。收貯內庫。又命吏部侍郎索洪等取賞功册進大內。

帝諭議政王大臣等曰。國家政務。悉以奏朕。朕年尙幼。未能周知人之賢否。吏刑工三部缺員。正藍旗一旗緣事固山額眞未補。可會推賢能之人來奏。諸王議政大臣遇緊要重大事情。卽可奏朕。其諸細務。令議政三王理之。譚泰吳拜羅什奏云。議推大臣。恐不免稍遲。帝曰。遲而得當。何傷。但速而不得其人。是所憂也。於是諸王大臣議奏。吏刑戶各設尙書二員。吏部擬公韓岱譚泰。刑部擬濟席哈陳泰。戶部擬巴哈納噶達渾。正藍旗以公韓岱爲固山額眞。阿爾津爲護軍統領。從之。

順治八年辛卯正月。帝始親政。御太和殿。諸王大臣上表行慶賀禮。頒詔大赦天下。

祔攝政王主於太廟。追尊爲懋德修道廣業定功安民立政誠敬義皇帝。廟號成宗。

英親王有罪。鞫實逮禁。旋賜自盡。其黨議罪有差。

乙卯。以蘇克薩哈詹岱爲議政大臣。

以漢中貢柑累民。命永行停止。其江南所進橘子。河南所進石榴。亦一律停止。

移內三院署於紫禁城。

戊辰。封鎭國公鞏阿岱錫翰俱爲固山貝子。

以公伊圖爲議政大臣。

丁丑。封多羅端重郡王博洛敬謹郡王尼堪俱爲和碩親王。

以鞏阿岱鰲拜巴圖魯巴哈爲議政大臣。

戊寅。以巴圖魯詹杜爾瑪爲議政大臣。

二月庚辰。封親王滿達海爲和碩巽親王。多尼爲和碩信親王。郡王羅可鐸爲多羅平郡王。瓦克達爲多羅謙郡王、傑書爲多羅康郡王。

更定錢制。每錢百文準銀一錢。違者論罪。

辛卯。諭邊外築城避暑。甚屬無用。且加派錢糧。民尤苦累。此工程著卽停止。

初皇太極殂。帝卽位。鄭親王濟爾哈朗睿親王多爾袞輔政。鄭王。塔克世孫。睿王。皇太極弟也。時帝年八歲。多羅郡王阿達里固山貝子碩託皆歸心睿王。密謀推戴。王不聽。置二人於法。並治附和諸臣之罪。降黜有差。及統兵入關。定鼎燕京。併呑中夏。皆王一人之力。位望益隆。尊爲皇父睿親王。自以元輔懿親。與國爲體。君臣之間。不復更存形迹。凡有批擬。卽用皇父攝政王之旨。又以信符向貯大內。每有調發。奏請不便。悉收入府中。及死。恩禮甚厚。詔詞有云。當朕躬嗣服之始。謙讓彌光。迨王師滅賊之時。勳猷懋著。闢輿圖爲一統。攝大政者七年。未幾而近侍蘇克薩哈詹岱穆濟倫首告其私製帝服。藏匿御用珠寶。指爲潛圖不軌之證。詔下廷議。鄭親王端重郡王敬謹親王巽親王等。合詞證成其獄。且及其逼死肅親王。遂納其妃之罪。於是撤去廟享。其母妻封典。悉行追奪。籍沒家產。其嗣子多爾博停其襲爵。同母弟豫親王多鐸以功大降爲郡王。大學士剛林祁充格。俱以阿附睿王置重典。其黨何洛會吳拜蘇拜羅什博爾惠俱抵罪。范文程初見睿王權位隆重。勢且及禍。常託疾家居。特從寬革職。後復委任如故。

移定南王孔有德駐廣西桂林府。

追復肅親王豪格爵。封其子富壽爲和碩顯親王。

遏必隆希爾艮希福祖澤潤雅賴納穆海噶達渾敦拜覺善馬喇希法喀。訴其革職解牛彔任及籍沒家產。悉屬冤枉。部議俱復職及牛彔任。各還家產。從之。

丙午。諭戶部。田野小民。全賴地土養生。朕聞各處圈占民地。以備畋獵。奪其耕耨之區。朕心大爲不忍。爾部作速行文地方官。將原圈地土。盡數退還原主。

閏二月。封和碩鄭親王濟爾哈朗子富爾頓爲世子。濟度爲多羅簡郡王。勒度爲多羅敏郡王。

壬子。以公圖賴子回色無辜奪爵。復爲一等公。

進譚泰爲一等公。

楊善羅碩俄莫克圖夏塞尹成格。訐爲何洛會所誣。無辜坐罪。部議各還原職。從之。

乙卯。諭吏部。榷關之設。國家藉以通商。非以苦商。關稅原有定額。差一司官已足。何故濫差多人。忽而三員。忽而二員。每官一出。必市馬數十匹。招募書吏數十人。紹興棍徒。謀充書吏。爭競鑽營。未出都門。先行納賄。戶部又塡給糧單。沿途騷擾。朕均知今日官民之苦。著仍舊每關設官一員。其添者悉行裁去。

封多羅承澤郡王碩塞爲和碩親王。王、皇太極第五子也。

丙寅。諭兵部。國家設立驛遞。原以傳朝廷命令。奉差官員。恣意苦索。上誤公務。下害小民。深可痛恨。以後再有此等之人。不拘大小衙門。著各地方官卽指名申報。該督撫飛章參奏。

封鎭國公章泰爲固山貝子。

己巳。御史匡蘭兆奏朝祭宜復用袞冕。得旨。一代自有制度。朝廷惟在敬天愛民治安天下。何必在用袞冕。

裁江南陝西督餉侍郎。淮安總理漕運侍郎。

丁丑。帝以僧道納銀給牒。瑣屑非體。命除之。

諭故明親王郡王流落地方者。將其家口起送來京。分別畜養。

三月。諭吏部。朕自親政以來。觀天下所以治。關乎各部院。雖自古無參用王之例。然聞我太宗文皇帝曾用諸王於部院。朕欲率由舊典。復用諸王。念諸王雖甚勞苦。然誠各殫厥職。釐剔庶務。俾上下不至壅蔽。利國家而致昇平。莫此爲要。今特用和碩巽親王於吏部。和碩承澤親王於兵部。多羅端重郡王於戶部。多羅敬謹郡王於禮部。多羅順承郡王於刑部。多羅謙郡王於工部。多羅貝勒喀爾楚渾於理藩院。固山貝子吳達海於都察院。諸王等其各副朕圖理治安至意。

以連日風霾。命刑部通察刑獄。五城司坊順天府京縣各犯之無干牽連者。卽日釋放。

遣官齎敕諭禮物。往招達賴喇嘛。

己丑。以希福爲内弘文院大學士。陳泰爲内國史院大學士。調李率泰爲内弘文院大學士。甯完我爲内國史院大學士。

壬辰。定襲職例。凡世職官員身故。以其子襲職。無子。以親房兄弟襲職。

諭戶部。滿洲出征陣獲人口。其父母兄弟妻子。有願投入旗下。同歸一處者。地方官給文赴部。登記於册。准其完聚。

丙午。吏部奏。滿洲蒙古漢軍各旗子弟有通文義者。提學御史考試。取入順天府學。鄉試作文一篇。會試作文二篇。優者准中式。照甲第除授官職。報可。

四月己酉。帝御太和殿。召見巡按各省御史。賜坐。諭之曰。朕命爾等巡按各省。原爲民生計也。爾等果能公廉自矢。爲朕愛養斯民。使得安享太平。自當升賞。若貪婪害民。必行治罪。諭畢。賜茶遣之。

以給餉不均。革戶部尚書巴哈納職。

甲寅。進貝子屯齊爲貝勒。

乙卯。帝幸沙河。

平西王吳三桂奏請入覲。許之。

命故靖南王耿仲明子繼茂襲爵。

五月癸巳。帝還京師。
復封敬謹郡王尼堪端重郡王博洛爲和碩親王。
六月。帝以在京滿漢諸臣犯罪。常有未奉旨革職問刑衙門輒提取審問。殊非待職官之禮。自今以後。必奉旨革職。然後送刑部審問。毋得仍前徑行提審。永著爲令。
大學士陳泰李率泰。以誤寫上諭。俱革任。仍贖身。
以雅泰爲內國史院大學士。
以護軍統領杜爾德爲議政大臣。
以陳名夏爲內翰林宏文院大學士。
八月戊午。册立科爾沁卓禮克圖親王吳克善女博爾濟錦氏爲皇后。
吏部尚書譚泰以驕橫伏法。籍沒家產。亦容王黨也。
九月。封阿霸垓部都思噶爾爲郡王。以其自喀爾喀率衆投誠也。
命岡山額眞噶達渾率兵征鄂爾多斯部多爾濟。
己丑。封多羅簡郡王濟度爲和碩鄭親王世子。
十月己酉。命承澤親王碩塞謙郡王瓦克達爲議政王。

丁巳。以額色黑爲内翰林國史院大學士。

十一月乙巳。長子牛鈕生。

十二月丁巳。江寧巡撫土國寶以貪汚被劾。革職嚴訊。畏罪自縊死。

清史綱要

卷二

○順治九年壬辰。正月癸酉朔。帝避痘南苑。免朝賀。
贈御史張煊太常寺卿。以前劾大學士陳名夏罪狀爲譚泰誣陷坐絞死故也。
命安郡王岳樂管工部事。貝勒尚善管理藩院事。
二月甲辰。固山額眞噶達渾奏剿叛藩鄂爾多斯部多爾濟等於賀蘭山殲之。
戊申。和碩巽親王滿達海卒。追封和碩簡親王。
加封鄭親王濟爾哈朗爲叔和碩鄭親王。
辛酉。以陳之遴爲內翰林弘文院大學士。
壬戌。增都察院御史四十員。
解宗爾濟達爾漢諾顏議政大臣任。

三月己卯。大學士范文程等奏會試中式第一名舉人程可則。文理荒謬。首篇尤悖戾經註。士子不服。通國駭異。請敕部議處。帝命革退可則名。並治考官胡統虞等罪。

丙戌。罷諸王貝勒貝子管理部務。

丁亥。和碩親王博洛卒。追封和碩定親王。王、太祖孫。饒餘敏郡王阿巴泰子也。

下詔暴拜尹圖鞏阿岱錫翰席訥布庫冷僧機罪狀。拜尹圖以年老免死。禁錮獄中。餘四人俱正法皆睿王黨也。

以公遏必隆公額爾克戴青趙布泰賴塔庫索洪爲議政大臣。

丙申。加贈一等伯巴什泰爲三等侯。令其子諸喇岱承襲。以巴什泰在帝前被蒙古侍衛瑣尼刺死故也。

戊戌。多羅順承郡王勒克德渾卒。追封多羅恭惠郡王。王、太祖曾孫。父尼阿達禮以謀立睿親王多爾袞伏誅。王坐出宗室。順治元年帝念王年幼未與謀。命復入宗。封多羅貝勒。後以平南大將軍立功江浙湖廣各省。

四月戊申。裁各道御史二十員。

罷謙郡王瓦克達信郡王多尼議政。

立直義公費英東宏毅公額亦都墓碑。二人皆立功天命間。配饗太廟。與何和哩扈爾漢安費揚古爲五大臣。佐理國事。

始設宗人府衙門。

五月丁丑。吏部奏京察應以皇上親政辛卯年爲始。六年一次。遇寅申年舉行。從之。

庚辰。大學士洪承疇以母喪請終制。帝以院務事繁。贊理需人。命照舊入直。私居持服。

丙戌。授二等侍衛碩代爲拜他喇布勒哈番。兼一拖沙喇哈番。以其當駕出時。遇蒙古瑣尼持刀刺伯巴什泰。即殺瑣尼功故也。

壬辰。更定六部啓心郎品級與侍郎同。都察院理藩院啓心郎品級仍與理事官同。

初、張獻忠之滅。其黨孫可望李定國白文選劉文秀艾能奇等竄入雲南。推孫可望爲長。既而爭權不相下。可望乃納款於桂王。求王封。欲以制其下。桂王左右持不可。議彌年不決。既而桂王盡失湖南江西廣東廣西四川各省。窮竄入土司。旦夕不自保。不得已。乃封可望秦王。封李定國西寧王。劉文秀南康王。趣其出兵。可望乃遣兵三千扈桂王居安隆。使文秀文選以步騎六萬分出敍州重慶以攻成都。使定國雙禮以步騎八萬由武崗出全州以攻桂林。吳三桂戰劉文秀於敍州。不利。被圍數重。力戰突圍走綿州。而都統白含貞白廣生亦敗績。被擒於重慶。文秀乘勝由嘉定攻成都。圍三桂於保寧。連營十五里。使張光璧軍其西。王復臣軍其南。氣驕甚。三桂登城。見其壁不整。出精騎突犯光璧軍。果驚潰。轉戰而南。入復臣營。復臣爲亂兵所擾。亦不支。文秀解圍去。三桂不追。引兵回漢中。於是川西川東川南皆失。定南王孔有德在桂林。以楚粵寇氛日熾。檄續順公沈永忠以重兵扼沅州門戶。令綫國安馬雄馬全節分守南寧慶遠梧州。未幾。李定國破沅靖武岡。沈永忠自寶慶告急。有德遣兵赴援。未至。而永忠已退保湘潭。定國乘間襲桂林。桂林城守兵少。檄三鎮起援。未至而陷。有德死之。柳州亦亂。馬全節馬雄合軍梧州。亦爲定國軍所潰。廣西復陷。可望率白文選以玀猓兵五萬。列象陣攻辰州。總兵徐勇戰死。遂陷辰州。數日間三省皆失。六月。朝命敬謹親王尼堪爲定遠大將軍。偕貝勒屯齊進征楚粵。命洪承疇經略湖廣雲貴兩廣。

七月甲戌。欽天監監正湯若望進渾天星球地平日晷等儀器。賜朝衣涼朝帽鞾韈。

皇城北門成。命曰地安門。

九月庚午。以朱孔格阿濟賴伊拜爲議政大臣。

癸未。命護軍統領阿爾津爲定南將軍。同固山額眞馬喇希。往征廣東未定州縣。

十月。以大學士希福范文程額色赫尚書車克覺羅郎球明安達禮濟席哈星訥爲議政大臣。

戊午。命世子濟度信郡王多尼安郡王岳樂敏郡王勒都貝勒尚善杜爾祜杜蘭議政。

辛酉。調護軍統領阿爾津爲安西將軍。同固山額眞馬喇希鎮漢中。

戊辰。大學士范文程等奏。各直省錢糧。每年缺額至四百餘萬。賦虧餉絀。急宜籌畫興屯四事。一興屯宜選舉得人。一開墾宜收穫如法。一積貯宜轉運有方。一責成宜賞罰必信。帝是之。

十一月庚午。命固山額眞卓羅爲靖南將軍同固山額眞藍拜等統兵征廣東未定州縣。

辛卯。敬謹親王尼堪追李定國於衡州。遇伏沒於陣。追封和碩莊親王。以貝子屯齊代之。

十二月丙午。以粤東漸定。撤靖南將軍卓羅等兵回京。

己未。復命護軍統領阿爾津爲定南將軍同固山額眞馬喇希等統將士征湖廣辰常之賊。

殺京師大豪李三。帝幸內院。諭大學士等曰。黃膘李三。一細民耳。住居之外。復多造房屋。修飾齊整。何也。洪承疇對曰。其房屋分照六部。或某人至某部有事。卽入某部房內。毋敢攙越。帝曰。以一細民而越分妄行如此。故天使之敗也。帝又曰。李三爲民大害。諸臣畏不敢言。鞫審之日。甯完我陳之遴默無一言。鄭親王詰之再三。之遴始曰。李三巨惡。誅之則已。倘不行正法。之遴必被陷害。豈非重身家性命者乎。陳名夏曰。李三雖惡。一御史足以治之。臣等叨爲大臣。發奸摘伏。非臣所司。且李三廣通聲氣。言出禍隨。顧惜身家。亦人之恆情也。

順治十年癸巳。正月辛未。諭內三院。近來言官條奏。多係細務。未見有規切朕躬者。朕一日萬幾。豈無未合天意未順人心之事。良由諸臣畏懼忌諱。不敢進諫耳。朕雖不德。於古帝王納言容直。每懷欣慕。朕躬如有過失。諸臣須直諫無隱。卽偶有未合。不妨再三開陳。庶得省改。力行正道。希臻治平。進言切當者。必加旌奬言之過黷者。亦不譴責。內三院卽傳諭大小諸臣。俾咸悉朕意。
丁丑。調洪承疇爲內翰林弘文院大學士。陳名夏爲內翰林祕書院大學士。
弘文院修撰麻勒吉奏。今屢頒恩詔。除十惡大罪外。皆與宥免。臣等以爲詔赦出於一時之喜慶。而法者所以布大信於天下也。歐陽修曰。信義行於君子。刑戮加於小人。王通曰。無赦之國。其刑必平。且從來詔赦除十惡不赦。如其斬絞流徒等罪。不過減等以示恩耳。若全赦其罪。是惡人得以幸免。而受小人之害者。反抱怨莫伸。則惡何由而懲。善何由而勸。請以後凡有詔赦。俱從減等之例。則皇仁國法。並行無礙。下所司議。
先是蒿齊忒部瞻士謝圖旣沒。其妻杜圭因察哈爾汗不恤宗族。擾其部曲。率其子奔赴喀爾喀。及太宗平察哈爾。杜圭棄喀爾喀來歸。至是以其功大。封爲多羅蘇勒福金。封其子噶爾瑪薩望台吉爲多羅郡王。
二月丙午。帝幸內院。覽少詹事李呈祥條議部院衙門應裁去滿官專任漢人一疏。顧謂大學士洪承疇等曰。李呈祥此奏。大不合理。夙昔滿臣贊理庶政。並有畋獵行陳之勞。是用得邀天眷。大業克成。彼時可曾資爾漢臣而爲之乎。朕不分滿漢。一體眷遇。爾漢官奈何反生異意。若以理言。首崇滿洲。固所宜也。想爾等多係明季之臣。故有此妄言耳。諸臣不能答。李呈祥尋革職免死。流徙盛京。

以高爾儼爲太子太保。補內翰林弘文院大學士。
以費揚古爲議政大臣。
三月。賜太常卿管欽天監事湯若望號通玄教師。加俸一倍。
甲午。詔原任弘文院大學士馮銓。仍以原官辦事。銓爲明季魏璫私人。入清。任大學士。復以受姜瓖賂。爲言路所攻。致仕去。帝以銓博洽典故。故復用之。
四月。罷各省巡按官。用鄭親王濟爾哈朗請也。
丁未。以圖海爲內翰林弘文院大學士。
壬子。以亢旱下詔求言。諭內外法司清理庶獄。
丁巳。禮部議覆御史陳啓泰奏。滿洲部院各官。應照漢人例。一體離任丁憂。從之。
册封達賴喇嘛爲西天大善自在佛。領天下釋教。
定御史爲二十員。
命駐防江寧府昂邦章京喀喀木爲靖南將軍。帥師征廣東。
六月。戶兵工三部遵諭改折各直省本色錢糧。歸於一條鞭法。總收分解。請永爲例。從之。
予明末殉難諸臣范景文等十六人謚。並太監王承恩謚忠節。

以李率泰爲兵部尙書。總督兩廣。率泰初以罪永不敍用。以洪承疇薦。故有是命。定遠大將軍貝勒屯齊奏大破孫可望於寶慶。斬殺甚衆。

內院奏請以翰林五品以下官提督直隸江南江北學政。其學有滿書者不差。報可。

吏部奏滿洲蒙古漢軍官員有管旗下事者。有在部院理事熟練者。不便照漢官一例丁憂。議在家居喪一月。即出辦事。仍私居持服三年。從之。

制寺人不過四品。一切政事。不許干預。

閏六月丙寅。以成克鞏爲內翰林祕書院大學士。張端爲內翰林國史院大學士。劉正宗爲內翰林弘文院大學士。

七月辛酉。帝聞喀爾喀舉兵內向。命安郡王岳樂爲宣威大將軍。統兵戍歸化城。

八月壬午。以太宗第十四女和碩公主下嫁平西王吳三桂子應熊。

降皇后博爾濟錦氏爲靜妃。改居別宮。時諫者甚衆。俱不聽。

乙巳。授拜他喇布勒哈番張勇爲三等阿達哈哈番。賞其戰功也。

十月。上以章奏煩多。命大學士學士分班在太和門內辦事。

十一月辛亥。戶部議准科臣季開生奏。請立限報災。夏災限六月終。秋災限九月終。先將被災情形馳奏。

隨於一月之內。查覈輕重。分數奏請蠲豁。其逾限一月內者。巡撫及道府州縣各罰俸。逾限一月外者。各降一級。如遲緩已甚者。革職。永著爲例。報可。

十二月丙寅。以固山額眞陳泰爲定南靖寇大將軍。與固山額眞藍拜、濟席哈、護軍統領蘇克薩哈等。統兵鎭湖南。

丁卯。以呂宮爲內翰林弘文院大學士。

以阿達哈哈番博爾代爲議政大臣。

以阿達哈哈番羅畢爲議政大臣。

順治十一年甲午。正月甲寅。以金礪爲兵部尚書。總督川陝三邊。

陝西四川總督孟喬芳卒。諡忠毅。喬芳、明副將。於天聰四年來降。

二月。以金之俊爲內翰林國史院大學士。

己巳。命靖南王耿繼茂移鎭廣西桂林。

命大學士甯完我預滿洲議政大臣之列。

盛京獵戶李百總。收養山海關內貧民四百餘口。帝以其尚義可嘉。賞衣服鞍馬。以示獎勵。

三月辛卯。大學士甯完我劾大學士陳名夏結黨懷奸。情事叵測。命議政諸王貝勒大臣覆議。皆實。名夏著處絞。子掖臣逮治杖戍。
戊申。皇子玄燁生。帝之第三子也。
以蔣赫德爲內翰林國史院大學士。
停命婦更番入侍后妃之例。
刑部奏各旗滿洲蒙古漢軍武職。緣事應贖身者。照漢官例。改爲罰俸。報可。
五月壬辰。聘科爾沁鎭國公綽爾濟女爲妃。
以一等侍衛胡圖爲議政大臣。
平西王吳三桂劾奏巡按御史郝浴飾詞冒功。命免死。流徙盛京。大學士馮銓等俱以論薦獲譴。浴嘗劾三桂擁兵觀望故也。
以固山額眞朱瑪喇爲靖南將軍。同護軍統領敦拜帥師援剿廣東。
甲戌。册立科爾沁鎭國公綽爾濟女博爾濟錦氏爲皇后。
戊寅。諭吏兵二部。朕觀古制有太師太傅太保少師少傅少保。及東宮三太三少之職。自漢唐至遼金元。相沿不改。明朝用爲文武大臣加銜。以示優禮。本朝滿洲各官未用此銜。應否增加。以備官制。著議政王貝勒大臣會議具奏。尋議應照成例加銜。從之。

七月己丑。遣兵科副理事官張學禮行人王垓。封琉球國世子尙質爲中山王。

八月庚辰。以傅以漸爲內翰林祕書院大學士。

十月。平南王尙可喜靖南王耿繼茂俱遣子入侍。

丙辰。戶部奏。故明舊例各直省人丁或三年或五年查明造册。謂之編審。每十年又將見在丁地彙造黃册進呈。我朝定鼎以來。尙未舉行。今議自順治十二年爲始。各省責成於布政使司。直隸責成於各道。凡故絕者開除。壯丁脫漏及幼丁長成者增補。其新舊流民。俱編入册。年久者與土著一體當差。新來者五年當差。至於各直省地土。凡辦錢糧者爲民地。不納錢糧者。不分有主無主。俱爲官地。各邊鎮俱應照例分別。其荒田曠屯。招民開墾。一如興屯之法。畿內滿漢錯雜之處。難於淸查。如有隱地漏糧。許人告發。從之。

十二月庚申。以長史濟世爲議政大臣。

癸亥。予告弘文院大學士高爾儼卒。贈少保。爾儼在明福王時。以曾附流寇李自成。入從賊案。順治初。以薦起用至大學士。帝喜其和平淸謹。故眷注甚厚。

壬申。命世子濟度爲定遠大將軍。貝勒巴爾處渾貝子吳達海固山額眞噶達渾帥師征鄭成功。成功、芝龍子也。芝龍之降。成功苦諫不從。乃帥其屬數百人亡之海島。已而芝龍舊部皆歸之。又併鄭彩鄭聯之軍。兵勢大盛。據金門廈門。東南海寇。皆受其號令。朝廷屢以書招之。鄭氏族屬多降。獨成功不至。初、芝龍出入海中。每一商舶。例入金三千。不得鄭氏旗。不能行也。及唐王時。又以練餉爲名。閩粤二省正供外。捐輸百萬。盡歸鄭氏。故富可敵國。悉積於安平島。官軍乘其外出。攫而取之。成功以索償爲名。連破同安漳浦南安平和海澄長泰等縣。進圍漳州七閱月。總督陳錦赴援。戰於江東橋。不利。退屯同安。其奴刺之帳中。以其首奔成功。成功賞而斬以徇。都統金礪兵至。屢戰皆捷。成功退保海澄。清兵圍之。城壞十餘丈。成功親當矢石。不退。清兵死者甚衆。遂解圍去。時舟山已爲清兵所破。張名振奉魯王赴廈門。去監國號。爲寓公。成功之與清兵相持於漳泉間。名振亦屢以餘軍入長江。登金山燕子磯。遥祭孝陵。掠戰艘三百於吴淞口。名振旋卒。張煌言繼之。時東南遺臣義旅俱盡。惟成功强盛。屢擾興化福州諸府。已而復破舟山。據之。

命固山額眞明安達禮統兵征羅刹於黑龍江。

封朝鮮國王李淏子棩爲世子。

以党崇雅爲内翰林國史院大學士。

十二年乙未。正月壬寅。命考選軍政照文官例。卓異者賜服旌勸。

二月戊午。大學士党崇雅引年乞休。允之。崇雅曾附李自成。以駱養性薦。命復原官。遂至大用。康熙初年卒。

庚申。復設巡按御史。從宗人府府丞原毓宗請也。

壬戌。大學士呂宮引疾乞解任。許之。

辛未。復差御史巡理鹽政。

乙亥。大學士馮銓以母喪乞守制。令私居持服。仍入直辦事。

丙子。封弟博穆博果爾爲和碩襄親王。

三月庚辰。以陳之遴爲內翰林弘文院大學士。王永吉爲內翰林國史院大學士。

副理事官彭長庚一等精奇尼哈番許爾安。俱上疏請昭雪睿王。以篤親親之誼。忤旨。流徙尙陽堡。

選滿漢詞臣八人。以原銜充日講官。

五月辛卯。和碩鄭親王濟爾哈朗卒。詔輟朝三日。

丁酉。命固山額眞石廷柱爲鎭海將軍。駐防京口。

六月。以和碩顯親王姊賜號和碩格格。下嫁耿繼茂子耿精忠。

丁巳。賜名紫禁城後山爲景山。西華門外臺曰瀛臺。

辛巳。命工部立內十三衙門鐵牌。鐫敕諭於上。嚴禁中官不許與政。

七月壬辰。復遣廷臣恤刑各省。

八月癸亥。命固山額眞阿爾津爲寧南靖寇大將軍同固山額眞卓羅等駐防荆州。固山額眞祖澤潤分防長沙。

十月辛酉。詔每年六月內審定立決重犯。俟七月具奏正法。永著爲例。從御史龔鼎孳請也。

乙丑。諭內院中書不准考選科道。著爲令。

十一月。順天巡按顧史顧仁以婪贓伏法。

河南新鄉縣秋禾無收。總督奏請以麥代米。部議不許。帝以民窮可憫。允之。

順治十三年丙申。二月。移兩廣總督駐梧州。從經略洪承疇請也。

調兩廣總督李率泰爲閩浙總督。

三月癸巳。以護軍統領費雅思哈爲議政大臣。

大學士陳之遴以賄結內監吳良輔。鞫訊得實。以恩免其革職。以原官發盛京地方居住。後卒於貶所。

六月。撤各省守催錢糧滿官。

七月庚戌。定遠大將軍世子濟度等奏。都督黃梧獻海澄縣來降。封海澄公。

壬子。帝移居乾清宮。

癸丑。大赦天下。

諭刑部。貪官蠹國病民。最爲可恨。向因法律太輕。革職擬罪。猶得享用贓貲。以至貪風日熾。嗣後內外大小官員。凡受贓十兩以上者。除依律定罪外。不分枉法不枉法。俱籍其家產入官。著爲例。

先是。貝子屯齊代領尼堪一軍。以十一年春。敗李定國軍四萬於永州。定國遁入桂林。屯齊回軍。遇孫可望軍於寶慶。馮雙禮將右。白文選將左。可望建龍旗鼓吹居中。屯齊軍急攻之。敗走。惟雙禮不動。屯齊兵亦引還。平南將軍阿爾津亦敗文選兵於辰州。而廣西守將線國安馬雄等。得尚可喜舟師以定潯梧。乘定國與湖南相持。屢敗胡一清王應龍陳經猷之衆於象州賓州。招撫容州猺獞。廣西略定。定國復以步騎四萬攻廣東。猝破高州。尚可喜耿繼茂告急。命都統朱瑪喇爲靖南將軍。率江寧駐防兵赴之。以十二年春。連敗定國於新會。可喜結營於山巔。伏兵江隘。與朱瑪喇合兵敗之於珊州。又敗之與業橫州各處。廣東州邑悉復。劉文秀亦於十二年率衆六萬。戰艦千餘。出川峽。遣其黨盧名臣馮雙禮分攻岳州武昌。爲都統辰泰兵邀截。文秀回舟侵常德。爲長沙兵所夾擊。大敗之。盧名臣赴水死。文秀雙禮逃回貴陽。可望使文秀守雲南。時定國文秀兩軍皆衰弱。惟可望據貴陽益跋扈。擅殺從臣宗室。逼辱其主於安隆。桂王恐。密遣人封定國爲晉王。文秀爲安南王。召定國兵入衞。可望聞之。遂以是年春。遣關有才襲定國於南寧。又使白文選徙其主於貴陽。未就道。而定國已冒清兵旗幟。敗關有才於田州。遂抵安隆。奉桂王就文秀於雲南。桂王自至雲南。李定國大反可望所爲。雖兵柄在握。未嘗虧事上之禮。桂王因得以支持危局者數年。

八月。停遣滿官榷關。

辛丑。命三年一大閱著爲令。

九月戊申。遣官畿輔慮囚。

追封和碩肅親王豪格爲武肅親王。以取四川功。從朱瑪喇等奏請也。

癸酉。諭吏部。朕思大學士既在內院辦事。不宜又在議政大臣之列。今後不必令大學士與議。

十月己卯。裁六科漢軍副理事官。其見任者俱改爲御史。

順治十四年丁酉。正月。停八旗限年定額考取生童及鄉會兩試。

丁卯。封武肅親王豪格子猛峩定親王博洛子塔爾納俱爲郡王。豫郡王多鐸子多爾博爲貝勒。

三月甲寅。詔直省學臣求遺書。

四月壬辰。以固山額眞宗室羅託爲寧南靖寇大將軍。駐防荊州。固山額眞伯佟六十駐防長沙。

戊戌。置盛京奉天府。

五月。封鄭親王濟爾哈朗世子濟度爲和碩簡親王。

六月。經略洪承疇以病劇請解任。著解任回京調理。

八月辛卯。內大臣伯崇尼等奏。遵諭察審刑獄。有正法叛犯劉有福妻朱氏。係前明泰昌帝女。應免入官。交禮部。與故明妃嬪一體贍養。從之。

九月丙午。帝初御經筵。

十月。因科場事殺大理評事張我樸李振鄴國子博士蔡元曦等。本年北闈鄉試。分校張我樸等以通關節爲御史任克溥所糾。張等及新舉人田耜等皆伏法。吏科陸貽吉以知情不檢舉亦處斬。父母兄弟妻子均流徙尙陽堡。

十一月丙午。進封安郡王岳樂爲親王。

孫可望以李定國畔己。大怒。引兵十餘萬。攻桂王於雲南。使白文選統諸軍爲前鋒。留馮雙禮守貴陽。自帥馬進忠賀元儀抵交水三岔河。與定國文秀夾水而陳。使馬寶由尋甸間道。襲桂王於雲南。諸將皆不直可望所爲。約陳而不戰。定國悉精銳突其中堅。諸軍皆解甲大呼。迎晉王。馮雙禮亦鼓噪驅之。截其金帛子女以降於滇。可望攜千餘人走湖南。降於洪承疇軍前。召至京。封義王。方可望未降之先。四川總督李國英駐保寧。經略洪承疇駐長沙。大將軍辰泰及阿爾津先後駐荊州。尙可喜等分駐肇慶諸州。遇有來犯湖南川北廣東者。則擊卻之。出境亦不窮追。以諸將皆百戰之餘。地險兵悍。姑以雲貴及川東南地委之。及可望降。知諸將內訌。於是洪承疇等皆奏請乘機大舉。詔以貝子洛託爲寧南靖寇大將軍。同經略洪承疇由湖南進。吳三桂爲平西大將軍。同都統墨爾根李國翰由漢中四川進。都督卓布泰爲征南大將軍。同提督線國安由廣西進。三路約會於貴州。

順治十五年戊戌。正月。下御史蔣篤行等於獄。時彈劾科場者大起。自北闈殺張我樸等。牽連者數百人。又逮江南鄉試主考分房十八人及河南陝西主考山東因磨勘誤一字。逮房官。又以御史等職掌不言。俱下獄。旋俱免死。流徙尙陽堡。

丙午。命信郡王多尼爲安遠靖寇大將軍。同平郡王羅可鐸貝勒尙善杜蘭固山額眞伊爾德阿爾津巴思漢卓羅等。率師征雲南。

禮部議覆御史趙祥星奏會試四書五經題目。請欽定密封送入內簾。得旨。第一場四書題目候朕頒發。餘著考試官照例出題。

己丑。戶部議覆奉天府府尹張尙賢奏。遼陽人民始集。輸納維艱。應每畝止徵銀三分。以蘇窮黎。從之。

三月。內監吳良輔以交通內外官員作弊納賄伏法。因下詔誡諭羣臣。

直隸河南山東總督張懸錫至順德府迎義王。爲學士麻勒吉所辱。羞忿自剄。爲僕所救。帝以失大臣之體。降三級調用。懸錫卒縊死。

五月癸亥。以胡世安衞周祚李霨爲內三院大學士。

裁直隸總督。改設巡撫一員。

七月。設殿閣大學士。除去內三院祕書弘文國史諸名稱。

增設各道御史三十員。

分設閩浙兩省總督各一。

九月辛丑。始設中和殿保和殿文華殿武英殿文淵閣東閣大學士。

甲寅。改大學士覺羅巴哈納金之俊爲中和殿大學士。兼吏部尙書。額色黑成克鞏爲保和殿大學士。兼戶部尙書。蔣赫德劉正宗爲文華殿大學士。兼禮部尙書。洪承疇傅以漸胡世安爲武英殿大學士。兼兵部尙書。衞周祚爲文淵閣大學士。兼刑部尙書。李霨爲東閣大學士。兼工部尙書。

十一月庚子。禮部等衙門會議。宮闈女官名數品級及供事宮女名數。乾清宮設夫人一位。秩一品。淑儀一人。秩二品。婉侍六人。秩三品。柔婉二十人。芳婉三十人。俱秩四品。尙宮局尙宮司紀司言司簿各二人。司闈四人。女史六人。尙儀局尙儀一人。司樂二人。司籍司賓司贊各四人。女史三人。尙服局尙服一人。司仗四人。司寶司衣司飾女史各二人。尙食局尙食一人。司饌四人。司醞司藥司供女史各二人。尙寢局尙寢一人。司設司鐙各四人。司輿司苑女史各二人。尙績局尙績一人。司製四人。司珍司彩司計女史各二入。宮正司宮正女史各二人。俱秩六品。慈寧宮設貞容一人。秩二品。愼容一人。秩三品。勤侍無品級。從之。洪承疇洛託會師常德。以是年四月。由靖沅鎭遠抵貴陽。馬進忠及各官皆先遁。三桂以是春發漢中。徇重慶。克遵義。敗明將劉鎭國。獲糧三萬石。降兵五千。又破楊武於開州。進招水西藺州各土司。而桂王大學士文安之。復督川東十三家營。及譚洪譚詣譚文等。以舟師襲重慶。三桂回軍救之。會譚詣殺譚文以降。諸部解散。七月。三桂復屯遵義。於是四川貴州皆略復。朝命信郡王多尼爲安遠大將軍。總統三路。以六月率禁旅發荊州。九月抵貴州。大會三路將帥。詔留承疇洛託在貴陽理饟。而信郡王率諸軍分三路入滇。初、文秀敗。可望後收其潰卒。得精銳三萬。屯守貴陽。定國救之。召還雲南。并召還諸將之在邊者。淸兵遂長驅入貴陽。十月。三路兵俱集。戒期入滇。定國以西路已有白文選。而北盤江爲滇黔之界。南盤江爲滇粵之界。乃使馮雙禮扼貴陽之雞公背。拒中路。使張光璧扼南盤江之黃草壩。拒東路。而自守北盤江之鐵索橋。居中策應。十二月。三桂以七星關峭岸阻江天險。乃由苗疆繞渡出天生橋之背。文選驚潰。走烏撒。馬寶守可渡河亦奔。川師遂抵霑益。廣西軍得泗州土司鄉導。由間道入安隆。定國聞之。以兵三萬。倍道趣戰於炎遮河。粵師初戰不利。詰朝大戰。風北來。礮火及茅葦。野燎燄天。乘勢迫敵營。兵火俱烈。定國棄營走保北盤江。粵師遂由普安州入。而信郡王中路兵亦潰馮雙禮於雞公背。追至北盤江。敵焚鐵索橋遁。淸師一夕成浮橋。遂抵曲靖。

十二月乙亥。吏部奏御史今增至六十員。內升外轉。亦應各增一員。每年內升三人。外轉三人。以免壅滯。從之。

命固山額眞明安達禮爲安南將軍。同固山額眞俄羅塞臣賽音達理等駐防貴州。

順治十六年己亥。正月庚子。諭吏部。舊制內閣止有大學士及典籍撰文辦事中書。原無學士侍讀學士等員。今見在滿漢學士俱以原官留任。嗣後不必再補。典籍撰文辦事中書。照舊滿漢兼設。其滿官侍讀學士以下各員。俱改爲中書舍人。仍照見在品級加銜。應用員數。察照職掌。會同內閣議奏。翰林院設滿漢掌院學士外。不必再設滿翰林官。

是月。清軍三路入滇。明桂王已西走永昌。洪承疇亦自貴陽來赴信郡王。復令諸軍進追。敗白文選於大理之玉龍關。定國令靳統武以兵四千扈桂王走騰越。而自伏精兵六千於永昌之磨盤山。山在潞江二十里。亦名高黎貢山。西南第一穹嶺也。鳥道窔箐。曲通一騎。定國以清兵累勝窮追。必不設備。置柵數座其間。竇名望初伏。高文貴二伏。王璽三伏。俟追兵至三伏。山巔號礮起。首尾橫突截攻。必無一騎返。追兵渡瀾滄江潞江。逐北數百里。無一夫守拒。謂定國竄遠。隊伍散亂。上山已萬有二千。而降官盧桂生來泄其計。則前驅已入二伏。諸將急傳令舍騎而步。以礮發其伏。敵兵死林箐中者三之一。起而鬭死者亦三之一。定國坐山巔。聞信礮失序。驚駭。忽飛礮落其前。擊土滿面。乃奔。竇名望王璽皆戰死。而清軍亦亡都統以下十餘人。喪精卒數千。窮追至騰越西北二十里。中國界盡矣。瘴深餉饋。鑒於磨盤山之險。不復追。降其閣部大臣侯伯將軍總兵以下數十。士馬駝象數萬。詔以雲貴川廣湖五省蕩平宣示中外。

二月庚午。以雲貴蕩平。命於今秋再行會試。

丙子。以雲南收復。命羅託等班師。明安達禮駐防貴州。

三月。命平西王駐鎮雲南。平南王駐鎮廣東。鎮南王駐鎮四川。

閏三月辛未。申嚴訐告之禁。

五月。以票擬疏忽。大學士巴哈納金之俊成克鞏劉正宗衛周祚俱降二級。罰俸一年。大學士李霨降四級調用。

翰林院學士折庫納等。請照舊例設侍讀學士侍講學士侍讀侍講各三員。從之。

八月。江南總督郎廷佐奏官兵大破鄭成功於江寧城下。諸郡皆復。方清軍三路入雲南時。鄭成功在福州。乃謀大舉進攻。圖牽制。時李率泰已復海澄。世子濟度班師。成功復出破閩安。圍福州。又轉略溫台各處。成功故事唐王。以唐魯之釁。不肯奉魯王。屢上書告捷於桂王。王封成功延平郡王。授以招討大將軍之職。成功分所部爲七十二鎮。設六官理事。假永歷年號。便宜封拜。遂議大舉進攻。戈船武士十七萬。以五萬習水戰。五萬習騎射。以萬人來往策應。又以精兵萬人。披鐵甲。跱陣前。專斫馬足。矢銃不能入。以張煌言爲鄉導。抵浙。破溫州台州。遂由崇明入江。乘風潮徑進。沿江木城俱潰。破瓜州。獲提督管效忠。遂破鎮江。屬邑皆下。部將甘煇請取揚州。嚴扼咽喉。號召各郡。南畿可不戰自困。成功不聽。是月薄金陵。謁孝陵。而煌言別領所部由蕪湖進取徽寧諸路。時江寧重兵移征雲貴。城大守備空虛。松江提督馬進寶不赴援。陰通於敵。擁兵觀望。成功移檄遠近。太平寧國池州徽州廣德無爲和州等四府三州二十四縣望風納款。維揚常蘇旦夕待變。東南大震。軍報阻絕。帝幸南苑。集六師議親征。兩江總督郎廷佐佯使人通款以緩其攻。成功信之。按兵儀鳳門外。依山爲營。連亙數里。巡撫蔣國柱崇明總兵梁化鳳俱赴援。化鳳登高望敵。見敵營不整。樵蘇四出。軍士浮後湖而嬉。乃帥勁旅五百。夜出神策門。先擣白土山。破其一營。以作士氣。次日大出師。由儀鳳鍾阜二門。以三路攻其前。而騎兵繞出山後夾攻。成功令甘煇守營。而自出江上調舟師。諸營見麾蓋不動。不敢退。又未奉號令。不敢相救。遂大潰。甘煇被執死。化鳳復遣兵燒海艘五百餘。成功遂以餘艦揚帆出海。攻崇明不下。遂還島。而煌言軍遇貴州兵凱旋浮江下。亦戰敗。走徽寧山中。

命內大臣達素爲安南將軍。同總督李率泰分出漳州同安。合擣廈門。北軍不習水戰。暈眩不能軍。成功手自牽旗督練。風驅濤湧。北軍退。多陷於淖。大敗。引還。達素自殺於福州。自是終成功世無敢言覆島者。

八月。命固山額真劉之源爲鎮海大將軍。同梅勒章京張元勳周繼新領官屬兵丁駐防鎮江。

丙申。經略大學士洪承疇奏安南國都將太傅宗國公武公悫遣使納款。報聞。

九月丁卯。諭吏部總督巡撫請告必令代題今念督撫皆係封疆重臣朕所倚毗。以後如有實係老病者。許其自行陳奏。永著爲例。

十月辛卯諭吏部。向來各衙門印務。俱係滿官掌管。以後各部尚書侍郎及院寺堂官受事在先者。卽著掌印。不必分別滿漢。

己亥。吏部奏己亥科進士除選庶吉士外。應照等第除授知州推官知縣。得旨。進士初授知州。品級大懸。著俱以推官知縣用。永著爲例。

庚戌。經略洪承疇以疾乞休。特准解任回京調理。

巽王滿達海端重王博洛敬謹王尼堪。俱以諂媚睿王。及睿王死。分取其人口財貨諸物。巽王端重王俱降爲多羅貝勒。敬謹王以殉難故。免其降黜。仍令其子承襲親王。

十二月。以擊敗鄭成功功。授蘇松水師總兵官梁化鳳三等阿達哈哈番。仍加左都督太子太保。

壬子。命靖南王耿繼茂移鎮廣西。廣西提督線國安帶領所統兵士來京另用。

順治十七年庚子。正月。禁士子不得妄立社名。糾衆盟會。其投刺往來。亦不許用同社同盟字樣。違者治罪。

三月甲戌。諭兵部。固山額眞漢字稱爲都統。梅勒章京漢字稱爲副都統。甲喇章京漢字稱爲參領。牛彔章京漢字稱爲佐領。昂邦章京漢字稱爲總管。滿字皆依舊。

五月己卯。以天時亢旱。詔求直言。

六月戊子。遣大臣清理刑獄。

乙未。以和碩承澤親王碩塞女爲和碩公主。嫁平南王尚可喜之子之隆。

掌翰林院事學士折庫納條奏。請行封駁之典。從之。

左都御史魏裔介。浙江道御史季振宜。先後奏劾大學士劉正宗陰險欺罔諸罪。正宗疏辨。奉旨劉正宗負氣乖張。惟以沽名好勝爲事。弗顧國家大體。著革職。追奪誥命。籍家產一半。歸入旗下。不許回籍。正宗旋病死。

七月。和碩簡親王濟度卒。追封和碩純親王。

丁丑。命靖南王耿繼茂移駐福建。

吳三桂奏請以投誠兵丁分十營。每營一千二百名。以投誠官統之。並擬投誠官馬寶等十員爲總兵。詔如其請。三桂又奏設援剿四鎭。

刑部尚書杜立德奏。席北雖屬國地。然在邊外。今後有應徙席北者。俱改徙寧古塔。從之。

庚辰。停遣御史巡按各省。

壬午。命都統宗室羅託爲安南將軍。帥師征鄭成功。

八月辛丑。遣內大臣公愛星阿爲定西將軍。帥師征李定國。雲貴既平。信郡王多尼班師回京。留漢兵數萬以都統伊爾德卓羅等分守要害。時桂王已入緬甸。李定國白文選分竄孟艮木邦。惟與緬交訌。無能患邊。朝議撤兵節餉。而吳三桂貪戀兵權。必欲俘永歷爲功。遂有渠魁不翦三患四難之疏。乃命愛星阿赴滇會剿。頒敕印於沿邊各土司。並購緬酋獻。

十一月。仍設巡按御史。

御史楊素蘊奏。臣閱邸報。見平西王請升補方面一疏。以副使胡允等十員俱擬升雲南各道。並奏差部曹亦在其內。臣不勝駭異。夫用人。國家之大權。惟朝廷得主之。從古至今。未有易也。即前此經略用人。奉有吏兵二部不得掣肘之旨。亦惟以軍前效力各官。或五省中人地相宜。資俸應得者。酌量具奏。從未聞以別省不相干涉之處。及現任京官。公然坐缺定衡如該藩今日者也。伏乞申飭。令該藩嗣後惟力圖進取。加意綏輯。一切威福大權。俱宜稟命朝廷。則君恩臣誼。兩得之矣。章下所司。

順治十八年辛丑。正月壬子。帝不豫。丙辰。大漸。遣內大臣蘇克薩哈傳諭京城內。除十惡死罪外。悉行釋放。

丁巳。夜子刻帝崩於養心殿。皇太子卽位。以明年爲康熙元年。旋上尊謚曰體天隆運英睿欽文大德宏功至仁純孝章皇帝。廟號世祖。

遺詔令索尼蘇克薩哈遏必隆鰲拜輔政。

二月。罷十三衙門。仍以其事隸內務府。初、世祖開國。鑒明代宦官干政之失。始設內務府。能太監不用。至十年。乃設乾清宮執事官及直殿局。十一年。裁內務府。置十三衙門。凡八監。曰司禮。曰御用。曰御馬。曰內官。曰尚衣。曰尚膳。曰司設。曰尚寶。有三司。曰尚方。曰鐘鼓。曰惜薪。有二局。曰兵仗。曰織染。嗣改鐘鼓司爲禮儀監。尚寶監爲尚寶司。織染局爲經局。後又改尚方司爲尚方院。十七年。又改內官監曰宣徽院。禮儀院設郎中以下官。至是悉以遺詔罷之。治滿洲佟義內官吳良輔變易舊制之罪。吳良輔論斬。佟義已死。削其世職。其黨大學士劉正宗以年老免死。於是革去十三衙門。復設內務府。以御用監之職。立庶儲司。以尚膳監之職。改採捕衙門。以惜薪司之職。改內工部。又改御馬監曰阿敦衙門。兵仗局曰武備院。

三月戊寅。諭理藩院專管外藩事務。責任重大。今作禮部所屬。於舊制未合。嗣後不必兼禮部銜。仍稱理藩院尚書侍郎。其印文亦著改正鑄給。

四月。經略大學士洪承疇乞休。優旨允之。給三等阿達哈哈番襲四次。

戊申。賜馬世俊等三百八十三人進士及第出身有差。

五月。殺江蘇秀才倪用賓等十八人。初、江蘇吳縣知縣任維初貪酷。諸生倪用賓等於世祖遺詔到蘇巡撫等官哭臨之時。聚哭於文廟。並至府堂進揭帖。巡撫朱國治等指爲震驚先帝之靈。聚衆倡亂。搖動人心。請嚴加法處。奉旨遣侍郎葉尼等往勘。皆定爲不分首從處斬。

管左都御史事阿思哈奏各省巡按差宜停止。從之。

六月。左都御史魏裔介請定司道三年久任之法。從之。

癸巳。大學士傅以漸以病乞休。允之。

七月。復設內三院。巴哈納金之俊胡世安爲內祕書院大學士。額色黑成克鞏衛周祚爲內國史院大學士。蔣赫德李霨爲內弘文院大學士。

癸卯。罷進士觀政例。

八月。命直隸各省各設總督一員。駐紮省城。

九月癸未。以蘇納海爲內國史院大學士。

增設直隸山西山東河南雲南五省提督。

十月。殺鄭芝龍並其子鄭世恩鄭世蔭等。滅其族。鄭芝豹當鄭成功抗命時。即投誠來歸。並其子俱免死。

戶部奏山東省臨街房屋徵收銀兩。乃明末加增積弊。當一體豁免。從之。

甲寅。命前明宗室投誠者。王等以下仍照前起送來京。其鎮國將軍以下。查照投誠功績。酌量錄用。

以直隸已設總督。裁順天巡撫。歸保定巡撫兼管。

內國史院大學士額色黑卒。予諡文恪。

辛未。命都統濟世哈爲靖東將軍。統領滿漢官兵。征剿山東于七。

十一月己卯。授歸化將軍莫敬耀之子莫元淸爲安南國都統使。

壬午。內祕書院大學士胡世安以病乞休。允之。

癸巳。命山東總督移駐濟南府。提督移駐靑州府。湖廣總督移駐武昌府。提督移駐荆州府。

戊戌。御史胡秉忠奏。直隸各省州縣衞所編審花戶人丁。俱沿襲舊數。壯不加丁。老不除籍。差役偏枯不均。或流入邪教。或逃竄盜藪。或投遁他鄉。漏戶逋糧。爲害匪細。請敕有司覈實。年十六以上成丁。六十七十准與豁免。其充僧道無度牒者。悉令爲農。從之。

十二月。始命武官內千總把總給與品級。

辛亥。命廣東提督駐紮惠州府。江西提督駐紮贛州府。陝西提督駐紮秦州。四川提督駐紮雅州。廣西提督駐紮南甯府。雲南提督駐紮永昌府。貴州提督駐紮安順府。

壬子。命保定巡撫移駐正定府。

辛酉諭。前因滇閩用兵。錢糧不足。於直隸各省田賦照明末練餉例。暫加一錢。今自康熙元年始。通行停止。

清史綱要

卷三

○康熙元年壬寅。正月辛丑。御史趙祥星奏。江南省上江下江學道二員。湖廣省湖北湖南學道二員。應俱裁併歸一。從之。

二月庚午。先是、平西大將軍吳三桂定西將軍內大臣公愛星阿等。奉命征緬。兩路進兵。於順治十八年十一月初八日。會師木邦。明晉王李定國先奔景線。鞏昌王白文選道據錫波。憑江爲險。清兵自木邦晝夜行三百餘里。臨江造筏將渡。白文選復奔茶山。吳三桂愛星阿令偏師追之。自領大軍直趨緬城。先遣人傳諭緬酋。令執送明永曆朱由榔。否則兵臨城下。緬酋震懼。遂執朱由榔獻諸軍前。殺明華亭侯王維恭等一百餘人。總兵官馬寧等追及白文選於猛養。文選降。班師。留提督張勇一萬人守普洱。備定國。未幾。定國死於景線。其子嗣興出降。於是桂藩之局結。

三月甲戌。尊世祖章皇帝陵曰孝陵。

癸未。吏部遵旨議覆。嗣後大計。布政使按察使俱停其親行入覲，布政使以參政或參議道一員。按察使以副使或僉事道一員代覲。從之。

四月。吏部議覆總督加兵部銜。巡撫既停止提督軍務。應加工部銜。從之。

五月。賞平滇功進封吳三桂親王。雲貴二省自總督巡撫以下。悉聽節制。

庚子。靖東將軍都統濟世哈蕩平山東班師。

七月壬申。以車克爲內祕書院大學士。

八月辛丑。大學士金之俊以年老乞休。命以原官致仕。

己酉。命協鎮廣東將軍駐肇慶府。

九月壬午。裁延綏巡撫。

十月壬寅。調成克鞏爲內祕書院大學士。

癸卯。尊皇太后爲太皇太后。尊皇后爲仁憲皇太后。母后爲慈和皇太后。頒詔天下。

十一月乙亥。戶科給事中史彪古奏。河工官員宜久任以專考成。請將沿河州縣升沿河府廳。沿河府廳升沿河道員。庶駕輕就熟。爲長治久安之計。下部議行。

康熙二年癸卯。二月庚子。停止六部漢司官內外京堂例。

庚戌。慈和皇太后崩。

壬戌。封土默特鎮國公古睦爲貝子。

平西王吳三桂奏請雲南提督駐紮大理府。從之。

三月己巳。命廣東總督移駐廣州府。

癸未。調蔣赫德爲內國史院大學士。

壬辰。荷蘭國遣出海王統領兵船至福建閩安鎮。助剿海寇。帝嘉之。賜銀幣有差。

以輔臣公鰲拜子那摩佛爲領侍衛內大臣。

四月甲寅。大學士成克鞏以病乞假。命解任調理。

五月。浙江湖州莊胤城私刻明史。凡書內有名之人皆坐誅。初、莊胤城之子竊明朱國楨所著史稿改竄之。其子死。胤城刻行之。其中頗有觸忌語。歸安縣知縣吳之榮索賄不遂。首告之。凡書中有名之士。及官吏失察與刊刻收藏之人。皆坐死。

丙子。以孫廷銓爲內祕書院大學士。

七月。浙江提督二等侯田雄卒。謚毅勇。雄在前明爲總兵。豫王征江南。雄與總兵馬騑功縛其王朱由崧來獻。

壬辰。予故內大臣二等伯伊爾登謚忠直。伊爾登。宏毅公額亦都第十子也。

八月。禮部遵旨議覆鄉會考試停止八股文。改用策論表判。頭場策五篇。二場論二篇。表一篇。判五道。以甲辰科爲始。從之。

乙巳。復行滿洲蒙古漢軍繙譯鄉試。

福建延平建寧等處賊首王鐵佛等作亂。官兵討禽之。

十一月乙丑。戶部遵旨議覆。凡外國進貢之人帶來貿易物件。應令崇文門監督止記册報部。不必收稅。從之。

初、吳三桂由保寧趨遵義。祇定川北入滇一路。其後川南川西以次平定。而川東之亂復熾。四川總督李國英奏言。蜀寇竄入湖南陝西邊界。請三省會剿。詔都統穆里瑪爲征西將軍。都統圖海爲定西將軍。統兵往剿。於是以荆州宜昌兵平遠安興山巴東歸州之亂。以興安鄖陽兵平房縣竹山之亂。以四川兵平夔州建始巫山大寧大昌之亂。刻期並進。截其走路。斬劉體純於巫山之天池寨。禽袁宗第於黃草坪。又禽東安王朱盛濃等於小尖寨。郝搖旗等皆伏誅。川東底定。

鄭成功自江南敗歸。出沒羣島。乃謀奪取臺灣爲根據。臺灣爲荷蘭所有。置揆一王主之。成功以兵迫之。荷蘭不能守。乃棄之而去。成功既得臺灣。以赤嵌城爲承天府。置天興萬年二縣。康熙元年。成功卒。年三十有九。長子經守廈門。入臺嗣立。成功弟世襲謀據其位。爲經所殺。靖南王耿繼茂總督李率泰。以書招之。不報。

十二月甲午。靖南王耿繼茂等奏。臣等率大軍渡海攻克廈門。乘勝取浯嶼金門二島。

康熙三年甲辰正月。平西王吳三桂奏進剿廣西隴納山寇。妖人阿仲伏誅。

癸巳。裁會試中式副榜。

三月丙戌。賜嚴我斯等一百九十九人進士及第出身有差。

四月己亥。輔政大臣鰲拜與內大臣飛揚古有隙。坐以守陵怨望。並其子尼侃薩哈連俱坐絞。

丙午。遣內秘書院編修吳光。禮部司務朱志遠。往諭祭安南國王黎維祺。

五月己卯。命廣西總督自梧州移駐省城。

甲申。禁直省繫囚毋用非刑苛虐。

六月。以巴泰爲內國史院大學士。

李率泰以病求罷。以朱昌祚爲福建總督。

張煌言自蕪湖敗歸。變姓名。展轉山中。由天台入海。嘗以書抵鄭成功。勸其以兵內嚮。成功不能用。及成功沒於臺灣。煌言亦盡散其部曲。攜二僕。逃於海中之花嶴。官兵偵知之。煌言嘗蓄二猿。見人至輒大號。

因得爲備。官兵從山後覓路而入。猝至其臥所。遂被禽。煌言不屈。死於杭州。

七月己亥。禁外國餽遺邊藩督撫。

丁未。以福建水師提督施琅爲靖海將軍。周全斌楊富副之。征臺灣。

八月己卯。湖廣總督張長庚奏。官兵環攻茅麓山。李來亨全家自縊。舉火焚巢。楚亂肅淸。下部議敍。穆里瑪圖海班師回京。

十月丙寅。靖南王耿繼茂奏。荷蘭國出海王於八月十六日帶領番船十隻。番兵千人。抵閩安鎮。約九月二十日至圍頭取齊。於十月初旬往攻澎湖。候風便進取臺灣。下部知之。

十一月甲午。內祕書院大學士孫廷銓以疾乞假。允之。

丁未。以魏裔介爲祕書院大學士。

甲戌。金星生白氣。長三丈餘。

詔武職官員由吏部題補者。改歸兵部。

給事中楊雍建奏言。本年十月初旬彗星見。經五十餘日。歷一十三宿。乞力圖修省。廣求直言。帝是之。

康熙四年乙巳。正月。先是、帝以內外大小官員歷俸三年考滿。視其稱職與否。即可分別去留。其京察大計。應行停止。至是以御史季振宜言。命復舊。

封承澤親王碩色子博翁果諾爲惠郡王。

山東巡撫周有德奏請復孤貧口糧以恤無告。從之。

二月己巳平西王吳三桂奏進征水西酋安坤就禽蠻方大定下部議敍。

丁丑。喀爾喀巴爾布冰圖台吉來歸。封爲多羅貝勒。

丙戌。以彗星見。詔臣工言闕失。

三月辛卯。以星變地震肆赦。免順治十八年以前逋賦。

以山西去年旱。有司不時上聞。致饑饉失所。詔吏部議罪。免晉省積逋及今年賦。

金星晝見。

壬辰。詔州縣收夏秋稅糧。毋隔年豫徵。以紓民力。

復鄉會試三場舊制。仍用八股文取士。

原任大學士經略洪承疇卒。謚文襄。承疇奉命鎮江寧。駐防總管巴山張大猷奏得明魯王封承疇國公。及其總兵王斌卿致承疇與巡撫土國寶書。有伏爲内應殺巴張二將則江南不足定語。帝下詔慰諭承疇曰。朕灼知賊計眞同兒戲。因卿等皆我朝得力大臣。故反間以圖陰陷。朕豈墮此小人之計耶。承疇讀詔感泣。

四月戊辰。命補授部院卿貳督撫等官。仍行九卿科道會推例。

五月丁未。議政王貝勒大臣九卿科道會議。吏部奏請裁併督撫一疏。得旨。湖廣四川福建浙江四省。仍各留總督一員。貴州總督裁併雲南。廣西總督裁併廣東。江西總督裁併江南。山西總督裁併陝西。直隸山東河南設一總督。總督三省事。其鳳陽巡撫。寧夏巡撫。南贛巡撫。俱裁去。

平西王吳三桂請以水西地設三府。從之。

六月。平西王吳三桂奏。雲南省城迤東土酋王耀祖等。窺臣遠征水西。竊據新興。僭號大慶。官兵破禽之。

七月辛卯。聘皇后何舍里氏。內大臣噶布喇女也。

八月甲寅。減廣西鹽引額十之六。

九月辛卯。册何舍里氏爲皇后。

十月。贈故廣東饒平總兵官吳六奇少師兼太子太師。諡順恪。六奇少貧。常乞食他郡。習山川險易。降後爲大軍嚮導。所至立功。

十二月庚午。江南江西總督郎廷佐奏。溧陽縣民顧起龍等獲玉璽。篆文人心惟危道心惟微惟精惟一允執厥中十六字。遣官齎送。命貯內庫。

康熙五年丙午。正月。平西王吳三桂奏。土酋祿昌賢等作亂。官兵討平之。得旨嘉奬。

丁未。福建總督李率泰卒。遺疏言海禁太嚴。遷移之民。盡失故業。宜略寬界限。俾獲耕漁。稍蘇殘喘。

二月甲寅。吏部議覆平西王吳三桂奏。貴州總督舊駐安順。雲南總督舊駐曲靖。合併爲雲貴總督。宜駐貴陽。從之。

三月丙午。喀爾喀台吉滾布什希等率領四部落共五百九十八來歸。

五月。廣西廣東總督盧興祖奏。安南國王黎維禧繳送明永歷敕命一道。金印一顆。帝嘉之。封黎維禧爲安南國王。

丁未。命直隸各省督撫。咨禁離任官員。不得逗留原任地方。

六月己未。增設滿漢六科給事中各一。

辛未。停崇文門監督出京貨物稅。

八月壬子。厄魯特顧實汗幼弟之子伊斯丹津爲其兄弟所迫。棄妻子來歸。封爲多羅郡王。

庚午。平西王吳三桂奏。滇東諸酋削平。請改設流官。下部議行。

前內秘書院大學士范文程卒。諡文肅。文程嘗言天下治安。惟在得賢。庶官中有一眚不掩者。悉爲奏請湔雪。後皆稱職。於直臣善類。保全尤多。世皆稱其德量。

十二月。大學士戶部尚書蘇納海等。俱以忤輔臣鰲拜獲罪。先是睿親王以鑲黃旗應得之地給與正白旗。而別給鑲黃旗地於右翼之末。事已二十餘年。旗民安業。及鰲拜輔政。與蘇克薩哈不協。鰲拜隸鑲黃旗。蘇克薩哈隸正白旗。乃以私意倡互相圈換之議。蘇納海與總督朱昌祚巡撫王登聯爭言其不便。疏入。鰲拜大怒。欲置三人於死。帝不允。鰲拜乃矯詔處以絞罪。家產皆籍沒。人皆冤之。

康熙六年丁未。命定南王孔有德壻孫延齡爲廣西將軍。初、有德殉難廣西。其子亦爲李定國所殺。有女曰四貞。詔養之宮中。視郡主食俸。長適延齡。至是命鎮守廣西。悉轄定南舊部。

二月丁卯。以班布爾善爲內祕書院大學士。圖海爲內宏文院大學士。

先是、水西之亂。烏撒女酋隴氏應之。平西王吳三桂討禽之。蠻荒復定。

四月甲子。江南民人沈天甫呂中夏麟奇等撰逆詩二卷。詭稱黃尊素等百七十六人作。陳濟生編集。故明大學士吳性等六人爲之序。沈天甫使夏麟奇詣吳性之子中書吳元萊所。詐索財物。吳元萊察其書非父手蹟。控於巡城御史以聞。帝以奸民誑稱謀叛。誣陷平民。大干法紀。下所司嚴鞫。沈天甫等皆棄市。其被誣者不問。

封大學士索尼爲一等公。

五月辛酉。吳三桂以目疾求解雲貴兩省事務。部議令照各省例。歸督撫管理。其大小文官由部題授。從之。

六月。順天府府尹李天浴奏。徵收錢糧。請夏稅定於五六月。秋稅定於九十月。部議不准。奉旨允行。

丙申。輔政大臣一等公索尼卒。謚文忠。時鰲拜專政。與蘇克薩哈不協。率以事忿爭。索尼惡之而無如之何。

七月己酉。帝親政。先是三月間。輔政大臣索尼等奏請親政。疏留中未發。後以太皇太后諭。命禮部擇吉日以聞。是日御太和殿受賀。詔加恩中外。罪非殊死。皆赦除之。

甲寅。命武官照文官例。一體引見。

吏部奏議政王等會議裁官一疏。應將河南等十一省俱留布政使各一員。停左右布政使之名。至江南陝西湖廣三省。俱有布政使各二員。駐紮各處分理。又裁各省守巡道一百八員。推官一百四十二員。得旨允行。

蘇克薩哈旣與鰲拜不合。奏求守陵。鰲拜必欲置之死。奏言其怨望。並諷王大臣等列其二十四大罪。應凌遲處死。帝悉其情。持不下。鰲拜攘臂帝前。強奏累日。竟坐蘇克薩哈處絞。其子查克旦等俱凌遲處死。弟姪皆斬決。並殺其族人白爾赫圖等。

加恩輔政大臣遏必隆鰲拜俱授一等公。

九月丁卯。停今年秋決。

雲南貴州總督卞三元。提督張國柱李本深。合詞請平西王吳三桂仍總管滇黔事務。優詔不允。
十月壬午。喀爾喀畢錫勒爾圖汗之子根敦代青台吉率衆來歸。封爲輔國公。
十一月。以親理大政加上太皇太后皇太后徽號。頒詔加恩中外。罪非常赦所不原者。咸赦除之。
康熙七年戊申正月。先是、御史楊維喬奏昔世祖章皇帝時。凡引見官員。皆跪奏履歷。今見諸臣引見俱不跪。於尊卑之分未合。得旨仍行跪奏禮。
二月壬申。定各省督撫薦舉屬員額數。
己卯。內國史院大學士巴泰以疾請解任。命以原官致仕。
乙酉。詔訪求精通天文占候者。
三月己未。停巡視茶馬差。
命科道缺出。可就有司內舉賢能素著者。行取來京。聽候選用。
命內外官民果有寃抑。於通政使司登聞鼓衙門告理。停叩閽之例。
四月己巳。吏部等衙門遵旨議覆。嗣後巡視鹽政。不必專差御史。應於六部滿漢司官內擇選賢能之員。一併差遣。從之。
浙江嘉善民郁之章有罪。流徙尙陽堡。其子郁褎郁廣爭請代父之徙所。部議不允。帝矜其孝友。特並宥之。
甲申。停巡倉御史差。
癸巳。金星見午位。色微暗。
五月乙卯。以旱飭廷臣修職業。詔內外清理刑獄。釋輕繫。重囚可矜疑者。減罪一等。
六月癸酉。金星晝見。
平南王尙可喜奏請遣子之信入侍。允之。
戊午。革職漕運總督吳惟華密奏。請徵各州縣鎮市房號銀兩。及江南三十餘州。令民納價耕種。帝惡其害民斂財。交刑部議罪。
八月癸未。命刑部酌定見行則例。詳晰分款。陸續進覽。
九月庚子。金星晝見。
癸卯。以對喀納爲內國史院大學士。
十月庚寅。裁湖廣總督。
康熙八年己酉。正月。致仕吏部尙書明安達禮卒。謚敏果。
三月。授西洋人南懷仁爲欽天監監副。初。順治二年。西洋人湯若望至京師。上書言新法。世祖令與南懷仁同入欽天監。以西法造時憲書。頒行天下。而新安衞人楊光先首攻之。世祖以光先爲欽天監監正。罷西法不用。既而光先論閏法多不合。而南懷仁以議移八年十二月閏於明年二月。得旨允行。遂授南懷仁欽天監監副。光先坐遣戍。

四月丙寅。內國史院大學士衞周祚以疾請假。命回籍調理。

癸酉。以杜立德爲內國史院大學士。

丁丑。帝幸大學。釋奠先師孔子。

五月己亥。內祕書院學士禪布奏。伊祖達海巴克式蒙賜謚文成。請立石碑以光永久。得旨。達海巴克式通滿漢文字。於滿書加添圈點。俾得分明。又照漢字增造字樣。於今賴之。准其立碑。

鰲拜結黨擅權。驕恣日甚。帝惡之。乃與索額圖謀。因其入見。令武士執之。命王公大臣議其罪。康親王傑書勘問鰲拜罪三十款。帝親加鞫問。情罪俱實。諸臣請置於理。帝以鰲拜顧命大臣。且宣力先朝。特宥其一死。從寬革職籍沒。仍行拘禁。子那摩佛亦免死。其弟穆里瑪姪塞本得俱伏誅。遏必隆不豫行糾劾。帝念其爲勳臣之子。且其咎止於因循瞻徇。未嘗躬蹈重愆。特宥其罪。命仍以公爵宿衞內廷。其黨班布爾善阿思哈噶褚哈泰璧圖訥莫俱立斬。後鰲拜死。乃釋那摩佛於獄。卒於家。方鰲拜將敗。侍讀熊賜履遵旨條奏時政。有曰。內臣者。外臣之表也。又曰。急公喜事。但知趨目前尺寸之利。以便其私圖。鰲拜惡其侵已。請治以妄言之罪。並請申禁言官。不得上書陳奏。帝不許。

六月。康親王傑書奏內大臣巴哈係鰲拜胞弟。應革職立斬。家產籍沒。帝以巴哈效力有年。免其籍沒革職爲民。

癸酉。帝以直省罪囚舊遣恤刑官審錄。今恤刑罷遣。遇熱審時有非實犯死罪者。宜具題減等。如在京法司例。命刑部通行直隸各省。永著爲令。

戊寅。諭戶部。朕纘承祖宗丕基。乂安天下。撫育羣生。滿漢軍民。原無異視。比年以來。復將民間田地圈給旗下。以致民生失業。衣食無資。深爲可憫。自後永行停止。其今年所已圈者。悉令給還。

七月。裁直隸山東河南總督。

丁酉。給還蘇克薩哈並其族白爾赫圖世職。

己亥。以京師旱。命清理刑獄。

八月甲申。命索額圖爲內國史院大學士。

追賜故尚書蘇納海謚襄愍。直隸總督朱昌祚謚勤愍。直隸巡撫王登聯謚愨愍。各廕其子入監讀書。

九月。大學士都統圖海奏。臣以一身而膺二任。才愧兼長。且以國家文武分途之制。乞解機務。專力戎行。得旨。卿才猷敏練。不必控辭。

乙卯。康親王傑書奏。文武既分職掌。巡撫例不管兵。但有未設總督之省。如遇軍需急務。提督總兵仍應會同巡撫料理。至副將以下武職官員若有貪酷殃民侵餉等事。亦應巡撫察實題參。從之。

十二月庚申。雲南貴州總督甘文焜奏。阿戎作亂。踞阿魯山。副將冶秉忠禽斬之。其黨悉平。

丁卯。金星晝見。

復舉人揀選知縣例。

康熙九年庚戌。正月乙巳。復設河南分守河北道。分巡南汝道。

二月丙寅。復設浙江分巡寧紹道。分巡溫台道。分守杭嘉湖道。分守金衢嚴道。

癸未。諭刑部。向例流徙尚陽堡寧古塔罪人。惟六月停遣。今思十月至正月。俱嚴寒之候。罪人貧者殊多。凍斃可憫。繼自今自十月至正月。俱勿遣。

閏二月癸巳。復設湖廣分守岳常道。分巡辰沅靖道。分守衡永郴道。

致仕內國史院大學士金之俊卒。諡文通。之俊在明官兵部侍郎。闖賊入京師。不能死。被拷掠。大兵至。之俊降。以原官起用。頗以建白聞。

三月辛酉。賜蔡啓僔等二百九十二人進士及第出身有差。

庚午。復設四川湖廣總督。福建總督。

議政王等遵旨議覆。滿洲大學士尚書左都御史俱一品。侍郎學士副都御史通政使大理寺卿俱二品。漢大學士五品。今爲二品。尚書左都御史俱二品。侍郎學士副都御史通政使大理寺俱三品。滿洲郎中三品。員外郎四品。漢郎中正五品。員外郎從五品。今若將漢人官員品級與滿洲畫一。則在外升調品級不符。查順治十五年。曾將滿洲官員與漢人畫一。康熙六年改爲照舊。今應將滿洲官員品級照順治十五年之例。其見在品級。仍准存留。以後照此補授。從之。

四月丁亥。復設江南分守蘇松常道。分巡鳳廬道。分巡徽寧道。福建分守興泉道。分巡延建邵道。

己丑。以蔡毓榮爲四川湖廣總督。

河決歸仁堤。淮揚等處田地被淹。命督撫設法賑濟。

五月。吏部題。推官已裁。二甲三甲進士。俱應以知縣用。從之。

七月辛酉。復設江西驛鹽道。分巡贛南道。分巡饒九南道。

八月。命改內三院爲內閣。

丁酉。帝奉太皇太后皇太后謁孝陵。壬子。還京師。

九月。命禮部於官學生內。每旗選取十名。交欽天監分科學習。有精通者。候滿漢博士缺出補用。

十月。改內三院大學士銜。以圖海巴泰爲中和殿大學士。兼禮部尚書。索額圖李霨爲保和殿大學士。兼戶部尙書。杜立德爲保和殿大學士。兼禮部尙書。對喀納爲文華殿大學士。管刑部尙書事。

十一月己未。戶部奏。嗣後總督巡撫自一品二品推授者。仍照原品支俸。自三品以下推授者。俱支三品俸。永著爲例。從之。

壬午。改內祕書院大學士魏裔介爲保和殿大學士。兼禮部尙書。

康熙十年辛亥正月戊辰。靖南王耿繼茂奏。舊疾增劇。請令子精忠暫管軍務。許之。

癸酉。封世祖章皇帝第五子常寧爲和碩恭親王。

罷各部院及各省將軍衙門通事。

庚辰。大學士魏裔介以病乞休。命回籍調理。

辛巳。大學士等奏品級考告成。命刊刻遵行。

二月丁酉。以馮溥爲文華殿大學士。

丁未。命編纂孝經衍義。

己酉。考察八旗官。

三月癸丑。置日講官。

四月癸未。復設山西雁平巡道。河東守道。

戶部遵旨議覆。淮揚饑民應發銀六萬兩賑濟。得旨。饑民待食甚迫。予銀無益。著截留漕糧六萬石。並各倉米四萬石。遣侍郎田逢吉會同督撫散給。

五月。予故靖南王耿繼茂謚忠敏。以其子精忠襲爵。

御史趙璟奏言。各官薪俸太薄。比之順治四年所定官員經費錄內。減去數倍。今總督每年支俸一百五十五兩。巡撫一百三十兩。至知縣止四十五兩。每月三兩零。不足五六日之費。不取之百姓。勢必飢寒。若督撫勢必取之下屬。所以懲貪而愈貪也。請將本省應征稅銀。與納贖之款。加增官員俸祿。疏入。報聞。

六月。甲午。金星晝見。

七月。御史徐旭齡奏。降調官員。每有百姓保留。其中不無情弊。請行禁止。從之。

戊寅。國子監祭酒查祿請照世祖章皇帝舊例。每科各省鄉試各取副榜若干名。送監肄業。下部議行。

諭禮部編輯會典。送內院纂修。頒行天下。

九月。辛亥。帝奉太皇太后皇太后至盛京。謁陵。

十一月。庚戌。還京師。

庚午。復設貴州平大黔威守道一。駐大定府。

十二月。罷民間養馬及用馬駕車之禁。

康熙十一年壬子。四月。召原任大學士衞周祚來京。令入閣辦事。

六月。頒聖諭十六條。曰敦孝弟以重人倫。曰篤宗族之昭雍睦。曰和鄉黨以息爭訟。曰重農業以足衣食。曰尙節儉以惜財用。曰隆學校以端士習。曰黜異端以崇正學。曰講法律以儆愚頑。曰明禮讓以厚風俗。曰務本業以定民志。曰訓子弟以禁非爲。曰息誣告以全良善。曰誡窩逃以免株連。曰完錢糧以省催科。曰聯保甲以弭盜賊。曰解讎忿以全性命。

徵明翰林院編修葛世振。不至。

閏七月。戶部議准給事中趙之符奏。查順治十六年出征湖南時。平西王並經略巡撫等會議。因糧米不敷。以四斛作一石徵收。今地方已定。此加徵兩斛米麥。應於康熙十二年爲始。除免。從之。

八月丁未。議政王大臣等議覆御史孟熊飛奏。孫可望係流寇張獻忠餘黨。復爲李定國所敗。衆散勢孤。窮蹙乞降。前有重大之罪。後無纖微之勞。我國家格外殊恩。授以義王顯爵。及伊身死。已襲替二次。今孫徵淳沒。若令再襲。則後此世世冒濫無已。應請停其襲封。或減等降封。應如所請。降授義公。得旨。改爲慕義公。

九月丁酉。命福建總督自漳州移駐省城。

十二月。裕親王福全奏辭議政。允之。

己未。康親王傑書安親王岳樂順承王郡勒爾錦貝勒察尼董額尙善奏辭議政。不允。

丁卯。大學士衞周祚以老病乞休。命以原官致仕。

康熙十二年。癸丑正月甲申。予故致仕內祕書院大學士馮銓諡文敏。銓在前明附魏忠賢。與東林爲難。士論薄之。

二月。戶部議准貴州巡撫曹申吉奏。設官分職。上下相維。天下之通義。獨黔省知府知縣。各有親轄地方。分徵錢糧。並無經徵督徵之異。非所以定經制而專責成也。請將貴陽安順平越都勻鎭遠思南銅仁七府知府經管之地方錢糧。各歸知縣管理。從之。

三月癸巳。賜韓菼等一百六十六人進士及第出身有差。

中和殿大學士巴泰以老病乞休。命原官致仕。

四月辛亥。諭學士傅達禮。滿漢文義照字翻譯。可通用者甚多。後生子弟。漸致差謬。爾可將滿語照漢文字彙。發明某字應如何用。某字當某處用。集成一書。使有益於後學。

丁巳。封暹羅國森烈拍臘照古龍拍臘馬嘑陸坤司由提呀菩埃爲暹羅國王。

六月庚申。金星晝見。

七月壬午。命重修太宗文皇帝實錄。

十一月辛巳。復設浙江驛傳道。

十二月。禮部尙書龔鼎孳卒。賜諡端毅。明崇禎末。李自成陷京師。鼎孳降賊。授僞直指使。睿王定京師。鼎孳迎降。

甲寅。御史馬大士奏。各部堂官奏事時。應合滿漢司官一體隨班入奏。從之。

吳三桂反於雲南。先是、尙可喜受制於其子之信。用其客金光計。冀見帝得自陳。遂於是年三月。上疏請歸老遼東。而留其子之信鎭粤。部議令其盡撤藩兵回籍。三桂精忠聞之。亦爭請撤兵。以探朝旨。廷臣多言其不便。惟戶部尙書米思翰。兵部尙書明珠。刑部尙書莫洛等。議從其請。三桂初冀朝廷慰留。得如沐氏故事。及詔下。大失所望。乃與其黨聚謀。陰勒兵馬。禁止郵傳。朝遣侍郎哲可肯。學士傅達禮至滇。辦理撤藩事。並促其行期。三桂遂於十一月殺巡撫朱國治。發兵反。移檄遠近。自稱天下都招討兵馬大元帥。以明年爲周元年。蓄髮易衣冠。旗幟皆白。貴州巡撫曹申吉。貴州提督李本深。雲南提督張國柱。皆從反。雲貴總督甘文焜在貴陽聞變。與其下十餘人馳至鎭遠。爲三桂黨所遮。死之。有郎中党務禮。薩穆哈在黔督理移藩舟馬。疾馳十二日至闕上變。湖廣總督蔡毓榮亦奏至。舉朝震動。大學士索額圖請誅諸臣之主撤藩者。帝不許。惟馳詔止閩粤二藩勿徙。削三桂官爵。下其子世熊於獄。先遣都統巴爾布等率滿洲精騎三千由荊州守常德。命都統珠滿以兵三千由武昌赴守岳州。命都督尼雅翰赫業席布根特穆占佟國瑤等。分馳西安。漢中安慶兗州鄖陽汝寧南昌諸要地。聽調遣。命順承郡王勒爾錦爲寧南靖寇大將軍。統師至荊州。又以滇蜀接壤。命西安將軍瓦爾喀率騎兵赴蜀。大學士莫洛經略陝西軍事。

同時又有楊起隆者。詐稱朱三太子。改元廣德。其黨以白布裹頭。約於京城內外放火舉事。潛聚降將周全斌家。全斌之子周公直家人陳益等與焉。鑲黃旗監生郎廷樞首告其事。正黃旗滿洲都統圖海漢軍都統祖承烈等。以兵圍周公直家。生擒其黨數百人。磔於市。惟起隆遁去。

以廣西境鄰貴州。授孫延齡爲撫蠻將軍。以線國安爲都統。令統兵固守。

康熙十三年甲寅。正月乙亥。寧南靖寇大將軍順承郡王勒爾錦啓行。帝出西長安門送之。三桂遣其將馬寶。由貴州犯湖南。遂陷沅州。總兵崔世祿被執。巡撫盧震棄長沙。遁走岳州。三桂兵進攻常德。原任提督楊遇明寄居城中爲內應。常德亦陷。提督桑格援兵至。不得入。退還澧州。已應三桂。長沙副將黃正卿參將陳武衡又以長沙降三桂。三桂兵至岳州。參將李國棟應之。岳州亦陷。

四川巡撫羅森提督鄭蛟麟總兵譚洪吳之茂以四川應三桂。

庚寅。封世祖章皇帝子隆禧爲和碩純親王。

二月丁酉。欽天監奏欽造儀象告成。進呈新製靈臺儀象志。加南懷仁太常寺卿。

癸卯。命四川另設總督巡撫各一。

辛酉。予故一等公遏必隆諡恪僖。遏必隆爲額爾都十六子。和碩公主所出。復以册立孝昭仁皇后。推恩所生。特旨令立家廟。

加莫洛武英殿大學士。賜之敕印。經略陝西。

廣西將軍孫延齡執巡撫馬雄鎮。叛降於吳三桂。

三月乙丑。甘肅提督張勇舉首吳之茂逆書。並執來使。帝嘉之。命從優議敍。

耿精忠據福建反。總督范承謨不屈。囚之。巡撫劉秉政從反。精忠遣曾養性取浙東。陷溫台處諸州。浙江總督李之芳聞變。疾馳扼衢州。分兵守常山要路。養性以兵數萬窺衢州。李之芳親自臨陣。大敗其衆。養性以故不得越衢而西。帝使其弟耿聚忠賫敕往至衢州。拒不納。命內大臣希爾根爲定南將軍。帥師赴江西討耿精忠。

命尙之孝襲封平南王。

殺吳應熊。其餘幼子。俱免死入官。

平南王尙可喜奏吳三桂遣人與臣書。臣擒執其人。並書奏聞。得旨嘉奬。

五月。皇后崩。諡仁孝皇后。

岳州既陷。吳三桂勢猖獗。親赴常德督兵。而令其將守岳州。備禦甚設。布重兵於澧州石首華容松滋間。

爲犄角。我兵雲集荆襄武昌宜昌諸郡。無敢渡江攖其鋒者。三桂以荆楚大兵扼其前。乃使其將一由長沙窺江西。一由四川窺陝西。其江西之兵。入袁州。陷萍鄉安福上高。與耿精忠之兵合。陷三十餘城。帝命貝勒尚善爲安遠靖寇大將軍。出江西。又以簡親王喇布爲揚威大將軍。鎮江南。而定西將軍貝子洞鄂與莫洛。由陝入蜀。奉命大將軍康親王傑書與貝子傅喇塔。由浙入閩。而命尚可喜與總督金光祖討孫延齡。

王輔臣反於陝西。輔臣本姜瓖部校。殺瓖來降。授侍衛。從清兵入滇。隸三桂部下。三桂初反。誘以官爵。輔臣遣其子繼楨赴京呈首。帝嘉之。特給世職。並繼楨四品官。後又通於三桂。

平南王尚可喜奏。潮州總兵官劉進忠暗通耿精忠。遂引閩兵入潮州城。

庚戌。浙江提督塞白理奏總兵祖宏勳以溫州叛。

七月庚辰。設江西總督。

八月壬寅。平寇將軍根特巴圖魯卒於軍。命副將軍哈爾哈齊爲平寇將軍。

己酉。復設江南徽寧道。駐徽州府。杭嚴巡道。駐嚴州府。

庚申。復設陝西南關守道。駐興安。

九月。廣西提督馬雄、左江總兵官郭義、俱降三桂。廣西全省震動。命安親王岳樂爲定遠平寇大將軍。帥師赴廣東。

十月己未。命廣東自督撫提鎮以下。俱聽平南王尚可喜節制。

十一月丁卯。太白星見。

十二月。王輔臣攻寧羌州。經略莫洛死之。貝勒董額退守漢中。帝切責統兵諸大臣遷延觀望。故有此變。因下親征之議。羣臣力諫。乃止。

調平寇將軍哈爾哈齊赴江寧。參贊大將軍簡親王軍務。鎮守江南。

康熙十四年乙卯。正月。進封尚可喜爲平南親王。

乙亥。遣使諭祭朝鮮國王李棩。謚莊恪。封嗣子李焞爲朝鮮國王。

二月辛丑。予故戶部尚書米斯翰謚敏果。米思翰力主撤藩。迨三桂精忠相繼叛。滇黔楚蜀閩粤悉爲所踞。僉言撤藩實速之變。人咸爲持議者危。帝諭廷臣曰。朕自少時。卽以三藩勢燄日熾。不可不撤。豈因其叛。遂諉過於人耶。置不問。

三月丁卯。命杭州都統喇哈達。赴康親王軍前贊畫。

命都統畢力克圖爲平逆將軍。帥師赴大同。

王輔臣之變。援師悉集西安。詔分千人守蘭州。貝子洞鄂留不遣。致秦州蘭州鞏昌定邊臨洮慶陽綏德延安花馬池相繼失。輔臣自據平涼。使其黨分據各郡。隴右皆陷。惟提督張勇。總兵孫思克王進寶陳福。各斬其招降之使。故河西陝西得不全陷。洞鄂督諸將移秦州。進攻平涼。張勇遣諸將復蘭延鞏諸州。自守鞏昌秦州。以隔蜀隴相通之路。詔以張勇爲靖逆將軍。便宜行事。命輔臣子賫敕招撫輔臣。雖具疏謝罪。而負嵎如故。與洞鄂相持一年不下。

同時又有蒙古察哈爾之變。初、太宗平察哈爾。走林丹汗。其子額哲以傳國寶來上。封親王。位冠四十九旗貝勒之上。其衆編旗安置義州。額哲卒。其弟襲爵。傳至布爾尼。當三桂之叛。徵其兵不至。旋煽奈曼等部。擁衆同叛。詔信郡王鄂扎爲大將軍。同副將軍圖海。率不附逆蒙古各部討之。是月。師次達祿。布爾尼設伏山谷。以兵三千來拒。我師進攻。伏發。敗土默特之軍。圖海分兵力戰。殲其接濟之衆四百。布爾尼乃悉衆出。用火器來攻。圖海令嚴陳以待。連擊大破之。布爾尼以三十騎遁去。科爾沁額駙沙津追斬之。

七月己卯。予故致仕保和殿大學士衛周祚諡文清。周祚居鄉謹厚。若未嘗任顯秩者。

遣使招降耿精忠。不至。

九月。王輔臣陷漢中。鎮西將軍席卜臣退回西安。

乙巳。予故文華殿大學士對喀納諡文端。

十一月。復設詹事府衙門。

十二月丙寅。立皇子胤礽爲皇太子。

康熙十五年丙辰。正月甲申。理藩院員外郎奏。寧夏提標兵變。提督陳福遇害。以西寧總兵官王進寶代之。

鄭經陷漳州。海澄公黃芳度全家死之。

二月癸丑。平南王尚可喜奏臣病日劇。寇在門庭。臣子尚之孝又統兵在潮。請遣威望大臣。以資彈壓。帝令王於諸子中擇才略素優者。遣赴潮州。整理軍務。尚之孝回省城。

壬戌。以都統大學士圖海爲撫遠大將軍。亟赴陝西。貝勒董額以下悉聽節制。以董額等攻平涼日久無功故也。

三月戊戌。復設嶺南兵巡道一。嶺東兵備道一。羅定州兵備道一。

賜彭定求等二百九人進士及第出身有差。

四月辛酉。江西總督董衞國奏。總兵官苗之秀副將吳啓鎮等相繼叛。

尚之信陰與三桂通。受招討大將軍稱號。於二月二十一日。守其父尚可喜第。倡兵作亂。鎮南將軍舒恕等引兵歸。副都統莽依圖自肇慶突圍出。總督金光祖巡撫佟養鉅陳洪明俱降三桂。

初、三桂遣王屏藩譚洪吳之茂三路分取秦隴。欲與平涼兵合。並令雲南總兵陸道清率苗猓千人入平涼助守。圖海至。督諸將一戰。大敗之於平涼城北。奪其虎山墩。斷其餉道。俯瞰城中。王輔臣懼。遂率其巡撫總兵等降。王屏藩吳之茂屢爲張勇王進寶所敗。遁回漢中。固原慶陽皆復。詔圖海留陝而令征南將軍穆占率滿兵及平涼兵移征湖南。

七月。大學士熊賜履以事被劾革職。

八月。以關隴略定。封圖海三等公。張勇王進寶孫思克恩賞有差。

九月。康親王傑書奏大兵已入閩境。帝命曉諭耿精忠速降。康親王之至浙江。破曾養性於衢州城外。引兵圍溫州。久而不下。而馬九玉方據江山常山開化三縣。與李之芳相持。會耿繼祚再犯建昌。忽棄營宵遁。帝知精忠必與鄭經互爭。乃命康親王傑書貝子傅喇塔撤圍溫之師。直取福建。初、精忠起事。即約鄭經以兵相助。許以漳泉二府給之。經掠潮惠二州。戕海澄公黃芳度於漳州。精忠復背割漳泉之約。遂與經交惡。經奪其泉漳汀邵諸府。遂爲清軍所乘。是年七月。傑書傅喇塔合軍赴衢州。大破馬九玉之衆。乘勝復江山。因長驅入仙霞關。直抵浦城。建陽建寧相繼下。曾養性聞之。舉溫州降。

十月。傑書兵抵延平。精忠大懼。先遣其子繼祚繳送印信。師至福州。精忠先殺總督范承謨以滅口。率所屬文武出降。帝命還精忠爵。仍使帥所部兵從征鄭經自效。

以耿精忠爲鎮閩將軍。鎮守福州。

十二月丁巳。尚之信遣人齎密奏至揚威大將軍簡親王喇布軍前乞降。喇布以聞。帝降敕諭之。許以立功自效。

康熙十六年丁巳。初、吳三桂得王輔臣之助。謀從秦蜀入犯。親至松滋。已而輔臣出降。張勇孫思克等四守要害。三桂不得逞。聞長沙圍急。乃自松滋回軍。自將援長沙。盡調夷陵南漳諸軍。合力堅守。帝以其併力守長沙。湖口各路守備必虛。命荊岳諸軍渡江急進。於是勒爾錦敗之於公安之虎渡口。使察尼敗之於澧州之太平街。尚善遣舟師入洞庭。克君山。獲其舟五十艘。時下游三桂兵少。望風潰遁。已而勒爾錦失利於太平街。退守荊州。於是長江之險。復爲所有。

四月。喇布等攻吉安。久而不下。韓大任糧盡遁走。喇布不追。勅降旨切責。時江西略定。三桂乃使馬寶胡國柱攻尚之信於韶州。以圖廣東。莽依圖既克江西。乃進兵南安。原任提督嚴日明以城降。三桂將郭義亦遁。清師遂踰嶺克南雄。直至韶州。尚之信聞清兵入粵。先遣其弟之瑛迎降。金光祖亦自肇慶至。之信又以書招原任高州總兵祖澤清。澤清以高雷廉三郡降。原任瓊州總兵佟國卿以瓊州降。廣東略定。詔之信襲其父平南郡王。已而劉進忠亦以潮州降。

六月。尚之信奏臣父尚可喜於去年二月兵變之後。投繯自盡。被左右救甦。憂鬱而卒。帝以可喜始終未改臣節。予謚曰敬。

七月。予故大學士伊圖謚文僖。

封世祖章皇帝乳母朴氏爲奉聖夫人。

大學士巴泰乞休。准以原官致仕。

以吏部尚書明珠戶部尚書覺羅勒德洪爲內閣大學士。

八月丙寅。立公遏必隆女鈕鈷祿氏爲皇后。

十一月。始設南書房。簡學士張英中書高士奇入直供奉。

十二月辛酉。太白晝見。

康熙十七年戊午正月乙未。詔舉博學鴻儒。不論已仕未仕。令在京三品以上及科道官。在外督撫布按。各舉所知。親試錄用。

初、孫延齡以廣西降三桂。以舊軍分設五鎮。每鎮兵二千。騷掠遠近。有傅宏烈者。舊爲慶陽知府。當三桂未叛時。嘗訐其不軌於朝。坐誣謫戍蒼梧。及是欲集兵圖恢復。思假其事權。乃佯受三桂倍勝將軍之號。入思州泗城廣南富川諸土司及交趾界。聯絡義勇。得五千人。遂移檄討三桂。三桂殺其家三百口於柳州。然不能害宏烈。宏烈以大義說延齡。延齡與其妻孔四貞謀。約宏烈往迓大軍。至卽反正。淸軍之入詔州。宏烈來迎。請獨當廣西一路。但當假以虛銜。且分給各土司印。以便號召。詔授宏烈廣西巡撫。撫蠻滅寇將軍。俾增募義兵。便宜行事。命額楚守韶。而莽依圖以兵八千。赴宏烈於廣西。命尚之信以兵三千助之。之信不遣兵。又不爲莽依圖具舟艦。師久不集。宏烈遂獨領所部萬餘。乘機先進。克梧克潯。下鬱林。所向皆捷。

二月。三桂將韓大任來降。詔驛送入京。

丁卯。皇后鈕鈷祿氏崩。

閏三月。莽依圖軍至廣西。進圍平樂。而三桂遣馬寶吳世琮急攻孫延齡於桂林。城陷。延齡死之。遂乘勝援平樂。莽依圖退回梧州。所復郡縣復陷。廣西巡撫馬雄鎮前爲延齡所囚。不屈。至是亦爲三桂所殺。高雷總兵祖澤清復叛。帝切責莽依圖退縮無能。令圖功贖罪。

五月。吳三桂始卽位於衡州。改元昭武。時三桂年六十有七矣。失陝西閩粵三大援。已而又失江西。清兵雲集湖湘間。彊宇日蹙。乃思竊帝位以自娛。其下亦爭勸進。三桂以衡州當兵衝。自長沙徙都之。改衡州爲定天府。置百官。封諸將。造新曆。舉雲貴鄉試。以號召遠近。殿瓦不及易黃。以漆髹之。搆蓬舍萬間爲朝房。適大風雨。潦草成禮而罷。

六月。予貝子傅喇塔謚惠獻。傅喇塔統兵入閩。精忠旣降。以積勞卒於軍。

八月。安遠靖寇大將軍貝勒尚善卒於軍。以貝勒察尼代之。

吳三桂以永興爲衡州門戶。相距僅百餘里。勢所必爭。遂召回馬寶王緒胡國柱等。併力進攻。都統伊里布副都統哈克山相繼戰沒。河外營壘。悉爲所據。前鋒統領碩岱等入城死守。三桂三面環攻。晝夜不息。簡親王喇布屯茶陵。不敢救。穆占在郴州。遣兵來援。亦不敢進。城壞於礮。囊土補之。且築且戰。近二十日。瀕危者屢矣。忽拔營而去。乃三桂已死。諸將俱召赴衡州故也。帝始以諸將暴師日久。復下親征之議。聞三桂死。乃罷。三桂孫世璠自滇至衡。始發喪。僭號改元洪化。迎喪還滇。

撫遠大將軍圖海請赴京面奏事宜。允之。以吳丹佩大將軍印。暫統其兵。

康熙十八年己未。正月。察尼復岳州。初、岳州之糧。俱取給於常德。而圍師僅守君山。敵船來往自如。至是。降將林興珠獻策。請以舟師分泊香蛇峽諸處。並立陸營於九貴山。以斷長沙衡州之路。敵可坐困。帝是之。命察尼如其法。水陸之圍始密。敵將杜輝遣人來約降。事泄。爲吳應麒絞死。城中糧日竭。總兵王度沖陳珀降。應麒棄城走。遂復岳州。

復設廣東潮州水師總兵官。

二月甲申。撫遠大將軍大學士圖海仍赴陝西。

三月丙申。試內外薦舉博學鴻詞一百四十三人於體仁閣。旋取一等彭孫遹等二十人。二等李來泰等三十人。俱以翰林官纂修明史。

戊午。賜歸允肅等一百五十一人進士及第出身有差。

七月。吏部等衙門議奏殉難首領佐貳等六品七品官之子。以縣丞錄用。八品九品官之子。以縣主簿錄用。未入流之子。以州吏目錄用。著爲例從之。

庚申。京師地震。詔羣臣各言政事得失。

九月。孫克思請緩取漢中興安。帝不悅。嚴旨申飭。

祖澤清既降復叛。至是被獲。械送來京。斬於市。

十月。河道總督靳輔請另開運河於駱馬湖之旁。詔如所請。

康熙十九年庚申。二月。內閣學士兼修明史徐元文。奏薦李淸黃宗羲姜宸英萬言汪懋麟曹溶黃虞稷等到館編修。從之。

四月丙寅。復設四川永寧總兵官。

戊寅。靖南王耿精忠奏請陛見。許之。

五月壬辰。移甘肅巡撫自鞏昌駐蘭州。

戊戌。贈浙閩總督范承謨太子少保。謚忠貞。

八月戊寅。保和殿大學士索額圖以病求罷。命於內大臣處上朝。

壬午。鎮南將軍莽依圖卒於軍。以都統勒貝代之。
先是、尙之信雖降。仍懷兩端。奉召輒不行。召入京。賜死。
十月戊子。彗星見於翼。
辛丑。試漢科道官於體仁閣。降不稱者三人。
十一月丙辰。彗星見西方。
民人楊起隆。詐稱朱三太子。於陝西起事。被獲。凌遲處死。
康熙二十年辛酉正月。乙亥。命兵部右侍郎溫代濬通州運河。
降人馬承廕作亂。誘執廣西巡撫傅宏烈。送貴陽。吳世璠誘以僞職。宏烈不屈。死之。贈太子太師。予諡忠毅。
二月辛卯。福建總督姚啓聖巡撫吳興祚奏。請開邊界。俾沿海人民復業。許之。自遷界令下。民多失所。至是。始慶更生。
帝以尙之信在廣東。令其部人私充鹽商。據津口。立總店。耿精忠在福建。橫征鹽課。擅設報船。苛派夫驛。勒索銀米。久爲民害。悉革除之。又以吳三桂在雲南。藩下官兵侵占民田。命該督撫事平之日。察出給還小民。

山西巡撫穆爾賽奏。請發帑銀二十萬。賑濟饑民。帝命如數給之。

五月初、岳州既復。勒爾錦帥師自荊州渡江。夷陵醴陵守將皆以舟師降。常德長沙守將。皆棄城遁去。安親王岳樂由長沙進衡州。吳國貴夏國相亦遁。岳樂入衡州。追敗國貴於永州。復其城。湖南上游。惟辰州之辰龍關。與武岡之楓木嶺。爲入黔要路。皆天險。吳國貴馬寶駐武岡。胡國柱據辰州。岳樂至武岡。攻之於楓木嶺。廣西巡撫傅宏烈由後路斷其餉道。而北軍奮擊其前。礮殪吳國貴。其衆潰遁。遂復武岡。貝勒察尼攻辰龍關。徑狹箐密。僅容一騎。敵跨隘口立五營以拒。相持踰年。始由間道襲破之。遂克辰州沅州。胡國柱走貴陽。是爲湖南入滇黔之師。吳世琮敗死於廣西。馬承廕既降復叛。旋爲莽依圖所敗。俘承廕。送京師斬之。莽依圖卒於軍。貝子賴塔代之。連敗敵將於安籠所黃草壩各處。是爲由粵入滇之師。趙良棟王進寶分道入四川。王屏藩棄漢中走保寧。自縊死。生擒吳之茂等。而趙良棟一軍。由略陽進克陽平關。遂入成都。降其將軍以下文武百餘。而圖海亦復興安。將軍佛尼勒等復永寧馬湖。湖廣提督徐治都敗楊來嘉於巫山。復夔州重慶。四川盡復。會是秋譚洪復叛。詔王進寶留鎮四川。而趙良棟以勇略將軍兼雲貴總督。統川師進討。是爲由蜀入滇之師。以貝子章泰代安親王岳樂爲定遠平寇大將軍。進取雲貴。命總督蔡毓榮節制漢兵先進。十九年十月朔。湖南大軍克鎮遠府。遂自平越趨貴陽。吳世璠偕吳應騏奔雲南。降其文武官二百餘。遵義安順石阡都勻思南等府相繼下。貴州悉定。

解順承郡王勒爾錦印。率所屬護衛兵。同沅州官兵。撤還京。

初、耿精忠之降。導傑書傅喇塔之軍攻鄭經。以次收復漳州泉州邵武興化各府。惠潮亦降。鄭經遁回廈門。未幾復出。連下沿海城堡十餘。遂圍海澄。及援軍至。其將劉國軒恐內外受敵。乃開一面縱之入。以耗城中糧。圍復合。城中食盡。遂陷。都統提督以下皆死。詔罷總督郎廷相。以姚啓聖代之。國軒與其黨分據龍虎蜈蚣二山。勢張甚。漳州兵少。啓聖乃閉城偃旗鼓。乘大霧。突出精兵五千衝之。敵陳亂。自相蹈藉。連破十六營。斬四千餘級。國軒遁還海澄。時出兵窺漳州。兼列艨艟。守諸島。相持一年不決。啓聖與巡撫吳興祚提督楊捷議。厚集舟師。水陸夾攻。并檄荷蘭夾板船為助。會三桂死。岳州已破。詔水師提督萬正色督湖南江浙戰艘二百。由海赴閩。啓聖等新修三百艘亦成。配兵三萬。啓聖復縱反間。離其黨羽。重賞購募。先後降其官四百餘員。兵萬有四千。即分隸水師。用以進攻。並得其守海壇之將為內應。於是不俟荷蘭兵至。啓聖進兵復海澄。萬正色以水師克復海壇。水師並進廈門。復降其戈船將朱天貴。得其舟師。乘勝擣襲。諸島諸寨悉破。經與國軒棄金廈二島。遁入臺灣。

七月。大將軍圖海年老有疾。令還京師。留將軍吳丹守漢中。

十月。撤耿精忠尚之信所屬人員還京。

十一月癸亥。定遠平寇大將軍章泰等奏。收復雲南省城。大軍以本年二月抵雲南。世璠使郭壯圖率步騎數萬。列象陣迎戰三十里外。章泰攻其左。賴塔攻其右。自卯至午。敵五卻五進。殊死戰。象忽反踐其軍於金汁河。勁騎左右衝之。始大卻。進追之城東歸化寺。禽斬殆盡。自歸化寺列營亙碧雞關。爲長圍數十里。敵盡移諸將家口於五華山空城分門守禦。誓必死。數月。臨安永順姚安大理諸路總兵相繼降。世璠割地乞師於達賴喇嘛。其書未達。九月。趙良棟之師自蜀至滇。初、長圍距城遠。敵負固抗拒。數月不下。良棟連踰三橋。諸軍從之。皆薄城下。圍之數重。又於昆明池內橫筏施樓櫓。以斷接濟。城中食盡援絕。將軍線緎吳柱國吳世吉等內應。世璠及郭壯圖皆自殺。俘首謀獻計之大學士方光琛等。函世璠首獻闕下。諸將爭取子女玉帛。惟良棟嚴禁軍士。並簿籍藩產以獻。雲南平。詔滿洲兵出征時貸錢治裝者。出官帑代償。

十二月丁酉。大學士圖海卒。賜謚文襄。察哈爾之役。禁旅方南征。宿衛空虛。圖海奉命北征。選八旗家奴之驍健者以行。所過州縣村堡。騷掠悉不問。至敵境。下令曰。察哈爾元之後裔。數百年珍寶山積。我軍能破之。富且百倍於此。衆踴躍。無不以一當百。遂大破之。尋請豁所過宣府等處田賦。以卹貧民。其意以驅烏合以禦方張之寇。非此無以得其死力也。

康熙二十一年壬戌。正月。殺耿精忠。凌遲梟示。並斬其子耿顯祚及曾養性劉進忠等。精忠反時。有閩人陳夢雷者。以編修在籍。被迫受職。嘗以消息密告其友李光地。光地據以奏聞。及亂平。光地蒙優擢。而夢霅被逮下獄。光地始出疏救之。從寬免死。夢霅以光地不先言之。發憤作書絕交。

二月。殺朱方旦等。楚人朱方旦刊刻祕書。其徒顧齊宏陸光旭等互相標榜。比之宣聖。大將軍勒爾錦統兵在荊州。嘗匾其堂曰聖人堂。里曰至人里。帝以勒爾錦方以他罪羈禁。特予免議。

癸巳。帝以雲南平。謁陵祭告。辛丑。出山海關。

三月壬子。駐盛京。

乙亥。泛舟松花江至大烏喇。

四月辛卯。命翰林院檢討汪楫內閣中書舍人林麟焻往封琉球國世子尚貞爲琉球國中山王。

五月辛亥。帝還京師。

己未。大學士杜立德以病乞回籍。准之。

戊辰。以王熙爲保和殿大學士。

六月甲辰。文華殿大學士馮溥以老乞休。准以原官致仕。

七月己巳。彗星見井宿度尾。長二尺餘。命羣臣各言政事闕失。

予故刑部右侍郎加禮部尙書銜葉方藹謚文敏。

命將軍喇哈達等。盡率駐福建兵還京師。用總督姚啓聖請也。

九月戊申。賜蔡升元等一百七十六人進士及第出身有差。

十月乙亥。裁江南分守鎮江道。分巡徽寧道。山東分巡驛傳道。陝西分守關西道。關南道。分巡驛傳道。浙江分巡杭嚴道。江西分守湖西道。湖東道。廣東分守嶺東道。嶺西道。羅定道。分巡雷廉道。嶺南道。廣西分守蒼梧道。江左道。分巡桂平道。江右道。鬱林道。四川分守督糧道。貴州分守桂東道。雲南分守臨元道。洱海道。

以黃機爲文華殿大學士。吳正治爲武英殿大學士。

召河道總督靳輔來京。以蕭家渡決口方議修築故也。尋革職。命戴罪督修。

十二月癸巳。安親王岳樂。康親王傑書。俱以討賊失機罰俸。簡親王喇布調度乖方。革去王爵。

康熙二十二年癸亥。正月。命翰林院侍讀明圖編修孫卓往封安南國王嗣黎維正爲安南國王。

二月甲申。帝幸五臺山。

三月戊申。還京師。

丁巳。復設廣西蒼梧守道。右江巡道。

四月。帝諭大學士等。邊疆提鎮。久握兵權。殊非美事。兵權久握。心意驕縱。故每致生亂。常來朝見。則心生敬畏。如吳三桂耿精忠尙之信輩。亦以不令來朝。心生驕妄。以致反叛。況邊陲將士。惟知其統轄之主。不習國家法度。曩者朕曾降敕於廣西將軍馬承蔭。承蔭跪受。其下諸人皆驚曰。我將軍亦跪人耶。即此觀之。兵權不可令久擅也。

六月癸未。帝奉太皇太后出古北口避暑。

七月甲午。還京師。

八月。提督施琅入臺灣。鄭克塽降。鄭經自廈門敗歸。日近醇酒婦人。委政於其長子克𡒊。克𡒊賢。信用陳永華。禮賢下士。物望歸之。而羣小畏其明察。爭煽流言。謂克𡒊乳婢子。不當立。侍衛馮錫範先以計罷陳永華兵柄。永華鬱鬱死。克𡒊失助。時成功妻董氏尚存。入間言。遂襲殺克𡒊。而立次子克塽。幼弱不能蒞事。事皆決於錫範。於是鄭氏遂敗。總督姚啓聖奏。鄭經死。子少。國內亂。時不可失。薦水師提督施琅習海道可用。李光地奏亦同。遂以琅專任臺灣事。時劉國軒守澎湖甚嚴。琅軍攻破之。國軒由吼門冒險突圍逸。琅軍乘勝抵臺灣。至鹿耳門。膠淺不得入。泊海中十有二日。忽大霧。潮高丈餘。舟師浮而進。鄭氏皆駭曰。先王得臺灣。鹿耳漲。今復然。天也。遣使乞降。詔許之。於是國軒錫範以克塽降。繳上成功所受明延平郡王招討大將軍金印各一。公侯伯及將軍都督等銀印五。籍土地戶口府庫軍實以獻。臺灣平。琅由海道報捷。七日至京師。而啓聖由內地馳驛。後二日至。詔封琅靖海侯。策勳在平滇諸將上。克塽入都。授公爵。國軒錫範俱伯爵。鄭氏自成功傳三世三十八年而滅。收其地。置臺灣府。諸羅臺灣鳳山三縣。

九月巳卯。帝奉太皇太后幸五臺山。
十月丙午。還京師。
予殉難陝西經略武英殿大學士莫洛謚忠愍。
康熙二十三年甲子。正月。飭內外問刑官毋得非法拷訊。
四月。以臺灣降將劉國軒爲直隸天津總兵官。
五月己巳。纂修大清會典、
予故江南江西總督于成龍謚清端。
九卿詹事科道遵旨舉清廉各官。靈壽縣知縣陸隴其與焉。
甲申。帝出古北口避暑。
六月。琉球國中山王請遣陪臣子弟入監讀書。許之。
七月。以宋德宜爲文華殿大學士。
八月戊申。帝還京師。
壬子。贈故靖逆侯張勇爲少師。予謚襄壯。
甲寅。大學士李霨卒。予謚文勤。臺灣新復。施琅請設官如內地。廷臣多以海外難守。議棄其地。獨霨力言不可。遂從琅議。

九月辛卯。帝南巡。

十月庚子。至濟南府。壬寅。至泰安府。登泰山。庚戌。駐郯城。壬子。臨視天妃閘。見水勢湍急。指授河臣。改爲草壩。設七星太平二閘。以分水勢。是日過清河縣。乙卯。自儀眞渡揚子江。泊鎭江府西門外。丙辰。幸金山。遊龍禪寺。戊午。駐蘇州府。己未。幸虎邱。庚申。幸惠山。

十一月壬戌。至江寧。登雨花臺。駐江寧府城。謁明太祖陵。甲子。幸江寧教場。命各將軍副都統總兵等官及內大臣侍衛等射。丁丑。經泗水東境。幸泉林寺。戊寅。幸曲阜。己卯。詣先師廟。庚寅。還京師。

庚戌。予故正白旗滿洲都統賚塔謚襄毅。賚塔以隱匿尙之信藩下應入宮婦女事覺。當勘問。詔從寬鐫級奪俸。及卒。帝諭王大臣曰。平定雲南。賚塔功最大。縱有他過。爲人訐告。朕究不之罪也。至雍正五年。追封一等公。

清史綱要

卷四

康熙二十四年乙丑。正月癸未。命都統彭春等率師駐黑龍江。以羅剎方據雅克薩城故也。羅剎本俄羅斯東部。與中國以外興安嶺爲界。明末清兵定黑龍江索倫達瑚拉及使犬使鹿各部。東北際海。而俄羅斯東部曰羅剎者。亦踰外興安嶺。侵佔黑龍江之雅克薩尼布楚二處。築木城居之。兩師相值。各罷兵。既又南向侵掠布拉特烏梁海。奪四佐領。朝廷嘗遣兵毀其木城。兵退而羅剎復居如故。康熙初年。嘗附貿易商人尼果賚等。貽察罕汗書俄羅斯。不答。而侵掠如故。帝命都統瓦山往黑龍江同將軍薩布素。議攻雅克薩城。且擾其田禾以困之。羅剎仍死守不去。帝以薩布素師久無功。乃遣彭春等統兵前赴。仍管督耕事務。旋遣鑾儀使侯林興珠往彭春軍。參贊軍務。

乙酉。召試翰詹諸臣於保和殿。

丁亥。給事中楊爾淑奏請自乙丑科以後。會試及順天鄉試四書題目。俱乞欽定。下部議定。

二月。詔修賦役全書。

三月癸未。賜陸肯堂等一百二十一名進士及第出身有差。

五月戊子。考試漢軍官員於太和門。

命大學士勒德洪王熙等修政治典訓。

六月庚寅。帝巡幸塞外。癸巳出古北口。是日。都統彭春奏克復雅克薩城。羅刹城守頭目額里克舍等詣軍前乞降。戊戌。還京師。

乙巳。帝巡幸塞外。

九月戊午。至博洛和屯。聞太皇太后有疾。己未。還京師。

戊辰。命戶部侍郎蘇赫察賑淮揚被災地方。

辛未。帝以督撫藩臬官資相近。請託易行。每逢大計。多以藩臬舉報卓異。不無結納徇情之弊。著通行禁止。

癸酉。戶部進呈修成簡明賦役全書體式。得旨。著九卿詳看議奏。

辛巳。贈故奮威將軍陝西提督王進寶太子太保。予謚忠勇。方胡國柱夏國相等由黔入川。譚宏彭時亨復叛。永寧建昌相繼失。趙良棟劾進寶擁兵不救。進寶亦疏劾良棟。二人由此交惡。及滇黔平。帝召二人至京。命王大臣發還前此互訐奏章。宣諭二臣功績並茂。宜保護矜全。其私忿攻訐。概不究問。

十月癸卯。帝以外藩蒙古王貝勒貝子公台吉等。徵收年貢。多派累民。命每歲止貢羊一隻。酒一瓶。

命南河總督靳輔按察使于成龍馳驛至京師。與九卿詹事科道詳議河工事務。

十一月丁巳。因日食。命諸臣極言闕失。

御史錢珏奏劾山西巡撫穆爾賽。屬官多收火耗。不能察實。詔大學士九卿從公評議。大學士皆稱穆爾賽樸實不生事。帝令錢珏指實回奏。珏因歷指多加文水等縣火耗。及嫁女時索屬官禮物諸狀。審訊皆實。抵罪。因詰責諸臣會議時容默瞻徇之失。旋將大學士勒德洪以下降級有差。

靳輔于成龍會議河工事。靳輔議開大河。建長隄。高一丈五尺。束水一丈。以敵海潮。于成龍議開濬海口故道。帝命工部尚書薩穆哈。學士穆稱額。速往淮安高郵等處。會同徐旭齡湯斌。詳問地方父老。期於兩旬內回奏。後卒用輔議。

康熙二十五年丙寅。正月壬申。遣副都統馬喇等往督黑龍江屯田。

二月。以朝鮮韓得完等違禁越江採蔘。且擅放鳥鎗打傷官役。罰其國王銀二萬兩。

三月己未。命纂修一統志。

停三年大計並各省藩臬齋冊入覲例。

四月。詔訪求遺書。

丁酉。予故大學士兼吏部尙書黃機謚文僖。

閏四月。召江蘇巡撫湯斌爲禮部尙書。斌在江蘇。嘗疏言蘇州府上方山有五通淫祠。幾數百年。遠近之人。奔走如鶩。牲牢酒醴之享。歌舞笙簧之聲。無時間歇。諺謂其山曰肉山。其下石湖曰酒海。凡少年婦女有寒熱症者。巫覡輒曰五通欲娶爲婦。病者神魂失據。往往羸瘵以死。每歲嘗至數十家。視河伯娶婦爲更甚。臣多方禁止。其風稍息。比因臣勘災至淮。乘隙益復猖獗。臣遂收妖像木偶。付之烈炬。土偶投之深淵。民始而駭。以爲從前曾有長官銳意革除。旋卽遇祟以死。皆爲臣危之。數月以後。見無他異。始悟往日之非。然吳中巫覡最黠且悍。恐臣去任之後。箕斂銀錢。更議興復。請賜特旨嚴禁。勒石山巔。庶可永絕根株。詔如所請。

五月辛亥。原任保和殿大學士魏裔介卒。裔介居諫垣數十年。最爲敢言。屢躓屢起。終不易其操。後雍正十年。追謚文毅。

六月辛酉。工部奏參河道總督靳輔。修理河工已經九年。並無成功。虛糜錢糧。應議處。帝曰。河工重大。一時不能成功。卽行處分。或另差人修理。恐致貽誤。不許。

七月辛亥。帝巡幸塞外。

八月丙子。還京師。
十二月。兵部侍郎蔡毓榮以前在雲南隱匿吳逆孫女郭北圖之子婦爲妾。並受逆黨胡永貴重賄。釋放回籍。交刑部治罪。刑部擬斬立決。得旨從寬免死。遣戍黑龍江。
康熙二十六年丁卯正月。喀爾喀土謝圖汗察罕車臣汗訥爾布及七旗濟農台吉等合詞奏請上尊號。不許。
乙巳。禮部尚書武英殿大學士吳正治以老乞休。允之。
二月癸丑。帝大閱於盧溝橋。
甲寅。以余國柱爲武英殿大學士。
四月。免四川各土司觧送楠木。
准福建臺灣府鄉試另編字號額中一名。從陸路提督張雲翼請也。
七月壬辰。予故文華殿大學士宋德宜謚文恪。德宜與弟德宏德宸俱以文學著名。時有三宋之目。
八月丁未。禮部以順天鄉試同考官開列知縣等請旨。帝以同考官十六人。知縣祇有十人。命將員外主事小京官一併開列著爲令。
己酉。帝巡幸塞外。

九月己卯。還京師。
壬午。以李之芳爲文華殿大學士。
十月。特准順天鄉試浙江錢塘縣監生查嗣韓。福建貢生林文英。五經中式。
予故刑部尙書魏象樞謚敏果。象樞以剛鯁受主知。方告歸。賜寒松堂額。因自號寒松老人。
十二月己巳。太皇太后崩。
康熙二十七年戊辰。二月。琉球國中山王尙貞遣使入貢。請以子弟梁成楫等三人入監讀書。允之。
御史郭琇疏參靳輔治河無功。令九卿會議。罷輔任。並革其幕客陳潢職銜。解京監候。潢、秀水布衣。先是、輔以公事過邯鄲。見題壁詩。大爲嘆異。因蹤跡得之。禮之入幕。帝閱工時。嘗從容問曰。爾必有通今博古之人爲之佐。輔以潢對。復以輔薦得賜僉事道銜。故琇疏並及之。琇又疏劾大學士明珠背公營私諸大罪。帝震怒。革明珠大學士。其黨李之芳余國柱科爾坤佛倫熊一瀟俱得罪。因諭諸臣潔己奉公。勿蹈陋習。琇以此受知。遂至大用。不二年。擢爲左都御史。
甲寅。以梁淸標爲保和殿大學士。伊桑阿爲文華殿大學士。
停止九卿詹事科道會推各省學道員缺。
三月己亥。增差督捕理事官張鵬翮。兵科給事中陳世安。赴俄羅斯定邊界。

壬寅。賜沈廷文等一百四十六人進士及第出身有差。

五月乙亥。禮部以山西省烈婦荊氏請加旌表。帝以輕生從死。不可爲訓。不許。

六月。武昌兵變。推夏逢龍爲首。巡撫柯永昇遇害。署布政使葉映榴死之。初、三藩之叛。朝議以湖廣當兵衝。增設總督標兵二營。事平。以次裁撤。散勇落魄無聊。散處湖湘間。及並裁湖廣總督。並舊有之標兵。亦議截日餉。於是衆論洶洶。相聚謀變。有夏逢龍者。景陵人。使氣好大言。素以排解服衆。人呼之曰夏包子。妖僧大元相逢龍。旦夕當大貴。逢龍遂率衆圍巡撫署。射傷襄陽鎮總兵許盛於轅門。永昇投井死。逢龍自稱總統兵馬大元帥。挾署布政使葉映榴以下諸官次第至。迫令受職。映榴佯好言紿以無殺百姓。三日當如約。令其妻奉其母自水溝出。而自具遺疏付家人出城。遂升公座。罵賊自剄死。帝閱疏惻然。特命從優議卹。當是時。裁兵數千。皆征滇百戰之餘。又募江湖盜賊。四出劫掠。連陷嘉魚咸寧武昌蒲圻濮陽諸縣。脅從數萬。使其總兵胡耀乾偕僧大元守省城。而逢龍自將渡漢陽。犯德安石城知縣齊國政率兵固守。逢龍攻之不下。西路始無恙。帝遣都統瓦岱爲振武將軍。調江寧滿漢兵水路兼程進。七月復黃州。東路郡縣皆反正。提督徐治都與戰於赤磯山之鯉魚墩。薄暮適大雨。夏黨弓膠火藥俱濕。乃上風縱火。以鐵騎蹂之。遂大潰。逢龍單騎奔武昌。則守武昌之胡耀乾已斬僧大元獻城矣。乃亡命黃崗。乞食村寺。爲官軍所擒。與胡耀乾皆伏誅。

七月丙戌。帝巡幸塞外。

九月辛卯。還京師。

康熙二十八年己巳。正月丙子。帝南巡。甲申。至濟南府。壬辰。乘舟由中河閱視河道。遂自清河縣渡黃河。乙未。至揚州。泊舟鎮江府之金山寺。

二月辛丑。至蘇州。丁未。至杭州。辛亥。渡錢塘江。泊舟會稽山麓。乙卯。自杭州回鑾。癸亥。至江寧府。

三月戊辰。發江寧府。壬申。泊舟淮安府。甲戌。閱視高家堰一帶隄岸閘壩。以前任河督靳輔修治有功。復其官。丙戌。還京師。

五月乙巳。以阿蘭泰爲武英殿大學士。徐元文爲文華殿大學士。用前明舊例。以大學士徐元文兼管翰林院掌院學士事。

七月癸卯。立皇貴妃佟氏爲皇后。

甲辰。皇后崩。

八月癸酉。帝巡幸邊外。

九月癸卯。還京師。

左都御史郭琇奏參原任少詹事高士奇。左都御史王鴻緒。植黨營私諸罪。並何楷陳元龍王頊齡阿附有迹。得旨。高士奇王鴻緒陳元龍俱休致回籍。王頊齡何楷著留任。

十月。副都御史許三禮疏劾原任刑部尚書徐乾學律身不嚴。大干物議。以張汧所供納賄事爲證。張汧者。湖北巡撫。以貪贖被議。又及其子考御史徐樹穀不遵迴避例。乾學疏辨。帝以三禮所劾俱不實。降二級調用。三禮疏訐不已。並及乾學之弟大學士徐元文。帝終不直三禮。特加嚴飭。初。乾學疏解部務。詔許領各史館總裁。至是遂告歸。帝書光燄萬丈額以寵其行。乾學既歸。又爲兩江總督所劾。帝不問。乾學以文學負重名。輕財好客。爲士類所歸。而交游太廣。其家人門客。時因緣爲奸利。故屢爲言路所攻。賴帝知其無他。卒保全之。

康熙二十九年庚午。正月。大學士奏。前者皇上以前明宮殿樓臺門名。並慈寧宮寧壽宮乾清宮妃嬪宮人及老媼數目宣示外廷。又奉諭旨以天旱欲減宮中所用器物。因自來未嘗有餘。不能再減。命臣等詳加察閱。臣等查故明宮中每年用金花銀九十六萬餘兩。今悉已充餉。光祿寺送內用二十四萬餘兩。今止三萬兩。每年木柴二千六百餘萬斤。今止七八萬斤。紅螺炭一千二百八萬餘斤。今止百萬餘斤。各宮牀帳輿轎花毯等。每年共用銀二萬餘兩。今俱不用。前明宮殿樓亭門名。共七百八十六座。今不及十分之一。至各宮殿基址牆垣。俱用臨清甎。木皆楠木。今則常甎松木而已。皇上凡百撙節。儉約至矣。使令老媼。灑掃宮女。除慈寧宮寧壽宮外。乾清宮妃嬪以下。統計止一百三十四人。可云至少。不獨三代以下所無。即三代以上。恐亦未有如此者。

二月。命理藩院尚書阿喇尼左都御史馬齊爲議政大臣。舊例。理藩院尚書左都御史皆不與議政。至是著爲令。

三月。先是、荷蘭貢使杜都。稱與俄羅斯隣。乃賜書付之。令轉達俄汗。時舊汗已沒。新汗嗣位。復書言前屢賜書。本國無人通解。今已知邊人搆釁之罪。即遣使臣詣邊定界。朝命內大臣索額圖與俄使會議於黑龍江。以江之額爾呼納河爲界。南岸屬中國。北岸屬俄羅斯。乃歸我雅克薩尼布楚二城。定市於喀爾喀東部之庫倫。立石勒會議七條。用滿漢拉提諾蒙古俄羅斯五體文。列於黑龍江西岸。

四月丁亥。大清會典成。

五月。吏部以行取知縣事上請。命九卿各以平昔所知舉奏。尋戶部尚書王隲舉清苑知縣邵嗣堯。兵部尚書李天馥舉三河知縣彭鵬。靈壽知縣陸隴其。大學士徐元文舉麻城知縣趙蒼璧。准行取。

甲午。禮部奏各省典試官命下後限五日起程。如故遲不行者。嚴行處分。從之。

大學士徐元文休致回籍。以張玉書爲文華殿大學士。

六月。帝以噶爾丹犯邊。下詔親征。命撫遠大將軍裕親王福全爲左翼。皇子胤禔副之。出古北口。安北大將軍恭親王常寧爲右翼。簡親王雅布信郡王鄂札副之。出喜峯口。內大臣舅舅佟國維佟國綱。大臣索額圖明珠阿密達。都統蘇努喇克達彭春阿席坦諾邁。護軍統領苗齊納楊岱。前鋒統領班達爾沙邁圖。俱參贊軍務。噶爾丹蒙古厄魯特部酋長也。元之亡。蒙古分爲三大部。曰漠南蒙古。曰漠北喀爾喀蒙古。皆成吉思汗之裔。惟居西域者非元太祖後。出脫歡太師及也先瓦剌可汗之裔。是爲厄魯特四衛拉。蒙古四衛拉者。曰綽羅斯。曰都爾伯特。曰土爾扈特。曰和碩特。康熙中。綽羅斯台吉死。子僧格立。僧格死。子索諾木阿拉布坦立。僧格弟噶爾丹弑之自立。爲準噶爾汗。旋兼有四衛拉部。而與喀爾喀爲鄰。適喀爾喀三部內鬨。噶爾丹率騎三萬逾杭愛山突擊土謝圖汗。走之。又擊破其鄰部右翼車臣汗。左翼札薩克圖汗。又刦其大剌麻哲卜尊丹巴胡圖克圖之帳於喀爾喀。三汗部落數十萬衆皆來奔。帝命尙書阿爾尼等。發歸化城張家獨石二口倉儲。並賜茶布牲畜十餘萬以贍之。借科爾沁水草地使游牧。噶爾丹亦遣使入貢。帝命歸喀爾喀侵地。不應。踞喀爾喀王庭。徵諸屬國控弦之士二十餘萬。以追喀爾喀爲名。選銳東犯。於是年五月。侵及馬闌布通。帝乃集羣臣議。謀討之。

七月癸卯。帝巡幸邊外。

丁未。命康親王傑書等率兵往會裕親王軍。

八月乙丑。帝還京師。

丙寅。命都統希福赴撫遠大將軍裕親王軍前。參贊軍務。

以胤禔與裕親王不睦。撤回京。

噶爾丹之侵及烏爾會河。尙書阿爾尼以蒙古兵擊之。而令喀爾喀奪還所損牲畜。喀爾喀貪利爭取。陳遂亂。反爲厄魯特所敗。乘勝東趨。我右翼兵遇之於烏米穆秦。戰復不利。噶爾丹遂深入烏闌布通。去京師七百里。乃止。右翼兵改命康親王傑書等屯歸化城。要其歸路。是月。裕親王軍遇敵於烏闌布通。敵騎數萬陳山下。依林阻水。以萬駝縛足臥地。背加箱垛。蒙以濕氈。環列如柵。士卒於垛隙發矢銃。備鉤距。謂之駝城。我師隔河而陳。以火器爲前列。遙攻中堅。聲震天地。自晡至暮。駝斃於礮。頹且仆。陳斷爲二。步騎爭先陷陳。噶爾丹大敗。遣使卑詞乞和。不俟報。卽拔營越大磧山宵遁。沿途饑踣。得還科布多者僅數千人。噶爾丹具疏謝罪。命裕親王班師。

十一月丙辰。予故原任中和殿大學士巴泰謚文恪。

康熙三十年辛未二月乙亥。予故昭武將軍江南提督楊捷謚敏壯。捷在閩屢破劉國軒之兵。收復金門廈門。皆有功。

三月己酉。賜戴有祺等一百四十八人進士及第出身有差。

四月丁卯。帝巡察邊外。庚午。次古北口閱兵。

五月丁亥。帝命土謝圖汗哲卜尊丹巴胡土克圖進行幄朝見。喀爾喀汗台吉等行禮畢。以次序坐賜宴。

癸卯。帝還京師。
七月己酉。予故保和殿大學士杜立德謚文端。立德沒後。帝對大臣稱其老成恪愼。意甚惜之。
閏七月乙亥。帝巡幸塞外。
九月乙丑。還京師。
康熙三十一年壬申三月甲戌。予故原任文華殿大爾士馮溥謚文敏。溥好賢禮士。嘗築萬柳堂於京師。暇則與賓客觴詠其中。風流文采。當世誦之。
四月。河東總督王新命以侵盜庫銀革職。復用靳輔爲河道總督。輔以老病固辭。不許。
七月乙亥。帝巡幸塞外。
九月乙卯。還京師。
十二月。予故河道總督靳輔謚文襄。輔始受命治河。値黃水四潰。不復歸海。清口運道盡塞。輔上疏言清口以下不濬築。則黃淮無歸。清口以上不鑿引河。則淮河不暢。高堰之決口不盡封塞。則淮分而刷河不力。黃必內灌。而下流清水潭亦危。且黃河南岸不隄。則高堰仍有隱憂。北岸不隄。山以東必遭衝潰。故築隄岸。疏下流。塞決口。但有先後。無緩急。今不爲一勞永逸之計。屢築屢圮。勢將何所底止。疏上。羣臣多異議。帝特如所請。功未竟。而于成龍等極言其失。輔遂解任。去後。帝悟。復使輔充其事。輔旣卒。帝思之。曰。靳輔經理之任。雖後來河臣互有損益。而規模創置。不能易也。

康熙三十二年癸酉。五月。命侍衞大臣伯費揚古爲安北將軍。總管歸化城官兵。整飭訓練。以備噶爾丹。

六月己丑。大學士李天馥丁母憂。命回籍守制。

八月癸未。帝巡幸塞外。

九月丁卯。還京師。

十二月。以畿輔米價騰踊。嚴禁順永保河諸府造燒酒。

帝以大臣中有年邁者。每日奏事甚屬勞苦。因諭自後六旬以外大臣。間二三日來一奏。

康熙三十三年甲戌。正月丙辰。九卿議覆河道總督于成龍奏請增設河道官員及豁免民夫。俱不合。應革職。帝召成龍來京。詰以前日力詆靳輔及論減水壩宜塞不宜開。成龍引罪。命革職留任。戴罪圖功。蓋成龍從前專與靳輔爲難。後繼輔任。方悉其謬故也。

三月辛酉。賜胡任輿等一百六十八人進士及第出身有差。

五月。兵部右侍郎李光地提督順天學政。聞母喪。帝命在任守制。光地乞給假數日治喪。御史沈愷曾楊敬儒交章論劾。給事中彭鵬詆光地爲貪位忘親。傳旨詰問。鵬執奏愈力。且言臣與光地皆閩產。今若此。人人切齒。桑梓汗顏。帝嘉其直。因令光地解任。在京守制。

提督學政許汝霖奏。教職訓迪士子。責任綦重。請將由監生授教職者。改授州縣佐貳官。從之。

兩江總督傅拉塔卒。予謚清端。帝諭閣臣曰。兩江總督居官善者。自于成龍以後。惟傅拉塔一人。

湖北自裁兵以後。嗣經夏逢龍之變。黠猾者率指仇人爲賊。株連不已。巡撫吳琠概不究治。懲其妄訐者。人心大定。帝以琠有守有爲。擢爲湖廣總督。

七月庚寅。帝巡幸邊外。

九月己卯。還京師。

康熙三十四年乙亥。二月癸卯。予故原任文華殿大學士李之芳謚文襄。耿精忠反。之芳與將軍賴塔自杭趨衢時自巡撫以下。僉謂會城根本。不當移鎮。之芳不應。後卒全三衢。爲破敵根本。人始服其先見。

四月。以山西平陽等處地震。壓斃人民甚衆。命尚書馬齊往賑。

壬申。帝巡視新河及海口運道。至通州崔家樓登舟。乙亥。閱竇家口隄岸。以應加增築處指示巡撫沈朝聘。總兵李鎮鼎等。戊寅。閱海口。命於其處立海神廟。戊子。還宮。

六月庚子。以京師久雨。詔廷臣言事。

定世職承襲例。凡以罪斥革。其子不准承襲。令親兄弟及親兄弟之子承襲。無者削其職。

八月壬辰。帝巡幸塞外。丙午。至克勒和洛。命都統公宗室蘇努都統阿席坦護巴等。分統大軍。備噶爾丹。

十月。授費揚古爲右衛將軍。仍兼攝歸化城將軍事務。

十一月。命原任武英殿大學士李天馥入閣辦事。

十二月丁酉。命都統伊勒慎、護軍統領宗室費揚固、瓦爾達、副都統碩岱、將軍舒恕參贊大將軍費揚古軍事。

己亥。命西安將軍博霽、振武將軍孫思克、副都統西爾哈達、祖良璧、馬自德巴麟帥師由陝西出鎮彝討噶爾丹。

康熙三十五年丙子二月丙辰。帝率諸王貝勒貝子公文武大臣詣堂子行禮。祭旗纛親征噶爾丹。命皇太子留守京師。先是、噶爾丹入犯敗歸。遣使至歸化城。聲言入貢。下詔徵之。不報。而侵略喀爾喀益甚。屢書索土謝圖汗及哲卜尊丹巴大喇嘛。且害我使臣。而陰遣使誘內蒙古。使各部叛歸己。科爾沁土謝圖親王以聞。帝以前此烏闌布通之役。敵幾可滅。我師舍之不追。坐失機會。欲復致其來。一戰覆之。乃密令復書。僞許內應。而預調士馬芻糧以待。噶爾丹果率騎三萬。沿克魯倫河而下。侵掠至巴賴布通。自秋徂冬。踞之不去。帝決計親征。自出中路。命將軍薩布素出東路。大將軍費揚古出西路。皆赴瀚海而北。約期夾攻。沙磧不宜車。乃留大礮。馱子母礮而行。每止營。帝視軍士結營畢。然後休息。

四月壬辰。帝駐蹕塔爾奇喇。

五月。大兵由科圖進偪敵境。諸臣以沿途阻雨。士馬餒困。乞待西路之師同進。途次復傳有俄羅斯助兵之信。大學士伊桑阿等力請回鑾。帝不許。率兵疾趨克魯倫河。遣使告噶爾丹。噶爾丹不信。登北孟納蘭山。望見黃屋龍纛。環以幔城網城。軍容山立。大驚。拔營宵遁。翌日。大軍至河。則北岸已無一帳。克魯倫河者。起車臣汗西界東北近黑龍江。橫亙瀚海東北二千里。乃內外蒙古之界也。帝初意敵必扼河拒戰。故兩路出師攻其腹背。及是。知敵已喪膽。遂命領侍衛內大臣馬思哈搜討巴顏烏蘭近地。自率前鋒追之。三日。至拖諾山。不及而還。命內大臣明珠盡運中路之糧以濟西師。敵奔馳五晝夜。中途欲拒戰於拖諾山。而衆奔不能止。適我西路兵邀之於昭莫多之地。時敵軍至者近萬。然皆百戰之士。我師飢疲。馬僵其半。士多徒步。費揚古等議。馬力不能馳擊。非反客爲主不可。距敵三十里。即止營。設伏以待。先遣前鋒四百。且戰且卻。誘賊至昭莫多。左右翼騎兵。一據山。陳於東。一沿土臘河。陳於西。敵冒矢礮鏖戰。自未至酉不退。日暮。費揚古命左右翼勁騎橫衝入陳。以襲其後輜重。敵始敗潰。追北三十餘里。斬數千級。並殪其可敦阿奴。可敦者。準部稱其汗之妃也。頑悍敢戰。至是亦斃於礮。噶爾丹以數十騎遁去。捷奏至。帝命費揚古留防科圖。護喀爾喀游牧地。親撰銘勒察罕拖諾山及昭莫多之山而還。

六月癸巳。帝至京師。

九月壬申。帝巡幸北塞。經理軍務。

十月。駐蹕鄂羅音布拉克。

十一月。戊寅。駐蹕東斯垓。噶爾丹使人格壘沽英至。帝召見。數以噶爾丹侵犯喀爾喀及侵我邊境之罪。且許其降。尋遣還。遂命班師。而噶爾丹倔強卒不至。

十二月壬寅。帝還京師。

康熙三十六年丁丑正月丙子。命領侍衛內大臣馬思喀爲昭武將軍。往寧夏。

二月丁亥。帝親征噶爾丹。師次昌平州。噶爾丹自破喀爾喀。戀漠北地。久不歸其伊犁舊部落。盡爲兄子策妄喇布坦所并。自阿爾泰山以西。皆非己有。及敗。精銳喪亡。牲畜皆盡。所屬部落。從者或僅千人。或數百人。皆老羸。自相盜羊馬。帝欲乘其窮蹙降之。

康親王傑書卒。

三月。帝至寧夏。命馬思哈費揚古兩路進兵。噶爾丹使子塞卜騰巴珠徵糧哈密。爲回人擒獻。

閏三月乙未。帝自寧夏啓行。

癸卯。予故靖海大將軍施琅謚襄壯。琅晚年頗有言其恃功驕傲者。上念其功大。卒保全之。

四月甲子。帝泊舟布古圖。大將軍費揚古以噶爾丹飲藥自盡聞。乃班師。

五月乙未。還京師。

六月己巳。予故原任勇略將軍雲南貴州總督趙良棟謚襄忠。平滇之役。良棟功最。爲大學士明珠所抑。不得敍。嘗見帝自陳。且及明珠及圖海章泰諸人朋謀傾害。帝責其器量褊狹。仍敕部優敍。部議授爵三等子。詔改爲一等公。

七月。加撫遠大將軍伯費揚古一等公。

八月丁未。帝巡幸邊外。

九月甲申。駐蹕汗特木爾達巴漢地方。厄魯特台吉丹濟拉至。帝屏左右見之。語良久。丹濟拉出。驚謂諸大臣曰。我乃叛逆罪人。窮困來歸。帝乃待之不疑。令我誠心感戴。不敢有貳心矣。

甲午。帝還京師。

康熙三十七年戊寅。正月癸卯。帝巡幸五臺山。甲辰。至涿州。

二月戊辰。還京師。

三月丁丑。册封長子胤禔爲直郡王。三子胤祉爲誠郡王。四子胤禛。五子胤祺。七子胤祐。八子胤禩。俱爲貝勒。

四月癸酉。帝閱漕河及要兒渡等隄岸。

五月癸未。還京師。

六月戊辰。大學士張玉書丁母憂。命回籍守制。
七月癸酉。以吳琠爲保和殿大學士。
辛卯。命吏部月選同知通判州縣官俱引見。
辛丑。帝奉皇太后詣盛京。
十一月癸未。還京師。
康熙三十八年己卯。二月癸卯。帝奉皇太后南巡。
三月庚午。渡河。泊淸江口。閱視高家堰歸仁堤等工。辛未。閱爛泥淺等處。壬申。閱視黄河隄岸。駐淮安府。
丙子。駐揚州府。癸未。駐蘇州府。戊子。至浙江。辛卯。駐杭州。戊戌。回鑾。
四月庚子。駐蘇州。己酉。駐江寧。庚申。駐揚州。
五月庚午。命張鵬翮扈從入京。以陶岱署江南浙江總督。辛未。泊舟仲家閘。乙酉。至京師。
閏七月壬子。封乳母瓜爾佳氏爲保聖夫人。
癸丑。帝巡幸塞外。
九月乙巳。還京師。
誠郡王允祉。敏妃張佳氏子也。妃卒未百日。允祉先行薙髮。帝怒其無禮。命收禁宗人府。嚴加議罪。尋議革去郡王。改爲貝勒。

大學士阿蘭泰卒。予謚文淸。帝以阿蘭泰效力年久。品行淸純。意甚惜之。特停辦事一日。

十月。武英殿大學士李天馥卒。予謚文定。天馥居相位。屬海內乂安。持大體。不求赫赫名。一時以德量推之。

十一月。御史鹿祐疏參順天鄉試正副考官修撰李蟠編修姜宸英考試不公。因命取中舉人集內廷覆試。去留有差。蟠宸英俱嚴加議處。既而陝西道御史李先復疏言科場之弊。與其既萌而嚴其罰。何如未發而絕其根。請從舊制。會試及順天鄉試內簾設滿漢御史各一員。不與衡文之事。專主察場中情弊。從之。

以馬齊爲武英殿大學士。佛倫爲文淵閣大學士。熊賜履爲東閣大學士。張英爲文華殿大學士。

康熙三十九年庚辰。二月。乙丑。帝閱化家口攔河壩。丁卯。閱筐兒港。辛未。乘舟至靜海縣東閱子牙河隄。甲戌。閱郎城柳岔等處。辛巳。還次南苑。

初。佛倫爲山東巡撫。劾奏郭琇父郭爾昌原名爾標。曾入賊黨伏誅。琇私改父名。濫請封典。部議奪職。至是。琇入覲。具疏訟冤。言臣本生父郭景昌。係卽墨縣庠生。伯父郭爾印無子。例得嗣爲子。賊匪郭爾標無子。衆所共知。佛倫有意誣衊。陷臣欺飾。乞敕廷臣詳察。帝詰問佛倫。佛倫以舉報舛錯對。命仍給誥軸。

予故河道總督于成龍諡襄勤。成龍與前江南江西總督諡清端同姓名。同以廉介稱。

壬午。帝還宮。

三月丙辰。賜汪繹等三百一人進士及第出身有差。

七月甲午。河道總督張鵬翮奏臣遵旨看視海口。將攔黃壩盡行拆去。河身開濬深通。乞將攔黃壩改稱大通口。並奏請加河神封號。詔封爲顯佑通濟昭靈效順金龍四大王。

予故振武將軍甘肅提督孫思克諡襄武。昭莫多之役。思克功最多。

十一月辛亥。帝巡幸邊外。

命卓異官如行取例引見。

十二月戊辰。帝還京師。

康熙四十年辛巳四月庚午。刑部議覆。河道總督王新命在永定河監修。誤工浮冒銀一萬六千餘兩。應擬斬監候。從之。

五月戊戌。工部議覆。直隸巡撫李光地奏。永定河南北兩岸。設河兵二千名。原備險工搶修防護。乃兵遇緊急。率多逃竄。及水緩工停。則又坐食糜餉。今應揀選八百名。裁去一千二百名。餘餉一萬六千四百餘兩。於工程緊時。雇募附近民夫充用。從之。

丙辰。帝巡幸塞外。

九月。予故領侍衛內大臣一等公費揚古謚襄壯。帝嘗御箭亭。命諸大臣校射。費揚古奏臣臂痛不可以弓。許之。出語人曰。我曾爲大將軍。儻一矢不中。有損國威。且爲外藩所笑。故不與諸將軍角技也。人服其遠識。

乙巳。帝還京師。

厄魯特策妄喇布坦遵旨解噶爾丹之女鍾齊海到京。命與噶爾丹之子色卜騰巴爾珠爾同居。授色卜騰巴爾珠爾一等侍衛。以鍾齊海婚配二等侍衛沙克都爾。咸令得所。

十月己未。命服闋大學士張玉書入京供職。

己巳。大學士等以湖南按察使員缺。將九卿保舉道員施世綸等摺入奏。帝諭漢大學士等。施世綸朕親知之。其操守果廉。但遇事偏執。百姓與生員訟。彼必庇護百姓。生員與縉紳訟。彼必庇護生員。夫處事惟求得中。豈可偏私。如施世綸者。委以錢穀之任則可耳。

癸酉。大學士張英以衰病乞休。命以原官致仕。

十二月。連山猺人作亂。韶州副將林芳被殺。命都統嵩祝。副都統達爾古等。率兵往剿。

康熙四十一年壬午。正月壬寅。詔修國子監。

庚戌。帝幸五臺山。
二月丁丑。巡視子牙河。
三月壬午。還京師。
六月戊午。御製訓飭士子文。頒發禮部。命勒石太學
己未。帝奉皇太后避暑塞外。
閏六月。都統嵩祝等奏。猺人先後出降共八千一百餘人。將爲首殺害官員之李貴鄧二等九人擒獻。卽行正法。得旨嘉奬。
七月庚戌。帝駐蹕熱河。
八月戊申。還京師。
九月。禮部議。監生莊令輿俞長策試卷作五經文字。與例不合。奉旨俱授爲舉人。並定例。嗣後鄉會試作五經文字者。應額外取中三名。草稿不全者。免其貼出。二場於論表判外。添詔誥各一道。
己巳。以席哈納爲文淵閣大學士。
癸酉。帝巡視南河。
十月壬午。帝以皇太子胤礽患病。駐德州。癸卯。還京師。

十一月。大學士伊桑阿以老病乞休。命以原官致仕。

康熙四十二年癸未。正月壬戌。帝巡視南河。庚午。過濟南府。

二月丁丑。由宿遷縣渡黃河。徧閱徐家灣等隄。至烟墩登岸。己卯。自桃源縣登舟。徧視河堤。入清江口。泊天妃閘。壬午。舟過邵伯更樓。駐揚州府城內。甲申。渡江。登金山江天寺。丙戌。駐蘇州府。戊子。登舟。庚寅。駐杭州府。癸巳。回鑾。辛丑。至江寧。

三月戊申。閱高家堰翟家壩等隄工。庚申。還京師。

甲戌。諭大學士等。舉人汪灝何焯蔣廷錫學問優長。今科未得中式。著授爲進士。一體殿試。

四月辛巳。賜王式丹等一百六十三人進士及第出身有差。

丁亥。大學士熊賜履以年老乞休。命以原官解任。仍食俸留京師備顧問。

癸巳。予故致仕保和殿大學士王熙謚文靖。

丙申。以陳廷敬爲文淵閣大學士。

先是、帝以本科會試廣東舉人未經取中。命九卿議補取之法。至是議上。嗣後會試揭曉後。如有脫科之省。將未中式試卷交正副主考檢閱進呈。取中一二三名。從之。

五月己巳。帝巡幸塞外。

七月乙巳。帝至京師。自東直門入臨裕親王福全喪哭之慟。王、帝兄也。
庚戌。帝巡幸塞外。
壬戌子故致仕文華殿大學士伊桑阿諡文端。伊桑阿在政府十五年。以鎭靜和平稱。
九月甲子。帝還京師。
湖南鎭筸紅苗作亂。官兵討平之。移辰沅道駐鎭其地。
十月癸未。帝西巡。丁酉。至太原。
十一月乙巳。次洪洞。
十二月庚辰。駐磁州。庚寅。還京師。
康熙四十三年甲申。四月。給事中黃鼎楫湯右曾許志進朱駿業王原等。合疏劾直隸巡撫李光地。去歲報災二十餘處。李光地身爲撫臣。漫無經理。疏內所稱民沾實惠。俱屬空言。疏下光地回奏。光地引咎請落職。命留任。
六月乙亥。帝巡幸塞外。
九月癸亥。還京師。
先是、帝遣侍衞拉錫等探視河源。至是回奏。臣等於四月初四日自京起程。五月十三日至青海。十四日至呼呼布拉克。六月初七日至星宿海之東。有澤名鄂陵。周圍一百餘里。初八日至鄂陵西。又有澤名扎陵。周圍三百餘里。鄂陵之西。扎陵之東。相隔三十里。初九日至星宿海。蒙古名鄂敦搭拉。登山之至高者視之。星宿海之源。小泉萬億。不可勝數。周圍羣山。蒙古名爲庫爾滾。卽崑崙也。南有山名古爾班吐爾哈。西南有山名布胡珠爾黑。西有山名巴爾布哈。北有山名阿克塔因七奇。東北有山名烏蘭杜石。古爾班吐爾哈山下諸泉。西番國名爲噶爾馬塘。巴爾布哈山下諸泉名爲噶爾馬春穆朗。阿克塔因七奇山下諸泉名爲噶爾馬沁尼。三山之泉。流出三支河。卽古爾班索羅謨也。一河東流入扎陵澤。自扎陵澤一支流入鄂陵澤。自鄂陵流出。乃黃河也。此外爲小河者。不可勝數。盡歸黃河東下。臣等自星宿海。於六月十一日回程。向東南行二日。登哈爾吉山。見黃河東流至呼呼託羅海山。又南流繞撒除克山之南。又北流至巴爾托羅海山之南。次日至冰山之西。其山最高。雲霧蔽之。蒙古言此山長三百餘里。有九高峯。自古及今。未見冰消。常雨雪。一月中三四日晴而已。自此南行十六日。至席拉庫特爾之地。又向南行。過僧庫里高嶺。行百餘里。至黃河岸。見黃河自巴爾托羅山向東北流。於歸德堡之北。達喀山之南。從兩山峽中。流入蘭州。自京至星宿海。共七千六百餘里。寧夏之西。有松山。至星宿海。天氣漸低。地勢漸高。人氣閉塞。故多喘息。謹繪圖呈覽。報聞。

十月。以河工告成。加河道總督張鵬翮太子太保。餘加級給奬有差。

康熙四十四年乙酉。二月癸酉。帝南巡。

刑部侍郎勵杜訥卒。帝以其樸直勤勞。特援沈荃之例予諡文恪。後高士奇亦用此例。

甲午。帝泊舟濟寧。浙江巡撫張泰交以浙民望幸奏。帝允其請。

三月壬寅。渡黃河。閱楊家莊隄閘。乙巳。駐揚州。辛亥。駐蘇州。己未。駐松江。

四月丙寅。駐杭州。癸酉。回鑾。乙酉。駐江寧。辛卯。駐金山江天寺。

閏四月癸卯。登陸幸高家堰。徧閱河隄。丙午。閱視黃河九里岡。甲寅。泊舟故城縣。乙卯。過景州。辛酉。還京師。

五月。予故保和殿大學士吳琠諡文端。琠、沁州人。有司嘗議增沁糧一千三百兩。賴琠力爭得免。沁人德之。立祠以祀。

命卓異官不應塡注虛詞。但言不虧空倉庫錢糧地方無盜賊省刑罰數條。著爲例。

丙戌。帝巡幸塞外。

六月。吏部議覆御史黃秉中奏。漢人由知縣歷俸三年。卽准考選科道。似覺太驟。嗣後應將行取知縣到部引見後。以各部主事挨班補用。遇考選時。方准考選。至初任之中行評博。亦俟升任後始准考選科道。考選時將正途出身之六部郎中員外郎主事中行評博及翰林院編修檢討。一同開列。聽候簡用。從之。

丙辰。帝駐熱河。

七月。以古溝唐埂清水溝韓家莊四處隄岸潰決。革河道總督張鵬翮職。仍留任。

九月丙子。帝還京師。

十一月。以李光地爲文淵閣大學士。

康熙四十五年丙戌二月兩江總督阿山。疏劾江寧府知府陳鵬年貪酷。帝命漕運總督桑額河道總督張鵬翮審擬。鵬年論斬監候。特旨令來京在修書處效力。初阿山以帝將復南巡。召屬官議加賦。鵬年力言不可。阿山銜之。故有是劾。賴帝素知其人。得免。未幾。復授蘇州府知府。鵬年抵官書頤聞己過求通民情八字於門。復忤總督噶禮。下獄。指所作遊虎邱詩爲怨望。帝鑒其枉。命署霸昌道。後終河道總督。

以京師地震。詔羣臣言闕失。

三月辛巳。賜施雲錦等二百八十九人進士及第出身有差。

五月戊寅。帝巡幸塞外。

七月庚申。帝駐蹕熱河。

九月己卯。還京師。

十一月甲戌。帝因謁陵。巡幸塞外。

十二月丁亥。先是、達賴喇嘛身故。第巴匿其事。搆使厄魯特喀爾喀互相仇殺。擾害生靈。又立假達賴喇嘛。以惑衆人。且嘗毒拉藏。因其未死。後復逐之。是以拉藏蓄憾興兵。執第巴而殺之。陳奏假達賴喇嘛情由。帝命護軍統領席柱學士舒蘭爲使。往封拉藏爲翼法恭順汗。令拘假達賴喇嘛赴京。拉藏恐衆喇嘛必至離散。不從。席柱等奏聞。帝諭諸大臣曰。拉藏今雖不從。後必自執之來獻。至是、拉藏果起解假達賴喇嘛赴京。

十二月壬寅。帝還京師。

詔刑部。罪囚緩決至三四年者。減死一等。直省亦如之。

兩廣總督郭世隆疏報。海洋巨盜蔡武也等。聚衆刦掠商船。今已擒獲。傳旨立斬。世隆應革職。從寬留任。

左都御史周清源奏請直隸各省建立育嬰堂。從之。

康熙四十六年丁亥。正月丙子。帝南巡。

雲貴總督貝和諾疏報。擒獲李天極王枝葉等於富民縣之響哨山。天極、昆明人。冒入廣通縣學。與臨安府生員朱六非造爲符讖。以師宗州生員之子王枝葉流蕩不歸。誘之詭託明桂王之孫。陽以王姓相呼。遇開化府賣藥人楊春榮。蒙自縣談相人張平山。富民縣演伎人楊起鳳。同謀不軌。自稱文興三年。以鉛摹桂王之寶及諸印。散播總制大將軍副總兵都督僉事等劄。願入黨者。改裝蓬頭僧。或長鬚道士。潛期先掠廣南。次掠開化。由蒙自刦省城。爲督標弁兵首報。先後擒獲處斬。

二月壬寅。帝次淸河。閱武家墩。癸卯。閱視溜淮套。由淸口登陸。詳看地方形勢。駐曹家廟。見沿途所立開河標竿。多在墳墓之上。命盡行撤去。是日。江南百姓請臨幸江南。許之。以議開溜淮套。河道總督張鵬翮。輕舉妄動。革宮保銜。從寬留任。

三月己未。帝駐江寧。己巳。駐蘇州。丙子。駐松江。

四月甲申。駐杭州。

五月癸酉。帝還京師。

六月丁亥。帝巡幸塞外。

七月。駐熱河。丁卯。發喀喇和屯。巡幸諸蒙古地方。沿途諸藩來朝。各賜衣幣。

八月丙申。雲南貴州總督貝和諾奏。貴州普安州三江苗人黃柱漢等在菴章寨肆行刦掠。官兵討平之。

九月丙辰。帝還京師。

十二月丙戌。以溫達爲文華殿大學士。

康熙四十七年戊子。二月甲午。帝巡幸畿甸。

三月丙辰。還京師。

四月。內大臣明珠卒。

五月丙戌。帝巡幸塞外。

六月丁未。駐熱河。

殺前明宗室朱三父子。並其黨。先是、浙江巡撫奏。擒獲大嵐山賊。供出朱三太子及其子等。遣侍郎穆丹往審。旋山東巡撫拏獲朱三父子。解往浙江。至是、朱三及其黨並立斬。妻子發往寧古塔。

九月丁丑。帝詔諸王大臣侍衛文武官員等。齊集行宮前。下詔廢皇太子胤礽。歷舉罪狀。宣示中外。

己丑。帝還京師。居胤礽於上駟院旁。命皇子胤禛胤禔看守。

丁酉。以廢皇太子頒詔天下。

胤礽既廢。胤禩大有奪嫡之意。宣言相面人張明德曾相胤禩後必大貴。帝怒。誅張明德。將胤禩鎖拏交與議政處審理。

十一月。革胤禔王爵。卽幽禁於其府內。以其黨於胤禩。且其母惠妃奏稱其不孝故也。

己卯。予故致仕文華殿大學士張英諡文端。英致仕後。家居七年。嘗著聰訓齋語。諄諄以務本力田隨分知足爲誡。

庚子。復封胤禩爲多羅貝勒。

康熙四十八年己丑。正月癸巳。帝召領侍衛內大臣滿漢大學士尚書等問曰。去年朕躬違和。命爾等於諸阿哥中保奏可爲儲貳者。爾等何以獨保胤禩。胤禩獲罪於朕。身攖縲絏。且其母家微賤。豈可使爲皇太子。況胤禩乃胤禔之黨。胤禔曾奏言若立胤禩爲皇太子。伊當輔之。可見伊等結黨潛謀。早定於平日矣。其日先舉胤禩者爲誰。爾等各據實陳奏。時阿靈阿鄂倫岱揆敍王鴻緒俱私議立胤禩。羣臣不敢奏聞。旋查出議出馬齊。乃將馬齊交胤禩嚴行拘禁。其弟李榮保著免死。照例枷責。亦交胤禩差使。又召佟國維至。傳旨詰問。

三月庚辰。以復立皇太子胤礽。遣官告祭天地宗廟社稷。

辛巳。以大學士溫達李光地爲正使。刑部尚書張廷樞左都御史穆和倫爲副使。持節授皇太子胤礽冊寶。復立爲皇太子。以禮部尚書富寧安爲正使。禮部侍郎鐵圖爲副使。持節授皇太子妃冊寶。復封爲皇太子妃。

甲午。賜趙熊詔等二百九十二人進士及第出身有差。

四月辛酉。顯親王衍潢等遵旨會議。嘛喇巴漢格隆等咒魘皇太子情實。應凌遲處死。得旨依議。

丁卯。帝巡幸塞外。

五月甲戌。駐熱河。

九月庚寅。還京師。

十月癸卯。諭福建廣東兩省。不拘進士舉人生員監生兵民。內有深諳水性熟習水師營務之人。願附巡哨船艦出洋效力擒斬盜賊。建立功名者。著該督撫查明保奏。

戊午。册封皇三子胤祉爲和碩誠親王。皇四子胤禛爲和碩雍親王。皇五子胤祺爲和碩恆親王。皇七子胤祐爲多羅淳郡王。皇十子胤䄉爲多羅敦郡王。皇九子胤禟皇十二子胤祹皇十四子胤禵俱爲固山貝子。

予故致仕東閣大學士熊賜履謚文端。賜履之沒。遺疏至京。其同姓編修熊本竄入薦語。帝察其僞。命江督取其疏草以進。果無是語。本革職擬斬。

康熙四十九年庚寅二月。帝幸五臺山。

三月己巳。還京師。

五月乙丑。帝巡幸塞外。癸酉。次花峪溝。閱吉林烏喇黑龍江兵丁射。丁丑。駐熱河。

八月庚辰。裁浙江驛傳道。其驛站事務歸浙江鹽法道兼理。復設金衢嚴道。

福建陸路提督藍理奏。福建所屬永春德化二縣交界地方有盜首陳五顯等。偪勒愚民二千餘人。入夥搶奪百姓。拒敵官兵。臣令參將倘之璿統領官兵往緝。兩次遇賊。殺八十餘人。中傷脫逃者。不計其數。盜黨張永王富蘇標俱已投到。其附近賊巢村民。仍不廢耕織。照常安業。惟陳五顯脫逃。俟拏獲正法。帝以強盜多至三四十人。百姓尙畏懼逃避。況數千人爲盜。豈得謂百姓不廢耕織照常安業乎。此係掩飾己過。希圖卸罪。著該部嚴察議奏。旋革藍理職。

九月辛丑。帝還京師。

十月。諭戶部明年爲康熙五十年。思將天下錢糧一概蠲免。自明年始。於三年以內通免一周。俾遠近均沾。並歷年舊欠。亦俱免徵。爾部移文各督撫。諭旨到日。卽刊刻頒布。咸令知悉。

十一月。定嗣後凡遇蠲免錢糧。合計分數。業主蠲免七分。佃戶蠲免三分。永著爲例。

大學士陳廷敬以老乞休。命原官致仕。

乙巳。帝謁陵。

以蕭永藻爲文華殿大學士。

十二月庚午。帝駐熱河。戊寅。還京師。

康熙五十年辛卯正月癸丑。帝巡視通州河隄。庚午。還京師。

二月乙卯。偏沅巡撫潘宗洛請訓。帝諭今天下太平無事。以不生事爲貴。興一利卽生一弊。古人云多事不如少事。卽此意也。

四月庚辰。帝奉皇太后避暑塞外。

五月己丑。駐熱河。

丙午。文華殿大學士張玉書卒。予謚文貞。玉書嘗進講乾清宮。帝問理學之名。始於宋否。玉書奏。道理自在人心。宋儒講辨加詳耳。帝曰。日用常行。無非此理。自有理學名目。彼此辨論。而言行不符者甚多。若不居講學名。而行事允合。此卽眞理學也。

九月戊申。帝奉皇太后還京師。

十月。江南正主考左必蕃奏。臣典試江南。撤闈後。輿論喧傳。有句容縣知縣王曰俞所薦之吳泌。山陽縣知縣方名所薦之程光奎。皆不通文理之人。臣不勝駭愕。或係傳遞代作文字。或與房官打通關節。亦未可定。請將吳泌程光奎。或提至京覆試。或發督撫嚴訊。以正國法。且自請議罪。旋巡撫張伯行奏。到今歲江南文闈榜發後。議論紛紛。於九月二十四日。有數百人擡擁財神。直入學宮。口稱科場不公。臣不敢隱匿。相應奏聞。俱交部嚴察議奏。

丁卯。左都御史趙申喬奏參翰林院編修戴名世。妄竊文名。恃才放蕩。爲諸生時。私刻文集。肆口游談。倒置是非。語多狂悖。今身膺恩遇。叨列巍科。猶不追悔前非。焚削書板。名世卒坐是死。所指之書。卽世所傳南山集也。汪灝方苞爲之作序。部議立斬。俱從寬免死。

壬午。帝在暢春園。召諸王大臣入諭。責以諂附皇太子。援結朋黨之罪。旋將都統鄂繕尙書耿額齊世知拏問。

十一月辛丑。帝謁陵。癸丑。駐熱河。

福建浙江總督范時崇奏海賊陳五顯降。

十二月癸酉。帝還京師。

康熙五十一年壬辰。正月癸丑。帝巡幸畿內。

二月。升宋儒朱熹配享孔廟位於大成殿十哲之次。

庚辰。帝還京師。

四月丁巳。賜王世琛等一百七十七人進士及第出身有差。

致仕文淵閣大學士陳廷敬卒。予諡文貞。

以嵩祝爲文華殿大學士。王掞爲文淵閣大學士。

以明歲六旬萬壽。特開鄉會恩科。

丙子。帝奉皇太后避暑塞外。壬午。駐熱河。

九月庚戌。帝奉皇太后還京師。

十月辛亥。諭諸王貝勒貝子大臣等。前因胤礽行事乖戾。曾經禁錮。既而朕躬抱疾。念父子之恩從寬免宥。朕在衆前曾言其似能悛改。乃自釋放之日。乖戾之心。卽行顯露。數年以來。狂易之疾。仍然未除。是非莫辨。大失人心。朕今年已六旬。知後日有幾。況天下乃太祖太宗世祖所刱之業。傳至朕躬。如此狂易成疾、不得衆心之人。豈可付託乎。故將胤礽仍行廢黜禁錮。爲此特諭。

初。康熙五十年。江南鄉試副考官趙晉與總督噶禮交通關節。事發。帝命尚書張鵬翮侍郎赫壽按其獄。鵬翮因其子懋誠任懷寧令。恐遭陷害。瞻顧掣肘。讞莫能定。巡撫張伯行遂劾噶禮抗旨欺君營私壞法。噶禮亦訐伯行不肯出洋捕賊。及誣陷牙行張元隆諸款。帝命俱解任。付使者雜治。尋奏晉與光奎泌賄通關節。擬罪如律。噶禮劾伯行不能清理案件屬實。餘係苛劾。應降留。伯行劾噶禮索金事全虛。應奪職發徒。帝復命尚書穆和倫張廷樞覆訊。訊如前。帝以伯行爲天下清官第一。責諸臣變亂是非。命伯行復任。黜噶禮職。噶禮尋以謀弒其母賜自盡。

己巳。命禁錮廢皇太子胤礽於咸安宮。

十一月。浙閩總督范時崇列款糾參革職福建提督藍理貪婪酷虐。流毒士民。應請拏究。帝遣侍郎覺和托等往勘。皆實。應斬。帝念其有功。特從寬免死。

甲辰。帝謁陵。

十二月丙寅。駐熱河。甲戌。還京師。
康熙五十二年癸巳。二月。左都御史趙申喬上疏請立太子。不許。
五月甲申。命外官推升題補及請留任者俱引見。
丙戌。帝奉皇太后避暑塞外。壬辰。駐熱河。
九月甲子。還京師。
先是、隨從二阿哥胤礽之得麟。爲人狂妄。帝命交伊父阿哈占處死。阿哈占詭稱得麟自縊。潛蹤逃避。旋獲於山東膠州淩遲處死。
十月丙戌。賜王敬銘等一百四十三人進士及第出身有差。
十一月甲寅。諭大學士等。文武考試。雖曰兩途。俱係選拔人才。拘於成例。不得通融應試。則不能各展所長。嗣後文童生生員舉人內有情願改就武場考試者。武童生生員舉人內有情願改就文場考試者。應各聽之。惟一次不中者。卽着停止。
康熙五十三年甲午。正月甲子。文華殿大學士温達以年老乞休。諭以原官致仕。
定翰林院庶吉士告假者。應照致仕知縣例。不准補用。其修撰編修檢討及科道官有告病回籍者。悉令休致。

丙申。以旱命禮部祈雨。詔廷臣言事。

禁各省提塘刷寫小報。從左都御史揆敍疏請也。

三月丁巳。原任戶部尚書王鴻緒進所撰明史列傳二百八十卷。命交明史館。

四月癸酉。帝以教官有教養士子之責。嗣後凡掣選者。應取至京師。令大臣面試。

諭坊間多賣淫亂小說。所關於風俗者非細。應卽通行嚴禁。

辛卯。帝奉皇太后避暑塞外。

五月辛丑。駐熱河。

六月。諭刑部寬卹獄囚。

江南鄉試副考官趙晉禁錮揚州獄。乘間逸去。揚州府知府趙宏煜以自縊聞。命將趙宏煜革職。交巡撫張伯行嚴審。

九月丙寅。帝還京師。

十一月丙辰。帝巡幸塞外。

十二月。命致仕大學士溫達仍入閣辦事。

辛巳。帝還京師。

命直隸各省。如有縣丞等微員革職解任身故無力回籍者。該督撫設法遣回。毋致失所。

康熙五十四年乙未。二月。革江蘇巡撫張伯行職。先是、伯行劾布政使牟欽元藏匿通洋匪棍張令濤。令濤者。舊爲噶禮幕客也。帝命尚書張鵬翮副都御史阿錫鼐赴鎮江審勘。奏令濤良民。伯行誣劾。應斬。帝不許。命免罪入都召對。命講太易圖說。入直南書房。旋權倉場總督。

停止五經中式。

四月庚午。賜徐陶璋等一百九十八進士及第出身有差。

以厄魯特策妄喇布坦侵掠哈密。派吏部尚書富寧安帶新滿洲侍衛十員。馳驛前往。又徵外藩兵集歸化城。以右衛將軍費揚固總理軍務。初、準噶爾汗僧格死。其弟噶爾丹殺僧格長子自立。其次子策妄喇布坦。與其父舊臣七八。逃居土魯番。遣使乞降。帝納之。策妄乘噶爾丹南侵敗衂之際。潛回伊犁遊牧博羅塔拉河。用其七友。收集散亡。杜爾伯特諸台吉從之。闢地至額爾齊斯河。遂有準部大半。及康熙三十六年大軍殄滅噶爾丹時。伊犁數千里空無主。策妄生聚未盛。中國方乘屢勝之勢。若驟進大軍。收其部落。立可設爲郡縣。帝以其曠莽遼闊。費轉輸。又策妄方獻噶爾丹之尸。外馴呢。遂畫阿爾泰山以西至伊犁。指俾遊牧。復成西域一大部落。策妄既得志。不復遵約束。至是、哈密扎密扎薩克達爾漢白克額敏。始咨甘肅提督師懿德。厄魯特遣兵至北境。侵掠五寨。又咨言敵兵於三月二十五日抵哈密城下。提督先後以聞。故有是命。
原任吏部尚書徐潮卒。潮爲戶部尚書。會總河張鵬翮誣奏淮安同知佟世祿冒帑誤工。罰償工費銀七萬餘兩。世祿叩閽。帝命潮往讞。得鵬翮挪供枉斷狀。鵬翮坐奪職。人服其允。乾隆中予謚文敬。
辛卯。帝奉皇太后避暑塞外。
五月己亥。駐熱河。
己酉。命肅州總兵官路振聲駐防哈密。
庚戌。文華殿大學士溫達卒。予謚文簡。
乙卯。遣原任員外郎保住藍翎克什圖往諭策妄喇布坦。
六月戊寅。命富寧安席柱帥師駐巴爾庫爾。
七月甲辰。大學士李光地以老病乞解任葬親。命給假二年。營葬畢。仍來京辦事。
遣傅爾丹等屯田哈密各處。
十月辛巳。帝奉皇太后還京師。
戶部尚書趙申喬奏。臣子山西太原府知府趙鳳詔居官不肖。受贓三十餘萬。撫臣列參。臣不能教子。請賜罷斥。帝命仍在任供職。將鳳詔正法。

十一月辛丑。諭大學士。張伯行爲巡撫時。最苛刻富民。如富民堆積米粟。必勒令賤賣。否則治罪。此事雖窮民一時感激。要非正道。地方多殷實之家。是最好事。彼家資皆從貿易積聚。並非爲官貪婪所致。何必刻剝之。以取悅窮民乎。

以宋儒范仲淹從祀孔廟。

翰林院編修何焯以所生女爲胤禩養女。革職。

康熙五十五年丙申。二月乙丑。命副都統蘇爾德經理圖呼魯克等處屯田。

三月。戶部議准御史董之燧奏。直隸各省內有丁從地起者。其地雖美。但愚民每急欲售地。地去而丁存。貽累無窮。嗣後請民間買賣地畝。其丁隨地輸課。從之。

四月癸卯。帝奉皇太后避暑塞外。乙卯。駐熱河。

六月壬辰。以大暑。詔寬免獄囚。

九月甲申。帝奉皇太后還京師。

十月丁亥。諭大學士等。張伯行條奏宜立社倉。前李光地爲直隸巡撫時。亦曾請立社倉。朕諭此事言之甚易。行之甚難。後試行之。果無成效。倉糧庫帑。設官專理。尚且虧空。社倉所收。交百姓收貯。虧空又何待言耶。

十二月戊戌。派兵戍布隆吉爾。

康熙五十六年丁酉。正月丁卯。以御纂周易折中頒賜羣臣。

壬申。增兵戍噶斯路。

二月。予故左都御史兼翰林院掌院學士揆敍謚文端。

四月戊戌。兵部議覆廣東碣石總兵官陳昂奏。天主一教。設自西洋。今各省設堂。招集匪類。目下廣州城設立教堂。內外布滿。乞飭早爲禁絕。毋使滋蔓。查康熙八年會議天主教一事。奉旨天主教除南懷仁等照常自行外。其直隸各省立堂入教者。著嚴行曉諭禁止。但年久法弛。應令八旗直隸各省並奉天等處再行嚴禁。從之。

辛丑。帝奉皇太后巡幸塞外。壬子。駐熱河。

奸人孟光祖。在各省指稱阿哥名色。肆行詐騙。事發。凌遲處死。江南巡撫佟國勷。四川巡撫年羹堯。不將孟光祖拏獲奏聞。反接受物件。答拜餽送禮物。佟國勷革職。年羹堯從寬革職留任。

六月己酉。予故兵部尚書趙宏燦謚敏恪。宏燦、良棟長子。嘗以總兵官隨其父征雲貴有功。

十月庚子。帝奉皇太后還京師。

十一月己未。河南巡撫張聖佐奏。蘭陽縣民李雪臣子李興邦。在生員李山義家。以白蓮教爲名。聚徒惑衆。今已拏獲。得旨交刑部尚書張廷樞等嚴審定擬具奏。

十二月丙戌。皇太后崩。

康熙五十七年戊戌。正月己巳。翰林院檢討朱天保奏請復立胤礽爲皇太子。內有皇太子聖而益聖賢而益賢語。帝問爾何所見云然。天保奏言。係臣父聞之看守之人。帝乃將朱天保並其父朱都納交與皇子大臣嚴審。旋將朱天保正法。朱都納從寬免死。

三月。裁起居注衙門。

四月丁亥。賜汪應銓等一百七十一人進士及第出身有差。

辛卯。帝幸熱河。

乙丑。增置河南開封府駐防滿洲兵。

六月庚辰。命翰林院檢討海寶編修徐葆光。諭祭琉球國故中山王尚貞。册封世曾孫尚敬爲中山王。

原任大學士李光地卒。予謚文貞。光地累具疏乞休。帝以王掞在告。俟其還。至是薨於位。

癸巳。命刑部減釋獄囚。

八月庚寅。增置四川成都府駐防滿洲兵。

九月己卯。令都統阿爾納總兵官李耀等帥師往噶斯柴旦木駐防。

九月丙戌。以王頊齡爲武英殿大學士。

甲辰。帝還京師。

九月甲寅。諭吏部考試月官令作八股時文。大抵抄錄舊文。苟且塞責。嗣後止令寫履歷。以三百字爲限。

丙辰。命皇十四子固山貝子胤禵爲撫遠大將軍。命護軍統領吳世巴委署護軍統領噶爾弼。帶領第一起兵。於十一月十五日起程。駐紮莊浪。副都統宗室赫石亨寶色帶領第二起兵。於十一月二十九日起程。駐紮甘州。大將軍胤禵帶領第三起兵。駐紮西寧。

十一月。福建巡撫陳瑸卒。追授禮部尚書。予謚清端。瑸居官清介。衣布素。起居止一廳事。昧爽治事。夜分始罷。自奉惟草具蔬糲。屬纊時。一綈袍覆以布衾而已。同僚入視者。莫不感泣。

己丑。命年羹堯爲四川總督。仍管巡撫事。改陝西四川總督鄂海爲陝西總督。

康熙五十八年己亥。正月壬寅。命截留江西湖廣漕米四十三萬石。貯蘇州鎮江江寧淮安安慶備荒。

二月壬子。命內閣中書鄧廷喆翰林院編修成文。諭祭故安南國王黎維正。並封嗣子黎維禑爲安南國王。

原任領侍衛內大臣公舅舅佟國維卒。國維、佟國賴次子。兄國綱。烏闌布通之戰殉難。國維爲孝懿仁皇后之父。封一等公。皇太子胤礽之廢。國維欲立胤禩爲皇太子。帝切責之。國維伏地請死。帝宥之。雍正元年。予謚端純。
三月庚子。封青海貝勒察罕丹津為多羅郡王。
四月癸亥。帝幸熱河。
十月丁未。還京師。
五十九年庚子。正月己卯。諸王大臣等奏。皇上御極六十年。請行慶賀典禮。帝諭。見在西陲用兵。軍民勞苦。去歲正月朔日食。今年七月朔又值日食。海洋颶風。飄泊官兵船隻。山左東三府水發被淹。黎民飢饉。淮黃水大。僅能搶護。人心風俗未盡醇。官箴政事未盡理。此正君臣孜孜求治之時。慶賀之事著停止。
丁酉。命撫遠大將軍胤禵率前鋒統領弘曙移駐穆魯斯烏蘇。管理進藏軍務糧餉。授都統宗室延信為平逆將軍。率兵進藏。以公策旺諾爾布、副都統阿琳寶、額駙阿寶、隨印侍讀學士常授、提督馬見伯、總兵官李麟、參贊軍務。
調西安將軍宗室查布駐防西寧。平郡王訥爾素駐防古木
二月。封新胡必爾汗為宏法覺衆第六世達賴喇嘛。派滿漢官衆及青海官兵送往西藏。初、明代諸法王皆賜紅綺禪衣。號為紅教。其後專以吞刀吐火炫俗。無異師巫。有宗喀巴者。深觀時數。當改立教。即會衆自黃其衣冠。遺囑二大弟子。世世以呼畢勒罕轉生。演大乘教。呼畢勒罕者。華言化身者。二弟子、一曰達

賴喇嘛。一曰班禪喇嘛。喇嘛者。華言無上也。皆死而不失其通。自知所往生。諸弟子親迎而立之。第一世曰敦根珠也。第二世曰根敦嘉穆錯。第三世曰鎖南嘉穆錯。是時黃教益盛。紅教中大寶大乘諸法王。皆改從黃教。化行諸部。東西數萬里。熬茶膜拜。視若天神。諸番王徒擁虛位。不復能施其號令。第四世曰雲丹嘉穆錯。第五世曰羅卜藏嘉穆錯。當太宗文皇帝崇德二年。喀爾喀三汗奏請發幣使延達賴喇嘛。四年。因厄魯特使貽達賴書。達賴亦遣使至盛京。獻書貢方物。順治九年。達賴朝京師。世祖賓之於太和殿。建西黃寺居之。封西天自在大善佛。領天下釋教。康熙二十一年。第五世達賴卒。其徒第巴欲圖國事。託言達賴入定。居高閣不見人。事皆決於第巴。其後恐事發。乃擁立假達賴。是為第六世。青海諸蒙古皆不信。而別奉裏塘之噶爾藏嘉穆錯。即茲所立之胡必爾汗也。

三月己丑。命雲南巡撫張谷貞駐防麗江中甸。

先是、帝命皇十四子胤禵為撫遠大將軍。屯青海之木魯河。治兵饟。將大舉伐藏。至是、命振武將軍傅爾丹。靖逆將軍富寧安。出巴里坤阿爾台。以獵其北。定西將軍噶爾弼出四川。平逆將軍延信出青海。兩路擣藏。初。策妄喇布坦娶和碩特汗拉藏之姊。拉藏信之。策妄喇布坦乘其無備。襲而殺之。而禁新達賴喇嘛於札克布里廟。詔西安將軍額倫特以軍數千赴援。而侍衛色稜宣諭青海蒙古備兵。七月。師逾木魯河。色稜軍拜都嶺。額倫特軍士庫塞嶺。敵佯敗。屢卻。而精兵伏喀喇河以待。額倫特率所部兵欲先渡河。

扼狼拉嶺之險。比至喀喇河。兩軍皆會。敵脅從番衆數萬。以其半據河拒我前。而分兵潛出我後。截餉道。相持月餘。糧盡矢竭。九月。我師覆焉。此康熙五十六年事也。王大臣等懲前敗。皆言藏地險遠。不宜進兵。帝以西藏屏蔽青海滇蜀。苟準部盜據。將邊無寧日。遂決計討之。至是、西藏諸土伯特。亦知青海呼畢勒罕之眞。藏中所舊立之贋。合詞請於朝。乞擁置禪榻。詔許之。於是蒙古汗王貝勒台吉。各自率所部兵。隨大兵扈從達賴喇嘛入藏。軍容甚盛。

四月戊申。帝幸熱河。

五月壬申。命副都統覺羅圖拉參贊傅爾丹軍務。

六月戊午。禁商船以火礮軍器出洋。

八月庚子。琉球國中山王尚敬奏請伊國官生入監讀書。允之。

厄魯特聞我軍分路入藏。策零敦多布由中路自拒青海軍。而分遣其宰桑。以兵三千六百拒南路。南路將軍噶爾弼。招撫巴塘裏塘番衆。進至察木多。奪洛隆宗三巴橋之險。旋奉大將軍檄。俟期並進。噶爾弼恐期久糧匱。用副將岳鍾琪以番攻番之計。招土司爲前驅。集皮船渡河。直趨西藏。降番兵七千。分敵塞險。扼敵饟道。而青海軍亦三敗其中途劫營之衆。俘斬千計。厄魯特進退受敵。遂大潰。不敢歸藏。即由舊路北竄。崎嶇凍餒。得還伊犁者。不及一半。詔加封宏法覺衆第六世喇嘛。於九月登座。取拉藏所立博克達喇嘛歸京師。盡誅厄魯特喇嘛之助亂者。留蒙古兵二千。以拉藏舊臣貝子康濟鼐掌前藏。台吉頗羅鼐掌後藏。

十月癸卯。帝還京師。

甲寅。予戶部尚書趙申喬謚恭毅。申喬居官有清名。然苛刻少恩。爲世所譏。

十一月辛未。遣散秩大臣渣克亶禮部右侍郎羅瞻。致祭故朝鮮國王李焞。謚僖順。兼册封世子李昀爲朝鮮國王。

康熙六十年辛丑。三月乙丑。羣臣因萬壽節請上尊號。帝不許。

己巳。命磨勘會試中式原卷。

大學士王掞御史陶彝等以請建儲忤旨。部議從重治罪。奏入留中。旋命均發往西陲軍前效力。王掞年老。命其子王奕清代往。

御史舒庠等奏參本月初九初十兩日。有不知姓名下第舉子。擁至會試副主考左副都御史李紱門前喧閙。命交刑禮二部會同嚴審具奏。旋革李紱職。發往永定河工效力。

四月乙未。賜鄧鍾岳等一百六十三人進士及第出身有差。

丙午。帝奉熱河。

封世祖章皇帝保母葉黑勒氏爲佐聖夫人。李嘉氏爲佑聖夫人。
平逆將軍宗室延信以疾回京。命四川總督噶爾弼統兵赴藏防守。
五月。運河南湖廣漕米各十萬石貯陝西備賑。
令左都御史朱軾往山西。光祿寺卿盧詢往陝西。各帶銀二十五萬兩購買富戶積藏米石。以備散賑。
河工效力筆帖式聶文鎧叩閽首告河道總督趙世顯侵蝕帑金。縱僕受賄各款。命交張鵬翮審理。文鎧旋以誣告抵罪。
六月癸巳。福建浙江總督滿保等奏。四月十九日。臺灣民朱一貴等倡亂。初、臺灣府知府王珍。稅斂苛虐。濫捕結會及私伐山木之民二百餘。淫刑以逞。鳳山民黃殿李勇吳外等謀變。以一貴朱姓。可託明裔奉以爲主。率衆數百夜刦岡山塘汛。岡山距府城三十里。游擊周應龍以兵四百及四社土番四百往。行五里。卽止營。次日再進十五里。一貴刦槺榔林汛。戕把總。掠軍械。應龍隔一水不能救。一貴旁掠四出。於是南路民杜君英等。亦蠭起應之。應龍遇敵岡山。一交綏。敵卽敗走入山。應龍又不追。而縱兵番焚掠近村。於是各鄉皆煽動。樹幟響應。南路衆攻參將苗景龍於淡水。景龍敗死。府城大震。總兵歐陽凱游擊劉得紫副將許雲率師千有五百出禦之。許雲躍馬陷陣。敵大敗。水師游擊游崇功以兵入鹿耳門赴援。一貴君英合隊來犯。歐陽凱許雲游崇功迎戰春牛埔。把總楊泰爲內應。刺歐陽凱墜馬死。官兵大潰。劉得紫率兵還救。馬踣被執。許雲游崇功血戰至日中。矢礮俱盡。各殺數十人以死。臺廈道梁文煊知府王珍等。俱出鹿耳門渡海。而周應龍遁回內地。是日臺灣府遂陷。北路民賴池張岳等同日陷諸羅。戕參將羅萬春。凡七日而全臺俱陷。一貴自稱中興王。號永和。大封其衆公侯太師將軍總兵以下千計。優伶冠服摩肩塞道。民爲之謠曰頭戴明朝冠。身著清朝衣。五月稱永和。六月還康熙。總督覺羅滿保疾馳至廈門。提督施世驃已先二日率師出港。滿保復調南澳鎮總兵藍廷珍至廈。使總統渡臺水陸兵八千船四百艘。會提督於澎湖。共兵二萬有奇。大小舟六百餘艘。六月十日發澎湖。十三日林亮董芳以六舟冒死直進。遙望礮臺火藥纍積。專以礮注攻中之。轟發如雷。守臺者死無算。遂揚帆直渡鯤身。鯤身、海河也。膠淺不能行大舟。是日海潮驟漲。四百餘艘倏齊近岸。敵遁保安平鎮。列隊迎拒。林亮董芳復先登陷陣。廷珍督大隊繼之。敵敗走。官兵入安平鎮。次日世驃亦至。敵二次來犯。俱爲廷珍擊退。始入保府城。不敢出。有西港民某載家屬爲質。願引兵從西港登岸。徑攻其巢。世驃即密遣林亮董芳等以兵二千往。廷珍亦率舟師五千五百夜指西港。及黎明登岸。敵與林亮等方鏖戰。我軍嚴陳設伏而進。敵大潰。十九日至府城。敵數萬皆遁。世驃亦分敗西南兩路之敵。同日抵城。自鹿耳至是凡七日。一貴走灣裏溪。爲村民擒獻。與杜君英等皆檻送京師。磔於市。其敗逃之周應龍及棄臺逃回各官。訊治伏法。

九月。四川陝西總督年羹堯奏定西將軍噶爾弼領兵赴藏。行至瀘定橋。患病不能前進。得旨將將軍印齋付公策旺諾爾布署理。額駙阿寶都統武格。俱著參贊軍務。

丙申。吏部奏編修檢討改授科道之員。應照由郎中補授科道內升外轉之例。歷俸二年。方准開列。從之。

乙卯。帝還京師。

丁巳。授駐紮吐魯番散秩大臣阿喇衲爲協理將軍。

十月壬辰。戶部奏准廣東巡撫法海奏請派遣御史一員。會同巡撫督徵廣東鹽務。從之。

康熙六十一年壬寅正月戊子。召八旗滿洲漢軍文武大臣官員及致仕退斥人員年六十五以上六百八十人。宴於乾清宮前。名曰千叟宴。

四月丁卯。帝幸熱河。

癸未。福州駐防兵譁。將軍黄秉鉞不能戢。帝命奪秉鉞職。誅爲首者。

七月。予故直隸總督趙宏燮謚肅敏。宏燮、良棟次子。官直隸巡撫。虧用庫款。及卒。帝命其子之桓以郎中署直隸巡撫。料理未完事件。

九月戊戌。帝還京師。

十月癸酉。帝幸南苑行圍。

十一月戊子。帝不豫。自南苑回駐暢春園。甲午丑刻。帝疾大漸。命趣召皇四子胤禛。胤禛聞召馳至。帝告以病勢日臻之故。戌刻。帝崩於寢宮。在位六十一年。壽六十有九。辛丑。皇四子胤禛即位。以明年爲雍正元年。上大行皇帝尊謚曰合天宏運文武睿哲恭儉寬裕孝敬誠信功德大成仁皇帝。廟號聖祖。

命貝勒胤禩十三阿哥胤祥大學士馬齊尚書隆科多總理事務。

諭總理王大臣等。西路軍務大將軍職任重大。十四阿哥胤禵勢難暫離。但遇皇考大事。伊若不來。恐於心不安。著速行文大將軍。令與弘曙二人馳驛來京。軍前事務甚屬緊要。公延信著馳驛速赴甘州管理大將軍印務。並行文總督年羹堯於西路軍務糧餉及地方諸事。俱同延信管理。年羹堯或駐肅州。或至甘州辦理軍務。或至西安辦理總督事務。令其酌量奏聞。至見在軍前大臣等職名。一併繕寫進呈。爾等會議具奏。尋議。諭旨甚屬周詳。應速行文大將軍。將敕印暫交平郡王訥爾素署理。即與弘曙來京。得旨。副都統阿爾訥著隨大將軍來京。副都統阿林保著隨弘曙來京。

封貝勒胤禩爲和碩廉親王。十三阿哥胤祥爲和碩怡親王。貝子胤祹爲多羅履郡王。二阿哥子弘晳爲多羅理郡王。

十二月癸亥。命將陳夢雷父子發遣關外。夢雷本以附耿精忠免死發往關東。旋赦回在誠親王處行走。今以招搖不法再發遣。

甲子。命富寧安爲武英殿大學士。兼吏部尚書。

己巳。命白潢爲文華殿大學士。兼兵部尙書。

辛未。命諸王阿哥名上一字改爲允字。

清史綱要

卷五

雍正元年癸卯。正月辛巳。頒諭旨十一道。訓飭督撫提鎮以下文武各官。

甲辰。封淳郡王允祐子弘曙爲長子。貝子允禵子弘春爲貝子。

大學士王掞以老病乞休。允之。

禁侍衛官員等私在諸王門下行走。

二月辛亥。命張鵬翮爲文華殿大學士。

命甄别翰林詹事官。不安本分者。勒令解退回籍。

副將軍阿喇衲奏報羅卜臧兒回人古班爾等。率領哈喇庫爾薩達克圖哈喇和邵三處戶口一千餘人。輸誠投順。

三月甲申。撤西藏駐防官軍及西寧八旗兵。設戍於察木多。

追封皇后父費揚古爲一等公。其子孫承襲一等侯。

封川陝總督年羹堯爲三等公。

丁卯。尊聖祖仁皇帝陵曰景陵。

吏部遵旨議覆直省督撫兼銜。查川陝總督統理西安甘肅四川三處事務。控制番羌。兩江總督統理江蘇安徽江西三處事務。地連江海。俱應授爲兵部尙書兼都察院右都御史。其餘總督及各省巡撫。仍照舊例。由各部侍郎及別項官員補授總督者。俱改爲兵部右侍郎。兼都察院右副都御史。由侍郎補授巡撫者。亦改爲兵部右侍郎兼都察院右副都御史。由學士副都御史及卿員布政使補授巡撫者俱授爲右副都御史。由左僉都御史補授巡撫者。改爲右僉都御史。永爲定例。從之。

四月。復日講起居注官。

丁卯。帝初御乾淸宮聽政。

戊辰。除山西陝西教坊樂籍。改業爲良民。

命奉旨速議事件。限五日覆奏。

移理郡王弘晳居鄭家莊。去京師二十里。

封十七阿哥允禮爲果郡王。

五月辛丑。仁壽皇太后崩。
六月。加封孔子先世俱爲王爵。
七月。雲南巡撫楊名時奏巡撫衙門規禮共有五萬餘兩。准留若干。其餘應充公用。諭督撫羨餘。豈可限以科則。拘以繩墨。惟視秉心何如耳。固不可朘削以困民。亦不必矯激以沽譽。若一切公用犒賞之需。至於拮据窘乏。殊失封疆之體。非朕意也。必使兵民溫飽。官弁豐足。督撫司道亦皆饒裕。乃朕之所願。是在爾等揆情度理而行之。
壬寅。以隆科多王頊齡爲明史監修官。徐元夢張廷玉朱軾覺羅逢泰爲總裁官。
命於湖南地方建立試院。每科另簡考官。
命尚書侍郎等官。每日一人輪班奏事。密摺封進。
八月。兵部議覆巡視臺灣御史吳達禮奏。諸羅縣北半線地方。民番雜處。請添設知縣一。典史一。其淡水係要口。形勢遼闊。請增設捕盜同知一。應如所請。定諸羅分設縣曰彰化。
禁官民人等服用五爪龍紗緞。
諭朕諸子尚幼。建儲之事。此時未可舉行。然不得不預爲之計。今特將此事親寫密封。藏於匣內。置之乾清宮正中正大光明匾額之後。乃宮中最高之處。以備不虞。諸王大臣咸宜知之。

九月己丑。常壽奏羅卜藏丹津攻察罕丹津。已渡黄河。命年羹堯備兵擒勦。先是、帝遣侍郎常壽往問羅卜藏丹津所行情事。後經常壽奏。於七月二十二日抵親王羅卜藏丹津駐牧之沙拉圖地方。恭宣諭旨。令伊兄弟罷兵和睦。羅卜藏丹津訴言。戴青和碩齊察罕丹津額爾得尼厄爾克托克托奈欲霸占招地。擬起程渡河與決勝負。臣察其情形。勢難和好。帝命行在總理事務王大臣詳議具奏。旋總理大臣等議奏。羅卜藏丹津久懷異志。糾衆盟誓。皇上念伊祖顧實汗恭謙敬順。不即加罪。特遣侍郎常壽前往和解。羅卜藏丹津不聽。殊屬悖逆。應調西寧兵。俟羅卜藏丹津渡河時。於渡口邀截。故有是命。

命纂修律例。

除紹興府惰民丐籍。

十月戊申。川陝總督年羹堯奏。羅卜藏丹津恣肆猖狂。臣領兵於九月二十日自甘州起程。十月初至西寧。帝命年羹堯相機行事。授爲撫遠大將軍。改貝勒延信爲平逆將軍。

羅卜藏丹津執侍郎常壽於堪布廟。筆帖式多爾濟死之。

十一月丁丑。賜于振等二百四十六人進士及第出身有差。

十二月壬戌。宗人府奏履郡王允祹受皇上深恩。不敬謹辦事。每思推諉。應革去郡王。降授輔國公。得旨。允祹自受封以來。並不感激效力。著革去郡王。仍在原固山貝子上行走。

禮部議覆浙閩總督覺羅滿保奏。西洋人在各省起蓋天主堂。潛住行教。人心漸被煽惑。請將各省西洋人。除送京效力外。餘俱安插澳門。應如所請。天主堂改爲公所。誤入其教者。嚴行禁飭。帝以西洋人在各省居住年久。今該督奏請搬移。恐地方之人妄行擾累。命行文各省督撫。伊等搬移時。或給與半年數月之限。其來京與安插澳門者。委官沿途照看。毋使勞苦。

丁卯。册立妃那拉氏爲皇后。

雍正二年甲辰正月。年羹堯奏。十二月十三日。羅卜藏丹津送侍郎常壽回營。並呈奏章一函。筆帖式多爾濟被賊掠去。仗義捐軀。請施恩優卹。以示鼓勵。帝命常壽挐解西安監禁。多爾濟交部照殉節例議敍。

癸卯。廣東巡撫年希堯奏。盤查藩庫。用巡撫封條封貯。但新收錢糧。多寡未悉。請另設一庫。委道員一員。兼同藩司察視收支。得旨。朝廷設官。各有職掌。巡撫乃朕任用之人。藩司亦朕所簡用者。理應協恭辦理。況撫藩同在一城。儻有虧空。何難覺察。年希堯欲令道員監察藩庫。向來道員倉庫。藩司有盤查之責。今反欲自下察上。殊屬倒置。原本發回。嚴加飭行。

二月丙午。帝以聖祖仁皇帝御製上諭十六條。頒行日久。慮民或怠。乃復尋繹其義。推衍其文。共得萬言。名曰聖諭廣訓。並製序文。刊刻成編。頒行天下。

諭八旗文武官員人等。我國家念爾等祖父。皆係從龍舊臣。著有勳績。故加恩後裔。量才授官。冀收心膂驅策之效。爾等自當恪守官箴。勤勞王事。庶幾上以仰報君恩。下以顯揚世美。乃每見旗員居官。不能悉體朝廷期望之意。賢否雜出。志行不齊。筮仕之初。輒謂旗人與漢人不同。漢人無累可以砥礪自守。旗人則本旗官屬需索多端。親族往來責望甚衆。萬一任滿。又不免有當差之累。此念一起。百弊叢生。不以忠君體國爲心。不以曠職殃民爲懼。潛通賄賂。恣意苞苴。殊不思國家察吏。廉者獎。貪者懲。滿與漢無二法也。爾等果能潔己奉公。始終一節。休聲丕著。善政日聞。朕自當從優擢用。以示奬勵。凡所過慮。皆可不必。如其不然。則法網難寬。縱家擁厚貲。安能坐享乎。至於爾等家世武功。業在騎射。近多慕爲文職。漸致武備廢弛。而由文途進身者。又止儌倖成名。不能苦心向學。平居積習。尤以奢侈相尚。居室器用。衣服飲饌。無不備極紛華。爭誇靡麗。甚者沈湎梨園。遨遊博肆。朕特加諄諭。自此以後。出仕者各宜精白乃心。人人以廉能自矢。不得藉旗人多累之說。以遂其罔上行私之術。八旗子弟。各習其業。文則潛心制義。博覽詩書。武則嫻習弓馬。講究韜略。且各崇儉戒奢。安分循禮。爾等八旗皆佐命後昆。深願克紹前修。榮名悠遠。國家亦重有賴焉。其各欽承毋忽。

三月。年羹堯奏擒獲羅卜藏丹津之母阿爾太喀屯。及其妹夫克勒克濟農藏巴吉查等。並男女牛羊無數。二十二日。至柴旦木。羅卜藏丹津帶二百餘人逃竄潛匿青海部落悉平。詔授年羹堯爲一等公。再賞一精奇尼哈番。授岳鍾琪爲三等公。旋封年羹堯之父年遐齡爲一等公。加太傅銜。賜緞九十匹。

革郡王允祕爵。永遠拘禁。因其奉使口外不肯前往故也。
閏四月丁丑。命續纂大清會典。
命左右兩翼各立宗學一所。揀選宗室四人爲正教長。十六人爲副教長。宗室子弟願入學者。分別教習清漢書。讀書之暇。演習騎射。並日給銀米紙筆等項。
癸未。命各省督撫。轉飭有司。於通都大邑人煙稠密之區。照京師例。設普濟堂。以養老疾無依之人。
甲申。兵部等衙門議覆條奏內改併各衛所歸於州縣管轄一條。查得各處軍民戶役不同。未便歸併。且武官科甲出身人員。專選衛所守備千總。若盡裁衛所。必致選法壅滯。應無庸議。得旨。此事部議所見甚小。滇蜀兩省。曾經裁減衛所。未聞不便。今除邊衛無州縣可歸。與漕運之衛所。各有繇役。仍舊分隸外。其餘內地所有衛所。悉令歸併州縣。飭令直省督撫。分別區畫。
乙酉。諭州縣有虧空錢糧。百姓情願代賠者。此端斷不可開。虧空之員。未必愛民。況百姓貧富不等。斷無闔縣情願代賠之理。或係棍蠹句連。借端科斂。或不肖紳衿。一向出入衙門。通同作弊。及本官被參。猶冀題留復任。因而號召多事之人。連名具呈。稱係闔縣願賠。後官畏懼承追處分。接呈入手。即差役按里追呼。名曰樂捐。其實強派。嗣後紳衿富民情願協助者。聽其自行完納。其有闔縣具呈者。即將爲首之人。治以重罪。

五月庚申。諭總理王大臣。外省文武大臣。凡陛見來京。不必進獻一切物件。嗣後著永行禁止。
革貝子弘春爵。
六月。命吏部尙書田從典協理大學士。
戶部議覆戶部侍郎塞德奏請設立井田。查內務府餘地一千六百餘頃。入官地二千六百餘頃。應於此內擇二百餘頃。爲井田。將八旗無產業人內自十六歲以上六十歲以下者。派往耕種。滿洲五十戶。蒙古十戶。漢軍四十戶。共一百戶。各受田百畝。周圍八分爲私田。中間百畝爲公田。共力同養公田。俟三年後。所種公田之穀。再行徵取。於革職大員內揀選二人。勸教管理。三年分別議敍。每年十月後。農事既畢。校閱學射。並令戶部派員往視。設立村莊。蓋造土房四百間。計口分給。其耕種之人。每名給銀五十兩。以爲置辦種粒牛具農器之用。其井田地畝。儻有旗民交錯之地。請將附近良田照數給換。從之。
七月。命郡王允禵往守景陵。
諭兵部。嗣後文官在軍前效力者。即著兵部議敍。永著爲例。
御製朋黨論。頒賜羣臣。
八月甲戌。命凡官員入闈者。其子弟著一體應試。將試卷另封進呈。派大臣校閱。停差巡視湖河御史。
己丑。諭吏部。國家分理庶績。務在得人。著於各省道府同通州縣等官內。總督保奏三員。巡撫保奏二員。

布政使按察使各保奏一員。將軍提督亦屬本省大員。將所知亦令保奏一員。俱各密封保奏。不得會同商酌。如保奏不當日後劣蹟敗露。將保奏上司。一併治罪。

禁武弁私役兵丁。

九月辛丑。以西邊軍務將已告竣。命將捐納各項事例。即行停止。

甲寅。命山西丁銀攤入田畝徵收。

十月戊寅。封前明後裔正定府知府朱之璉爲一等侯。

賜陳悳華等二百九十九人進士及第出身有差。

乙未。理藩院議覆厄魯特郡王額駙阿寶呈稱。請於青海處賜閒曠之地居住。管理青海人等。不致復萌亂心等語。査阿寶之父巴圖爾額爾克濟農和洛里。自青海來歸。封爲貝勒。阿寶承襲後。於平定西藏有功封爲郡王。應如所請。見有貝子丹忠所居之地。甚爲寬大。即令阿寶駐牧。並令大將軍年羹堯派員齎餉助其移徙安插。從之。

十一月。嚴禁兵民等出殯時前列諸戲。及前一日聚集親友設筵演戲。

諭刑部。於滿漢編修檢討庶吉士內。揀選有情願在刑部學習辦事者。或有爲爾等所知。共揀選二三十員。帶領引見。分在各司學習。辦事明白。實心效力者。酌量題補。

十二月戊寅。諭吏部。直隸守道職司通省錢穀。巡道職司通省刑名。即如各省之有藩臬二司。今若概與道員一體。不加分別。似未允協。蓋向以畿輔重地。不立布政按察名色。朕思畿輔與各省有何區別。今應更改畫一。將守道改爲布政使。巡道改爲按察使。

癸未。二阿哥允礽卒。追封爲和碩理親王。謚曰密。

戊子。遣散秩大臣覺羅舒魯。翰林院學士阿克敦。賜祭故朝鮮國王李昀。謚恪恭。封朝鮮國王世弟李昑爲朝鮮國王。

雍正三年乙巳。正月乙巳。遣官於直隸固安縣。擇官地二百頃爲井田。命八旗無產之人受耕。

四川巡撫蔡珽威逼所屬知府蔣興仁自盡。刑部擬斬。特旨因其爲年羹堯所參。從寬免罪。旋授爲左都御史。

理藩院議奏。張家口外入官地畝。請照邊地例。定爲三等起科。每犁一具。徵銀四兩二錢。得旨。民人交納維艱。不得催科太迫。如不能足四兩二錢之數。著再量減二錢。

吏部奏請差湖南山東學政。得旨。從前學政主考。皆就其爲人謹慎者派往。並未考試。其中並有不能衡文者。或因中式之後。荒疏年久故耳。著將應差之翰林。並進士出身之各部官員查奏。俟朕試以文藝。再行差委。

丁卯。浙閩總督滿保奏臺灣陳阿難益難等六社生番歸化。每歲照例以鹿皮代稅。下部知之。

戊辰。欽天監奏本年二月初二日庚午日月合璧。五星聯珠。請敕付史館。從之。

二月辛未。停止竊賊逃人等割脚筋例。

撤總理事務大臣。命各歸職守。

辛卯。予故文華殿大學士張鵬翮諡文端。禮部尚書張伯行諡清恪。

削鄂倫岱公爵。發往奉天居住。因其黨於廉親王允禩也。

三月丁未。策妄阿喇布坦遣使進表。貢獻方物。賞賚如例。

設安徽提督學政。

丙辰。允朱軾請。修浙江杭州等府江南華亭等縣海塘捍禦潮汐。

從管理戶部事務怡親王請。酌減蘇松浮糧。

浙閩總督滿保奏。臺灣山後七十四社生番歸化。

敍輔政功。怡親王允祥賞一郡王。聽王於諸子中指名奏請授封。隆科多賞給世襲一等阿達哈哈番。馬齊賞給拜他喇布勒哈番。獨廉親王允禩以有過不敍。尋以怡親王具摺固辭。允之。

四月。調年羹堯為杭州將軍。其川陝總督印務。以甘肅提督岳鍾琪署理。其撫遠大將軍印。命齊送來京。

辛卯。命田從典爲文華殿大學士。兼吏部尚書。

五月。臺灣生番巴荖遠等四社猫仔等十九社歸化。

六月癸酉。革年羹堯之子年富年興職。交伊祖年遐齡。儻仍不悛改。即行正法。

己卯。命潛邸名曰雍和宮。

命御門聽政日。派翰林院編修檢討四員侍班。

甲午。削年羹堯太保職銜。

七月。削隆科多太保職銜。

壬子。白潢以病免。命高其位爲文淵閣大學士。兼禮部尚書。以戶部尚書張廷玉署大學士事。

革年羹堯杭州將軍任。授爲閒散章京。在杭州效力行走。

革貝子允禟爵。因其縱容屬下騷擾地方。毆打人民也。

八月乙亥。武英殿大學士王頊齡卒。賜謚文恭。頊齡與弟鴻緒。九齡。俱以文章知名。

九月甲寅。命吏部尚書朱軾爲文華殿大學士。仍管吏部尚書事。

十月壬辰。添設稽查盛京御史一員。清查五部及將軍衙門事件。每一年派換。

十二月丁卯。降郡王允禵爲固山貝子。因其前爲大將軍時。任意妄爲。苦累兵丁。侵擾地方。軍需帑銀。徇情糜費也。

甲戌。議政大臣等奏。年羹堯反逆不道。欺罔貪殘。罪迹昭彰。彈章交至。謹將其罪案列款陳之。凡大逆之罪五。欺罔之罪九。僭越之罪十六。專擅之罪六。貪黷之罪十八。侵蝕之罪十五。忍殘之罪四。凡九十二大罪。請立正典刑。以彰國法。奉旨。著交步軍統領阿齊圖。令其自裁。其父年遐齡兄年希堯革職免罪。其子年富立斬。其餘十五歲以上之子。發往廣西雲貴極邊煙瘴之地充軍。族中有候補文武官者。俱革職。其嫡親子孫將來長至十五歲者。皆陸續照例發遣。永不赦回。亦不許爲官。有匿養年羹堯子孫者。以黨附叛逆例治罪。

辛巳。刑部等衙門議奏。妄作西征隨筆之汪景祺。照大不敬律。擬斬立決。得旨。汪景祺作詩譏訕聖祖仁皇帝。大逆不道。應當處以極刑。著立斬梟示。其妻子發往黑龍江。給與窮披甲之人爲奴。其期服之親兄弟親姪。俱著革職。發遣寧古塔。其五族以內之族人。見任及候選候補者。俱查出一一革職。令伊本籍地方官約束。不許出境。

怡親王等陳奏直隸水利營田事宜三款。一白衛淀地等河情形。並繪圖進呈。一請於灤薊等處各設營田。一請揀選河員。得旨。直隸地方。向來旱澇無備。皆因水利未與所致。朕宵旰軫念。特命怡親王及大學士朱軾前往查勘。今據查勘繪圖陳奏。所議甚爲明晰。以從來未有之工程。照此措置。似乎可收實效。著九卿速議具奏。

庚寅。禮部等衙門遵旨議覆。先師孔子聖諱。理應迴避。惟祭天於圜丘丘字不用迴避外。凡係姓氏。俱加偏旁爲邱字。如係地名。則改爲他名。得旨。除四書五經外。凡遇此字。並用邱字。地名亦不必改。而但加偏旁。讀作期音。

戶部等衙門遵旨議准直隸河防水利事宜。據和碩怡親王等疏言。直隸之衛河淀河子牙河永定河。皆匯於天津之大直沽入海。此直隸水道之大略也。衛河與汶河合流東下。德棣倉景以下。春多淺阻。一遇伏秋暴漲。不免潰溢。請將滄州南之磚河。青縣南之興濟河。故道疏濬。於舊時建閘之處。築減水壩以洩衛河之漲。靜海縣權家口亦築壩減水。自塘口入海之處。並開直河一道。使磚河與濟河之委。同歸白塘出口。修理海口舊閘以時啓閉。則滄瀛以北。水利興而水患除矣。東西二淀。跨雄霸等十餘州縣。均應疏濬深廣。並多開引河。使諸淀脈絡相通。其已淤爲田畝者。四面開渠。中穿溝洫。庶圩田旱澇有備。其趙北苑家二口。爲東西二淀咽喉。趙北口隄長七里。板石橋共八座。俱應升高加闊。苑家口北之中亭河。上流之玉帶河。對岸爲十望河。均應開通。庶東西二淀。無衝決之患矣。子牙河爲滹漳下流。清濁二漳發源山西。經廣平正定而滹沱滏陽大陸之水會焉。其下流有清河夾河月河。皆分子牙之流。同趨於淀。宜開決分注。以緩子牙河奔放之勢。永定河俗名渾河。水濁泥多。故道遂湮。應自柳叉口引之稍北。繞王慶坨之東北入淀。兩河淀內之隄。至三角淀而止。爲衆淀之歸宿。應照舊開通。逐年疏濬。兩河之濁流。自不能爲患矣。至各處隄防衝潰甚多。均應疏濬修築。再請於京東之灤薊天津京南之文霸任邱新雄等處。各設營田專官。經畫疆理。召募老農。勸導耕種。民力不辦者。動支正項錢糧。代爲經理。田熟歲收十分之一。以補庫帑。足額而止。營田一頃以上者。分別獎賞。有能出貲代營者。民則優旌。官則議敘。至各屬官田。約數萬頃。請遣官首先舉行。爲農倡率。民間田廬有礙水道者。計畝撥抵。視其畝數加十之二三。河淀淤地。必須挖掘者。將附近官地。照數撥抵。則營田水利。人皆趨事樂從矣。從之。

雍正四年丙午。正月戊戌。帝召貝勒貝子公滿漢文武大臣等。諭以廉親王允禩。希冀非望。狂悖已極。情罪重大。宜削籍離宗。革去黃帶子。其黨允禟蘇努吳爾占結黨構逆。亦將黃帶子革去。並令宗人府將允禩允禟蘇努吳爾占名字除去。

己未。戶部等衙門。以制錢日少。請嚴立黃銅器皿之禁。紅白銅器仍照常行用。其黃銅所鑄。除樂器軍器天平法馬戥子。及五斤以下之圓鏡不禁外。其餘不論大小器物。俱不得用黃銅鑄造。其已成者。俱作廢銅交官。估價給值。儻再有製造者。照違例造禁物律治罪。

辛酉。命將允禩之妻革去福金。休回外家。嚴加看守。

二月癸酉。命貝子魯賓監禁高牆。因其諂媚允禵也。

命削允禩王爵。在宗人府看守。尋命圈禁高牆。
辛卯。命張廷玉爲文淵閣大學士。仍管戶部事。
三月丙申。先是、宗人府奏允禩允禟蘇努吳爾占等。既已削出宗籍。應將伊等本身及其子孫更改舊名。旋允禩改名爲阿其那。伊子弘旺改名爲菩薩保。允禟改名塞思黑。旋塞思黑於八月。阿其那於九月。先後病故。
革食侍講俸錢名世職銜。御書名教罪人四字。令地方官製造匾額。張掛所居之宅。以其作詩投贈年羹堯。備極諂媚故也。
四月戊辰。吏部疏奏京察屆期。請派大學士尚書等大臣會同考察。得旨。嗣後遇京察之年。著內閣滿漢大學士吏部都察院吏科河南道。公同閱看。著爲例。不必另派大臣。
命雲南通省丁銀。攤入田畝內徵收。
五月癸巳。諸王大臣等奏允禵身爲大將軍。毫不效力。止圖利己營私。縱容屬下。騷擾地方。嚇詐官員。固結黨羽。心懷悖亂。請即正典刑。以彰國法。允禵初於馬蘭峪居住。得旨令撤回禁錮壽皇殿。其黨鄂倫岱阿爾松阿俱坐死。
六月庚午。諭刑部。緝拏賭博當場所獲銀錢。不必入官。即賞給拏獲之人。以示鼓勵。嗣後永爲定例。

七月。革平郡王訥爾素爵。在家圈禁。以宗人府奏其在西寧軍前貪婪受賄故也。

八月。署理大學士事務徐元夢。因繙譯本章錯誤。革職。在內閣學士之列。辦理票籤本章一切繙譯事務。效力行走。

九月。禮部侍郎查嗣庭。以所作日記有悖亂語。革職拏問。交三法司嚴審定擬。旋嗣庭在獄病故。仍戮尸梟示。其子坐死。家屬流放。

十月。帝以浙省風俗澆漓。特授光祿寺卿王國棟爲浙江觀風整俗使。並停浙江鄉會試。因以文字獲罪之汪景祺查嗣庭。皆浙人也。

命將裕親王廣寧交宗人府永遠鎖禁。

十一月乙未。靖邊將軍富寧安自軍營回京。奉旨封三等侯爵世襲。

大學士高其位以老疾乞休。准以原官致仕。

十二月辛酉。命河南丁銀攤入地糧內徵收

甲子。御史謝濟世參奏河南巡撫田文鏡營私負國貪虐不法十罪。帝以田文鏡秉公持正。實心辦事。爲天下督撫中所罕見。命革濟世職。發往阿爾泰軍前效力贖罪。

壬申。雲貴總督鄂爾泰奏。剿辦黔省兇苗。攻破三十六寨。投誠二十一寨。招撫苗民五百餘戶三千餘口。

又查出熟田五千八百餘畝。熟地一萬四千五百餘畝。荒地九千六百餘畝。奉旨交部從優議敍。

雍正五年丁未。正月命兵部尚書孫柱署大學士事。

高其位卒。予謚文恪。

內閣太常寺卿鄒汝魯進河淸頌。內有舊染維新風移俗易語。帝不悅。交九卿公同嚴審定擬具奏。尋刑部請照律擬絞立決。得旨著革職從寬免死。發往湖廣荊州府沿江隄岸工程處效力。

二月。加福建興泉道巡海道銜。移駐廈門。改臺廈道爲臺灣道。

三月。以本年閏月節氣稍遲。二月尙寒。改三月會試。後遂爲例。

福建總督高其倬奏。閩省福興漳泉汀五府地狹人稠。自平定臺灣以來。生齒日增。本地所產。不敷食用。請復開洋禁。以惠商民。並令出洋之船。酌量帶米回閩。從之。

命八旗每佐領添設副領一。協同辦事。

丙子。俄羅斯察罕汗遣使臣薩瓦來。

命吏部將會試舉人揀選引見。並問九卿將所知者舉出。再舉人內有同鄉素日推服之人。亦著舉人公舉。或數人公舉一人。或十數人公舉一人。俱將姓名註冊。務須有猷有爲有守之人。方可推薦。不可冒濫。

甲寅。命江西丁銀攤入地畝徵收。

閏三月。諭州縣侵挪之弊。官固主之。而經承自無不知。乃不行稟阻。且從而慫恿之。以便分肥。迨本官監追。而經承且逍遙事外。此後本官少有虧空。該吏不行稟阻。致本官以虧空糾參。卽將經承一同監追。減本官一等治罪。

兵部議覆浙江武舉會試。應照文舉人例停止。帝以士習澆漓。不干武途。況浙省文有餘而武不足。毫無不便之處。命武科照舊會試。

辛巳。宗人府議奏輔國公阿布蘭。擅將玉牒底本私交隆科多。應革去公爵。嚴行圈禁。帝命將阿布蘭革去輔國公。在伊家圈禁。

四月己丑。吏部遵旨將會試下第舉人。挑選各省教職。

壬辰。申禁黃銅器皿。

辛卯。賜彭啓豐等二百二十六人進士及第出身有差。

雲貴總督鄂爾泰奏鎭沅府猓夷。於七月十七夜。縱火肆掠威遠同知署。鎭沅府知府劉洪度被害。隨調元江協副將張應宗等領兵前往。陸續獲着要刁如珍等五十餘人。賊黨百餘。招回夷民三千餘戶。

癸丑。諭內閣。山西之樂戶。浙江之惰民。皆除其賤籍。使爲良民。近聞江南徽州府則有伴儅。寧國府則有世僕。本地呼爲細民。幾與樂戶惰民相等。又其甚者。如二姓丁戶村莊相等。而此姓乃係彼姓伴儅世僕。

凡彼姓有婚喪之事。此姓卽往服役。稍有不合。加以箠楚。及訊其僕役起自何時。則皆茫然無考。非有上下之分。不過相沿惡習耳。著該督查明定議具奏。尋禮部議准安慶巡撫魏廷珍遵旨議奏江南徽寧等處向有伴儅世僕名色。請嗣後紳衿之家。典買奴僕有文契可考。未經贖身者。本身及子孫。俱聽從伊主役使。至年代久遠。文契無存。不受主家豢養者。概不得以世僕名之。永行嚴禁。從之。

六月。議政王大臣議奏隆科多私抄玉牒。存貯家中。及降旨詢問。又不據實具奏。應俟辦完鄂羅斯疆界事件。將伊革職拏問。得旨。可將隆科多調回。令其速來。其鄂羅斯邊疆等事。著克什圖前往。與四格圖理琛辦理。旋革隆科多爵。以其弟慶復襲一等公。

七月。西藏噶隆扎薩克台吉頗羅鼐等奏。阿爾布巴隆布柰扎爾鼐等。會同前藏頭目。於六月十八日。將康濟鼐殺害。臣卽收聚後藏軍兵。防守駐紮。阿爾布巴等。復發兵來攻。被臣殺傷無算。今臣帶領兵衆剿捕阿爾布巴等。

八月。封故都統賴塔爲一等公。令其孫博爾屯承襲。敍克復雲南功也。

乙巳。議政王大臣等議覆額駙策凌等奏與俄羅斯使臣薩瓦相見。議定疆界事宜。與伯四格圖理琛等。以應立界石地方。繕寫給與薩瓦。薩瓦及布里雅吳梁海等稱。已心服。俟其回時。卽將界址山河地名。繕寫繪圖。恭呈御覽。應照策凌等所議。立石定界。曉諭喀爾喀汗王各扎薩克黑龍江將軍等。令其約束屬人。不得越界生事。從之。
九月。命孫柱爲文淵閣大學士。
戊寅。刑部疏參奉天府尹蔡珽。罪案山積。所列凡十八款。均干大辟。應斬立決妻子入辛者庫。財産入官。
帝命從寬改爲斬監候秋後處決。餘依議。
十月甲申。川陝總督岳鍾琪奏剿撫建昌冕山賊番事竣。苗疆底定。命交部議敍。
丁亥。順承郡王錫保等。遵旨審奏隆科多罪案。大不敬之罪五。欺罔之罪四。紊亂朝政之罪三。姦黨之罪六。不法之罪七。貪婪之罪十六。應擬斬立決。妻子入辛者庫。財産入官。帝召議政王大臣內閣九卿等諭曰。隆科多所犯四十一款。實不容誅。但皇考升遐之日。召朕之兄弟及隆科多入見。面降諭旨。以大統付朕。是大臣之內承旨者。惟隆科多一人。今因罪誅戮。雖於國法允當。而朕心則有所不忍。隆科多免其正法。於暢春園外附近空地造屋三間。永遠禁錮。其妻子亦免入辛者庫。伊子岳興阿著革職。玉柱著發往黑龍江當差。
戊子。諭吏部。臺灣遠隔重洋。向來學政交與臺灣道兼管。朕思道員管理地方之事。又兼學政。未免稍繁。應將學政交與派往巡察之漢御史管理。永著爲例。
戊戌。命文淵閣大學士張廷玉爲文華殿大學士。

諭內閣。各省鄉試房官。舊例皆用現任知縣入闈。朕思知縣身爲民牧。地方政務甚繁。入闈動經數月。諸事或致遲誤。朕意欲斟酌更定。於鄰省中舉人進士之在家候選者。臨期調取數十人。交與監臨之督撫。秉公掣籤。令其入闈分校。著九卿悉心詳議具奏。

命各省總兵官毋得進獻方物。

己酉。諭戶部。查各省之中。賦稅最多者。莫如江南之蘇松。浙江之嘉湖。每府多至數十萬兩。地方百姓。未免艱於輸將。其賦稅加重之由。始於明初。洪武時。四府之人爲張士誠固守。故平定之後。籍諸富民之田。以爲官田。按私租爲稅額。夫負固之罪。在士誠一人。而乃歸咎百姓。加其租賦。此洪武之苛政也。有明二百餘年。減復不一。我朝定鼎以來。亦照明例徵收。蓋因陸續辦理軍需。經費所在。未便遽行裁減。我皇考聖祖仁皇帝常論及此。雍正三年。將蘇松二府額徵浮糧豁免。彼時頒發諭旨甚明。本欲一體加恩嘉湖二府。因浙江風俗澆漓。正須化導。故爾暫止。今見浙俗漸次轉移。朕心深慰。查嘉興額徵銀四十七萬二千九百餘兩。湖州府額徵銀三十九萬九千九百餘兩。俱將減十分之一。二府共免銀八萬七千二百兩有奇。永著爲例。

十一月癸丑。命四川陝西雲南。各遣兵進藏。以左都御史查郎阿副都統邁祿。經理一應軍務。

丁卯。還鰲拜一等公爵。給其孫達福承襲。世襲罔替。仍命致祭一次。

戊辰。雲貴總督鄂爾泰奏。黔省邊界生苗。不納糧賦。不受管轄。隨其自便。無所不爲。由來已久。臣自剿撫長寨後。生苗目睹長寨苗戶安居樂業。各思投誠內附。夷苗共一百八十四寨。一千八百餘戶。俱聞風嚮化。並獻弓弩盔甲。夷民半無姓氏。名字雷同。應行更定。彙册報部。酌爲額賦。案年輸租。帝以鄂爾泰辦理甚屬可嘉。命由拜他喇布勒哈番加授一等阿達哈哈番世職。

十二月。定各省六年選拔一次。國子監屆期題請候旨。

諸王大臣等審奏延信罪狀二十款。請按律斬決。帝命從寬免死。著與隆科多在一處監禁。

戶部議准署兩江總督范時繹奏。丁隨糧辦。最爲均平良法。請以雍正六年爲始。將江蘇安徽各州縣應徵丁銀。均攤人地畝內徵收。從之。

左都御史沈近思卒。予謚端恪。近思之學。平正切實。篤信平湖陸清獻公。以上宗朱子。嘗倣近思錄之例。薈萃諸說而類編之。凡十有四卷。曰陸子遺書。

雍正六年戊申。正月。先是、雍正三年四月。原任雲貴總督高其倬奏安南國疆界。有內地舊境一百二十里。應加清理。於賭呪河立界。安南國王具奏陳請。帝命雲貴總督鄂爾泰清查。給還八十里。於鉛廠山下小河以內四十里立界。安南國王復激切陳訴。帝以鄂爾泰所奏鉛廠山下地方山川形勢中外截然。須敕諭之。安南國王奉表陳謝。帝嘉其詞旨恭順。仍以四十里地賜之。

二月乙酉。戶部議覆四川巡撫憲德奏。越嶲衛官馬廠等處番民五百二十五戶。願入版圖。認納蕎糧一百四十一石。以充賦稅。應如所請。令其照數輸納越嶲衛所。就近撥充營汛兵餉。從之。

三月丁巳。大學士田從典以老病乞休。允之。從典旋卒。予謚文端。

戊午。命蔣廷錫爲文淵閣大學士。兼戶部尚書。改文華殿大學士張廷玉爲保和殿大學士。

雲貴總督鄂爾泰奏。化導生苗木林工也等一百一十五寨內附。

四月丁未。帝以從前因公詿誤之員。其中未必無才守可觀。命吏部行文各省。凡知府同知通判知州知縣。任內除大計特疏糾參外。其因公詿誤降革者。該員曾經居官五年。而離任之後。交代清楚。無錢糧案件未清之處。准本人親赴吏部具呈。吏部不拘人數。即行奏聞考試履歷。帶領引見。候酌量起用。

五月。諭。國家舉行大計。乃三年考績之大典。其中卓異人員。皆加以特恩。不次擢用。恐相沿日久。必有濫舉失實之弊。嗣後文武卓異官員。有犯貪贓不法之款。而審訊確實者。將從前列爲卓異之上司。一併議處。儻於該員未敗露之先。有能查出參奏者。免其處分。

以河南巡撫田文鏡善政。爲直省第一。授爲河東總督。管理河南山東二省事務。後不爲例。

命領侍衛內大臣公馬爾賽在大學士內辦事。

六月己亥。宗人府議奏。誠親王允祉身爲親王。惟利是視。將國家政事。置之度外。在御前喝責王大臣等。

毫無臣禮。應革去王爵。禁錮私第。得旨。朕惟此一兄。免其褫爵拘禁。降封郡王。

七月壬申。予故武英殿大學士富寧安謚文恭。

川陝總督岳鍾琪奏頗羅鼐率兵直抵西藏。各廟喇嘛將阿爾布巴隆布奈扎爾鼐等擒獻。

八月甲申。帝以引見大小臣工時。凡陳奏履歷。惟有福建廣東兩省之人。仍係鄉音。不可通曉。令兩省督撫。轉飭所屬各府州縣及教官。徧爲傳示。多方教導。務期語言明白。

命馬爾賽爲武英殿大學士。

九月丁未。諭內閣。浙江士習澆薄。朕爲人心世道計。不得不嚴加整理。今二年以來。李衞王國棟先後奏。兩浙士子咸朕訓誨之恩。省愆悔過。可稱士風丕變。明年卽屆鄉試之期。浙省士子。准其照舊考試。

丁丑。差往西藏吏部尙書查郎阿等奏。臣等統領大兵。自五月初六日由西寧出口。於八月初一至西藏。卽會同在藏駐紮之副都統馬喇學士僧格。將阿爾布巴隆布奈扎爾鼐等審訊。據阿爾布巴等供。謀殺康濟鼐是實。臣等一面奏聞。一面將阿爾布巴等及事內應斬人犯。卽行正法。報聞。

十二月。始立咸安宮官學。將包衣佐領內管領之子弟。並景山官學生內。揀選穎秀者。入學肄業。

議政王大臣等。遵旨議覆。辦理西藏事務。吏部尙書查郎阿等奏。頗羅鼐原在後藏。與唐古特相處日久。衆皆信服。應遵旨令頗羅鼐總管後藏事務。其前藏事務。亦令頗羅鼐暫行總管。俟達賴喇嘛遷移完畢。

招地撤兵。再令頗羅鼐專管後藏。從之。

丁酉。封西藏扎薩克台吉頗羅鼐爲貝子。

雍正七年己酉正月癸丑。帝以糧船過淮。所費陋規甚多。大爲漕政之弊。派御史二員。前往淮安。專司稽察之任。

丁巳。加恩年老大臣。禮部尚書陳元龍。左都御史尹泰。授爲額外大學士。

雲貴廣西總督鄂爾泰奏。卿雲見。加鄂爾泰三等阿思哈尼哈番。文武各官俱加級有差。

命陳元龍爲文淵閣大學士。兼禮部尚書。尹泰爲東閣大學士。兼兵部尚書。

二月。河道總督齊蘇勒卒。予謚勤恪。諭內閣。歷來河道總督。如靳輔齊蘇勒二人。實能爲國宣勞。乂安百姓。合於有功民社祀典之例。著尹繼善等就近相度地方。合建祠宇。有司春秋祭祀。

設福建觀風整俗使一。從禮部侍郎蔡世遠請也。

初、羅卜藏丹津之敗。往投準噶爾策妄喇布坦。納之。帝命遣使索之。不奉詔。既而西師亦罷。雍正五年。策妄喇布坦死。子噶爾丹策零立。屢入犯。帝議討之。時大學士朱軾。都御史沈近思。皆以爲天時人事未至。都統達福亦力言噶爾丹策零能用其舊臣。未可圖。惟大學士張廷玉力贊用兵。帝是之。

三月。以領侍衛內大臣三等公傅爾丹爲靖邊大將軍。出北路。川陝總督三等公岳鍾琪爲甯遠大將軍出西路。往征準噶爾。

五月。命直省老農改爲三年一舉。

初、御史謝濟世以劾奏田文鏡忤旨。發往軍前效力。至是、順承郡王福保復奏其註釋大學毀謗程朱。帝閱其書中多怨望毀謗之語。命九卿翰詹科道秉公議罪。尋議上。應正法。奉旨免死。令當苦差效力贖罪。

先是、湖南人曾靜。遣其徒張熙投書於川陝總督岳鍾琪。勸以同謀舉事。鍾琪以聞。詔刑部侍郎杭奕祿副都統海蘭至湖南。會同巡撫王國棟。拘提曾靜質訊。曾靜供稱因應試州城。得見呂留良評選時文。內有論夷夏之防及井田封建等語。又與呂留良之徒嚴鴻逵沈在寬等往來投契等語。隨將曾靜提解來京。並命浙江總督李衞。查呂留良嚴鴻逵沈在寬家藏書籍。所獲日記等書。並案內人犯。一併拏解赴部。命內閣九卿等先將曾靜研訊。帝以呂留良之罪。尚在曾靜之上。諭將呂留良及見在子孫嫡親弟兄子姪。照何定例治罪之處。著九卿翰詹科道會議。各省督撫提督兩司。秉公各抒己見。詳悉定議具奏。旋將呂留良嚴鴻逵及留良之子呂葆中皆剉尸梟示。子孫遣戍。婦女入官。沈在寬凌遲處死。而曾靜張熙二人則免罪釋放。

七月丙午。諭內閣。順承郡王錫保奏在軍前效力之陸生枏通鑑論中多抗憤不平之語。著於軍前正法。

閏七月。命立覺羅官學。

七月癸未。以曾靜等口供及歷次所降諭旨。刊刻大義覺迷錄。頒行天下。

十月甲寅。甯遠大將軍岳鍾琪奏。噶爾丹策零使臣特磊。於十月初五日前至陶賴大板斥堠。自稱原解送羅卜藏丹津前來。行至爾布和邵地方。遇逃回蒙古三人。知大兵已出。因將羅卜藏丹津送回。帝命劉廷琰伴送特磊赴京。

十一月。定滿漢科道品級。六科給事中俱爲正五品。各道御史。滿洲例由員外郎升授。漢軍例由郎中升授。俱爲正五品。漢御史由內閣侍讀翰林院編修檢討各部郎中員外郎補授者爲正五品。由主事中行評博行取知縣補授者。爲正六品。

雍正八年庚戌。二月丁巳。晉封誠郡王允祉爲誠親王。貝勒允禑爲愉郡王。貝子允禕爲貝勒。封二十一阿哥允禧。二十二阿哥允祜俱爲貝子。二十三阿哥允祁爲鎮國公。

四月。命改大學士尚書品級。大學士爲正一品。尚書爲從一品。

賜周澍等三百九十九人進士及第出身有差。

五月辛未。怡親王允祥卒。

丁丑。帝以策妄喇布坦遣使特磊送出羅卜藏丹津。因聞進兵之信。暫行中止。因命寧遠大將軍岳鍾琪。靖邊大將軍傅爾丹來京。命侍郎杭奕祿衆佛保同特磊往諭準噶爾。

戶部議准江蘇巡撫尹繼善奏。蘇州府屬之常熟昭文二縣。舊有丐戶。不得列於四民。請除其籍。列爲編氓。從之。

辛卯。宗人府等衙門議奏。誠親王允祉行事殘刻。罪惡日稔。應削去和碩親王。革退宗室。即行正法。得旨。允祉革去親王。其如何拘禁之處。候另降諭。

乙未。貝子允禧進封貝勒。公允禑仍封爲郡王。弘晳晉封親王。公弘景晉封貝子。

八月乙巳。戶部遵旨議奏。京畿各府有莊屯之地方。旗人事務繁多。應以三百里內外爲一路。分爲八路。設官八員。分司辦理。得旨依議。

九月。雲貴總督鄂爾泰奏。建水州邊外猛弄寨長白氏內附。

河南道士賈士芳舊居京師白雲觀。自言知醫。以薦入宮治病。口誦經咒。有天地聽我主持。鬼神歸我驅使之語。帝惡而殺之。

十月己亥。刑部等衙門議奏。曾任庶吉士徐駿。於詩文稿內。造爲譏訕背誕之言。應照大不敬律擬斬立決。從之。

雲貴廣西總督鄂爾泰奏。烏蒙蠻猓作亂。刦殺總兵官劉起元等。自請賜罷。速簡賢員料理總督事務。帝慰留之。爾泰旋奏官軍恢復烏蒙情形。

四川巡撫憲德奏。會鹽營所屬木里喇嘛六藏塗都內附。

辛亥。以兵部尚書查弼納爲將軍。往北路辦理軍務。

十一月。晉封喀爾喀扎薩克郡王丹津多爾濟爲扎薩克和碩親王。

庚寅。諭內閣。凡降旨特交事件。該衙門有卽行辦理者。亦有遲久尚未辦理者。總因無稽察督催之人。是以遲速不齊。間有躭延。嗣後著於滿漢文武大臣內派出數人管理欽命上諭事件。專任稽查督催之責。

十二月。傅爾丹岳鍾琪。自京回北路西路軍營。

初、傅爾丹岳鍾琪應召入京。詔以提督紀成斌副將軍巴賽護理印務。至是、紀成斌奏。準噶爾乘我不備。率衆二萬餘來犯闊舍圖卡倫。盜趕駝馬。總兵官樊廷率副將冷大雄等領兵二千。轉戰七晝夜。救出兩處卡倫官兵。會合總兵官張元佐等。擊殺敵兵。不計其數。將駝馬牲畜悉行奪回。詔獎樊廷等。降紀成斌爲副將。

設直隸河道水利總督一員。駐紮天津。

雍正九年辛亥。正月庚午。命工部左侍郎馬爾泰協辦西安軍務。正紅旗滿洲都統德成協辦青海噶斯軍務。

四月丙辰。廣東巡撫鄂彌達奏。瓊山儋州歸化等州縣生黎內附。

六月。噶爾丹策零遣大策零敦多策零敦多卜以兵三萬犯北路。先遣諜佯爲我獲。詭言厄魯特大隊未至。其前隊千餘。駝馬二萬在博克託嶺距我軍三日程。傅爾丹信之。卽以兵萬餘往襲。副都統定壽永國海壽等交諫。不聽。敵以少兵誘我。而伏兵二萬谷中。俄胡笳遠作。氈裘四合。乘高突衝。遂圍我前鋒四千於和通泊。萬矢雨集。衆寡不敵。傅爾丹以後軍往援。敵已潰我參贊之師。直犯大營。傅爾丹命索倫蒙古兵先禦之。科爾沁蒙古。樹紅纛先靡而遁。土默特蒙古樹白纛奮擊敵壘。索倫兵但知蒙古兵敗。誤呼曰。白纛兵陷敵隊矣。諸軍遂大潰。終夜甲仗聲不絕。惟滿兵四千。衛輜重且戰且退。渡哈爾納河。副將軍巴賽查納弼以下皆戰死。得還科布多二千人。敵獲我士卒。皆穿脛盛以皮囊。縛馬後。唱胡歌而返。蒙古科爾沁王匿萑苻中免。傅爾丹反信其言。謂白纛兵先敗。執土默特公沙津斬之。士卒憤怒。岳鍾琪聞北路被圍。乃使紀成斌進攻烏魯木齊。以分敵勢。敵已委城先徙。無所得。詔降傅爾丹爲振武將軍。以順承郡王錫保代之。斬先遁之參贊陳泰。移科布多營於察罕廋爾。又以馬爾賽爲撫遠大將軍。屯歸化城。

初、傅爾丹至軍。卽進城科布多。至是、帝以從前令在科布多地方修城。原欲駐兵進勦之意。今宜以保固疆域爲要務。敵退之後。將科布多兵丁。悉行撤回。令於察罕廋爾扎布幹等處駐紮。

八月。命護軍統領馬蘭泰都統查克旦博爾屯巡撫武格爲撫遠大將軍馬爾賽參贊。

九月己丑。皇后那拉氏崩。

傅爾丹和通泊之敗。準夷大小策零乘勝。謀東犯喀爾喀。以察罕廋爾科布多皆有大軍。乃取道阿爾泰山迤南。小策零以精騎六千深入。而大策零擁大衆二萬於蘇克勒達遙爲援應。我郡王額駙策凌與親王丹津多爾濟合兵迎擊於鄂登楚勒河。遣六百騎背入敵營挑戰。誘其來追。而伏兵擊之。大破其衆。斬其驍將喀喇巴圖魯。詔晉封額駙和碩親王。時議以察罕廋爾大營偏北。而敵每繞山南麓東犯。乃於推河、翁金河、及拜達里克河三處各築城。與察罕廋爾營犄角。命馬爾賽以綏遠將軍移守拜達里克城。

雍正十年壬子。正月壬午。命鄂爾泰爲保和殿大學士。兼兵部尚書。爾泰以雍正四年春巡撫雲南。兼總督事。奏言雲貴大患。無如苗蠻。欲安民必先制夷。欲制夷必改土歸流。而苗疆多與鄰省犬牙相錯。又必歸併事權。始可一勞永逸。帝知爾泰才可辦事。因命以雲貴總督兼制廣西。畀以三省總督印。自四年至九年。蠻悉改流。苗亦歸化。帝嘉其功。錫封襄勤伯。召入爲大學士。以高其倬代之。

三月丁丑。大學士參奏寧遠大將軍岳鍾琪玩忽縱敵。有玷倚任。請敕部嚴加議處。得旨。該部嚴察議奏。

初。岳鍾琪之在西路也。先奏長驅擣襲之策。旋不敢自決。及八年牧場被刦。欲勉踐前言。復奏軍事十六條。帝謂一無可采。且敵屢擾土魯番。兵至卽遁。墮敵計。無成算。旋奏巴里坤西北四百餘里之木壘形勢衝要。宜築城屯兵二萬。截敵來路。與巴里坤大營犄角。請以百口保其必效。帝從其議。會敵兵六千自烏魯木齊掠哈密。岳鍾琪遣總兵曹勷拒之於二堡。又檄將軍石雲倬等以萬人赴南山口。邀其歸路。遇敵。

相望二十里。遷延不擊。縱其飽颺。岳鍾琪劾奏治罪。大學士鄂爾泰等因並劾鍾琪。詔降三等侯。仍留軍營。戴罪立功。

五月辛酉。以京師旱。命清理刑獄。

閏五月己酉。予吏部尚書勵廷儀謚文恭。廷儀、勵杜訥子也。廷儀久官刑部。嘗疏陳考職積弊四條。又禁止私鹽四條。又清查入官家產弊端四條。俱下部議行。

六月。召岳鍾琪還京。其寧遠大將軍印務。著署陝西總督查郎阿署理。副將軍張廣泗暫行護理。命大學士鄂爾泰督巡陝甘經略軍務。

七月。大學士蔣廷錫卒。予謚文肅。廷錫善畫花卉。多用逸筆寫生。點綴坡石。無不超絕。藝林寶之。

八月壬申。北路副將軍王丹津多爾濟額駙策凌奏。追擊準噶爾至厄爾得尼招地方。方七月間。噶爾丹策零親率其大衆。由北路傾國入寇。繞避科布多察罕廋爾大營。取道山南。潛至杭愛山。掠哲卜尊丹巴胡土克圖之地。時哲卜尊丹巴已徙帳多倫泊。寇無所得。探知額駙策凌軍赴本博圖山。遂突襲其帳於塔密爾河。盡掠子女牲畜。額駙中途聞之。卽反旆馳救。並急報順承親王。請師夾攻。策凌部下有脫先渾者。能晝夜行千里。每登高峯嶺。輒以兩手張其衣。若皁雕鼓翼而立。故敵遠望不覺。盡得敵形勢虛實歸報。遂嚮導蒙古兵三萬。繞間道出山背。黎明。自天而下。如風如雨。敵夢中起。人不及弓。馬不及甲。追擊於喀喇森齊泊。大戰二日。敵大敗。而西路援師不至。沿途轉戰十餘次。追至鄂爾昆河之杭愛山。即古燕然山之南麓。其地右阻山。左迫水。道狹不容大衆。又橫亙以大剌麻寺。兵無走路。我兵乘暮薄險。蹴之。呼聲震大漠。敵三萬。擊斬其半。擠墜溺死亦半。河水爲赤。我兵僅傷十餘。以無兵夾攻。故噶爾丹策零乘夜突圍。繞山遁。推河盡棄輜重牲畜。塞滿山谷。以阻我師。策凌急檄馬爾賽。於拜達里克河邀其歸路。副將軍達爾濟整兵待發。馬爾賽不許。翌日將士自開城追之。擊斬千計。而敵皆已從前隊過。詔斬馬爾賽及附和阻撓之都統李杕以徇。旋黜順承郡王錫保爵。令軍前戴罪效力。

十月。奪岳鍾琪職。交兵部拘禁。

命振武將軍查克旦在靖邊大將軍參贊上行走。

十一月。以寧古塔將軍常德爲靖邊大將軍之副將軍。

甲辰。予故河東總督田文鏡謚端肅。

雍正十一年癸丑。正月。命各直省設立書院。

命鑄靖邊左右副將軍印二顆。交大將軍收貯。以備額駙策凌等調遣滿洲蒙古兵丁之用。

二月。封二十四阿哥允祕爲和碩誠親王。皇四子弘曆爲和碩寶親王。皇五子弘晝爲和碩和親王。

辛酉。晉封弘春爲多羅泰郡王。

壬戌。以戶部尚書彭維新協辦內閣事。

喇嘛扎卜與準噶爾戰於克蘭森齊老地方。棄軍奔往游牧處所。命革去扎薩克和碩親王。在京永遠監禁。以其弟德親扎布承襲。

原任副都統阿三。於大將軍調遣時。託故後期。遇敵奔北。命於軍前正法。

三月壬午。帝以準噶爾既敗。力蹙勢窮。不能遠涉藏地。且頗羅鼐輸誠效力。唐古特之兵。亦較前氣壯。見今藏地無事。命將從前防守之兵撤回。僅留數百名。

乙丑。理藩院參奏士默特輔國公沙津達賴前於和通胡爾哈地方臨陳遁跡。又於烏孫珠爾地方。對敵挫衄。請革去公爵。得旨。達賴著革去輔國公。在軍前效力贖罪。

四月癸丑。賜陳倓等三百二十八人進士及第出身有差。

乙卯。命嵇曾筠爲文華殿大學士。兼吏部尚書。仍管河道總督事。

詔在京三品以上及外省督撫。會同學政。薦舉博學鴻詞。一循康熙年間故事。

以方苞爲內閣學士。苞以戴名世南山集案被逮入獄。聖祖赦而用之。命以白衣入直南書房。至是、以武英殿總裁擢居是職。

禁民間刊刻書籍。凡遇胡虜夷狄等字。每作空白。又或改易形聲。如以夷爲彝。以虜爲鹵之類。

五月庚寅。諭州縣設立社倉。原以便民濟用。若遇應行借給之時。該州縣一面申詳上司。一面卽速舉行。方可以濟閭閻之緩急。聞直隸百姓借領社穀。必待該督咨請部示。而後准行。往返動經數月。小民懸待孔殷。仍不免重利告貸之苦。嗣後著該督李衞酌量定例。變通辦理。咨報存案。

乙未。辦理軍機大臣等奏。明歲進兵。請令副將軍額駙策凌塔爾岱常德等前往會同辦理。得旨。靖邊左副將軍印。著額駙策凌掌管。靖邊右副將軍印。著塔爾岱掌管。副將軍常德著與額駙策凌同行。議政大臣永福著授爲內大臣。與塔爾岱同行。

甲申。以編修張若靄庶吉士鄂容安鄂倫在軍機處行走。

六月丁巳。命武弁中熟習水師之人。毋得調補陸路。致用違其長。

七月。禁止直省將軍督撫提鎮。於經制外濫給外委千把總牌札。

乙酉。大學士陳元龍以年老乞休。命以原官致仕。

戊子。以順承郡王錫保調度無方。坐失機宜。命平郡王福彭代爲定邊大將軍。

乙未。大學士孫柱衰邁。命以原官致仕。

九月。刑部等衙門議准。署寧遠大將軍查郎阿參奏總兵官曹勷奉派領兵哈密。縱敵失機。飾詞揑報。請卽在軍前正法。得旨。曹勷著在軍前正法示衆。

十一月甲辰。命果毅公訥親在軍機處行走。

十二月壬子。命順承郡王錫保子熙良襲封多羅順承郡王。代其父效力贖罪。

雍正十二年甲寅。二月乙丑。遣翰林院侍讀春山兵科給事中李學裕。致祭故安南國王黎維祹。並敕封嗣王黎維祜爲安南國王。

三月。河南學政俞鴻圖受賄營私。伏誅。

五月丁酉。命北路副將軍額駙策凌西路署大將軍查郎阿。俱馳驛來京。命大將軍平郡王福彭。帶領傳爾丹。暫駐科布多。平郡王未到之先。著塔爾岱常德等暫行辦理。

六月。降旨罷兵。遣侍郎傅鼐額外內閣學士阿克敦。往諭準噶爾台吉噶爾丹策零。

九月。帝以各省生童往往因與地方有司爭競齟齬。相率罷考。此風最爲惡劣。諭嗣後如果地方官有不公不法陵辱士子等情。許生童等赴該上司衙門控告。儻不行控告。而邀約罷考者。即停其考試。

十月。命尚書三泰徐本俱協辦內閣大學士事。

裁浙江總督。仍設浙江巡撫。及浙閩總督。又以苗疆事竣。雲貴總督不必兼管廣西。仍歸兩廣總督統轄。

四川夔州稅務。向從京師派員監督。命嗣後改爲由地方大吏。委人管理。

雍正十三年乙卯。二月。禁文武生員入伍食糧。

甲子。命工部尚書巴泰協辦內閣大學士事。

三月丙子。前遣往準噶爾使臣傅鼐等奏稱噶爾丹策零請內哲爾格西拉胡魯蘇地方。爲我喀爾喀遊牧地界。帝命將傅鼐等奏摺並地圖密寄額駙策凌。令其細閱。策凌旋奏。請以阿爾泰山爲界。山東令我處巡邏。山西令彼處巡邏。所有遊牧。斷勿令過阿爾泰嶺。方爲善策。報聞。

四月。停旌表烈婦之例。

五月。貴州苗疆復亂。命果親王允禮。寶親王弘曆。和親王弘晝。及大學士鄂爾泰張廷玉。尚書慶復魏廷珍憲德張照徐本。都統李禧。甘國壁。侍郎呂耀曾。俱辦理苗疆事務。以湖廣提督董芳熟悉苗地情形。授爲副將軍。一切勦撫機宜。與揚威將軍哈元生和衷協力。公同辦理。

七月。解大學士鄂爾泰任。削去伯爵。初、苗疆闢地二三千里。幾當貴州全省之半。增設營汛。凡腹內郡縣防兵大半移戍新疆。又鄂爾泰用兵招撫。止及古州清江。未及台拱之九股苗。有司輒稱台拱願內屬。巡撫元展成易視苗疆。遽於十年設營駐兵。時秋稼未穫。苗佯聽版築。而日夜刈穫。甫畢。卽傳集上下九股數百寨苗。叛圍大營。并扼排略大關之險。以阻餉道。營中樵汲皆斷。掘草根死守彌月。援至始解。提督哈元生入覲回黔。十一年春。進軍台拱。攻苗於番招之蓮花坉坉窟萬山巔。四面削箐梟支。二載。官兵六路破之。設其戍上。十三年春。苗疆吏以徵糧不善。遠近各寨蜂起。徧傳木刻。妖言四煽。省城大吏尚不之信也。總兵韓勳破苗古州之王家嶺。苗復聚集清江台拱間。號召日衆。番招屯復圍於苗。元展成與哈元生不合。倉卒調兵五千。盡付副將宋朝相領之赴援。半途困於苗。苗探知內地防兵半戍苗疆各城。守備空虛。於是乘間大入陷凱里。陷重安江驛。陷黃平州。陷岩門司。陷清平縣餘慶縣。焚掠及鎮遠思州。而鎮遠府治無城。人心洶懼。台拱清江各營汛。亦多爲苗誘陷。亂氛四起。本省兵徵調殆盡。奔救不遑。驛路四隔。省城戒嚴。鄂爾泰以前功不成。自請罷斥。帝令給假養病。仍食大學士俸。

辛酉。以邁柱爲武英殿大學士。兼吏部尚書。查郎阿爲文華殿大學士。兼兵部尚書。

八月丁亥。帝不豫。戊子。大漸。召莊親王允祿、果親王允禮、大學士鄂爾泰、張廷玉、領侍衞內大臣豐盛額、訥親、內大臣戶部侍郎海望至寢室前。大學士鄂爾泰、張廷玉、恭捧御筆親書密旨。命皇四子寶親王弘曆爲皇太子。卽皇帝位。少頃。皇太子傳旨。著莊親王允祿、果親王允禮、大學士鄂爾泰、張廷玉、輔政。

己丑子刻。帝崩。壽五十有八。是歲十一月。上尊謚曰敬天昌運建中表正文武英明寬仁信毅大孝至誠憲皇帝。廟號世祖。

諭、鄂爾泰前因患病解任調理。今既輔政。著復任。

以遺命奉母妃爲皇太后。復奉皇太后懿旨。以元妃爲皇后。

召朱軾回京。以嵇曾筠總理浙江海塘工程。

諭以皇考諭旨。張廷玉鄂爾泰俱配享太廟。卽將此旨繕入遺詔。

召張照回京。以張廣泗總理苗疆事務。初、張照奉命赴苗疆。且令察其利害。照至沅州鎮遠。卽密奏改流非策。致書諸將首倡棄地之議。且袒董芳。專主招撫。與哈元生齟齬。楚粵官兵皆隸芳麾下。旋議分地分兵。施秉以上用滇黔兵隸元生。施秉以下用楚粵兵隸董芳。於是已進之兵紛紜改調。互換而哈元生董芳遂欲將村寨道縣盡畫上下界。文移辨論。致大兵雲集數月。曠久無功。苗乘間復出焚掠清平黃平施秉間。紛紛告警。官軍顧此失彼。疲於奔命。當是時。中外畏事者。爭咎前此之不當闢。目前苗疆之不可守。前功幾盡失。全局幾大變。至是召張照還。授張廣泗七省經略。哈元生以下。咸受節制。旋逮張照董芳哈元生元展成治罪。

辛卯諭內監等國家政事。毋許妄行傳說。外言亦無得傳入內廷。違者正法。

道士張太虛王定乾等。以鑪火修鍊之說。供奉西苑。帝命驅逐回籍。

壬辰。諭大將軍查郎阿駐肅州。與劉於義同掌軍務。北路大將軍平郡王福彭。堅固防守。

己亥。皇太子卽皇帝位於太和殿。以明年爲乾隆元年。

命朱軾協同王大臣總理事務。

己酉。賜莊親王允祿果親王允禮永遠食雙俸。鄂爾泰張廷玉世襲一等輕車都尉。朱軾世襲騎都尉。

命廷臣輪班奏事。
詔大學士以下三品京堂以上。平日深知灼見之人。不拘品級資格。據實密封以聞。
命文武官員見在議革者。俱准寬免。
大學士馬齊以年老乞休。允之。
十月。命副將軍常德赴北路軍營。
授大學士張廷玉三等子。以長子張若靄襲。
丁丑。釋圈禁宗室。
命尚書徐本軍機處行走。
命設張家口至鄂爾坤臺站。接運軍米。
授鄂爾泰一等子。世襲罔替。
壬辰。停舉人充鄰省鄉試同考官。
吏部議刑部尚書徐本奏請復知縣行取舊例。應行知各省督撫。遇行取之年。於正途出身知縣內。揀選賢能出衆之員。不拘資格。大省保舉五六員。小省保舉三四員。送部引見。以主事用。至所奏行取知縣揀補御史之處。查御史見改爲正五品。於翰林編檢各部郎中員外郎內保舉簡用。若知縣即行升補。未免過優。應無庸議。從之。

革弘春貝子爵。不許出門。

十一月。升各省教職品級。教授係從九品。加爲正七品。學正教諭訓導係未入流。學正教諭加爲正八品。訓導加爲從八品。

乙巳。諭皇考樂育人材。特降諭旨。令直省督撫及在朝大臣。各保舉博學鴻詞之士。以備制作之選。乃直省奉詔已及二年。而所舉人數寥寥。朕令再爲申諭。凡在內大臣及各直省督撫。務宜悉心延訪。速行保薦。定一年內齊集京師。候朕廷試。倘直省中實無可舉。亦即具本題覆。

追封皇一兄弘暉。皇八弟福慧爲親王。

命慶復爲定邊大將軍。

癸丑。嚴禁銷燬制錢。

諭河南地方。自田文鏡爲巡撫總督以來。苛刻搜求。以嚴厲相尚。而屬員又復承其意旨。剝削成風。豫民重受其困。卽如前年匿災不報。至於流離。蒙皇考降旨嚴飭。遣官賑卹。始得安全。此中外所共知者。乃王士俊接任河東。不能加意惠養。且擾亂紛更。以爲幹濟。借墾地之虛名。而成累民之實害。彼地民風淳樸。竭蹶以從。罔敢或後。誠屬可嘉。然先後遭督臣苛政。其情亦可憫矣。王士俊著解任。來京候旨。河南仍照舊例。止設巡撫。即著工部侍郎富德補授。
復阿其那塞思黑紅帶。收入玉牒。
十二月丙寅朔。命纂八旗氏族通譜。
丁卯。諭王大臣等。前令文武大臣官員科道等輪班條奏。自後不必拘定班次。隨時陳奏。
戊寅。恭上皇太后徽號曰崇慶皇太后。
甲申。諭審案不許株連婦女。
殺曾靜張熙。
壬辰。纂修明史成。

清史綱要

卷六

乾隆元年丙辰。正月。準噶爾噶爾丹策零遣使吹納木喀入覲。並貢方物。
癸丑。撤西北兩路大兵。酌留鄂爾坤及烏里雅蘇臺駐防兵丁。召大將軍慶復回京。派參贊一員協同策凌辦事。
丙辰。命將京師及各省見開捐納事例。一概停止。祇留捐監一條。
二月。命喀爾喀每歲選兵三千。屯駐鄂爾坤防秋。
戊子。尊世宗憲皇帝陵曰泰陵。
三月庚子。赦汪景祺查嗣庭兄弟族屬回籍。
頒十三經二十一史於各省會及府州縣學。
設盛京宗學覺羅學。

壬戌。吏部議覆御史鍾衡奏請加國子監從八品助教爲從七品。正九品學正從九品學錄爲正八品。正八品監丞加爲正七品。從八品博士加爲從七品。滿洲蒙古助教等缺品級均歸畫一。從之。

甲子。張廣泗奏報合攻牛皮箐苗寨。首逆就獲。搜剿餘黨無算。廣泗既調全黔兵集鎮遠。以通雲貴往來大路。簡選將士面授方略。以精兵四千餘攻上九股。四千餘攻下九股。而自統五千餘攻清江下流各寨。刻期並舉。號令嚴明。所向克捷。苗衆盡竄入牛皮大箐。箐園苗巢之中。盤亙數百里。北丹江。南古州。西都勻八寨。東清江台拱。危巖切雲。老樾蔽天。霧雨冥冥。泥潦蛇虺所國。苗恃官兵所不能到。廣泗檄諸軍分扼箐口。以坐困之。許其黨自相斬捕除罪。由是黨魁罔漏。俘馘萬計。其飢餓顛隕死厓谷者。不可勝計。

四月。令各處尼僧不能還俗者。暫給度牒。不許招受年少生徒。嗣後婦女必年踰四十。方准出家。年少者嚴行禁止。

乙亥。命保舉賢良方正。

裁直隸副總河。以總督兼管河務。

戊子。賜金德瑛等三百四十四人進士及第出身有差。

五月。停止山西巡察。

吏部奏。各省督撫幕賓。雍正元年奉旨。令分別保題議敍。布按二司。爲通省錢穀刑名之總匯。應准照督撫之例。分別保薦。從之。

免曾靜張熙戚屬緣坐。

六月甲戌。頒工部見用營造官尺式於直省。凡工程俱用部頒。

七月甲午。諭、朕思宗社大計。莫如建儲一事。朕今卽位已逾半載。未經降旨。良以人心不古。往往有因建儲太早。以致別生事端。皇考當日。於建儲一事。親書密旨收藏。朕今惟有循用皇考成式。親書密旨。著總理事務王大臣。親看宮中總管太監。謹收藏於乾清宮正大光明殿匾額之後。

停稽查歸化城御史。

戊申。定五等世職漢文。以精奇尼哈番爲子。阿思哈尼哈番爲男。阿達哈哈番爲輕車都尉。仍各分等。拜他喇布勒哈番爲騎都尉。拖沙喇哈番爲雲騎尉。

辛亥。追諡明建文皇帝爲恭閔惠皇帝。

戊午。給佐雜離任身故回籍路費。

署四川巡撫王士俊密摺陳奏四條。忤旨。拿解來京。交法司嚴審。嗣定爲斬監候。秋後處決。旋命寬免。

八月丙寅。禮部右侍郎徐元夢以年老乞解任。允之。命加尚書銜。食俸。在史館內廷等處行走。

九月丙申。總理事務王大臣刑部議奏古州苗疆一案。張照哈元生均擬斬。董芳元展成發邊遠充軍。德希壽枷號鞭責。奉旨俱著從寬免死。旋賞哈元生副將銜。發往西路軍營效力。董芳發往雲南以副將用。張照在武英殿行走。

丁酉。禮部尚書楊名時卒。予謚文定。

致仕大學士朱軾卒。予謚文端。軾與方苞交最善。嘗同直內閣。衆既退。坐必下之。行必後之。苞固辭。軾曰。衆爭爲市道交。卽此可示之以禮矣。

致仕大學士陳元龍卒。予謚文簡。

十月。引見考取博學鴻詞劉綸等十五員。劉綸潘安禮諸錦于振杭世駿俱授翰林院編修。陳兆崙陳玉麟夏之蓉周長發程恂俱授翰林院檢討。楊度汪沈廷芳汪士鍠陳士璠齊召南俱授翰林院庶吉士。

是月。經略張廣泗奏報軍務全竣。

十一月。命徐本爲東閣大學士兼禮部尚書。

十二月庚申。命常安管理北路糧餉。

戊寅。命科道官不兼部務。

乾隆二年丁巳。二月丙寅。安南國王黎維祜卒。嗣子黎維禕遣使告哀。附貢方物。

戊寅。遣翰林院侍讀嵩壽修撰陳倓。册封黎維禕爲安南國王。

三月壬子。御史謝濟世言事忤旨。嚴行申飭。
四月。以旱命刑部清理庶獄。
准包衣佐領管領與八旗聯姻。
釋傅爾丹、陳泰、岳鍾琪、於獄。
賜允禩允禵公爵空銜。不必食俸。
五月辛卯。賜于敏中等三百二十四人進士及第出身有差。
戊戌。御試翰林詹事等官。擢陳大受等三員爲一等。餘升黜留館有差。
准本年新進士條奏地方利弊。
丁巳。命在京旗員有親喪者二十七月之內。凡遇朝會祭祀之禮。免其行走。
七月乙未。以永定河隄工衝決。命協辦吏部尚書事顧琮前往。會同李衛劉勷等董辦理。
壬寅。御試續到博學鴻詞於體仁閣。授萬松齡張漢爲翰林院檢討。朱銓洪世澤爲翰林院庶吉士。
八月壬戌。命巡漕御史四員。分駐淮安濟寧天津通州。
閏九月戊午。濬直隸淶水縣拒馬河。
十月庚戌。命清理馬政。

十一月。命額駙策凌護送準噶爾使來京。以海蘭署理副將軍。
辛巳。命大學士鄂爾泰張廷玉尚書訥親海望侍郎納延泰班第爲軍機大臣。
壬午。詔翰林坊缺仍帶俸深編修檢討二十員引見。
劉元燮奏辭廣西蒼梧道。請仍留御史之任。帝惡其有意規避。命革職。發往廣西。以佐貳等官令其效力。
十二月丁亥。册立嫡妃富察氏爲皇后。
命官員准丁本生父母憂一年。
大學士邁柱以病免。
癸卯。封大學士張廷玉爲三等伯。
乾隆三年戊午正月。命福敏爲武英殿大學士。兼工部尚書。
遣散秩大臣祥泰內閣學士岱奇册封朝鮮國王李昑子暄爲世子。
準噶爾使臣達什等奉表至京師。帝以其表辭恭順。遣侍郎阿克敦御前三等侍衛旺扎爾乾清門頭等台吉額默根充副使。將應議之事。明悉曉諭。即與來使一同起程。
三月壬申。以旱。命刑部清理庶獄。
四月。以旱求言。

五月辛酉。貴州定番州苗滋事。總督張廣泗討平之。
甲子。予故大學士邁柱謚文恭。
丙寅。定各省水旱災五分卽准蠲免例。
七月甲子。復設稽查內務府御史。
丁丑。大學士尹泰乞休。允之。
八月癸巳。設各部院督催所。
九月。裁浙江總督。復設巡撫。仍歸閩浙總督管轄。
予告大學士尹泰卒。予謚文恪。
十月。直隸總督李衞卒。予謚敏達。
十一月己未。鑲黃旗漢軍都統納穆圖等奏請年羹堯之子年秀等可否准其考試當差。不允。
大學士嵇曾筠以病乞回籍。允之。
十二月辛巳。定雲南煙瘴官三年俸滿例。
乙酉。命尚書鄂善議政處行走。
戊戌。發帑銀一百萬兩。修濬江南水利。命大理卿汪漋前往督辦。

乾隆四年己未。正月癸丑。命通政使德爾敏往江南。同大理寺卿汪漋督辦水利。
大學士嵇曾筠卒。予諡文敏。曾筠父永仁。以生員爲范承謨書記。與之俱殉耿精忠之難。
三月。吏部奏請行取直隸等省知縣二十一員。得旨依議。
命吏部尚書公訥親協辦大學士。
四月辛巳。賜莊有恭等三百二十八人進士及第出身有差。
丙戌。以旱申命求言。
戊子。命刑部清理庶獄。減徒以下罪。
丁酉。禁江西龍虎山正一眞人傳度。
己亥。以畿輔缺雨。仍弛奉天米船海禁。
癸卯。飭直隸江南捕蝗。
五月。予告大學士馬齊卒。予諡文穆。詔以馬齊歷任三朝。年踰大耋。特命和親王大阿哥永璜公訥親等往奠茶酒。
六月壬午。增派查旗御史。
八月。命仿朱子通鑑義例編纂明紀綱目。

壬午。敍張廣泗經理苗疆功。加授三等輕車都尉世職。

十月乙亥。準噶爾台吉孟克率屬內附。授爲三等侍衞。

己丑。宗人府議奏。莊親王允祿與弘晳弘昇弘昌弘晈等。結黨營私。往來詭祕。請將莊親王允祿等革去封爵。帝命莊親王從寬免革親王。仍管內務府事。其親王雙俸及議政大臣理藩院尚書。俱著革退。弘晳革去親王。不必在高牆圈禁。仍在鄭家莊居住。不許出城。弘昇照宗人府議。永遠圈禁。弘昌革去貝勒。弘普革去貝子。弘晈從寬仍留王號。永遠住俸。

命盛京工部侍郎法敏赴北路軍營管理糧餉。

十二月戊寅。命弘晳及其子孫。俱交內務府總管在景山東菓園永遠圈禁。因福寧首告弘晳聽信安泰邪術。大逆不道。審訊得實也。安泰亦坐絞。

乙酉。晉封西藏貝勒頗羅鼐爲郡王。

乾隆五年庚申。正月。湖南綏寧等處苗匪滋事。敕巡撫馮光裕調兵勦撫。

二月丁丑。命直隸山東山西湖南廣東等省招商採煤。

四月壬申。命各直省封印後。用豫印空白。

五月壬寅。額駙策凌等奏。喀爾喀準噶爾以鄂爾海分界。從之。

丙辰。因旱命刑部清理庶獄。

六月。命張廣泗來京陛見。以張允隨署貴州總督。慶復兼理雲南巡撫。

戊子。禁革職人員濫用章服。

閏六月乙卯。命貴州總管張廣泗至湖南。與巡撫馮光裕會商苗疆軍務。馮光裕尋卒。命張廣泗留辦湖南軍務。

飭湖廣提督杜愷廣西提督譚行義會剿苗猺。

七月甲戌。禁私售旗地。

丙子。命喀爾喀王等與兩路軍營會議撤兵。

乙酉。申嚴武職官員乘轎之禁。

八月戊辰。廣西提督譚行義奏官兵擒獲首逆。苗境悉平。遵旨前往楚省辦理軍務。

九月。諭楚粵自提督總兵以下。俱受張廣泗節制。並鑄欽差大臣關防一顆。遣官馳驛送往。

十月。永禁胥役更名充牙。

十一月癸未。重輯大清律例成。

甲午。纂修大清一統志書成。

十二月庚子。禁京官濫交富戶。
壬寅。張廣泗奏楚粵苗疆悉平。
乾隆六年辛酉正月。命各直省督撫學政採訪元明以及國朝名人著作。無論刻本鈔本。隨時進呈。
甲申。命鄂爾泰訥親會同孫嘉淦顧琮查勘永定河工。
甲午。命原任湖廣總督班第仍在軍機處行走。
三月。御史仲永檀奏參提督鄂善受賄。帝親訊得實。鄂善賜自盡。超擢仲永檀爲僉都御史。
六月甲午。飭官員防閑幕友。
丙辰。大學士趙國麟因事降調。
七月甲子。命北省勸民私開溝洫。
山西學政喀爾欽以賄賣生童。縱僕營私。違禁漁色。伏法。
禁各省見任官員建立生祠。
命陳世倌爲文淵閣大學士。兼工部尚書。
戊子。帝初舉秋獮。奉皇太后幸熱河避暑山莊。
貴州永從縣苗匪滋事。總督張廣泗討平之。

九月壬午。帝奉皇太后還京師。

十一月。尚書徐元夢卒。予謚文定。徐元夢初以不附明珠。爲珠黨所陷。得罪幾死。聖祖旋知其枉。命入南書房。浸至大用。

十二月乙未。左都御史劉統勳奏。大學士張廷玉。歷事三朝。小心敬愼。然大名之下。責備恆多。勳業之成。晚節當愼。外間輿論。動云桐城張姚兩姓。占卻半部搢紳。此盈滿之候。而傾覆之機所易伏也。請敕下大學士張廷玉。會同吏部衙門。將張姚二姓。果係親房近支。累世密戚。見任之員。三年之內。停其升轉。又奏尚書公訥親。未及強仕之年。總理吏戶兩部。入典宿衞。參贊中樞。兼以出納王言。趨承禁闥。此外特交事件。尚有多端。卽使精力有餘。亦苦分身乏術。宜量行減省等語。帝以其疏宣示羣臣。其後二臣不能全其晚節。一如統勳所言。

大學士張廷玉請解部務。不許。

增殺虎口至綏遠城兵額。

禁武職干預民事。

乾隆七年壬戌。二月。諭從前選拔。或十數年一舉。今則六年一舉。爲期太近。嗣後定爲十二年一次。永著爲例。

三月。命大學士九卿。擇素所深知之人。有骨鯁之風，而復明通內外政治者。不拘資格。列名封奏。以備臺諫之選。四月。噶爾丹策零遣使臣吹納木喀等請赴藏熬茶。勿限年分。帝以策零意甚狡詐。飭兩路軍營加意防範。

停文武鄉會互試之例。

賜金甡等三百二十九人進士及第出身有差。

命八旗漢軍有願改歸原籍者。聽從其便。

五月乙丑。命發滿洲單戶一千名。移駐拉林阿勒楚喀屯田。

六月壬辰。命莊親王允祿尚書三泰張照管理樂部。

十一月乙亥。命陳世倌會同高斌查勘江南水利。

十二月戊子。仍准準噶爾由多倫鄂羅木入藏熬茶。

丙申。諭我朝文臣無封公侯伯之例。大學士張廷玉伯爵係格外加恩。其奏請與其子張若靄承襲之處。不合。今著帶於本身。伊子張若靄不必承襲。

大學士鄂爾泰以其子鄂容安曾向仲永檀私探留中密奏。爲御史所劾。爾泰曾奏保仲永檀端正。帝命將鄂爾泰交部議處。

乾隆八年癸亥。正月己未。命安插準噶爾降人於寧古塔。

二月癸巳。考選御史試以時務策。杭世駿有滿洲賢才雖多。較之漢人。僅十之三四。天下巡撫常滿漢參半。總督則漢人無一焉。何內滿而外漢也等語。帝大怒。降旨詰問。世駿尋革職。

己亥。命九卿保舉堪任河工人員。

命青海馬貢寬免五年。

庚戌。停江南牛稅一年。

三月。命沿海駐防大員兩年出巡一次。

四月丙申。纂修醫宗金鑑成。

閏四月丁巳。御試翰林詹事等官。擢王會汾等三員爲一等。餘升黜留館有差。

辛酉。補試由部院改入翰詹人員。學士孔泰等升黜有差。

六月癸丑。定藩臬任滿三年入覲例。

大學士等奏請禁止種煙。詔城堡間隙之地。聽其種植。城外及近城畸零菜圃。亦不必禁。其野外土田阡陌相連之處。概不許種。

丙辰。以旱申命求言。
七月戊子。帝奉皇太后詣盛京。謁祖陵。乙未。駐熱河。己亥。自熱河啓鑾詣盛京。
十月辛亥。帝奉皇太后自盛京回鑾。
令大臣自陳乞賜罷斥者。各舉德行材能堪自代之人。隨疏奏聞。但不得舉同列及位在己上者。著爲令。
甲戌。帝奉皇太后還京師。
十一月。令新選州縣官於九卿驗看時。摘問律例數條。令其條對。與履歷並呈。著爲例。
己亥。彗星見。特詔修省。
十二月。飭直省各令挖除蝻孽。
辛亥。大學士陳世倌告假回籍。命吏部尚書史貽直協辦大學士。
準噶爾遣使進表貢方物。
乾隆九年甲子。正月庚子。命尚書公訥親查閱河南山東江南營伍。並勘驗河工海塘。
命史貽直爲文淵閣大學士。兼吏部尚書。
三月丙戌。帝以西藏郡王頗羅鼐之子公珠爾默特策布登等經理準噶爾進藏防範合宜。優賚之。
戊子。禁臺灣武職任所置產。

四月己巳。以旱。命刑部清理庶獄。

五月壬寅。以興修直隸水利。命協辦大學士劉於義往保定。會同高斌籌畫。

六月己酉。大學士徐本以病乞休。允之。

十月己酉。陳世倌假滿回京。命入閣辦事。

庚午。帝幸翰林院。

十一月癸巳。準噶爾部人察罕庫克新率屬內附。授爲七品官。

十二月甲辰。命各省錢穀刑名年終彙册報部。

乾隆十年乙丑正月。命會試改期三月。嗣後卽以爲例。

去從前鄉會試士子皮衣去面氈衣去裏之例。

刑部尙書張照卒。予謚文敏。

二月乙巳。添設廣東駐防水師營。

三月己丑。協辦大學士禮部尙書三泰乞休。允之。

庚寅。命吏部尙書訥親協辦大學士。

四月丙午。申諭各省學臣釐正文體。

乙卯。大學士鄂爾泰卒。命遵皇考遺諭。配享太廟。予謚文端。

貴州總督張廣泗請開貴州大定府畢節縣屬赤水河由遵義府直達四川重慶府。以便往來。從之。

癸亥。以旱命刑部清理庶獄。

五月壬申。賜錢維城等三百十三人進士及第出身有差。

戊子。命訥親爲保和殿大學士兼吏部尚書。

停江南河工捐例。

六月癸卯。命撥黑龍江等處閒丁。移屯佛忒喜蘇蘇墾地。

命江南釐剔收漕積弊。

命戶部侍郎傅恆軍機處行走。

七月丁丑。諭。會典開載。康熙年間選拔庶常後。有選派講讀修撰編檢數員爲小教習之例。教習漢庶吉士詩文四六。今科庶吉士。著掌院張廷玉阿克敦。教習庶吉士德沛汪由敦。於見任講讀編檢內。選派數員。爲小教習。

壬辰。帝奉皇太后巡幸多倫諾爾。戊戌。駐避暑山莊。

九月癸未。駐宣化府。

禁用非法刑具。

乙酉。命山西丁銀攤入地糧。

癸巳。帝還京師。

十月。命四川嚴查嘓匪。

十一月己卯。定駐藏官兵三年換班例。

壬午。帝以準噶爾噶爾丹策零死。命西北兩路邊卡愼固防守。

十二月。雲南總督張允隨請開金沙江上游之蜈蚣嶺等十五灘。可免盤剝之煩。從之。

辛亥。大學士福敏以老病乞休。優詔允之。

命慶復爲文華殿大學士。仍留川陝總督任。以高斌協辦大學士。

乙卯。諭高斌蔣溥俱著在軍機處行走。海望精力漸不如前。且所辦事務繁多。不必兼軍機處。

乾隆十一年丙寅。先是、詔普免各省錢糧一次。經大臣等酌議以耗羡乃有司養廉及辦理公務之所必需。應令照舊輸納。帝以正賦既蠲而耗羡又令完納。仍不免追呼之苦。命緩至開徵之年。一併完納。其公用不敷之處。令督撫酌量辦理。

三月乙卯。命大學士尚書等將可以勝尚書侍郎督撫之任者。秉公舉出。各自密奏。

乙亥。準噶爾台吉策妄多爾濟那木扎勒遣使哈柳進表請安。並貢黃貂皮四十一張。
四川瞻對土酋班滾作亂。大學士川陝總督慶復帥師討之日久無功。遣內大臣班第努三等前赴軍營。
閏三月。律呂正義後編書成。
丁巳。重修明通鑑綱目書成。
五月丙午。以攻克如郎功。加慶復太子太保。
六月丙寅。慶復奏會同班第努三李質粹進攻了魯泥日寨。施放地雷班滾並泥日寨頭目姜錯太等燒斃碉內。報聞。然二人實未死。逃入金川。經張廣泗訪查得實以聞。
十月。諭大學士張廷玉年逾古稀。每日晨興赴闕。未免過勞。此後不必向早入朝。或遇炎蒸風雪。亦不必勉強進內。其有應辦事務。可以在家辦理。
十二月己巳。命十年一修玉牒。
癸未。準噶爾台吉策妄多爾濟那木扎勒。遣使臣瑪木特等至京進表請安。貢方物。
乾隆十二年丁卯。正月癸卯。准福建商民赴臺灣販運米穀。
甲寅。命大學士慶復查閱甘肅營伍。
二月。申禁喪葬演戲。

三月。召大學士慶復回京。以貴州總督張廣泗調補四川總督。時大金川安撫司莎羅奔不奉法。奪伊姪小金川土司澤旺印。刦以歸。四川總督檄諭之。始還澤旺故地。未幾。又攻革布什札及明正兩土司。巡撫紀山遣副將率兵彈治。不奉約。反傷我官兵。紀山奏請進勦。帝以廣泗征苗有功。故任之。

壬寅。大學士查郎阿以老病乞休。允之。

西藏郡王頗羅鼐卒。派大臣索拜前往祭奠。

丙午。命高斌爲文淵閣大學士。兼吏部尚書。以來保爲吏部尚書。協辦大學士。

乙卯。命保選堪勝道府人員。

四月。孫嘉淦以老病乞休。允之。

乙亥。諭差遣巡察官員原令其稽查地方事務之廢弛。近因按年輪流。遂視爲泛常。毫無裨益。反於地方滋擾。俱卽撤回。

五月己亥。命軍機大臣等定各省督撫養廉銀兩。

六月癸亥。封十四皇叔允禵爲貝勒。

戊寅。移甘肅肅州回民分駐哈密。

七月戊申。帝奉皇太后秋獮木蘭。乙卯。駐避暑山莊。

八月甲子。飭禁紳士專利把持鄉曲。
九月丙午。帝奉皇太后還京師。
十一月戊戌。命暫開奉天海運。
十二月。致仕大學士徐本卒。予謚文穆。本、徐潮子。嘗同浙江總督程含章鞫治江山奸民王益善等謀不軌。事置爲首十餘人於法。所全活甚衆。
大學士慶復以謊報班滾焚斃。革職家居待罪。
禁年少宗室公等及滿洲大臣乘轎。
命來保爲武英殿大學士。
乾隆十三年戊辰。正月。封十四叔允禵爲郡王。
以進勦大金川。命兵部尚書班第馳驛前往。將一切驛站挽運沿途查辦。至軍後。調度糧運事務。給予欽差大臣關防。
乙巳。命阿克敦協辦大學士。
二月戊午。帝奉皇太后率皇后東巡。癸亥。駐趙北口。戊寅。駐曲阜縣。己卯。釋奠孔廟。壬午。駐泰安府。癸未。詣岱嶽廟登岱。

三月戊子。駐濟南府。壬辰。自濟南回鑾。乙未。至德州登舟。亥刻皇后崩。命莊親王允祿和親王弘晝。奉皇太后緩程回京。帝駐德州水次。

協辦大學士吏部尚書劉於義卒。予謚文恪。

辛丑。帝還京師。

四月己未。準噶爾遣使臣唵集等表貢方物。

以大學士訥親爲經略大臣。馳驛前往四川。經略軍務。張廣泗師久無功。副將張興游擊孟臣皆戰死。故有是命。又起故將軍岳鍾琪於廢籍。以提督銜赴軍自效。

命吏部尚書陳大受在軍機處行走。

己巳。命陳大受協辦大學士。

起原任領侍衛內大臣傅爾丹爲內大臣。兼統領。馳驛前往大金川軍營。

庚辰。裁都察院僉都御史、通政司右通政、大理寺少卿、詹事府少詹事、漢缺各一。太僕寺少卿、國子監司業、滿缺各一。改通政司滿參議一缺爲右參議。改滿漢左通政二缺俱爲通政副使。

五月辛丑。禁福建商民從天主教。

賜梁國治等二百六十四人進士及第出身有差。

六月庚申。試翰林詹事等官擢齊召南等三員爲一等。餘升黜留館有差。
大學士阿克敦以辦理大行皇后册文錯誤。照大不敬律斬監候。秋後處決。旋加恩在内閣學士上效力行走。命署理工部侍郎事務。
七月。初、浙江總督喀爾吉善。奏參浙江巡撫常安貪婪。命大學士高斌會同巡撫顧琮往審。初以失察覆奏。命再行嚴審。始審出婪贓屬實。又命大學士訥親往審。高斌顧琮均革職留任。至是、常安論絞。
刑部尚書盛安因議知府金文醇在皇后喪中剃頭一案。有意從輕。議斬監候。旋赦免。
閏七月。江南總河周學健因於皇后喪二十七日後即剃頭。革職發往直隸修理城工贖罪。湖廣總督塞楞額。巡撫彭樹葵楊錫紱俱以居皇后喪剃頭。塞楞額賜自盡。彭樹葵楊錫紱革職承修城工贖罪。
八月。四川巡撫紀山革職。發往軍營。聽經略大學士訥親委用。
九月甲子。命尚書班第赴軍營。同傅爾丹岳鍾琪辦理軍務。
命侍郎舒赫德軍機處行走。
諭、國朝寶璽。朕依次排定。其數二十有五。印文向兼清漢。内青玉寶係清字篆文。乃太宗時所貽。自是以上四寶。均世代相承。傳爲世寶。不宜輕易。其檀香寶以下二十一寶。從新定清字篆體改鐫。
命大學士傅恆暫管川陝總督印務。旋代訥親爲經略大臣。訥親之初至軍。銳意滅賊。下令限三日取噶爾厓。總兵任舉參將買國良俱戰死。自是不敢專軍事。仍倚張廣泗辦賊。廣泗輕訥親不知兵。而氣淩己上。故以軍事推讓。而實困之。將相不和。人心解體。而廣泗所信用奸人良爾吉本與莎羅奔之女阿扣私通。莎羅奔令與阿扣爲夫婦。專伺軍中動息。故得爲備。岳鍾琪屢以爲言。廣泗信漢奸王秋言不聽。岳鍾琪密奏其事。會訥親亦劾廣泗老師糜餉各事。帝命革廣泗職。拏交刑部治罪。

調滿洲京兵雲梯兵及東三省兵共五千名。赴大金川軍營聽用。

命傅恆爲保和殿大學士。兼戶部尚書。

辛巳。命大學士來保軍機處行走。

十月己酉。命尹繼善協辦大學士。

十一月。命協辦大學士尹繼善軍機處行走。

丙子。諭向來各處本章。有題本奏本之別。地方公事。則用題本。一己之事。則用奏本。題本用印。奏本不用印。其式沿自前明。蓋因其時綱紀廢弛。內閣通政司。借公私之名。以便上下其手。究之同一入告。何必分別名色。著將向用奏本之處。概用題本。以示行簡之意。

十二月乙酉。加經略大學士傅恆太保銜。

命署刑部尚書阿克敦暫行協辦內閣大學士事務。

大學士張廷玉等以票擬錯誤。銷去加級及革職降級留任有差。

張廣泗被逮至京。帝御瀛臺親訊。廣泗抗辨不服。帝怒。斬之。廣泗既誅。帝命訥親明白回奏。訥親奏中呶呶萬言。無一要領。惟急於見帝自陳。帝命大學士傅恆訊明。以其祖遏必隆之刀。鄭寄軍前賜死。

諭本朝由內三院改設內閣大學士。未有定數。康熙年間率用四員。至雍正以來。多至六員。或增置一二協辦。嗣後定為滿漢各二員。其協辦滿漢或一員或二員。因人酌派。又大學士官銜例兼殿閣。會典所載四殿二閣。未為畫一。其中和殿名從未有用者。不必開載。著增入體仁閣。為三殿三閣。

大學士高斌因事革職。仍留河道總督任。

乾隆十四年己巳。正月。命大學士張廷玉四五日一至內廷。以備顧問。

丁巳。命內大臣傅爾丹、尚書達爾黨阿、舒赫德、總督尹繼善、策楞俱參贊軍務。

革班第職。仍署理四川巡撫。效力贖罪。

裁左春坊滿漢左諭德二缺。

命經略大學士傅恆班師還朝。傅恆至軍。斬良爾吉、阿扣、王秋。以斷內應。增調鄰省兵。刻期進勦。奏言。金川之事。從前張廣泗每得一碉。即撥兵防守。致兵力日殫。殊為失計。擬俟大兵齊集。四面布置。出其不意。直搗巢穴。取其渠魁。定於四月間報捷。帝以土司小醜。勞師二載。誅兩大臣。又失任舉良將。已不釋於懷。

及聞其地險力艱。不足殫師旅。益恨訥親張廣泗之不以實聞也。且屢奉皇太后息兵寧邊之諭。故有是詔。傅恆又以功在垂成棄之可惜。入奏。帝恐傅恆守將在外君命有所不受之說。復寄諭。反覆數千言。時傅恆及岳鍾琪兩路。連克碉寨。軍聲大振。莎羅奔郎卡聞大兵決計深入。又斷內應。遣人詣岳鍾琪乞降。鍾琪輕騎徑抵其巢。莎羅奔見其親至。則大喜。悉聽約束。頂佛經立誓。從鍾琪坐皮船出洞。傅恆升幄宣詔赦其死罪。二月癸巳。傅恆捷奏至京師。帝大喜。傅恆先已封公。封岳鍾琪爲三等公。其參贊諸大臣交部議敘。

禁各海口銅器出洋。

七月癸丑。帝奉皇太后秋獮木蘭。庚申。駐避暑山莊。

八月辛卯。山西學政德保奏。士子最重經學。而本經尤重。請於歲科正考之日。摘本經一段。開明起止。默寫卷末。如錯落多者。生員不准前列。童生不准入泮。從之。

以辦理瞻對土司事誤報班滾焚斃。賜慶復自盡。

九月庚午。帝還京師。

命揀選翰林院堪勝道府人員。

十一月癸亥。帝以內閣大學士惟史貽直一人。需員協辦。命尚書汪由敦暫在內閣署理。

御史馮元欽奏請改軍機房爲樞密院。不許。

允大學士張廷玉致仕。廷玉見帝。以世宗遺旨配享太廟爲言。乞帝一言爲劵。帝爲之特頒諭旨。並成詩一章。以安其心。廷玉具摺謝恩。以是早風雪。不親至。令其子張若澄代奏。帝令廷玉明白回奏。旨未下。廷玉次早卽來。帝責軍機漏洩消息。解汪由敦協辦內閣任。御史薛澂因奏廷玉詐僞負恩。命交大學士九卿議奏。尋命削去伯爵。以原銜休致。

乾隆十五年庚午。正月。准寧古塔流民入籍。

壬戌。命工部侍郎劉綸軍機處行走。

己巳。命張允隨爲東閣大學士。兼禮部尙書。

二月乙亥。帝奉皇太后巡幸五臺山。

定邊左副將軍固倫額駙超勇親王策凌卒。詔以王奮身血戰。再挫天驕。震威絕徼。爲國家長城。特敕配享太廟。創蒙古諸藩未有之典。並視怡賢親王例。崇祀京師賢良祠。賜謚曰襄。建碑紀功烈。世子成袞扎布奏言。其父遺命。願附葬公主園寢。許之。初。策凌有二子。陷準部中。及與準部議地界。準使哈柳至京師。語及之。欲以動策凌。策凌厲辭拒折。哈柳意沮。遂定議無踰阿爾泰山。蓋自雍正末年。策凌凡三至京師。敵憚其威重。卒從所議。於是喀爾喀西陲拓地千餘里。帝稱其始終竭誠宣力。忠勤匪懈。爲不負云。

命貝勒羅卜藏署理左副將軍印務。

御史王應綵奏請敕下內外大臣。細加搜訪遺書。果能斟酌羣言。闡用奧旨者。量予旌獎。從之。

三月己酉。帝奉皇太后還京師。

五月癸丑。以月食。命九卿科道等直陳闕失。

六月。授策凌子成袞扎布爲定邊左副將軍。

七月。四川學政朱荃匿喪不報。賄賣生童。被人參奏。懼罪自盡。報稱落水身故。湖廣總督永興以聞。帝覺其詐。研訊得實。朱荃爲張廷玉兒女親家。帝責其前後庇護。命將所受恩賜物件一併追繳。

八月壬申。册立皇貴妃那拉氏爲皇后。

九月壬寅。帝奉皇太后率皇后謁泰陵。己酉。駐正定府。丁巳。駐彰德府。辛酉。駐百泉。幸白露園。丙寅。渡河。

十月庚午。帝幸嵩陽書院。辛未。詣中嶽廟。登嵩山。丙子。駐開封府。丁丑。閱兵。戊寅。幸古吹臺。

十一月壬寅。帝還京師。

初、西藏郡王頗羅鼐卒。其子珠爾默特那木扎勒襲封。以駐藏大臣不便於己。先奏罷駐防之兵。陰通書準噶爾。請兵爲外應。旋襲殺其兄。揚言準部兵至。聚黨二千謀變。駐藏都統傅淸左都御史拉布敦覺其逆謀。欲先發。而左右無一兵。乃以計誘至寺中。登樓手刃之。傅淸拉布敦旋爲其黨卓呢羅卜藏扎什所害。帝命四川總督策楞提督岳鍾琪引兵入藏。會達賴喇嘛使番部公爵班第達攝藏事。擒逆黨以聞。策楞等因奏止所調大兵。止帶八百人前進。詔以二臣先事靖變。贈一等伯。卽以其地立雙忠之祠。又封傅清子明仁拉布敦子根敦爲一等子。世襲罔替。

命班第爲駐藏副都統。自珠爾默特亂後。藏中始不封汗王貝子。以四噶布倫分其權。而總於達賴喇嘛。

增駐藏大臣兵千有五百。

命舒赫德仍在軍機處行走。

乾隆十六年辛未。正月辛亥。帝奉皇太后南巡。

二月丙子。渡河。閱天妃閘。丁丑。閱高家堰。癸巳。至蘇州府。

準噶爾使臣額爾欽等入貢方物。

三月戊戌。帝幸杭州府。癸卯。渡錢塘江。乙巳。祭禹陵。丙午。還駐杭州府。癸丑。駐蘇州府。

大學士張允隨卒。予謚文和。

辛酉。帝至江寧府。

乙丑。殺已革駐藏大臣紀山。以策楞等奏其在藏時。令兵丁演戲。時與珠爾默特宴會臨觀。日在醉鄉。並送珠爾默特八轎。令轎夫前往教演番奴擡轎。以肆其志。帝責其喪心無恥曲意逢迎故也。

丙辰。帝渡江。

命原任大學士陳世倌入閣辦事。

四月癸酉。帝閱蔣家壩。甲戌。渡河。丙戌。駐泰安府。

兩廣總督陳大受等奏廣東通省向止設學政一員。嗣因士習囂陵。雍正七年。添設肇高學政。今請照舊統設一員。從之。

五月庚子。帝還京師。

壬戌。停止直省知縣三年行取之例。

六月。授保舉經學之吳鼎梁錫璵爲國子監司業。

七月壬申。帝奉皇太后秋獮木蘭。戊寅。駐避暑山莊。

八月丁巳。帝還京師。

九月。雲貴總督碩色奏滇省傳播僞撰孫嘉淦本稿一紙。語涉誣謗。山東巡撫準泰等。以設法消弭革職拏問。命尚書舒赫德赴江南查辦。旋準泰等俱寬宥釋放。

庚寅。兩廣總督陳大受卒。予謚文肅。大受爲方苞弟子。嘗言歷事多而利害明。則受病即在此。苞嘆爲名言。謂可爲庸庸者之藥石云。

十二月丙午。禁苗人充補苗疆額兵。

乾隆十七年壬申六月丁未。御試翰林詹事等官。擢汪廷璵等三員爲一等。試滿洲由部院改入翰林詹事等官。擢德爾泰爲一等。餘各升黜留館有差。

七月丁丑。帝奉皇太后秋獮木蘭。

九月庚午。駐避暑山莊。己卯。還京師。

庚辰。協辦大學士吏部尚書梁詩正奏請終養。允之。以孫嘉淦爲吏部尚書。協辦大學士。

十月戊子。賜秦大士等二百四十一人進士及第出身有差。

乾隆十八年癸酉正月。命莊親王允祿履親王允祹和親王弘晝爲議政大臣。

二月。僞造奏稿撫州衛千總盧魯生凌遲處死。子盧錫齡盧錫榮均斬監候。

五月丙辰。裁欽天監滿漢監副各一。增西洋監副一。

八月戊戌。帝奉皇太后秋獮木蘭。甲辰。駐避暑山莊。

以河員虧帑事發。河督高斌張師載俱革職留工效力贖罪。

以銅山縣隄工潰決。殺貽誤工程之同知李焞守備張賓。

十月甲午。帝還京師。

十二月丁亥。協辦大學士吏部尚書孫嘉淦卒。予諡文定。
庚寅。命戶部尚書蔣溥協辦大學士。
命尚書舒赫德赴鄂爾坤軍營辦理軍務。
乾隆十九年甲戌三月。四川提督岳鍾琪因逆匪陳琨一案發覺。力疾前赴重慶督緝要犯。擒獲過半。中途病故。四川總督黃廷桂以聞。帝以岳鍾琪宣力有年。勞績懋著。免其子岳濬巡撫任內應完庫項。予諡襄勤。
四月。改成袞扎布爲喀爾喀副將軍。以策楞爲定邊左副將軍。
閏四月。賜莊培因等二百三十三人進士及第出身有差。
五月甲申。帝奉皇太后率皇后至盛京謁陵。庚寅。駐避暑山莊。
以杜爾伯特台吉車凌車凌烏巴什等皆準部渠帥。率衆來歸。封車凌爲親王。車凌烏巴什爲郡王。其他封貝勒貝子公扎薩克有差。
壬辰。以厄魯特公巴圖孟克爲北路參贊大臣。瑪什巴圖爲西路參贊大臣。
以來年征準噶爾。命北路派兵三萬。西路派兵二萬。採買駝馬羊隻。聽候出師。
諭內扎薩克喀爾喀王貝勒等整兵聽調。命侍郎兆惠往歸化城辦運軍米。

六月壬申。命雅爾哈善署理戶部侍郎。在軍機處行走。

七月壬午。帝自避暑山莊至盛京。

癸未。以塔勒瑪善扎勒杭阿爲北路參贊大臣。

策楞等奏準部阿睦爾撒納來降阿睦爾撒納者。故拉藏汗之孫。丹衷之子。而策妄喇布坦之外孫也。丹衷妻策妄之女。先生子班珠爾。而丹衷被戮。復有遺腹。改適輝特部酋生阿睦爾撒納。方乾隆十年。噶爾丹策零死。次子那木扎爾嗣汗位。童昏無行。爲其女兄之夫所弒。而立其庶兄喇嘛達爾扎。欲誅阿睦爾撒納。反爲所襲殺。而擁立準部同族台吉大策零之孫達瓦齊。阿睦爾撒納恃功驕恣。達瓦齊欲誅之。阿睦爾撒納遂與納默庫班珠爾二台吉共率所部兵二千口二萬東奔叩關內附。

八月甲寅。帝駐吉林。乙卯。詣溫德亨山。丙辰。渡松花江。辛巳。謁永陵。丙戌。駐盛京。

以將軍策楞尚書舒赫德在軍營乖戾僨事。俱革職效力贖罪。抄沒家產。其子分別充軍監禁。

辛丑。授班第爲定邊左副將軍。鄂容安爲參贊大臣。

癸卯。命瑪什巴圖巴圖孟克赴西路軍營。

十月丙辰。帝奉皇太后還京師。

十一月。以收服烏梁海功。加貝勒青滾雜卜郡王銜。公車布登扎布貝子銜。

乙酉。帝幸避暑山莊。丁亥。輝特台吉阿睦爾撒納等於廣仁嶺迎駕。封輝特台吉阿睦爾撒納爲親王。訥默庫班珠爾俱郡王。召班第來京。以阿睦爾撒納暫署將軍。額駙色布騰巴勒珠爾協辦。命杜爾伯特部落以親王車凌爲左翼盟長。貝勒色布騰爲副盟長。貝勒車凌孟克爲協理盟長。郡王車凌烏巴什爲右翼盟長。郡王訥默庫爲副盟長。以輝特親王阿睦爾撒納爲北路參贊大臣。杜爾伯特郡王訥默庫爲西路參贊大臣。以將用兵準噶爾故也。

戊戌。帝還京師。

清史綱要

卷七

乾隆二十年乙亥。二月。初、準部內亂。其宰桑薩喇爾杜爾伯特台吉三車棱先後來降。及阿睦爾撒納至。帝久知其爲部衆所畏服。可驅策嚮導。遂有乘機大舉之意。命各大臣集議。諸臣懲於雍正九年博克託嶺之敗。以深入爲險。惟大學士傅恆主用間出征。與帝意合。既而準部驍將瑪木特亦脫身來歸。遂定議以二月分兩路出師。班第爲定北將軍。出北路。阿睦爾撒納副之。額駙科爾沁親王色布騰巴勒珠爾郡王品級青滾雜卜內大臣瑪木特將軍阿蘭泰爲參贊。永常爲定西將軍。出西路。薩喇爾副之。郡王班珠爾貝勒品級扎拉豐阿內大臣鄂容安爲參贊。兩副將軍各領前鋒三千先進。將軍參贊繼之。降人三車棱納默庫等。皆以所部兵從。兩路兵各二萬五千。西路出巴里坤。北路出烏里雅蘇臺。各攜兩月糧。約會於博羅塔拉河。

三月。湖南學政胡中藻著堅磨生詩。中多謗訕語。拏交刑部治罪。侍郎張泰開爲之作序。巡撫鄂昌與之唱和。俱交部嚴審具奏，尋大學士九卿翰詹科道等奏稱。胡中藻合依大逆凌遲處死。男十六歲以上皆斬立決。張泰開應照知情隱匿律斬立決。帝命胡中藻斬立決。其子特從寬免。張泰開序文查係，胡中藻自作。從寬免其緣坐。鄂爾泰嘗贊賞胡中藻之詩。又以其姪鄂昌得罪。命撤出賢良祠。賜鄂昌自盡。

四月壬子。致仕大學士張廷玉卒。仍命配享太廟。予謚文和。

戊辰。命翰林院侍講全魁編修周煌。冊封琉球國王尚穆。

五月庚寅。諭八旗滿洲。須以清語騎射為務。不在學文。如有與漢人互相唱和。較論同年行輩往來者。一經發覺。決不寬貸。

辛卯。命黃廷桂為武英殿大學士。兼吏部尚書。仍留四川總督任。

壬辰。阿睦爾撒納以大兵已抵伊犂。入奏準部自數月來降者相繼。我師遂直抵博羅塔拉河。河距伊犂三百餘里。達瓦齊素縱酒不設備。至是、倉卒急遣親信兩宰桑出令箭徵兵。而自率宿衛親兵萬人。走保伊犂西北百八十里之格登山。阻淖為營。我師遮獲其徵兵之宰桑。具悉國中解體狀。士氣倍奮。爭渡伊犂河長驅。追襲。將及格登山。夜遣降人阿玉錫等率二十餘騎往覘道路。阿玉錫即乘夜突搗其營。拍馬橫矛。搴纛大呼。衆瓦解。達瓦齊以二千餘人宵遁。餘皆不戰降。黎明。我二十餘騎遂收其衆七千餘。還大營。達瓦齊踰冰嶺南走回疆。其下半途逃散。僅餘百騎。以烏什城阿奇伯木克霍吉斯為己所善。投之。而霍吉斯已承我將軍檄。即執之以獻。並獲前青海叛人羅卜藏丹津。獻俘京師。帝御午門樓受之。皆赦其死。論功行賞。首獎大學士傅恆襄贊之功。再加封一等公。辭不受。班第封一等誠勇公。薩喇爾一等超勇公。而阿睦爾撒納晉封雙親王。食親王雙俸。其後達瓦齊霍吉斯亦皆賜封親王郡王。入旗籍。

命尚書達爾黨阿協辦大學士事務。

六月癸卯。命四衛特照喀爾喀例。每部落設盟長及副將軍一人。

賞策楞都統銜。駐巴里坤辦理事務。

命和託輝特郡王青滾雜卜等管理新降烏梁海人戶。

八月丁未。帝奉皇太后秋獮木蘭。

九月壬午。駐避暑山莊。

癸未。封噶勒藏多爾濟爲綽囉斯汗。車凌爲杜爾伯特汗。沙克多爾曼濟爲和碩特汗。巴雅爾爲輝特汗。

十月甲寅。帝還京師。

阿睦爾撒納作亂。將軍班第尚書鄂容安死之。薩喇爾被執。初。準噶爾舊有四衛拉特。四衛拉特之分部。各有其汗。非有君臣之分也。自綽羅斯準台吉汗強盛。伊犁始爲四部盟長。抗衡中國者數世。帝欲俟事定。仍衆建而分其力。而阿睦爾撒納欲爲四部總台吉。專制西域。時班第鄂容安留伊犁籌善後。而阿睦爾撒納輒隱以總汗自處。擅誅殺擄掠。擅調兵。不服賜衣翎頂。不用副將軍印。自用渾台吉菊形篆印又使陰哈薩克布魯特流言非己總四部邊不得安將軍參贊以聞。先是、帝令阿睦爾撒納九月至熱河。行飲至禮。阿睦爾撒納於八月十九日行至烏隆古河距其扎布堪河舊游牧不遠。乃詭言暫歸治裝。遂由額爾齊斯河間道北逸。遣使迎其孥於扎布堪河會。帝早疑其有異。密諭烏里雅蘇軍營並其弟班珠爾收之。不半日而其使果至。得不遺。阿遂日出煽亂。伊犁諸喇嘛宰桑劫掠軍臺。蠭起應之。時大兵已撤。僅五百兵留伊犁。歸路斷。又厄魯特與之不合者。皆先以計遣入朝。所留皆其黨羽。班第鄂容安力戰走二百餘里被圍。死之。時阿黨不過二千餘。屯博羅塔拉河。各部皆不敢從。而將軍永常西路勁兵數千。屯烏魯木齊附近。台吉宰桑數千。咸投赴。永常不知驅策用之。反自木壘南退軍巴里坤。并移軍糧於哈密。故北路無聲援。阿黨益猖獗。帝命逮永常治罪。以策楞代之。永常道死。又命玉保富德達爾黨阿為參贊。

乾隆二十一年丙子。正月己巳。命舒赫德協同將軍成袞扎布駐烏里雅蘇臺。

初、阿睦爾撒納入覲。班第令喀爾喀親王額林沁多爾濟與之同行。阿將遁走。以副將軍印交額林沁。使先行。有降人首其謀。額林沁不信。竟縱之去。帝怒賜自盡。

授蒙古公瑪什巴圖為副盟長。

致仕大學士阿克敦卒。予謚文勤。

二月辛亥。帝謁孔林。

三月己巳。至曲阜。謁孔子廟。庚午。謁孔林。丁酉。還京師。

丁亥。策楞等奏大兵復伊犂。阿睦爾撒納遁去。

四月。命陝甘總督黃廷桂赴巴里坤。

命戶部尚書阿里袞軍機處行走。

癸亥。命侍郎雅爾哈善劉綸俱還部辦事。不必兼軍機處行走。侍郎裘曰修在軍機處行走。

五月癸酉。命尚書阿里袞副都統銜公明瑞往軍營。在領隊大臣上行走。

褫策楞玉保職。玉保引軍至特克勒河。探知阿逆僅距一程。急進可追及。忽有報台吉諾爾布已禽阿逆來獻者。玉保遂駐軍待之。先以紅旗報捷於策楞。策楞據以入奏。不知報禽賊者。即賊所遣以緩師也。二月。兵出伊犂。阿逆遁入哈薩克。將軍參贊互相咎。託言馬力竭。頓師伊犂不進。帝以二人非任事才。乃命達爾黨阿哈達哈代之。兼命兆惠自巴里坤赴援。

七月己巳。定革職無餘罪人員概准捐復例。

八月癸丑。帝奉皇太后秋獮木蘭。壬戌。駐波羅河屯。

九月丁丑。駐安巴糾和羅大營。庚寅。駐避暑山莊。

授杜爾伯特親王伯什阿噶什爲盟長。貝子烏巴什爲副盟長。
閏九月甲寅。帝奉皇太后還京師。
十月乙酉。致仕大學士福敬卒。予謚文端。
十一月。命侍郎裘曰修赴西路軍營。
丁巳。以博勒奔察爲內大臣。同侍衛順德訥赴巴里坤軍營。
命甘肅巡撫吳達善赴巴里坤督辦軍需。
十二月丙戌。諭達爾黨阿不必協辦大學士。刑部尚書鄂彌達著協辦大學士。
初、和託輝特部郡王青滾雜卜與阿逆交結背叛。命將軍成袞扎布派扎追捕。至是、奏報擒獲。自成袞扎布以下恩賞封爵有差。
乾隆二十二年丁丑。正月。以莽古賚爲參贊大臣。赴北路軍營。
庚子。以哈寧阿永貴爲北路參贊大臣。
癸卯。帝奉皇太后南巡。
杜爾伯特親王伯什阿噶什卒。無子。以其兄子達巴都噶爾達瓦濟特俱授爲扎薩克。
以內閣學士阿思哈爲北路參贊大臣。

改會試二場表文。爲五言八韻唐律一首。

二月丁卯。帝渡河。至天妃閘。乙亥。渡江。甲申。幸蘇州府。己丑。幸杭州府。

達爾黨阿之代策楞領兵。由西路擊敗哈薩克二千人。阿逆易服潛遁。我兵追及。相隔一谷僅二三里。倉猝不及馳截。乃使哈薩克人來言。卽欲禽獻。但需其汗至。乞暫緩師待。達爾黨阿信之。遂下令駐軍。阿逆旋復颺去。哈達哈出北路。遇阿布賚兵千餘於巴顏山。不迎擊。從征降人宰桑見兩將軍見賚無能。皆輕之。綽羅斯特輝特二部及哈薩克先叛。都統和起被誘殲焉。阿逆聞四部搆亂。自哈薩克歸。會諸部於博羅塔拉河。欲自立爲汗。準部復大擾。策楞玉保逮問。亦於途被殺。時定邊右副將軍兆惠以千五百兵駐防伊犂。聞變。自濟爾噶朗河轉戰而南。沿途殺敵數千。於二十二年正月至烏魯木齊。敵衆皆會。連日數十百戰。至特訥格。不復能衝擊。乃結營自固。會帝先命侍衛圖倫楚率巴里坤兵往迎。圍乃解。兆惠得新兵。復往勦巴雅爾部落。始回巴里坤。

三月己酉。帝幸江寧府。癸丑。渡江。己未。渡河。

命原任大學士史貽直仍補授大學士。入閣辦事。黃廷桂以大學士管理陝甘總督事務。

四月。有于棨煥者。倚恃內監。在街市中戲侮巡檢。又於公堂咆哮。巡檢張若瀛按法懲治。總督方觀承參奏。帝命將于棨煥發往黑龍江。命凡內監私人有在外生事者。聽人懲責。

辛未。帝至闕里。釋奠先師孔子。

命史貽直仍以文淵閣大學士兼吏部尚書。

議大勦準部。定邊左副將軍成袞扎布出北路。右副將軍兆惠出西路。會諸部落自相吞噬。綽羅特汗爲其兄子噶爾布所篡。台吉達瓦旋殺噶爾布。兆惠兵至。皆敗走。逆酋先後授首。惟阿逆未獲。兆惠富德窮追至左哈薩克。時哈薩克汗阿布賚已與阿逆積釁。且懼招大兵。遣使入貢。誓禽阿逆以獻。適阿逆率二十八往投。阿布賚先使人收其馬。阿逆驚。攜八人徒步夜走俄羅斯界。帝命移檄索之。會阿逆患痘死。移尸近邊。命喀爾喀親王侍郎三泰等馳驗以聞。成袞扎布以定邊左副將軍。歸鎮烏里雅蘇臺。兆惠率兵四千。再勦厄魯特餘黨。

七月。先是、布政使彭家屏奏河南巡撫圖爾炳阿匿災不報。復有夏縣民人遮道陳訴。帝意其有指使之人。訊出生員段昌緒等。及地方官往査拏。於昌緒臥室搜出吳三桂僞檄。又訊得彭家屏以收藏明末野史。又所刻族譜取名大彭統紀。遂賜家屏自盡。殺昌緒等。圖爾炳阿以緝邪功復任。

戊申。帝奉皇太后秋獮木蘭。

八月。治前歲用兵準夷將帥失機貽誤之罪。達爾黨阿哈達哈。俱革職。發往熱河披甲。效力行走。

九月辛丑。帝駐避暑山莊。乙巳。還京師。

以叛賊尼瑪及其子袞楚克車淩。於故將軍和起墓前淩遲正法。
辛丑。雲貴總督恆文。坐令屬員買金。短發金價。及縱容家人勒索門禮。賜自盡。
十月。以雅爾哈善署定邊右副將軍。命阿里袞由珠勒都斯接應成袞扎布臺站。賜吐魯番貝子額敏和卓敕書。並參贊回部軍務。
十一月。山西布政使蔣洲以虧帑伏法。洲、大學士蔣廷錫子也。
禁各省上司勒薦幕友。
十二月。癸酉。封成袞扎布之子瞻楚布多爾濟爲世子。
甲戌。命各省總督保薦堪管專闈人員。
乙亥。准呂宋船於廈門貿易。
乾隆二十三年戊寅。正月。以雅爾哈善爲靖逆將軍。額敏和卓哈寧阿爲參贊大臣。順德訥愛隆阿玉素布爲領隊大臣。進兵回部。回部在天山南路。即漢書城郭三十六國。東西六千餘里。南北千餘里。唐以前皆佛教。其以回回著者。則萌芽於隋唐。而盛於元以後。回部舊汗。本元太祖次子哈薩岱之裔。世封回部。及明末瑪墨特自西方至。各回城靡然從之。是爲霍集占兄弟之高祖。後值厄魯特強盛。盡執元裔諸汗。遷居天山以北。並質回教酋於伊犁。康熙三十五年。噶爾丹敗後。其質伊犁之回酋阿布都實特。自拔來投。聖祖優卹之。遣人護至哈密。歸諸葉爾羌。是爲霍集占兄弟之祖。至其子瑪罕木特。噶爾丹策零復襲執而幽之。并羈其二子。長曰布那敦。次曰霍集占。卽所謂大小和卓木者也。乾隆二十年。大兵定伊犂。釋大和卓木以兵送歸葉爾羌。使統其舊部。而留小和卓木。禮之使居伊犂。掌回務。及阿逆之變。伊犂倣擾。小和卓木率衆助逆。以與勤王之台吉宰桑戰。踰年大兵再定伊犂。和小卓木遁歸。始自疑貳。將軍兆惠奏遣副都統阿敏道往招撫。爲小和卓木所戕。遂自立爲巴圖爾汗。回戶數十萬皆靡。惟庫車拜城阿克蘇三城之阿奇伯木克鄂對等。素悉小和卓木忍鷙。且懾我兵威。皆奔伊犂。帝乃以回酋霍集占罪狀。宣諭回部各城。出兵討之。

二月。諭軍機大臣等。滿洲大臣奏事。稱臣稱奴才不一。著傳諭。嗣後殉行公事摺奏稱臣。請安謝恩尋常摺奏。仍稱奴才。以存滿洲舊體。

大學士陳世倌以年老乞致仕。允之。世倌旋卒。予謚文勤。

三月。乙巳。御試翰林詹事等官。擢王鳴盛等三員爲一等。試由部院改入翰林等官。擢德爾泰爲一等。餘各升黜留館有差。

四月。御史吳龍見請鄉會試第一場四書文後。用性理論一道。從之。

七月。庚子。帝奉皇太后秋獮木蘭。

革雅爾哈善職。令納穆札爾爲靖逆將軍。三泰爲參贊大臣。雅爾哈善將滿漢兵萬餘。進攻庫車。和卓木兄弟聞之。由阿克蘇之戈壁來援。我領隊大臣愛隆阿等迎擊半途。先殲其前隊三千於和託鼐。又禽斬千有六百於城外鄂根河。和卓木兄弟斂餘兵八百入保庫車城。雅爾哈善不爲備。終日棋弈。亦不巡壘。敵以四百騎由北山口遁。守西門之都統順德訥聞報。尚以昏夜不發兵。及曉。始遣百人追之。則已渡鄂根河。去橋斷後。雅爾哈善提督馬得勝攻城不克。官兵六百殲焉。其酋阿布都復乘夜突圍遁走。帝怒。殺順德訥馬德勝。命將軍兆惠移師討之。雅爾哈善旋亦正法。

九月乙巳。帝還京師。

十一月。封大學士兼管陝甘總督黃廷桂爲三等伯。以西陲用兵。籌辦軍需。動協機宜也。

乾隆二十四年己卯正月。大學士兼管陝甘總督黃廷桂卒。予謚文襄。授蔣溥爲東閣大學士。仍兼管戶部尚書。劉統勳協辦大學士。

己酉。致仕協辦大學士三泰卒。予謚文恭。

四月辛酉。以旱。命刑部清理庶獄。

乙丑。命九卿條言利弊。

七月壬子。帝奉皇太后秋獮木蘭。

庚午。兆惠等以撫定喀什噶爾二城入奏。並陳駐兵分防各事宜。初兆惠率師抵庫車城。兩和卓木奔阿克蘇。其伯克霍吉斯。即前擒獻達瓦齊受封者也。閉城不納。給令赴烏什。烏什亦不納。於是小和卓木奔葉爾羌。大和卓木奔喀什噶爾。我師抵葉爾羌。以兵少不能攻城。欲伺間出奇。先營城東隔河有水草處。所謂黑水營也。兆惠既分兵八百。使副都統愛隆阿扼喀什噶爾援路。又偵知敵衆在城南英奇盤山下。乃留兵守黑水營。而率千餘騎自東而南。甫渡四百騎。城中敵出五千來截。我兵方奮突其陳。敵步兵萬餘繼之。敵騎復張兩翼攻圍我。使我隔河兵不能救。我兵人自爲戰。殺敵千計。浮水還營。總兵高天喜等戰歿。敵逾河來攻。我兵且戰且築壘。敵不能陷。相持三閱月。將軍納穆札爾參贊三泰。於途中遇敵陣亡。富德在北路。聞黑水被圍。冒雪赴援。渡葉爾羌河。距黑水軍尚三百里。敵愈衆。不能進。會巴里坤大臣阿里衮以兵六百夜至。乃與富德大呼馳薄。直壓敵壘。敵不知官兵多少。自相格殺。潰遁。我師長驅而進。兆惠亦勒兵潰圍。殺敵千餘。盡焚其壘。敵大敗入城。兩軍會合。振旅還阿克蘇。乃議兩路進師。兆惠由烏什。取喀什噶爾。富德由和闐取葉爾羌。兩和卓木各棄城遁去。喀什噶爾葉爾羌皆復。

庚申。帝奉皇太后駐避暑山莊。己巳。還京師。

命贊參大臣阿里衮留駐葉爾羌。

十月庚子。富德等奏巴達克山素勒坦沙獻回酋霍集占首級。全部納款。二和卓木之踰葱嶺西遁。往赴巴達克山。我兵追至伊西洱庫河。乃巴達克山界也。兩涯皆山。曰和什珠克嶺。大和卓木先以家屬保河西嶺。爲走計。小和卓木以萬衆據北山。及迤東諸峯。決死戰。富德先令阿里袞等由南岸趨西嶺。而自擊東峯之敵。仰攻逾時。未克。乃選銃手數十。緣山北巔俯擊之。而阿里袞軍亦從南岸山上。以火器遙擊山北之敵。其山麓又狹。逼水僅容單騎。敵輜重徒屬擁塞。我兩軍分扼其走路。敵無所遁。乃令鄂霍吉斯樹回纛。大呼招降。降者蔽山而下。聲如奔雷。小和卓木雖手刃之。不能止也。凡降回衆萬有二千。巴達克山酋素勒坦沙。與戰於阿爾渾楚嶺。禽其兄弟。將軍檄索之。函首軍門。回部平。

乾隆二十五年庚辰。正月庚戌。命於烏魯木齊屯田。

丙辰。巴達克山素勒坦沙等遣使入覲。

定邊將軍兆惠等函送回酋霍集占首級。並俘回酋捫多索不等至京。丁巳。帝御午門樓行獻俘禮。命宥捫多索不等罪。

壬戌。命在京安插回人。另編佐領。

二月。命富德在軍機處行走。

六月。舊制安徽布政使隨督臣駐紮江寧。文移往返需時。命安徽藩司回駐安慶。於江蘇增設藩司一員。

八月己丑。帝奉皇太后秋獮木蘭。

壬辰。以阿桂總理伊犂事務。授爲都統。

命侍郎于敏中在軍機處行走。

九月己巳。帝奉皇太后駐避暑山莊。

十月辛卯。帝還京師。

乾隆二十六年辛巳正月壬寅。紫光閣落成。賜大學士公傅恆以下畫像諸功臣並文武大臣蒙古王公大臣台吉等一百七人宴。

二月庚辰。帝奉皇太后謁泰陵。並西巡五臺山。

三月。始令新進士引見時。酌用中書數員。與舉人中書一體補用。以前此專用舉人。遇會試之年。俱入闈應試。致辦事乏人故也。

乙巳。帝幸正定府閱兵。壬子。幸平陽淀行圍。丙辰。還京師。

四月。大學士蔣溥卒。予謚文恪。

甲午。賜王杰等二百一十七人進士及第出身有差。

五月丁未。命劉統勳爲東閣大學士兼禮部尚書。以梁詩正爲吏部尚書。協辦大學士。

六月乙未。弛貴州民苗結婚禁。

七月辛丑。以兆惠協辦大學士。
丁未。辦協大學士鄂彌達卒。予謚文恭。
壬子。命減緩決三次以上人犯罪。
癸丑。帝秋獮木蘭。丙寅。駐避暑山莊。
十月辛未。帝還京師。
十二月戊子。命外官迴避內外兄弟。
乾隆二十七年壬子。正月丙午。帝奉皇太后南巡。
二月壬申。渡河。庚辰。閱京口兵。辛巳。幸焦山。乙酉。幸蘇州府。
三月甲午。幸杭州府。乙未。幸海寧。閱海塘。丙午。自杭州回鑾。戊午。幸江寧府。壬戌。渡江。
四月。庚午。渡河。癸酉。命莊親王允祿等奉皇太后由水路迴鑾。帝登陸。由徐州閱河。丁丑。閱嶧山湖。庚辰。
謁先師廟。辛巳。謁孔林。壬午。詣岱廟。
五月丁酉。帝還京師。
七月戊辰。帝奉皇太后秋獮木蘭。
八月庚子。駐避暑山莊。

戊申。諭督撫同省。不得交布政使攝篆。著爲例。

九月庚午。帝奉皇太后還京師。

十月乙巳。設伊犁將軍。以明瑞爲之。又設伊犁參贊領隊大臣。

乾隆二十八年癸未。正月壬申。命尚書阿桂軍機處行走。

授工部侍郎納世通爲參贊大臣。駐喀什噶爾。總理回疆事務。

內大臣富德以婪贓逮問。旋命寬免。

四月壬子。賜秦大成等一百八十八人進士及第出身有差。

五月。翰詹諸臣大考卷始用彌封。從御史王懿德奏也。

果親王弘瞻有罪。革去王爵。賞給貝勒。永遠停俸。

庚午。試翰詹等官。擢王文治等三員爲一等。餘升黜留館有差。試滿洲由各部院升轉翰林詹事等官。擢哈靜阿爲一等。餘罰俸休致有差。

大學士史貽直卒。予謚文靖。

甲戌。帝奉皇太后秋獮木蘭。

六月。以阿桂在伊犁辦事妥協。將其一族。由正藍旗擡入上三旗。

命梁詩正爲東閣大學士。兼吏部尙事。以戶部尙事劉綸協辦大學事。

九月丙子。帝奉皇太后還京師。

十月壬辰。定州縣無故赴省及久留省會參處例。

禁部院司官見堂官輒屈一膝。及因有懇求之事。免冠叩首。又途次相遇。有彼此乘馬。屬官竟行下馬者。

旋又命蒙古王公見各大臣。不得屈膝。

十一月丁卯。大學士梁詩正卒。予諡文莊。

己卯。命楊廷璋爲體仁閣大學士。兼吏部尙書。仍留閩浙總督任。

十二月甲申。申誡疆吏巡歷地方務輕騎減從。

乾隆二十九年。甲申。二月己酉。命大學士等揀選翰林堪充道府人員。

三月。武英殿大學士來保卒。予諡文端。

命陝甘總督由肅州移駐蘭州。裁甘肅巡撫。

四月壬午。以尹繼善爲文華殿大學士。仍留兩江總督任。

七月辛亥。大學士閩浙總督楊廷璋。以收受洋船陋規解任。賞給散秩大臣。命楊應琚爲東閣大學士。仍留陝甘總督任。以陳宏謀協辦大學士。

丁卯。帝奉皇太后秋獮木蘭。癸酉。駐避暑山莊。
八月戊戌。自避暑山莊巡幸木蘭行圍。
十月丙戌。還京師。
十一月戊申。命重修大清一統志。
協辦大學士戶部尚書兆惠卒。予謚文襄。
丁卯。以阿里袞爲戶部尚書協辦大學士。
乾隆三十年乙酉。正月癸丑。劉綸丁憂。命刑部尚書莊有恭協辦大學士。
壬戌。帝奉皇太后南巡。
二月戊子。渡河。丙申。渡江。
閏二月丙午。幸蘇州府。辛亥。閱海塘。壬子。幸杭州府。
庚申。命阿桂明亮赴伊犁辦事。命額爾景額總理軍務。明瑞節制各城官兵。
三月丙子。帝幸焦山。辛巳。駐江寧府。丙戌。祭江神。帝奉皇太后渡江。乙未。渡河。
召尹繼善入閣辦事。以高晉爲兩江總督。
烏什回人作亂。命納世通卞塔海俱於軍前正法。蘇成之子發往伊犁當差。烏什在庫車西北千里。戶口數萬。準噶爾敗。其阿奇木伯克霍吉斯俘達瓦齊以獻。受王封。及二和卓木之亂。霍吉斯頗持兩端。帝恐其反覆。不可專任。召入京。而以哈密伯克阿布都拉代之。阿布都拉暴戾無親。辦事大臣蘇成素憒憒不治事。又酗酒宣淫。甚至留各伯克妻於署。而令兵役裸逐爲樂。乾隆二十九年二月。解送沙棗樹苛派回戶二百四十八人。相聚謀變。一回奔告阿布都拉。阿布都拉斥逐之。西城回戶不願從亂。相率走投駐劄大臣署。亦叱拒不納。是夕亂作。阿布都拉蘇成及兵役皆殲焉。阿克蘇辦事大臣卞塔海。聞變。即領兵五百赴烏什。烏什開城出迎。卞塔海即令舉銃。城復閉。攻之不克。城衆二千餘出戰。卞塔海敗走。喀什噶爾參贊大臣納世通。伊犁將軍明瑞。參贊永貴。各以兵赴援。會圍烏什。納世通初慮明瑞至。使己不得專有其功。行文阻之。繼又知事不易竟。復懇求援助。明瑞以聞。帝以卞塔海納世通二人。節節貽誤。故置極典。專任明瑞辦理。命阿桂前往協辦。

四月丁巳。帝駐德州。丙寅。至京師。

六月癸丑。定八旗世職疏遠宗派及駐防兵丁不准承襲例。

七月辛巳。帝奉皇太后秋獮木蘭。駐避暑山莊。

己未。帝自避暑山莊巡幸木蘭行圍。

九月戊寅。明瑞等奏克復烏什城。我兵之圍烏什城。斷其樵牧。敵出城輒敗走。其酋猶刦其衆。不許出降。

城南倚山面河。自河至城。茂林橫翳。隔河礮不能及。自五月至七月。攻城未克。敵一夕忽盡伐之。城池豁露。我兵四薄。敵內潰。盡縛首亂以降。官兵入城。殲其黨羽。徙老弱萬餘口戍伊犂烏什。

乙未。帝還京師。

命各直省書院山長六年期後著有成效者。量予議敍。改山長稱曰院長。

十月。定舉人大挑例。除新科外。直扣一科。其見任教職者。不得與挑。

乾隆三十一年丙戌。三月。革雲貴總督劉藻職。以楊應琚代之。藻自刎死。初乾隆十八年。有茂隆場商吳尚賢者。說緬入貢。緬酋麻哈祖。遣使以馴象塗金塔敂關求貢使至京。錫賚如例。而吳尚賢旋被滇吏借事斃諸獄。於是茂隆銀場衆皆散。明年。緬酋爲木疏土司雍籍牙所篡。惟桂家與木邦二土司抗不服。遂治兵相攻。總督吳達善使人誘桂家酋宮裏雁戮之。木邦土司亦兵敗走死。於是緬酋益無忌。復尋及我耿馬孟連諸土司。且以兵來邊外。索木邦逸酋桂酋妻囊占。怨中國。乃嗾孟艮酋使內犯車里土司。揚言將渡袞龍江。時承平日久。民不知兵。普洱永昌邊外。一日數驚。總兵劉得成參將何瓊福游擊明浩等三路皆敗。帝以劉藻本係書生。不知兵事。無意誅之。藻懼不免。於楊應琚未至。乘間自盡。巡撫常鈞以聞。帝命其旅櫬回籍。止可照常人歸葬。不許其家建立墓碑。

四月甲子。賜張書勳等二百一十三人進士及第出身有差。

七月。禁各省首縣代辦上司衙門鋪設。
丙子。帝奉皇太后秋獮木蘭駐避暑山莊。
壬午。皇后崩諭飾終典禮照皇貴妃例行。
十月己亥。帝還京師。
命問擬發遣人犯越獄。即行正法。
戊午。准各省督撫用紫花印。
十二月辛酉。大清會典成。
乾隆三十二年丁亥二月癸卯。諭學政升任應否留任。概行請旨。著爲令。
戊午。改直隸州知州爲正五品。
己未。帝幸天津。癸亥。閱淀河。
三月乙丑。閱子牙河堤。
命大學士楊應琚回京入閣辦事。明瑞補授雲貴總督。前往永昌。接辦軍務。應琚初至雲南。會普洱敵漸退。官兵得以其間收復車里孟艮整賣諸地。分隸土目。應琚見事機順利。密奏緬甸可取狀。帝信之。應琚自普洱移駐永昌。移文檄緬。言天兵數十萬陳境上。不降即進討。緬酋聞。乃大出兵攻木邦景線皆陷之。

時副將趙宏榜以兵數百襲克蠻暮之新街。其地扼金沙江水口。緬與中國互市處。據阿瓦上游。爲緬必爭之地。緬以兵溯江而上。抵新街。宏榜燒器械輜重走還銅壁關。敵數萬尾而入。應琚憂甚。痰疾遽作。詔兩廣總督楊廷璋赴滇代治。應琚軍。又遣侍衛福靈安挾御醫視應琚病。且密察軍事。廷璋至。見緬事未易藏。遂奏言應琚病已痊。臣謹歸粵。帝召廷璋還京師。時緬入關肆掠。應琚皆不以聞。但言總兵朱崙等殺敵萬人。戮其大頭目於猛卯。帝視所進地圖。疑緬既屢敗。何以尚踞內土司境。應琚亦劾總兵劉德成烏爾登額逗留貽誤。先後逮治。並論死。詔明瑞以將軍兼雲南總督。明瑞在伊犁未至。以鄂寧代之。

庚辰。帝還京師。

革大學士楊應琚職。命陳宏謀爲東閣大學士兼理工部事。劉綸爲吏部尚書。協辦大學士。

四月甲寅。命各省大計藩臬兩司。由督撫出考。

五月丙子。以觀音保扎拉豐阿額勒登額等爲領隊大臣。領健銳營兵二千名赴雲南。

壬辰。命玉魯斯爲領隊大臣。赴雲南。

六月己酉。命李侍堯檄諭暹羅國。嚴防緬匪竄匿。

命侍郎額爾景額馳驛前往雲南。在參贊大臣上行走。給與欽差大臣關防。

七月壬午。帝奉皇太后秋獮木蘭。戊子。駐避暑山莊。

閏七月甲寅。賜楊應琚自盡。
九月癸丑。帝還京師。
十一月。命將河員不避原籍之例。永行停止。
乙巳。命翰林院讀講學士及詹事府庶子等官京察照四五品京堂。歸王大臣驗看。列爲等次引見。
十二月。增文職從一品階爲榮祿大夫。
丙子。湖南學政盧文弨以奏事忤旨。撤回交部嚴加議處。
庚辰。原任禮部侍郎齊召南。坐徇隱近族齊周華逆詞。革職。
乾隆三十三年戊子。正月己亥。御批歷代通鑑輯覽成。
命大學士公阿里袞前往雲南。辦理軍營。策應機宜。即授爲參贊大臣。
二月。諭巴圖濟爾噶勒領隊到雲南時。著在參贊大臣上行走。
初。我師大舉征緬。將軍明瑞由本邦孟艮攻東路。爲正兵。約參贊額爾景額及提督譚五格由孟密出新街水路。會於阿瓦。額爾景額尋卒。以額勒登額代之。以九月二十四日啓行。連旬雨潦。十二月二日。始出宛頂。越八日。整隊至木邦。守兵望風先遁。獲其糧。留參贊珠魯訥按察使楊重英。以兵五千守之。通餉道。明瑞自率兵萬二千。爲浮橋渡錫箔江。緬人守天生橋南岸。我師繞淺渡而潰之。數日。至蠻結。敵軍二萬。

立十六柵以待。領隊大臣觀音保麾衆先據山左。哈國興等三路登山。俯薄之。一呼直偪其壘。黔兵千餘踊而入衆乘之。敵披靡。遂拔其柵。復連破三壘而十二壘之敵皆宵遁。大獲糧械。軍聲大振。進至象孔。迷失道。明瑞度不能至阿瓦。乃謀取道大山土司。向木邦以歸。敵悉衆來迎。我兵步步爲營。每日行不三十里。自象孔至小猛育二千餘里之地。凡六十日始至。其中又有蠻化之捷。殺敵四千餘。明瑞休軍蠻化數日。取所得牛馬犒士。而敵之先一日過者。已柵於要路。得波竜人引。以間道。由桂家銀廠舊址而出。會敵之分路襲木邦者。已潰我木邦之師。戕珠魯訥。執楊重英。於是木邦之敵亦至。額勒登額之進猛密。中途阻於老官屯之敵。頓兵月餘。明瑞行抵小猛育。距宛頂糧臺二百里。而額勒登額之援不至。明瑞乃令軍士乘夜出。度皆得自達。而自與領隊大臣率親兵數十人力戰死之。帝聞。命明瑞及同時殉難扎拉豐阿觀音保俱賜優卹。逮額勒登額至京。磔之。並斬提督譚五格於市。命大學士傅恆爲經略。阿里衮阿桂爲副將軍。舒赫德爲參贊大臣。同赴滇籌辦經勦緬匪事宜。以鄂寧補授雲貴總督。

以福隆安爲兵部尚書。軍機處行走。

三月辛丑。初命將額勒登額之妻發遣伊犁。賞給厄魯特爲奴。額勒登額之叔侍衞佛爾賽。將額勒登額之妻熄死。帝聞之。大怒命將佛爾賽拏問。其妻發伊犁給厄魯特爲奴。其子均監禁。又拏問原保額勒登額之散秩大臣富德。又命將額勒登額之親叔親弟姪均發伊犁。與厄魯特兵丁爲奴。其女均監禁。已嫁者雖異。

四月壬申。試翰林詹事等官。擢吳省欽等三員爲一等。試由部院入翰林等官。擢巴彥學爲一等。餘各升黜留館有差。

五月。定司員改任御史奏請留部者。嗣後永行停止。

壬子。嚴禁雲南等處馬匹偷販出境。

六月。舒赫德鄂寧俱以密陳招致緬人投降一事。忤旨。交部嚴議。命阿桂補授雲貴總督。

七月癸巳。帝奉皇太后秋獮木蘭。己亥。駐避暑山莊。

八月。原任兩淮鹽運使盧見曾以隱匿提引銀兩。私行營運寄頓。刑部擬絞監候秋後處決。從之。

九月戊戌。兩淮鹽政高恆普福俱以侵蝕鹽引餘息。刑部擬絞監候秋後處決。從之。

丁未。帝還京師。

民間喧傳匪人偷剪髮辮。始於江浙。漸蔓延直隸山東各處。帝以各督撫緝捕不力。高晉明德彰寶馮鈐熊學鵬永德等俱交部嚴議。

十一月癸卯。命署戶部侍郎索琳軍機處行走。

十二月。臺灣民黃教作亂。臺灣道張珽以不親往督捕。革職。

乾隆三十四年己丑。正月丁亥。命署副都御史傅顯護軍統領烏三泰。往雲南軍營。監造兵船。

命阿桂卸去總督。與阿里袞同心協助傅恆辦理兵事。添調吉林索倫兵各一千名。

以明德爲雲南總督。旋以阿思哈代之。

戊申。以刑部尚書官保協辦大學士。

二月丙寅。諭陣亡人員廕雲騎尉。襲次完後。仍賞給恩騎尉。世襲罔替。不准過繼之子承襲。著爲例。

四月革前雲貴總督鄂寧職。賞給三等侍衛銜。發往雲南軍營自備資斧效力贖罪。以阿里袞奏其於緬人竄入戶臘撒搶掠滋事。匿不以聞故也。

賜陳初哲等一百五十一人進士及第出身有差。

臺灣亂匪黃教被擒。前臺灣鎮總兵王巍以措置乖方伏法。

六月丙辰。以錢謙益所著初學集有學集二書中。多詆謗語。命將其版片並印行之書。查出銷毀。

七月戊子。帝奉皇太后秋獮木蘭。甲午。駐避暑山莊。

八月戊寅。禁廣東私鑄唐宋元明古錢。

九月辛丑。帝還京師。

十月乙丑。命彰寶往駐老官屯。籌畫撫輯事宜。

十一月。協辦大學士尚書果毅公阿里袞卒於軍。予謚襄壯。

經略傅恆奏稱。緬酋懵駁遣人呈書請息兵解圍。允之。初、我師大破敵於金沙江。乃會攻老官屯敵壘。敵豎柵自固。久之不克。柵有水門通江。阿桂撥戰艦越柵截其西岸應援之師。敵師乃遣人立柵上遞緬文。請張幕適中地。親來議款。明日。復以其酋懵駁書至。阿桂集諸將議進止。皆憚水土瘴癘。爭願罷兵。阿里袞已卒於軍。經略又病足。退居銅壁關。帝諭經略班師。於是緬酋遣使十四人賫貝葉書詣經略饋獻方物。自陳請入貢。遂焚舟鎔大礮而歸。遷木邦孟拱蠻暮三土司於關內。分置大理蒙化寧洱。而空關外地。留副將軍阿桂於雲南。既而緬貢竟不至。

乾隆三十五年庚寅正月。帝以今年六十誕辰。明歲皇太后八旬萬壽。命自乾隆三十五年爲始。將各省應徵錢糧通行蠲免一次。又諭各省輪捐之年。勸諭業戶即蠲數十分之四。減佃戶租。

二月庚申。飭禁督撫指名奏請揀發。

革侍郎阿思哈職。發往伊犂效力贖罪。因其前在雲貴總督任內。辦理軍需。心存恇怯也。

貴州巡撫良卿以骫法婪贓伏法。其子銷去旗籍。發往伊犂給厄魯特爲奴。

三月壬午。帝奉皇太后謁陵。巡幸天津。癸卯。還京師。

五月乙未。以祈雨。命刑部清理庶獄。減軍流以下罪。

緬人來索木邦蠻暮聖拱三土司地。阿桂遣都司蘇爾相賚檄答之。緬人留不遣。

閏五月。召福建巡撫溫福來京。補授吏部侍郎。在軍機處行走。

命裘曰修赴薊州寶坻一帶捕蝗。

裘曰修以捕蝗不力。革職嚴議。

七月。大學士一等忠勇公傅恆卒。賜謚文忠。恆爲戶部尚書米思翰孫。筦機務二十三年。最承恩眷。其卒也。年未五十。帝甚惜之。一切喪葬儀節許照宗室鎮國公例。

八月。命署兵部尚書豐昇額軍機處行走。

己丑。帝奉皇太后秋獮木蘭。駐避暑山莊。

九月丙午。命阿爾泰爲武英殿大學士兼吏部尚書。仍留辦四川總督事。

十月庚辰。帝還京師。

戊戌。申禁宗室王公容留僧道星相人等。

乾隆三十六年辛卯二月甲戌。帝奉皇太后東巡。

命大學士陳宏謀以原官致仕。

命伍岱爲參贊大臣。赴雲南軍營。

命劉綸爲文淵殿大學士。兼工部尚書。以于敏中協辦大學士。

丙申。帝謁岱嶽廟。登泰山。三月丁未。謁孔林。

四月甲戌。命戶部侍郎桂林軍機處行走。

乙酉。以旱命刑部清理庶獄。減軍流以下罪。

乙未。賜黃軒等一百六十一人進士及第出身有差。

丁丑。帝奉皇太后還京師。

大學士尹繼善卒。予謚文端。尹繼善。尹泰子。四次總督兩江。前後三十餘年。頗以汲引人才爲務。

五月癸卯。命減秋審緩決三次人犯罪。

乙巳。諭立決人犯。當省刑之際。暫緩行刑。著爲令。

副將軍阿桂以密奏大舉征緬忤旨。部議革任。仍留於軍營。在兵丁上行走。效力贖罪。以溫福代之。

諭匪犯糾衆。地方官三月以內擒捕者免議。著爲令。

壬戌。命高晉爲文華殿大學士。兼禮部尚書。仍留兩江總督任。召阿爾泰入閣辦事。以德福爲四川總督。

六月。原任大學士陳宏謀卒。予謚文恭。宏謀爲諸生。卽以經世爲己任。聞有邸報至。必借觀之。歷官三十餘年。所到處。無問久暫。必究心於人心風俗之得失。及利弊之當興革者。分條鉤考。次第舉行。所著五種遺規。行於世。

七月戊申。帝秋獮木蘭。癸亥。駐避暑山莊。

八月。定邊左副將軍成袞扎布卒。以盟長車布登扎布代之。

九月癸卯。命理藩院侍郎慶桂軍機處行走。

十月乙亥。帝還京師。

命大學士溫福自雲南赴往四川。辦理金川事務。初、大金川酋莎羅奔死。兄子郎卡主土司事。漸桀驁。侵擾鄰境。旋死。其子索諾木與小金川酋澤旺之子僧桑格。侵鄂克什土司地。五年。索諾木誘殺革布什扎土官。僧桑格亦再攻鄂克什及明正土司。我兵往護鄂克什。僧桑格遂與官兵戰。事聞。帝以前此出師本以救小金川。今小金川反悖逆。罪不赦。總督阿爾泰歷載養癰、至是又按兵打箭爐。半載不進。罷其職。以桂林代爲總督。與溫福率兵分路進討。

十二月戊辰。命溫福爲武英殿大學士。兼兵部尚書。

辛巳。命書麟領西安八旗兵二千名。赴四川軍營。

乾隆三十七年壬辰。正月。諭古今來著作無慮數千百家。其令直省督撫會同學政等。通飭所屬。加意購訪。

二月丁卯。授阿桂爲四川軍營參贊大臣

三月乙巳。以豐昇額爲四川軍營參贊大臣。

四月庚寅。賜金榜等一百六十三人進士及第出身有差。

五月辛丑。命哈國興馳驛前赴溫福軍營。

授舒常永平均爲領隊大臣。前赴四川軍營。舒常赴西路。永平赴南路。

命戶部侍郎福康安軍機處行走。

命鄂蘭海蘭察由滇入川。鄂蘭帶領長生保綏庫阿坦保利保住赴南路軍營。海蘭察帶領額爾登布塞布騰庫伯赴西路軍營。

四川總督桂林遣兵三千進攻小金川墨壟溝。敵截其後路。桂林不赴援。致全軍陷沒。泅水歸者。僅二百餘人。桂林匿不以聞。被劾。派溫福隆安前往查辦。以阿桂代之。

己未。帝奉皇太后秋獮木蘭。

六月乙丑。駐避暑山莊。

差侍郎劉秉恬往四川。辦理西路軍營糧運事務。給欽差大臣關防。

七月丁未。定道府以上等官。如有同胞及同祖兄弟叔姪。同在一省。俱令官小者迴避。

雲南布政使錢度以婪贓伏法。

八月辛卯。飭道府州縣等員。凡遇丁憂及革職者。毋得寄居原任地方。

九月甲寅。帝還京師。

丁巳。禁各省自巡撫以下。不得延請本省幕友。及流寓帶有家屬在五百里內者。並限定五年更換。

十月。以副都統華山護軍統領公興兆爲領隊大臣。赴四川軍營。

乾隆三十八年癸巳。正月。以甘肅提督馬全爲領隊大臣。馳赴四川軍營。

甲辰。已革大學士四川總督阿爾泰。以貽誤軍務。及勒屬派買短發價值。受屬員餽送。收回應扣養廉各款。賜自盡。

二月。嚴定外省官員失察子弟干與公事處分。

庚午。諭、昨據軍機大臣議覆安徽學政朱筠條奏。校覈永樂大典。已降旨派軍機大臣爲總裁。揀選翰林等官。詳定規條。酌量辦理。仍將應定條例。即行詳議繕摺具奏。尋議上。得旨。將來辦理成編時。賜名四庫全書。

禁各省商籍人員。無得服官本土。

四月庚寅。命內閣學士博清額赴四川軍營。

命署禮部侍郎索琳軍機處行走。

五月丙寅。帝奉皇太后秋獮木蘭。壬申。駐避暑山莊。

六月。提督董天弼以擅離防次革職拏問。

木果木大營被陷。大學士溫福死之。初、我軍之抵美諾。僧桑格送其妻妾於大金川。而自赴澤旺所居之底木達。澤旺閉寨門不納。遂由美臥溝竄入大金川。我兵至底木達。俘澤旺。而檄索諾木縛獻僧桑格。不應。帝命溫福爲定邊將軍。阿桂豐伸額爲副將軍。溫福由功噶入。阿桂由當噶入。豐伸額由綽斯甲入。既而溫福以敵扼險不得進。別取道攻昔嶺。駐營木果木。令提督董天弼分屯底木達以守小金川之地。溫福性愎。不廣咨方略。惟襲訥親張廣泗以碉卡逼碉卡故事。修築千計。所將兵二萬餘。大半散於各卡。索諾木陰使小金川頭目等。由美臥溝出煽故降番。使復叛。諸降番遂起應之。先攻陷提督董天弼之營。次刦糧臺。即潛兵襲木果木。會運糧失役數千。爭避入大營。溫福堅閉壘門不納。轟而潰。聲如壞堤。軍心益震。敵四面噪入。溫福中槍死。海蘭察聞警赴援。殿衆由間道退出。收集潰卒。尚萬有數千。其戰沒者三千餘。小金川地。復陷於敵。阿桂聞變。知必有降番內應。先擊近寨諸番。並盡收皮船。以斷隔河之敵。故一軍屹然不動。乃整隊出屯翁古爾壟。

大學士劉綸卒。予謚文定。綸在政府十年。與諸城劉統勳相得甚。有南劉北劉之稱。

授富德爲領隊大臣。帶兵前往四川軍營。

七月甲子。命舒赫德爲武英殿大學士。兼刑部尚書。

革四川總督劉秉恬職。留於軍營。自備資斧效力贖罪。以其不能調兵駐守。設法嚴防。致木果木失陷故也。

八月戊子。授阿桂爲定西將軍。將內閣所貯定西將軍印。交兵部迅速由驛發往。先是、木果木之敗。帝召大學士劉統勳至避暑山莊。詢以一切事宜。統勳前言金川不足勞師。至是亦言兵不可能。且力言阿桂可用。故有是命。而以豐昇額明亮爲副將軍。

命于敏中爲文華殿大學士。兼戶部尚書。以程景伊協辦大學士。

戊戌。授明亮爲定邊右副將軍。富德爲參贊大臣。在南路一同帶兵征勦。

九月丙子。命刑部侍郎袁守侗軍機處行走。

戊寅。帝還京師。

十月。革定邊左副將軍車布登扎布職。仍留親王職銜。以貝子瑚圖靈阿代之。以車布登扎布見小卑鄙故也。

十一月。阿桂以收復小金川入奏。凡因木果木失事革職留任之海蘭察富興烏什哈達成德富紳海祿。

悉予開復。

大學士劉統勳卒。予謚文正。統勳嘗以尚書出視楊橋漫工。屬吏以芻茭不給爲辭。月餘尚無端緒。統勳乃爲微行。見大小車載芻茭凡數百兩皆弛裝困臥。有泣者。問之。皆言奉示運稭料赴工。縣丞某索賄乃收。貧不能具賄。遂拋置河干。欲歸不能。統勳旋詈令巡撫卽縛縣丞至。數其罪。將斬之。巡撫爲請罪。乃杖而荷校以徇。逾月。工遂竣。其精覈能治事。率此類也。

召湖南巡撫梁國治來京。在軍機處行走。

十二月辛丑。以李侍堯爲武英殿大學士。兼兵部尚書。仍管兩廣總督事。

乾隆三十九年甲午。正月庚午。以伍岱爲四川軍營參贊大臣。

命刑部定聚衆結盟罪。

四月辛亥。以旱。命刑部清理庶獄。減軍流以下罪。

五月乙卯。命選宗室王公子入宗學肄業。著爲令。

戊辰。帝奉皇太后秋獮木蘭。甲戌。駐避暑山莊。

七月。大學士于敏中以曾向內監高雲從探問禁中消息。交部嚴議。旋將高雲從正法。

命左都御史阿思哈軍機處行走。

九月。禁京城商民囤積米穀。

壬申。帝還京師。

山東兗州民王倫作亂。倫以清水邪教運氣治病。教拳勇。往來山東。號召無賴亡命。徒黨日衆。壽張知縣沈齊義捕之。遂入城戕吏。連陷堂邑陽穀。趨臨清。圖阻運道。帝命大學士舒赫德佩欽差大臣關防。由天津馳赴山東。督師。倫圍巡撫徐績軍於臨清之梁家淺。旋解圍。趨運河。直隸總兵萬朝興破之於運河西岸。舒赫德軍抵臨清。倫使千人北出牽官兵。而選驍悍五六百陣舊城東門迎戰。舒赫德遣侍衛音濟圖等。以禁旅三百追之北門外。而自攻東門。倫敗。竄城內。音濟圖手擒之於城中大宅。爲其黨十餘人所奪。遂登樓縱火自焚死。

十月乙未。命建文淵閣於文華殿後。

諭秋審情實人犯。經十次未句。改入緩決。著爲令。

命各督撫行保甲法。

十二月。諭諸王遞降之例。自貝勒貝子公以下至奉恩將軍。世襲罔替。不過六七傳。朕心有所不忍。嗣後凡親王以次遞降者。至鎮國公而止。郡王以次遞降者。至輔國公而止。其公爵均著世襲罔替。

乾隆四十年乙未。四月壬寅。賜吳錫齡等一百五十八人進士及第出身有差。

五月己未。以旱。命禮部祈雨。

壬申。帝秋獮木蘭。

六月戊寅。駐避暑山莊。

八月己亥。定西將軍阿桂等馳奏。於八月十六日攻得勒烏圍小金川之復。帝命移師征大金川。敵先守那穆山。海蘭察由間道破山後之色淜普嶺。敵乃退守薩斯甲嶺。嶺之西有最高峰。敵未甚備。海蘭察率死士六百。猱引而上。比明、及其碉。一湧而入。盡滅之。數十里各寨聞之。皆奪氣。遂同時破。乘勝直臨遜克宗壘。索諾木鴆僧桑格。而獻其尸及妻妾頭目至軍。乞赦己罪。阿桂檻致京師。而攻益急。壘為勒烏圍外障。敵以死守之。百計攻之。不入。有墨格山可進。大兵冒險克之。遂移營其地。距勒烏圍二十里。會連雨數旬。兵不得進。以七月抵勒烏圍。其官寨碉堅牆厚。西臨大河。迤南有轉經樓。與官寨相犄角。我兵四面嚴轟。官寨破之。又克轉經樓。其逸出者皆溺水死。其巢已破。莎羅奔兄弟及各頭目。已先期遁赴噶爾厓矣。

九月丁卯。帝還京師。

清史綱要

卷八

乾隆四十一年丙申。正月甲戌。禮部郎中秦雄褒。以與緜德阿哥餽送交接。革職發往伊犂。緜德革退王爵。

命追謚明季殉難諸臣。並建文革除之際。其臣之仗節死事者。

二月。阿桂等奏克噶爾厓。金川全境蕩平。莎羅奔之遁入噶爾厓。其前有瑪爾古山。得之則可以俯臨其巢。大軍議奪其上游。而隔於西里之科布曲山。乃於九月攻西里。燬其木城。攻克科布曲山。於是軍進無阻。遂據瑪爾古山。盡奪要害。噶爾厓即在其下。其頭目及番衆。紛紛出降。索諾木之母姑姊妹亦降。惟莎羅奔索諾木及心腹死黨。皆在圍中。明亮富德兩軍。徇各險皆下。三路會於噶爾厓。築長圍。周數里。斷水道以困之。索諾木乃從莎羅奔及其頭目妻子。挈番兵二千餘。外寨奉印獻軍門。捷奏至京師。阿桂等封賞有差。並命照前平定準回之例。於紫光閣圖畫功臣像。以阿桂爲首。

己丑。以阿桂爲吏部尚書協辦大學士。

丁卯。帝奉皇太后巡幸山東。

三月己卯。至德州。登陸。丁亥。登泰山。乙未。至曲阜。謁孔子廟。辛丑。由濟寧州登舟。

命戶部侍郎和珅軍機處行走。

四月戊申。弛四川松潘等處茶禁。

辛亥。命協辦大學士尚書公阿桂仍在軍機處行走。

命臺灣文武官員准帶眷口。著爲令。

乙丑。帝還京師。

己巳。帝御瀛臺親鞫俘囚索諾木莎羅奔。皆寸磔梟示。並懸僧桑格首於市。

五月。殺已革參贊大臣富德。以扣罰士兵鹽菜銀兩彌補賞需故也。

癸未。帝奉皇太后秋獮木蘭。癸巳。駐避暑山莊。

六月。命同省官員同名。令官小者改避。

命道員中有委署兩司者。俱准其照藩臬一體具摺奏事。著爲令。

八月丙辰。禁各文武衙門豫印空白。

九月庚寅。帝還京師。

十月。命禁止水煙。

命大學士阿桂赴雲南勘定邊界。旋命兩廣總督李侍堯前往會同辦理。

十一月。帝以皇子輩名用永字。皇孫輩名用緜字。俱習用之字。難於改避。命改永爲顒。改綿爲昱。凡遇永緜等字。均無庸改避。

十二月。命國史另立貳臣傳一門。由國史館總裁查考姓名事實。逐一編列。進候裁定。

丙午。命明亮軍機處行走。

庚戌。准滿洲侍郎年至六十者乘轎。

御史炳文奏請嗣後科道京察。止令都御史帶領引見。帝以炳文欲翻成例。明肆阻撓。命革去御史。發往伊犂。以司官效力贖罪。

乾隆四十二年丁酉。正月庚寅。皇太后崩。

命自戊戌年爲始。普蠲天下錢糧。仍分三年輪免。

四月。大學士舒赫德卒。予謚文襄。舒赫德爲徐元夢孫。阿睦爾撒納之降。舒赫德奏其新附難信。請弗與兵。而移妻子就食歸化城。帝以所辦非是。落其職。及阿睦爾撒納叛。其妻子尚在烏里雅蘇臺。舒赫德偕兆惠馳往。收送京師。

五月。命阿桂爲武英殿大學士。兼吏部尙書。以刑部尙書英廉協辦大學士。

庚寅。定協領不兼本旗佐領例。

七月。定州縣調署按季咨報例。

命甘肅民人願往烏魯木齊墾地者。照例咨送。

八月。命阿桂等編纂滿洲源流考。

十月。戶部尙書果毅繼勇公豐昇額卒。予謚誠武。豐伸額額亦都之後。襄壯公阿里袞子也。金川之平。圖形紫光閣。

十一月。新昌縣民王瀧南。呈首舉人王錫侯。刪改康熙字典。另刻字貫。帝閱其進到之書。第一本序文凡例。將聖祖世宗廟諱及御名字樣開列。實爲大逆不法。命鎖押解京。交刑部審訊。江西巡撫海成暨藩臬各官均以失察革職交刑部治罪。

壬午。命各省將軍俱戴用花翎。著爲令。

甘肅河州教匪王伏林作亂。伏誅。

乾隆四十三年戊戌。正月癸亥。命各省軍流人犯已過十年者。奏請省釋。其不願回籍者聽。

復睿親王封號。追謚曰忠。補入玉牒。並令補繼襲封。並復豫親王原封。又以禮親王代善後改封康親王。鄭親王濟爾哈朗後改封簡親王。肅親王豪格後改封顯親王。克勤郡王岳託後改封平郡王。俱復原號。復允禩允禟二人原名。收入玉牒。理密親王之子弘晳。亦於玉牒內復其原名。

二月。命釋允禟之子弘晸圈禁。授爲散秩大臣。

吏部尚書永貴因將前以言事獲罪降補主事之給事中李漱芳。題補員外郎。命革職往烏什辦事。

四月辛卯。以河南旱。命減開封等五府軍流以下罪。

戊戌。巴延三等奏訪獲舉人王爾揚爲人作墓誌於考字上擅用皇字。將該犯等押解來省嚴審定議。帝命無庸查辦。

庚子。以京師旱。命減軍流以下罪。

乙卯。賜戴衢亨等一百五十七人進士及第出身有差。

七月丁未。帝詣盛京謁祖陵。

九月。帝自盛京回鑾。有錦縣生員金從善。於道傍進遞呈詞。條陳四事。首以建儲爲請。帝以其詞語狂誕。殺之。壬子。還京師。

十月。帝將以庚子年再行南巡。命於庚子年爲始。普免天下漕糧一次。

已故浙江舉人徐述夔著一柱樓詩。中有譏刺語。帝命戮其屍。其孫徐食田食書斬監候。前禮部尙書沈德潛曾爲作傳。命毁其御賜祭葬碑文。其官爵盡行革去。撤出鄉賢祠。

十一月。葉爾羌辦事大臣高樸以婪贓正法。

乾隆四十四年己亥正月。大學士管兩江總督高晉卒。予謚文端。

己酉。命三寶爲東閣大學士。兼禮部尙書。

四月己未。改闢展辦事大臣爲領隊大臣。移駐吐魯番。

有妄人智天豹。編造年號。妄稱大淸天定運數。使其徒張九霄。於道旁呈獻。中有世祖章皇帝顯聖一條。刑部擬以凌遲處死。帝命斬决。

五月乙未。帝秋獮。蘭木駐避暑山莊。

六月甲寅。命各省候補旗員丁憂回旗者。百日後。在原衙門當差。服闋仍赴原省候補。著爲令。

己卯。定有殺一家數命以上之案。悉按其所殺人數。將兇犯父子。照數定罪。多寡相當。著爲令。

八月。命國史館照宗室王公功績表傳之例。編輯蒙古王公功績表傳。

壬申。命和珅在御前大臣上學習行走。

乙亥。寧壽宮成。

九月庚子。帝還京師。
十二月甲寅。命戶部侍郎董誥軍機處行走。
大學士于敏中卒。予諡文襄。
己巳。命程景伊爲文淵閣大學士。兼禮部尙書。調嵇璜爲吏部尙書。協辦大學士。
乾隆四十五年庚子。正月辛卯。帝南巡。
丙午。命署工部右侍郎福長安軍機處行走。
二月己未。帝渡河。丁卯。渡江。戊辰。幸焦山。壬申。幸蘇州府。
儀封河工合龍。
諭兩金川番衆。向來俱不薙髮。自平定以來。與內地人民無異。自應一例薙髮。
三月辛巳。帝幸海寧州觀潮。壬午。幸尖山。癸未。幸杭州府。壬寅。幸江寧府。
大學士雲貴總督李侍堯以貪縱營私。革職拏問。旋定爲斬監候。巡撫孫士毅以不據實劾參。革職。
以英廉爲東閣大學士。兼戶部尙書。永貴協辦大學士。
四月己酉。帝渡江。丁巳。閱高家堰隄工。渡河。
五月丁亥。帝還京師。

己丑。正陽門城樓災。
癸巳。賜汪如洋等一百五十五人進士及第出身有差。
戊戌。以十公主指配尙書和珅之子豐紳殷德。待及歲時舉行婚禮。
己亥。帝秋獮木蘭。駐避暑山莊。
六月乙卯。命三寶入閣辦事。
七月丁酉。班禪額爾德尼自後藏入覲。
八月乙卯。大學士程景伊卒。予謚文恭。
甲戌。帝自避暑山莊迴鑾。謁東西陵。
九月戊寅。命嵇璜爲東閣大學士。兼兵部尙書。蔡新爲吏部尙書。協辦大學士。
命四庫全書館編纂歷代職官表。
乙未。帝還京師。
十二月。以鰲拜罪狀宣示羣臣。停其世襲公爵。
甲寅。命部院堂官畫題意見不合者。於公所面商。毋令司員輾轉傳述。
乾隆四十六年辛丑。二月乙丑。帝巡幸五臺山。

三月辛卯。至保定府。有在籍大理寺卿尹嘉銓。爲其父尹會一請謚。且乞從祀文廟。帝怒其狂妄。命交刑部治罪。庚子。還京師。

甘肅回人蘇四十三因爭新教作亂。陷河州。命阿桂馳往調度勦辦事宜。

四月。陝甘布政使王廷贊奏。新教主馬明心於蘭州城上正法。

刑部查出尹嘉銓所著各書中多狂妄悖謬之處。奏請凌遲處死。得旨改爲絞立決。

戊辰。賜錢棨等一百六十九人進士及第出身有差。

陝甘總督勒爾謹以辦理錯謬。革職拏交刑部治罪。赦李侍堯以三品頂帶。馳驛前往管理總督事務。

五月。禁督撫家人向屬員需索門包。

閏五月庚戌。帝秋獮木蘭。駐避暑山莊。

六月癸巳。阿桂奏。河州回匪敗退。死守華林寺。官兵圍攻木柵。首逆蘇四十三就誅。命將其首級傳示各省回民。

七月。暹羅國鄭昭請入貢。許之。初、暹羅欲與中國共攻緬。及金川事起。我兵赴蜀。緬攻暹羅。滅之。緬人徵取無藝。暹羅遺民憤其無道。乃奉遺臣鄭昭爲主。起兵盡復故地。遣使來告捷。且請入貢。

四川嘓匪聚衆搶刦梁山墊江等縣。官兵勦捕。擒斬胡範年等五十一人。

八月。甘肅捏災冒賑侵蝕監糧事發。總督勒爾謹賜自盡。升任浙江巡撫布政使王亶望正法。布政使王廷贊定爲絞監候。

九月辛酉。帝還京師。

帝以各省武職大小官員。俱有虛額名糧。命將此項歸入養廉。另行挑補實額。交大學士九卿科道議奏。大學士公阿桂奏言國家經費。驟加不覺其多。歲支則難爲繼。此項經費歲增三百萬。統計二十餘年卽須七千餘萬兩。請除滇黔四川閩廣等省控制邊疆。應查明增添兵額。又陝甘兩省業添滿漢兵一萬五千餘名。其餘腹裏省分。均可毋庸挑補實額。帝以卽位初年戶部銀庫計不過三千萬兩。近已增至七千餘萬兩。卽以歲支頓增三百萬兩計之。至乾隆六十年歸政之時。所用亦不過四千餘萬。加以每年歲入所存。其時庫藏較卽位時自必尙有盈餘。因決計行之。

十月。定試用佐貳不准委署州縣例。

戊戌。定滿洲駐防官兵年老退休回京就養例。

乾隆四十七年壬寅正月辛亥。命江蘇查禁鳥槍。

三月乙巳。停止臺灣捐監例。

四月。御史錢灃參奏山東巡撫國泰貪縱營私。帝命大學士和珅往勘。因命灃同行。灃知國泰爲和私人。

乃先數日行。微服止良鄉。見幹僕乘良馬過。索夫役甚張。跡之。則和珅遣往山東齎信者也。灃審其貌。未幾。僕還。道遇灃。叱止之。搜其身。得國泰私書。具言借款塡庫備查等事。中多隱語。立奏之。和知謀已洩。故治獄無敢傾諉。國泰及布政使于易簡。遂均伏法。

五月戊申。帝秋獮木蘭。駐避暑山莊。

七月甲辰。命續繕四庫全書三分。分庋揚州文匯閣。鎭江文宗閣。杭州文瀾閣。

九月丙辰。帝還京師。

十月。浙閩總督陳輝祖以查抄王亶望家產。有抽換玉器字畫諸弊。解任。交阿桂福長安二人審訊。詔賜自盡。藩司國棟等。均議斬監候。輝祖、陳大受子也。

乾隆四十八年癸卯。五月癸巳。定月選各官預借養廉由各省報撥例。

協辦大學士吏部尚書永貴卒。予諡文勤。

以伍彌泰爲吏部尚書。協辦大學士。

庚戌。命署工部尚書福康安軍機處行走。

寅甲。帝秋獮木蘭。駐避暑山莊。

六月癸亥。體仁閣災。

賞和珅戴雙眼花翎。

七月丁酉。命各省大挑分發舉人以知縣佐貳分別補用。

八月己巳。命蔡新爲文華殿大學士兼吏部尚書。梁國治協辦大學士。

乙亥。帝自避暑山莊詣盛京謁陵。

大學士英廉卒。予謚文肅。

十月。命黄河沿隄種柳。申禁近隄取土。

乙亥。帝還京師。

命皇子等同軍機大臣上書房總師傅。將歷代册立太子有關鑒戒者。採輯成書。名曰古今儲貳金鑑。

命國史館用貳臣傳例。另編逆臣傳。

十二月。命臺灣總兵道府。五年任滿更調。著爲令。

乾隆四十九年甲辰正月丁未。帝南巡。

二月辛酉。諭州縣因公按法責斃所屬人役。無庸議以奪職。著爲令。

壬戌。帝至泰安府。丙寅。至曲阜。丁卯。謁孔林。戊寅。渡河。

三月丙戌。渡江。幸金山。丁亥。幸焦山。辛卯。幸蘇州府。己亥。幸海寧州。庚子。幸尖山觀潮。閱視塘工。辛丑。幸杭州府。庚戌。自杭州回鑾。甲寅。駐蘇州府。

閏三月丙辰。兵部尚書公額駙福隆安卒。予謚勤恪。福隆安。傅恆次子。襲一等忠勇公。旣卒。以其弟福康安繼爲兵部尚書。

壬戌。帝幸江寧府。戊辰。至張家樓。登舟渡江。壬午。渡河。

四月。准各省試用人員補期尚遠者。呈明回籍。俟到班時。仍赴原省補用。

丙午。甘肅新教回人田五等聚衆滋事。命李侍堯剛塔勦之。

丁未。帝還京師。

甲寅。賜茹棻等一百十二人進士及第出身有差。

五月。李侍堯剛塔奏田五中槍斃。餘衆竄踞張家堡。

命工部尚書慶桂在軍機處行走。

回疆參贊大臣綽克托因辦理被戮回人大和卓布拉呢敦之子薩木薩克潛使向喀什噶爾回子通信事。乖謬。命逮問。旋又命釋放。

壬戌。帝秋獮木蘭。駐避暑山莊。

己巳。帝以李侍堯等勦捕回匪未能妥協。派尚書福康安帶欽差大臣關防。同領侍衛內大臣海蘭察。帶領巴圖魯侍衞等。分起馳驛前往勦捕。
甲戌。以阿桂爲將軍。福康安海蘭察伍岱爲參贊大臣。領兵進勦甘回。
庚辰。革陝甘總督李侍堯職。授福康安爲陝甘總督。提督剛塔拏交刑部治罪。以復興爲參贊大臣。善德爲領隊大臣。赴甘肅協勦叛回。
六月壬寅。大學士三寶卒。予謚文敬。
七月己未。江西巡撫郝碩以勒派屬員餽送銀兩。賜自盡。
阿桂福康安奏。攻克石峯堡。擒獲回首張文慶等。殲斃回人三千餘名。
癸酉。命伍彌泰爲東閣大學士。兼吏部尚書。調和珅爲吏部尚書。協辦大學士。
陝甘總督福康安奏。前任總督李侍堯提督剛塔。失機僨事情形。得旨。李侍堯斬監候。剛塔發往伊犁效力贖罪。
九月乙卯。以勦滅甘肅叛回功。加軍機大臣和珅爲一等男。
丁巳。殺通渭縣知縣王慺。因其爲縣城失事時。躲避倉庫。不能守城殺賊也。
甲戌。帝還京師。
命內大臣公西明。翰林院侍讀學士阿肅。使朝鮮。册封世子。

十一月癸丑。命各省委署人員。距原籍五百里者。迴避。

乾隆五十年乙巳。正月丙辰。帝御乾清宮。賜千叟宴。自親王郡王以下。外至蒙古回部番部朝鮮國。年六十以上者皆入宴。凡三千人。

丙寅。帝以新舉元孫。命各督撫查明所屬紳士。有身及五代同堂者。加恩賞賚。

二月己丑。御試翰林詹事等官。擢陸伯焜等二人爲一等。試由六部等衙門升用翰詹等官。擢慶齡爲一等。餘各升黜留館有差。

四月甲午。諭嗣後外任旗員。准留子弟一人隨任。

五月丙寅。帝秋獮木蘭。駐避暑山莊。

大學士蔡新以衰疾乞解職。許之。命梁國治爲東閣大學士。兼戶部尚書。以劉墉協辦大學士。

七月庚戌。湖南巡撫陸燿以病解任。燿初蒞長沙。總督特昇額來。候值其午食。見其皆菽乳菜韮。訝之。燿曰。天久不雨。地方官戒殺。清齋爲祈雨耳。總督素豪侈。聞言瞿然。詈其奴曰。吾此來傳舍酒肉如山。何不以祈雨告耶。既歸寓。乃盡撤之。其清德感人如此。撫湖南一年而卒。所著甘薯錄。至今言備荒者寶之。

八月。飭各省督撫。非遇軍務。不得將丁憂人員奏請留任。著爲令。

九月己酉。回酋燕起伯爾克等作亂。命福康安帶總督印篆。赴阿克蘇一帶安輯回衆。又命明亮署理烏什參贊大臣。即赴阿克蘇。與福康安悉心辦理。

庚申。停止佐雜官保薦卓異送部引見。

戊辰。帝還京師。

十月甲午。釋李侍堯於獄。旋命署湖廣總督。

十二月乙未。續修大清一統志並遼金元三史國語解成。

兩廣總督巴延三以令洋商採辦物件賠墊價值獲罪。因令嗣後不准呈進鐘表洋貨等物。

乾隆五十一年丙子。三月己未。帝幸正定府。庚寅。還京師。

五月丙辰。兩廣總督富勒渾以家人招搖婪索革職擬斬。旋命牢固監禁。

辛未。帝秋獮木蘭。駐避暑山莊。

御史曹錫寶奏。和珅家人劉全服用奢侈。器具完美。恐有招搖撞騙等事。交留京王大臣等查辦。會有某尚書竊知其事。飛書告和。乃星夜滅其跡。和答某書曰。必有以厚報。於是留京王大臣奉旨勘查。僭妄蹤跡。竟不可得。部議以錫寶妄奏。鐫三級。特旨改革職留任。及和珅敗。仁宗思其敢言。追贈副都御史。

七月庚戌。諭三通館進呈皇朝通志職官略一門文職自正一品至從九品共十八階。武職自從一品至正七品。祇十二階。宜改爲劃一。又文官降一級者。俱以正從計算。止於正降爲從。武則降一級即降一品。

未免偏枯。此後武職處分。亦宜照文員之例。
閏七月。大學士伯伍彌泰卒。予諡文端。
乙未。命和珅爲文華殿大學士。兼吏部尚書。以福康安爲吏部尚書。協辦大學士。仍留陝甘總督任。
九月壬辰。帝還京師。
封鄭昭子華爲暹羅國王。
十二月癸卯。命整飭苗地邊防。
大學士梁國治卒。予諡文定。
壬子。命兵部尚書王杰軍機處行走。
乾隆五十二年丁未。正月癸巳。命王杰爲東閣大學士。兼禮部尚書。
二月。福建臺灣林爽文作亂。命總督常青爲將軍。往督師。以李侍堯署閩浙總督。爽文居新化之大里杙。聚羣不逞之徒。結天地會。官兵捕之。遂反。陷新化。旋陷諸羅。鳳山盜莊大田亦起應之。直犯府城。總兵柴大紀禦諸羅鹽埕橋。殺傷千計。府城獲全。水師提督海澄公黃仕簡。陸路提督任承恩。各以兵渡海至。仕簡檄柴大紀北取諸羅。郝壯猷南取鳳山。各率兵二千。惟大紀連戰破敵。遂復諸羅。而壯猷南出二十里。即爲敵阻。頓兵幾五十日。始進鳳山。鳳山城已空。招民復業。匪混其中。吏復不覺。城復陷。游擊鄭嵩死焉。壯猷遁歸府城。任承恩至鹿港。距大里杙僅四十里。亦不敢進。帝以兩提督俱失機無能。故命常青自行督師。又命江南提督藍元枚福州將軍恆瑞均爲參贊。分赴府城鹿港。誅失律之郝壯猷以徇。

三月。改大挑舉人於會試放榜以前辦理。

四月壬戌。賜史致光等一百三十七人進士及第出身有差。

五月甲戌。帝秋獮木蘭。駐避暑山莊。

庚辰。湖南鳳凰廳屬句補寨苗人石滿宜等滋事。總兵伊德禧率兵討平之。

八月丁酉。命福康安爲將軍。攜帶欽差大臣關防。馳赴臺灣。代常青督辦軍務。海蘭察爲參贊大臣。普爾普舒亮爲領隊大臣。常青至臺。會藍元枚卒。乃與恆瑞引兵出南路。離府城十里。遇敵卽退。疏請增兵萬。敵以其暇。得蠶食各村。於是泉人之不從反者。亦刦使從己。旬日間驟增兵十餘萬。林爽文驅以攻諸羅。諸羅爲府城屏蔽。賴柴大紀力守。得不陷。常青遣兵往援。皆畏敵勢。不敢進。恆瑞復張皇敵勢。奏請兵六萬。帝知二人不足恃。故遣福康安海蘭察代之。命柴大紀捍衞兵民出城。再圖進取。大紀奏言。諸羅失則敵尾而至府城。府城亦危。且半載以來。深濠增壘。守禦甚固。一朝棄去。克復甚難。而城廂內外義民。不下四萬。實不忍委之於敵。惟有固守待援。帝覽奏墮淚。改諸羅爲嘉義縣。封大紀嘉義伯。令浙江巡撫以萬金卹其家。

九月丙戌。帝還京師。

十月戊戌。命成都將軍鄂輝帶領四川屯練兵丁赴臺灣。卽授爲參贊大臣。

庚戌。諭嗣後鹽務各員銓選分發。俱迴避本省。著爲令。

十一月乙亥。諭向例葉爾羌和闐春秋二季採玉。該處回人按季跟隨大臣。無甚閑暇。應酌量以紓其力。命將春季停止。

十二月壬寅。命科道題升引見。註明有無條奏。著爲令。

命福建督撫及水陸提督輪年赴臺灣稽查。停止巡臺御史之例。

停鄉會試分經中式之例。每科以一經命題。將五經輪流分試。俟輪試畢後。卽以五經出題。並定添注塗改不得過百字等例。

乾隆五十三年戊申正月。山西巡撫明興奏黃河澈底澄清。共一千三百餘里。帝以歷代史策侈陳符瑞。大率出於傅會鋪張。無關實政。降旨宣示。

將軍福康安等奏。攻破大里杙。首逆林爽文走入集集埔。、初。福康安奉命赴臺。中途聞敵勢盛。奏請增兵。帝嚴飭之。仍命調黔省兵二千。令許世亨帶領。速行赴閩。福康安聲言直抵大里杙。而陰趨縣治。遇敵崙仔頂。海蘭察率巴圖魯侍衛數十衝敵陣。矢無不中。敵披靡。遂怒馬殺入。敵分伏竹蔗林。邀截官兵。官兵五隊分戰。再敗之牛稠山。即日。海蘭察抵嘉義城。明日。福康安亦至。乘勝進戰。克斗六門。遂擣大里杙。林爽文已攜家走集集埔。據溪岸壘石環數里。官兵騰險而上。林爽文與其黨數十走箐谷。悉就擒。移師攻莊大田於牛莊。追至極訊之琅嶠。先遣兵截其走路。大田亦就俘。臺灣平。

二月辛亥。帝幸天津。乙亥。還京師。

五月庚辰。帝秋獮木蘭。駐避暑山莊。

七月。逮臺灣總兵柴大紀至京。大紀以守城功封伯爵。及福康安至。大紀出迎。不執櫜鞬之禮。福康安即劾其前後奏報不實。會侍郎德成自浙江歸。帝以大紀事詢之。德成自昵於福康安。因奏大紀在任貪黷。令兵丁私回內地貿易。及變起倉卒。不早撲滅。致猖獗。及提督任承恩逮至。供亦同。帝信之。命逮大紀。大紀既至京。命軍機大臣會同大學士九卿覆奏。大紀再三稱冤。帝廷訊。大紀雖引咎。仍微訴其枉。帝以大紀始終負氣。命斬之。而黃仕簡任承恩二人情罪重大。卒以其一爲海澄公黃梧之裔。一爲任舉之子。均得不死。

九月壬戌。緬甸使臣細哈覺控等入覲。緬自懵駁死。篡弑相仍。國內亂。復爲暹羅所攻。東徙居蠻得。聞暹羅已親附中國。得受封。大懼。緬酋孟雲乃遣使由木邦賫金葉表金塔一。馴象八。及寶石番毯等款關入貢。並歸楊重英等。帝許之。並諭暹羅。使罷兵。

乙丑。禁各省州縣私立班館。私置刑具。

甲申。帝還京師。

十月。命兩廣總督孫士毅出兵征安南。送黎氏嗣孫維祁歸國。時黎氏爲阮惠所滅。黎氏嗣孫維祁出亡。有高平府督阮輝宿者。匿嗣孫母妻宗族二百餘口。由高平登舟。遠遁至博淰溪河。廣西太平府龍州邊也。冒死涉水登北岸。不及渡河者。盡爲南岸追兵所害。兩廣總督孫士毅以聞。帝以黎氏守藩奉貢百餘年。宜出師問罪。以興滅繼絕。先置其家於南寧府。遣其陪臣黎侗阮廷枚等回國。密報嗣孫。已而廷枚以嗣孫復書至。乞轉奏。於是安南國土司。及未陷各州官民。爭縛阮黨。獻地圖。又關外各廠義勇數萬。皆乞餉團練。請爲嚮導。帝乃命提督許世亨率兵進勦。孫士毅親駐關外。遙爲聲援。士毅力請自行。許之。

乾隆五十四年己酉。正月丁丑。命禮部尚書常青議政處行走。

孫士毅奏。阮惠舉兵復仇。官兵退回鎮南關。請革職從重治罪。士毅既受命出師。同許世亨率兩廣兵一萬出關。以八千直擣王京。以二千駐諒山爲聲援。帝又命雲南馬大經以兵八千。取道開化廳之馬白關。入至宣化鎮。與師入安南境。沿路破走敵兵。進薄富良江。江卽在國門外。提督許世亨奪其戰艦一。載兵二百餘。親助之濟江。復奪小舟三十餘。更番渡兵二千。夜擣敵營。敵大潰。焚其十餘艘。獲總兵侯伯數十。及明。我師畢濟。黎氏宗族百姓出迎。伏道左。孫士毅等入城。宣慰而出。黎維祁詣營見孫士毅。九頓首謝。

宣詔封爲安南國王。帝以大功旣竣。詔士毅班師入關。而士毅貪俘阮惠爲功。懸軍月餘。又輕敵不設備。敵諜知虛實。於歲暮傾巢大舉襲國都。而我師方信其來降之誑。晏然不知也。正月朔。軍中置酒張樂夜忽報阮兵大至。我兵黑夜自相蹂躪。黎維祁舉家先遁。士毅奪渡富良江。卽斬浮橋以斷後。由是在南岸之軍。自提督許世亨以下。官兵夫役萬餘人。皆擠溺死焉。其雲南之師。以黎臣黃文通嚮導。得全反。黎維祁母子復來投。帝以士毅不早班師。且阮惠已敗復來。必非旦夕所能糾合。何漫無覺察。命褫職入京待罪。以福康安代之。

四月辛亥。賜胡長齡等九十八人進士及第出身有差。

五月庚寅。帝秋獮木蘭。駐避暑山莊。

六月庚午。命兵部尙書孫士毅軍機處行走。

丙子。封阮光平爲安南國王。阮惠旣踞安南。自知賈禍。大懼王師再討。又方與暹羅構兵。恐暹羅乘其後。敂關謝罪乞降。改名光平。遣其兄子賫表入貢。言守廣南已九世。與安南敵國。非君臣。且蠻觸自爭。非敢抗中國。請來年親覲京師。並願立廟國中。祀死綏將士。帝許之。

九月癸卯。帝還京師。

十一月。帝以明年八旬萬壽。封六子顒瑢爲質親王。十一子顒瑆爲成親王。十五子顒琰爲嘉親王。十七子顒璘爲貝勒。
乾隆五十五年庚戌。正月壬午。以八旬萬壽。頒詔天下。
普免天下錢糧。
壬寅。大學士和珅加恩賞給黃帶四開衩袍。固倫額駙豐紳殷德兼散秩大臣行走。
二月己未。帝謁陵。巡幸山東。
三月甲申。帝至泰安府。乙酉。登岱。甲午。至曲阜。謁孔子廟。丙申。謁孔陵。戊戌。自濟寧登舟。
四月丁巳。幸天津府。乙丑。還京師。
乙亥。賜石韞玉等九十七人進士及第出身有差。
五月庚寅。帝秋獮木蘭。駐避暑山莊。
七月己丑。安南國王阮光平入覲。
戊申。帝還京師。
八月辛丑。帝八旬萬壽節。御太和殿受賀。
十二月戊辰。命吏部尚書彭元瑞協辦大學士。
乾隆五十六年辛亥。二月戊午。試翰林詹事等官。擢阮元等二員爲一等。餘留館升黜有差。

內閣學士尹壯圖奏。督撫藉詞賠項。勒派屬員。遂致倉庫虧耗。商民蹙額興歎。帝怒。命大臣帶領尹壯圖前往各省盤查。旋命革職治罪。既又赦爲內閣侍讀。

五月乙未。帝秋獮木蘭。駐避暑山莊。

戊申。諭各省呈控重案。督撫親提審辦。著爲令。

七月甲戌。命回城阿奇木伯克設立清文學校。

九月丁丑。命青海等處番子。歸西寧辦事大臣管理。

戊戌。帝還京師。

十一月。授福康安爲將軍。海蘭察奎林爲參贊。往征廓爾喀。廓爾喀本巴勒布國。與後藏鄰。自古不通中國。方乾隆四十六年。帝七旬萬壽。後藏班禪喇嘛來朝。中外施舍山積。及班禪卒於京師。資送歸藏。其財皆爲其兄仲巴呼圖克圖所有。擯其弟舍瑪爾巴。不使分惠。舍瑪爾巴憤愬廓爾喀。煽其入寇。唐古特兵不能禦。朝廷所遣援勦之侍衛巴忠將軍鄂輝成德等。復調停賄和。陰令西藏堪布等私許歲幣萬五千金。按兵不戰。達賴喇嘛不可。而巴忠擅以敵降飾奏。及期。歲幣不至。喀人大舉深入。駐藏大臣保泰聞敵至。則移班禪於前藏。並張皇敵勢。仲巴呼圖克圖挈貲先遁。敵大掠札什倫布。全藏大震。兩大喇嘛飛章告急。巴忠扈蹕熱河。聞變。畏罪自沈死。時鄂輝爲四川總督。成德爲成都將軍。因盡以其罪委巴忠。謂巴忠解唐古特語。己二人不知也。及奉命赴藏勦禦。又按程緩進。帝乃革二人職。命福康安晝夜遄行。限四十日內抵藏。

乾隆五十七年壬子。二月甲辰。改山西河東鹽課歸入地丁。

己巳。命侍郎和琳赴藏辦事。

三月丁丑。帝謁陵。巡幸五臺山。

授福康安爲大將軍。

命前駐藏大臣保泰雅滿泰二人於軍前重責枷號。以其知巴忠許賂廓爾喀。不即奏聞故也。並將保泰改名爲浮習渾。

四月乙卯。因旱。命刑部清理庶獄。減徒以下罪。

五月丁未。帝秋獮木蘭。駐避暑山莊。

六月乙未。命京城附郭增設五廠賚賑。

八月戊子。命福康安爲武英殿大學士。兼吏部尚書。孫士毅爲文淵閣大學士。兼禮部尚書。

福康安由青海至後藏。連敗屯界之敵。盡復藏地。遂大舉深入。海蘭察爲前軍。福康安繼之。奪取距濟隴八十里之鐵索橋。初入敵界第一險也。進至東覺嶺。兩崖壁立。中隔橫河。我兵折河側枯樹爲橋而渡。遂登雍雅山。廓人遣使乞和。不許。我兵復踰大山二重。先後殺敵四千。涉敵境七百餘里。將近其國都陽布之地。前此山勢皆東西夾河。自雍雅以後皆南北夾河。中隔一橋。我兵攻奪其北岸之山。敵因守南岸大山。海蘭察欲扼河立營。福康安不可。逾橋攻之。冒雨上山。敵三路來犯。我兵且戰且卻。死傷甚衆。賴海蘭察隔河接應。而額勒登保扼橋力戰。敵乃退。是時廓人方爲南境披楞所擾。懼我軍聞之再遣人詣軍。卑詞乞和。時我師方挫。而敵境益險。且踰八月。卽大雪封山。乃許其成。帝本欲裂其土分授諸土司。而酬福康安以郡王爵。及聞已受降。乃允其請。留番兵三千。漢蒙古兵一千。戍藏。是爲官兵駐藏之始。

九月丁酉。帝還京師。

己酉。定各省疏脫遣犯加倍處分例。

十月。御製十全記。令繙寫四體字。建蓋碑亭。以昭武功。十全者。兩平準噶爾。定回部。再定金川。靖臺灣。服緬甸。安南。並降廓爾喀至再。

癸巳。定旗人犯竊子孫削籍爲民例。

十一月甲辰。諭各省駐防滿洲兵無嗣人官田畝。仍賞該營養贍孤寡。著爲令。

庚戌。定武職改歸原籍不准升遷寄籍例。

、初。番高僧八思巴爲帝師大寶法王。領藏地。後嗣世襲其號。西藏始爲釋教宗主。其所奉皆紅教。永樂十五年。宗喀巴生於西藏之甘丹寺。初習紅教。既深觀時數。當改立教。即會衆自黃其衣冠。是爲黃教之始。遺囑二大弟子。世世以呼畢勒罕轉生。演大乘教。呼畢勒罕者。華言化身也。二弟子曰達賴喇嘛。班禪喇嘛。喇嘛者。華言無上也。皆死而不失其通。自知所往生。其弟子輒迎而立之。常在輪流本性不昧。故達賴班禪易世互相爲師。傳至第五世。曰羅卜藏嘉穆錯。當崇德七年。遣使至盛京。奉書及方物。清廷亦遣使存問。稱爲金剛大士。是爲清廷通西藏之始。順治初。達賴至京師。世祖賓之於太和殿。建西黃寺居之。封西天大善自在佛。領天下釋教。及歸。命和碩塞以八旗兵送之。及第五世達賴卒。有第巴專國事。唆準噶爾使入寇。藏中大亂。後第巴爲拉藏汗所誅。而藏中所立之第六世達賴喇嘛。諸蒙古不復敬信。而別奉裏塘之噶爾藏嘉穆錯爲眞達賴。與藏中所立。互相是非。帝令其暫居西寧紅山寺。旋移塔爾寺。蓋宗喀巴有一花五葉之讖。故自六世以後。登座者無復眞觀密諦。祇憑垂仲降神指示。垂仲者。猶內地師巫也。帝久悉其弊。欲革之。而未有會也。至是、乘用兵之後。特定辦法。創頒金奔巴瓶一。供於中藏之大招寺。遇有呼畢勒罕出世。互報差異者。納籤瓶中。誦經降神。大臣會同達賴班禪。於宗喀巴前掣之。而各札薩克所奉之胡圖克圖。其呼畢勒罕將出世。亦報名理藩院。與住京之章嘉胡圖克圖掣之。瓶供雍和宮。

癸丑。弛貧民出關禁。

乙卯。命督撫於殺死一家二命以上重案。專摺奏聞。

十一月。前四川總督鄂輝。以隱匿廓爾喀貢表。命在前藏永遠枷號。

十二月。始定春秋經文祇用左傳本事。爲文參用公羊穀梁。廢胡安國傳不用。從禮部尚書紀昀奏也。

乾隆五十八年癸丑。正月。安南國王阮光平卒。封阮光纘爲安南國王。

二月己巳。兩淮鹽運使柴楨以挪移商人鹽課二十二萬兩。訊明正法。浙江巡撫福崧曾向柴楨婪索多贓。亦坐死。其籍隸浙江之給事中御史各官。隱匿不奏。命停升二年。隸浙江籍外府者。停升一年。

三月。內大臣海蘭察卒。予謚武壯。命入祀昭忠祠。祠內不以陣亡入祀者。祇海蘭察一人。

帝以大學士秩居正一品。又兼從一品之尚書虛銜。殊屬無謂。交吏部分別刪除。酌覈定議。尋奏大學士兼尚書銜。及翰林掌院兼侍郎銜。順天府尹兼提督學政銜。酌請刪除。從之。

四月丁亥。賜潘世恩等八十一人進士及第出身有差。

庚寅。命戶部侍郎松筠軍機處行走。

五月丁未。帝秋獮木蘭。駐避暑山莊。

七月己酉。以旱命刑部清理庶獄。減徒以下罪。

八月乙亥。給緬甸酋蠻暮宣撫司印。

八月丙戌。帝還京師。

十一月己酉。諭、前因軍需河務。支用浩繁。曾暫開捐例。原屬一時權宜之計。不久卽宜停止。迄今閱二十餘年。府庫充盈。並不因捐例停止。稍形支絀。我子孫當奉以爲法。儻有奏請開捐者。卽爲言利之臣。更當斥而勿用。惟貢監一途。乃衆所願。弗占正途。不過給予頂帶。無礙銓政。亦仿古人納粟之意。事尚可行。此旨敬謹存記。我世世子孫。遵循弗替。以期永臻郅治。

丙辰。以入冬無雪。命刑部將三次緩決人犯。分別減等。

乾隆五十九年甲寅。三月庚子。帝幸天津。

四月癸亥。還京師。

五月辛亥。帝秋獮木蘭。駐避暑山莊。

六月丁巳。釋回王亶望雅爾哈善勒爾謹陳輝祖楊景素王廷贊柴大紀子孫在戍所者。

命刑部清理庶獄。減徒以下罪。

大學士嵇璜卒。予謚文恭。璜、曾筠子也。嘗與和珅同在政府。一日。和以楮素乞書。召和所厚翰林數人者飲於堂。童子請曰。墨具矣。璜叱之曰。屬有客。安能作書。客曰。吾儕正欲觀公之用筆。以爲法。遂對客書之。甫及半。童子覆其墨。大加詬讓。客爲請。乃已。翌日。謝和曰。徒敗公佳紙。蓋不願爲和作書而預戒童子爲之也。其待小人不惡而嚴如此。

召孫士毅入閣辦事。

八月己巳。命普免六十年天下漕糧一次。

庚辰。帝還京師。

十月。停止鄉試覆試。

乾隆六十年乙卯。正月。免緣事查抄文綬裴宗錫閔鶚元福崧陶易五員所有未完銀兩。

貴州銅仁府苗石柳鄧作亂。湖南永綏黃瓜寨苗石三保應之。鎮筸苗吳半生吳隴登吳八月同時蠢動。總兵明安圖遇害。遂圍永綏。士民嬰城守。乾州三岔坪苗陷州城。同知宋如椿死之。貴州總兵珠隆阿亦被圍正大營。苗疆大震。詔雲貴總督福康安四川總督和琳。及湖廣督撫。合兵勦之。復命侍衛額勒登保德楞泰往贊軍務。

四月庚子。賜王以銜等一百十一人進士及第出身有差。

五月丙辰。帝秋獮木蘭。駐避暑山莊。

臺灣匪徒陳周全等糾衆滋事。旋被義民楊仲舍等設計擒獲。詔閩浙總督伍拉納親赴臺灣查辦。

六月戊子。以旱。命刑部清理庶獄。減徒以下罪。

八月乙巳。帝還京師。

九月辛亥。帝御勤政殿。召皇子皇孫王公大臣入見。宣示立皇十五子嘉親王顒琰爲皇太子。以明年丙辰爲嗣皇帝嘉慶元年。

以勦辦苗民得勝。封和琳一等伯。

十月。鎭閩將軍魁倫參奏閩浙總督伍拉納貪汚不職。聲名狼藉。命革職拏解來京訊辦。並巡撫浦霖。按察使錢受椿。俱交軍機大臣會同刑部定擬。旋據刑部訊出伍拉納浦霖。婪索陋規屬員餽送贓累巨萬。奉旨幷錢受椿卽行正法。

甲辰。册贈令儀皇貴妃爲孝儀皇后。

十一月。福康安奏擒匪酋吳八月。八月據平隴。自稱吳王。自石氏起事。巢穴旋破。八月詭言吳三桂後。煽惑遠近。平隴黨轉盛。石三保石柳鄧皆附之。爲同黨吳隴登誘執來獻。其子廷禮廷義復與隴登仇殺。負嵎自若。

十二月戊寅。諭。朕於明年歸政後。凡有繕奏事件。俱書太上皇帝。其奏對稱太上皇。

丁未。帝以來歲丙辰元旦。傳位皇太子爲嗣皇帝。前期遣官告祭天地社稷宗廟奉先殿。

吴曾祺編

清史綱要

下册

中華民國二年一月初版

清史綱要

卷九

嘉慶元年丙辰。正月戊申。舉行授受大典。帝侍太上皇帝詣奉先殿堂子行禮。太上皇帝御太和殿。親授帝寶。帝跪受寶。太上皇帝受賀畢。還宮。帝卽位。受賀。奉太上皇帝傳位詔書頒行天下。覃恩有差。是日。帝侍太上皇帝詣壽皇殿行禮。

辛亥。帝奉太上皇帝命。册立嫡妃喜塔臘氏爲皇后。帝侍太上皇帝御寧壽宮皇極殿。舉行千叟宴。

壬申。湖北枝江宜都二縣白蓮教聶傑人張正謨等糾衆滋事。命惠齡勦之。白蓮教者。奸民假治病持齋爲名。造作經咒。惑衆斂財。而安徽劉松爲之首。旋被捕。遣戍甘肅。復分遣其黨劉之協宋之清授教傳徒。徧川陝湖北。日久黨益衆。遂謀不靖。倡言劫運將至。以同教鹿邑王氏子曰發生者。詭明裔朱姓。以煽動流俗。事覺。各伏辜。王發生以童幼免死。戍新疆。惟劉之協遠颺。迹之河南扶溝。不獲。於是有旨大索州縣吏奉行不善。逐戶搜緝。奸民乘機煽惑。而亂作矣。

己丑。帝御乾清門聽政。自是以爲常。

庚寅。命宥明亮舒亮安慶罪。效力湖南軍營。

三月。湖北當陽縣教匪聚衆戕官。命西安將軍恆瑞率滿洲兵二千往勦。聶傑人就擒。襄陽人姚之富與教首齊林之妻王氏復起。

四月辛巳。命直隸提督慶成率兵二千名。往河南南陽堵勦湖北教匪。以勦來鳳縣小坳匪功。晉孫士毅三等男爵。

己亥。福康安奏攻克結石岡山梁石城。苗匪吳隴登投誠。

庚子。賜趙文楷等一百一人進士及第出身有差。

五月壬戌。帝侍太上皇帝秋獮木蘭。戊辰。駐避暑山莊。

壬申。大學士閩浙總督貝子福康安卒於軍。晉贈郡王。予謚文襄。福康安奉命征苗。督七省官兵。與苗相持一年有餘。始既奏么麽不足數。及老師曠日。則頻以暴雨山潦漲阻爲辭。而餉道崎嶇。先後益兵數萬。降苗受官弁百餘人。月給鹽糧銀者數萬人。旋撫旋叛。軍士中暑毒死日衆。數省轉輸。費巨萬計。

七月。大學士署四川總督三等男孫士毅卒。贈公爵。予謚文靖。以福寧署四川總督。辦理勦捕事宜。

辛酉。湖南逆首石三保擒獲。解京伏法。旋又斬石柳鄧父子。及吳八月之子吳廷義等。

八月壬寅。四川總督一等伯和琳卒於軍。贈一等宣勇公。和琳久攻平隴不克。旣死。以額勒登保代其任。

九月乙巳。帝侍太上皇帝還京師。

癸丑。命明亮鄂輝總統湖南軍務。

十月辛巳。贈征苗陣亡貴州提督花連布太子少保。予世職。花連布與劉君輔並以健鬭爲苗所憚。號爲花虎黑虎。以討貴州銅仁苗戰死。

十一月。命董誥爲東閣大學士。管理戶部事務。

以傅恆兆惠福康安和琳。配饗太廟。

教匪渡滾河。逮永保治罪。以惠齡代之。

以平湖南苗匪功。封明亮爲襄勇伯。額勒登保爲威勇侯。德楞泰子爵。鄂輝男爵。

嘉慶二年丁巳。正月。明亮等奏擒獲首逆吳廷玉吳廷英等。

二月戊寅。皇后崩。

三月。董誥丁母憂。命劉墉爲體仁閣大學士。

四月。以京師缺雨。命刑部清理庶獄。

五月。帝奉太上皇帝敕諭。將册立貴妃鈕鈷祿氏爲皇后。先封爲皇貴妃。

乙丑。以遲誤軍情屢催罔應。革四川總督陸有仁職。拏交刑部治罪。旋免罪發往四川軍營效力。

戊辰。帝侍太上皇帝秋獮木蘭。六月甲戌。駐避暑山莊。

李全王廷詔姚之富三股由白馬石搶船偷渡漢江。革惠齡總統之任。與恆瑞慶成各爲領隊。聽候宜緜調遣。

閏六月。以攻克西隆州亞稿苗寨功。加吉慶太子太保。彭承堯太子少保。均賞戴雙眼花翎。

大學士王杰因骽疾不能入直。賞吳熊光戴衢亨三品銜。隨同軍機大臣學習行走。熊光任軍機章京。不爲和珅所喜。一日。太上皇帝宣軍機大臣不得。命召章京。惟熊光已上直入對。稱旨。次及同直章京戴衢亨少頃和至。太上皇帝語以二人皆練事。可在軍機大臣上行走。和奏熊光官小。不符體制。太上皇帝命加三品銜。又曰。其家貧。大臣例乘肩輿。恐力不辦。太上皇帝命賞戶部飯銀千兩。又曰。戴衢亨出身狀頭。官學士。在軍機日久。與吳某同。用吳不如用戴。太上皇帝曰。此豈殿試耶。和語塞。熊光在政府只閱月。竟爲和所齕。出爲直隸布政使。

湖廣總督畢沅卒。沅督湖廣值苗氛方惡。而沅一意主撫。苗劫掠四出。邊無寧日。議者比之陳奇瑜熊文燦。蓋沅本文士。兵事非其所長也。

八月己未。大學士公阿桂卒。予諡文成。阿桂在政府二十餘年。晚與和珅共事。遇事持正。及沒。和乃益橫。

丙寅。帝侍太上皇帝還京師。
九月。晉封勒保三等侯。以其攻克洞灑當仗苗巢。生擒首逆王囊仙等也。旋又晉封一等威勤侯。
甲申。命蘇淩阿爲東閣大學士。
己丑。命景安愛星阿馳往湖北勦施南教匪。
乙未。諭軍機大臣等。姚之富齊王氏尤爲教首中緊要之犯。明亮德楞泰總當確探二首逆蹤迹。專心設法擒獲。此外四川匪首徐天德王三槐羅其清冉文儔責成宜緜。巴東匪首林之華覃加耀責成額勒登保等。老木園匪首責成觀成劉君輔。安康匪首李金責成恆瑞慶成。彼此各辦各匪。不拘何路擒獲匪首。即關該處帶兵大員之功。何處任匪首縱逸。即係該處帶兵大員之罪。將此各諭令知之。
十月丙辰。乾清宮交泰殿災。
辛酉。命勒保總統四川軍務。
十一月戊子。以保寧協辦大學士。
嘉慶三年戊午。正月。額勒登保奏首逆覃加耀就擒。
二月甲辰。勒保奏舒亮穆克登阿勦辦白巖山匪。疎防貽誤。請旨革職治罪。得旨。舒亮穆克登阿所有官職。全行黜革。作爲兵丁。留於軍營。效力贖罪。

以匪首齊王氏竄走渡江。革明亮職。交刑部治罪。

五月甲戌。帝侍太上皇帝秋獮木蘭。庚辰。駐避暑山莊。

六月。教匪高均德又竄入川境。革德楞泰職。

官軍逼匪三岔河。大破之。齊王氏姚之富皆隕崖死。帝以明亮等勦匪久。且未生擒首逆。不爲大功。各賞賚有差。

七月。額勒登保德楞泰遂羅其清於方山坪。擒之。移兵襲冉文儔於通江。斬之。川北兩巨股皆平。

羅冉既平。王三槐謀犯陝。不遂。復合通巴諸股犯達州。勒保觀成舒亮等擊林亮功於梁萬間。斃之。其餘衆二三千。遁回東鄉安樂坪。與三槐合。詔責勒保老師養寇。勒保乃令貢生劉星渠往說之。三槐故狡譎。持兩端。特前此出入軍中無忌。乃留星渠爲質。而自詣大軍。勒保遂以生擒首逆奏。帝乃下詔晉封勒保一等威勤公。並晉軍機大臣大學士和珅公爵。福長安侯爵。將士賞賜有差。復釋勒保弟永保於刑部獄。而三槐黨冷天祿仍據安樂坪。盡有三槐之衆。負嵎抗拒如故。

八月乙卯。革惠齡德楞泰花翎。以箕山匪復逼陝境故也。

庚申。革明亮與肇花翎。以匪竄至石泉故也。

九月癸亥。帝侍太上皇帝還京師。

十月戊戌。重建乾清宮交泰殿成。

十二月戊申。申禁各督撫年節進幣。並減各鹽政關差進幣十分之二。

嘉慶四年己未正月辛酉。太上皇帝不豫。壬戌辰刻。崩於養心殿。

詔行三年喪。天下臣民。仍照舊例行。羣臣請以日易月。不許。

晉封儀郡王永璇爲親王。

召安徽巡撫朱珪來京。珪以禮部侍郎充經筵講官。皇子輩悉從問業。至是召還。自是國家有大政事。悉以詢之。

諭。我皇考臨御六十年。天威遠震。凡窮荒絕域。無不指日奏凱。至內地亂民。如王倫田五等。偶作不靖。旬日立殄。從未有勞師數年。縻餉數千萬。尚未蕆事者。自末年用兵以來。皇考宵旰焦勞。迨至彌留。親執朕手。頻望西南。似有遺憾。若教匪一日不平。朕即一日負不孝之咎。內而軍機大臣。外而領兵諸將。同爲不忠之臣。邇年皇考春秋日高。事從寬厚。即如貽誤軍事之永保。嚴交刑部治罪。旋即赦出。其實各路縱賊。何止永保一人。奏報粉飾。掩敗爲功。其在京諳達侍衛章京。無不營求赴軍。其歸自軍中者。無不營置田產。頓成殷富。故將吏日以縱兵養寇爲事。其宣諭各路領兵大小諸臣。戮力同心。刻期滅賊。有仍欺隱者。朕惟以嚴刑從事。

命改封惠郡王永璘爲慶郡王。
諭、羣臣奏事。不得另有副封關會軍機處。
奪大學士和珅戶部尚書福長安職。下於獄。交刑部議罪。
命成親王永瑆前任大學士署刑部尚書董誥兵部尚書慶桂在軍機處行走。
命儀親王永璇總理吏部。成親王永瑆總理戶部兼三庫。
諭、勒保著仍授總統之任。自惠齡以下皆受節制。
命保寧爲武英殿大學士。仍留伊犂將軍任。以刑部尚書慶桂協辦大學士。
以和珅二十大罪。宣示天下。賜自盡。以福長安扶同徇隱。定爲斬監候秋後處決。大學士蘇凌阿以原品休致。追奪和琳公爵。撤出太廟。吳省蘭李潢李光雲。皆以和珅私黨降黜有差。
授勒保爲經略大臣。賜以印信。所有各路帶兵大臣及總督宜緜景安巡撫倭什布秦承恩高杞等。悉受節制。
丁亥。追贈已故御史曹錫寶副都御史銜。因其曾參奏和珅家人劉全也。
召原任內閣學士尹壯圖來京擢用。以其前奏各省倉庫多有虧缺。爲敢言也。旋賞給事中銜。回籍侍母。
令宜緜解任來京。秦承恩回籍守制。承恩旋革職。交刑部審訊。

己卯。上大行太上皇帝尊謚曰法天隆運至誠先覺體元立極敷文奮武孝慈神聖純皇帝。廟號高宗」

二月己丑。帝始御西廠幄次引見官員。

壬子。諭、士子文藝詩策內於朕名上一字偏旁寫缺一撇一點。書作顒字。下一字將右旁第二火字改寫又字。書作琰字。其常用禺字炎字。俱無庸缺筆。至以前所刊書籍。凡遇朕名字樣。不必更改。自嘉慶元年以後所刊書籍。照此缺筆改寫。

奪和珅子額駙豐紳殷德伯爵。因查出和珅尙有謀爲不軌之意也。

三月丙寅。尊高宗純皇帝陵曰裕陵。

命慶桂爲文淵閣大學士。書麟協辦大學士。

召景安來京。以倭什布爲湖廣總督。

合州知州龔景瀚上堅壁清野議。經略勒保是之。命行於川東川北。次行於陝甘湖北各省。先後三四年。堡寨告成。教黨得以次銷滅。

額勒登保擊斬蕭占國張長更。因突攻冷添祿於岳池。適楊遇春穆克登布以勁騎二千至。一戰殲之。並殪敵數千。敍功晉封一等男。

四月。欽天監奏。四月初一日日月合璧五星聯珠。帝命不必宣付史館。

禁京城開設戲館。
癸丑。賜姚文田等二百二十八進士及第出身有差。
五月。命停止和闐採玉。
董誥服闋。授文華殿大學士。仍兼刑部尚書。
六月。以故琉球國王尚穆孫温襲爵。命修撰趙文楷內閣中書李鼎元往封。
庚寅。定步軍統領爲從一品。左右翼總兵俱正二品。
七月癸亥。總兵朱射斗追包正洪於茅坪。斬之。賞騎都尉世職。
壬申。以勒保任經略半載有餘。於勦辦事宜毫無調度。惟安坐達州。致教匪聚於楚省日益猖獗。命革職拏問。以明亮代爲經略。遣魁倫前往審問。卽授魁倫四川總督。
革景安伯爵。發伊犂效力。
八月。德楞泰生擒首逆龔文玉。賞騎都尉世職。
賞參贊大臣額勒登保都統銜。爲經略大臣。以廣興奏明亮挾詐營私。不足以勝經略之任故也。
釋福長安於獄。令往裕陵供捧茶之職。
勒保奏生擒首逆卜三聘。並各逆家屬。

定各省刑具式。有私創及非法濫用者罪之。

命工部尚書那彥成以欽差大臣赴陝西。督同明亮。勦辦張漢潮一股教匪。將慶成永保二人傳旨革職拏問。時三帥不和。師久無功。故有是命。

辛亥。革翰林院編修洪亮吉職。命軍機大臣會同刑部審訊。亮吉上書成親王。指斥乘輿。有羣小熒惑。視朝稍晏語。成親王以聞。部議照大不敬律擬斬決。奏上。免死發往伊犂交與將軍保寧嚴加管束。將軍希旨奏請俟亮吉至。戮以法。先發後聞。得旨嚴飭不行。明年京師旱。朱珪以亮吉爲言。乃命釋還。

蔣兆奎請各直省有漕州縣。每石加徵米一斗。津貼旗丁。帝不許。

九月。河南偃師縣民人楊道純條陳事件。軍機大臣以聞。帝善之。命以從九品未入流。交與直隸總督胡季堂差遣委用。

額勒登保奏戮逆首汪正漋。

治前湖廣總督畢沅結交餽送骩法營私各罪。奪輕車都尉世職。

十月丁酉。以湖北襄陽道胡齊崙管理湖北襄陽軍需局。虧帑甚多。命卽處絞。

德楞泰奏勦除高家營匪。生擒首逆高均德。詔封二等男。授參贊大臣。

魁倫審訊勒保。定擬斬決。帝以其前曾立功。命改爲斬監候。旋賞給藍翎侍衞。帶兵贖罪。

命侍郎傅森在軍機處行走。

十一月。額勒登保進勦王登廷徐添德於王家山。乾清門侍衛安祿中槍死。安祿、海蘭察子也。

免葉爾羌挑河回民次年額徵普爾錢十分之五。

丙子。命文職三品以下京堂官照圓明園例輪班奏事。

十二月丙申。額勒登保奏生擒首逆王登廷。

嘉慶五年庚申。正月庚申。命長麟馳往陝西會辦軍務。慶成效力陝西軍營。

命松筠赴湖北勦匪。釋明亮。賞給金頂領催。隨同松筠帶兵贖罪。

甲戌。復翰林編檢等官輪班引見例。

二月。以匪擾川西。命德楞泰帶兵由廣元昭化赴川西。會同魁倫勦辦。

命明亮赴四川勦匪。

福寧以在旗鼓寨殺降。命前赴額勒登保軍營。作爲兵丁。效力贖罪。

褫湖廣總督倭什布翎頂。留軍營效力。旋復授湖北巡撫。

魁倫既受事。駐達州十餘日。而敵已裹脅數千。由定遠奪渡嘉陵江。衆至萬餘。成都重慶同時震動。敵渡江即掠蓬溪。魁倫遣朱射斗阿哈保百祥。以兵三千進擊。約自率後隊三千繼進。及朱射斗兵二千追敵文井場。被圍數重。衆寡不敵。魁倫擁兵不援。反回屯城內。射斗力戰死。百祥以千兵斷後。亦幾殆。射斗驍勇敢戰。爲敵所憚。至是以無援敗死。官軍奪氣。賊由蓬溪分掠南部。鹽亭射洪鹽梟嘓匪皆入之。値冉天元生日。羣匪大會南充。置酒作樂。皆酣醉。無官兵掩擊。魁倫自朱射斗敗後。復以防潼河爲名。退屯潼川。

福寧以率裁鄉勇。發伊犂效力。

陝西巡撫台布奏。連殲安康一帶教匪。槍斃首逆王金柱。

原任大學士蔡新卒。予謚文恭。新、蔡世遠從子。

三月。德楞泰大敗敵於馬蹄岡。冉添元就擒。敵以大隊屯馬蹄岡。而伏萬人於火埡口後。我兵四路進攻。德楞泰督大隊直趨馬蹄岡。已過敵伏數重。始覺。敵伏起。八路來攻。人持束竹溼絮以禦矢銃。鏖鬭三晝夜。我兵飢疲。數路皆敗。德楞泰率親兵數千。下馬據山巓。誓必死。冉添元督衆登山。直取參贊德楞泰。乘高大呼奮擊。一矢殪冉添元之馬。蹶而擒之。敵遂瓦解。山後鄉勇亦至。乘勝窮追。擒斬無算。冉添元雄黠冠川寇。專用伏以陷官軍。曾敗經略兵於蒼溪。號令羣寇。橫行川東川北川西。蹂躪數十州縣。至是被獲。爲軍興以來戰功第一。詔晉封三等子。

魁倫奉命嚴守潼河。反撤兵留船。致敵前隊得宵渡。焚大和鎮。勢復大熾。成都戒嚴。帝以魁倫前既不守嘉陵江。茲復縱敵渡河。使川西無完土。褫職治罪。以勤保署四川總督。旋逮魁倫至京。賜自盡。

四月。斬冉添元於成都。

革松筠將軍職。命往伊犂作爲領隊大臣。

德楞泰追及渡潼之敵於渡口。殲其後隊千人。次日及敵蓬溪。殲匪首雷士玉孫嗣鳳。獲器械牲畜無算。解散脅從數千人。敵知成都有備。乃留白號張子聰庹向瑤掠川西。以綴官兵。而黃號徐萬富等復渡潼河。將趨嘉陵江上游。以會階岷之匪。勒保截其後隊於大和鎮。乃議以川西匪付德楞泰。而自追潼河以東之匪。

丙申。以京師缺雨。命刑部清理庶獄。

革成都將軍阿迪斯職。發往伊犂充當苦差。以其擁兵玩誤也。

書麟奏倮黑投順。夷境廓清。晉太子太保。

以陝西教匪竄偪河南。革額勒登保那彥成長麟台布花翎。旋召那彥成回京。降爲翰林院侍講。那彥成爲阿桂孫。帝以阿桂子阿迪斯已發遣。故寬那彥成之罪。

閏四月甲戌。申禁京城內外及各直省民人越境酬神。

五月己丑。以殲淨陝西逆首劉允恭劉開玉。擒獲頭目王洪儒功。晉額勒登保三等子。

德楞泰追擊張子聰等於潼河西岸。擒斬殆盡。潼河以西肅清。其潼東之匪。亦爲勒保所殲。川西稍定。惟川東尙有苟鮮二股。官軍追之。復走至川北。總兵施搢戰沒。
六月乙亥。申嚴赴京越訴罪。
七月辛卯。命京營右翼總兵長齡爲領隊大臣。領吉林黑龍江兵。赴湖北軍營協勦。
教首劉之協就擒於河南寶豐縣。訊明正法。
甲辰。德楞泰等奏督勦樊人傑等四股教匪。殺四千餘人。得旨奬賞。實授勒保四川總督。
八月。固原提督王文雄被敵圍困。力戰陣亡。賞三等子爵。
額勒登保奏殲斃石子溝匪首伍金柱。麻池溝匪首宋麻子。
命各王公大臣等於自行陳奏事件。須自行呈遞。卽各部旗衙門公遞事件。亦應專差值堂官一人。親身到宮門遞交奏事官接受。
諭、出差人員除軍機大臣等。准其隨帶軍機章京外。其餘各省率行奏請者。卽將該大臣治罪。另行簡派。
九月丙戌。申諭各督撫毋奏留升任他省人員。
甲午。德楞泰奏殲斃匪首唐大信。
辛丑。賜朝鮮國王李祘諡恭宣。以其世子玜爲朝鮮國王。命署散秩大臣明俊內閣學士納清保往封。
十月。德楞泰奏獲首逆張子聰。

十一月。以軍機處宜嚴密肅清派科道一人進內稽查。

癸卯。卲家壩工合龍。

十二月丁巳。德楞泰奏殲首逆楊開第齊國謨。命晉爲三等子。德楞泰先以縱敵入陝。降爲一等男。

慶嘉六年辛酉正月。禁鄉會試卷引用隱僻子書及書寫卦篆字體。

勒保奏殲斃首逆張世隴等。

乙巳。勒保奏勦捕黃藍白三號教匪。殲斃首逆徐萬富等。

二月乙卯。勒保奏擊勦碑㵎寺等處教匪。射死首逆王士虎。

乙亥。額勒登保奏生擒首逆王廷詔。

三月。申嚴匿名文書坐罪例。

壬辰。德楞泰奏生擒匪目趙志成等。

福長安以罪罰充裕陵當差。又以骽疾呈請回京醫治。命革職發往盛京披甲。

四月戊申。停圓明園軍機處值日之科道官。

庚戌。帝幸圓明園。

額勒登保奏生擒首逆高三馬五。及馬五之子。餘黨悉平。

辛酉。册立皇貴妃鈕鈷祿氏爲皇后。

協辦大學士吏部尚書書麟卒。賞一等男爵。予謚文勤。

德楞泰奏勦辦紅花堘等處教匪。斃首逆張允壽。

丙寅。以生擒高二馬五王廷詔各功。晉額勒登保二等子爵。提督楊遇春騎都尉世職。

戊辰。以吉慶協辦大學士。仍留兩廣總督任。

己巳。以勦匪不力。革勒保翎頂。暫留四川總督任。以觀後效。

賜顧皋等一百七十五人進士及第出身有差。

五月。以辦理糧餉貽誤。革湖北巡撫倭什布職。拏解來京。交軍機大臣會同刑部嚴審治罪。旋寬宥釋放。

辛卯。以奉天府府丞兼學政。定三年更換例。

六月。德楞泰等奏追勦青號匪。淹斃首逆徐添德。

京師大雨。宮門水深數尺。

壬子。永定河溢。

以桑乾河決。停止今秋巡幸木蘭行圍。

革直隸總督姜晟職。押解來京。交軍機大臣會同刑部嚴審。以前在湖廣總督任內。辦理糧餉。種種貽誤。

兼以永定河決匿不奏聞故也。部議發往軍臺。帝命赴永定河效力。

起丁憂在籍巡撫陳大受署直隸總督。

命刑部清理庶獄。

丁巳。額勒登保等奏督勦冉逆等股匪。並生擒首逆張添倫。又奏生擒首逆伍懷志。餘匪肅淸。

七月。吳熊光等奏殲斃白號匪首王鎮賢。

勒保奏督同阿哈保辞大烈痛勦徐逆各股。生擒徐添壽王登高等。

釋遣戍伊犂已革巡撫秦承恩。

八月甲子。勒保奏生擒首逆冉學勝等。賞還一品頂帶。封三等男爵。

以三省大功將蕆。撤盛京兵歸伍。

九月己丑。命續修大淸會典。

定管理戶部三庫事務大臣按年更換例。

十月。永定河漫工合龍。

癸丑。額勒登保奏生擒首逆辛斗及其總兵蘇啓志。

德楞泰奏殲斃首逆龍紹周。全股掃蕩。

十一月丁丑。召長麟來京。以惠齡爲陝西總督。
雲貴總督伊桑阿以驕縱勒索及奏報不實處絞。
戊子。額勒登保奏督勦通江一帶殘匪。擒獲元帥冉添潢頭目龐恩宇等。
己亥。升四川達州爲綏定府。
額勒登保奏勦殲斃首逆高見奇周萬友等。
十二月。長麟奏慶成等在階州牛頭寺草川子等處殲擒苟文明股匪。賞還慶成巴圖魯名號。
壬申。額勒登保等奏勦辦通江匪苟文明。斬獲多名。斃頭目苟朝獻等。
嘉慶七年壬戌正月。額勒登保奏生擒首逆辛聰。殄除餘黨。
吳熊光等奏生擒首逆張允壽之子得貴。並將青號餘匪全數撲滅。
己亥。以苟逆餘黨由西鄉七星壩偷渡漢江。革額勒登保伯爵。降爲一等男。
二月己酉。召長麟來京。命賽沖阿回陝西協勦教匪。
丙寅。雲南維西廳猓匪首逆臘者布恆乍綳句結傈猓夷匪滋事。命琅玕勦之。
額勒登保奏道員劉清生擒首逆李彬及辛聰之弟辛文。殲斃餘匪多名。
三月癸酉。勒保奏殲斃首逆張添倫魏學盛及其元帥陳國珠等。

丁丑。德楞泰奏截勦線號教匪。斃首逆龔其堯。生擒老教師李世漢李國珍等。全股洗淨。

四月戊午。分直隸保定等九處駐防官兵爲左右翼。各設稽察大臣一。

辛酉。諭部院大臣簡放督撫者。除有兵差審案之事。不准奏請隨帶所屬官員。如有違例奏請者。卽當交部議處。

乙丑。賜吳廷琛等二百四十八人進士及第出身有差。

五月辛巳。琅玕奏擒獲首逆腊者布。

壬午。勒保奏生擒首逆庹向瑤。並老教掌櫃徐添培張思從頭目多名。

己丑。琅玕奏攻克康普寨。勦洗北路猓匪。

甲午。慶成奏勦捕張魏餘匪生擒元帥康二麻子。總兵張昌元等。

六月癸卯。琅玕奏兜勦康普葉枝夷匪西北兩路全境疏通。

己酉。德楞泰奏冒雨趕勦樊曾匪股。淹斃首逆樊人傑等。並其妻子弟姪。全行殲滅。晉封德楞泰三等侯。

勒保奏殲斃匪首楊步青。

甲寅。命劉權之德瑛軍機處行走。

七月。勒保奏殲除黃白青藍四號教匪。生擒首逆劉朝選。晉一等男。

甲申。允大學士王杰致仕。
戊子。帝秋獮木蘭。駐避暑山莊。
額勒登保奏在花石巖地方殲斃匪首苟文明。晉封額勒登保一等伯。
丙申。勒保奏迎勦楚省竄匪。斃首逆賴先鋒。撲滅全股。並兜截張長吉一股。
丁酉。刑部尚書張若渟卒。予諡勤恪。若渟、大學士張廷玉少子也。
以戶部尚書朱珪協辦大學士。
八月。兩廣總督吉慶奏安南阮福映遣使進表貢。並縛獻莫扶觀等在粵正法。初、阮光平卒。其子阮光纘嗣位。招中國亡命。啗以官爵。資以船械。使入寇閩粵江浙。嘉慶初。各省奏擒海盜。屢有安南兵將及總兵封爵敕印。詔移咨安南。尚不謂國王預知之。安南素與暹羅結怨。會黎氏甥農耐王阮福映者。奔暹羅。暹羅以女弟妻之。助之兵。克復農耐。勢日強。號舊阮。屢與新阮戰。奪其富春舊都。並縛獻海賊莫扶觀等。皆中國奸民。受安南東海王及總兵等職。又上其攻克富春時所獲阮光纘封冊敕印。帝命兩廣總督吉慶赴鎮南關。勒兵備邊。俟阮福映攻復安南全境以聞。
諭、向例蒙古會盟齊集。原係特派大員一同辦理。嗣皇考因派員恐有擾累。特旨停止。今蘊端多爾濟以近年事多叢脞。仍請遇有喀爾喀四部落會盟比丁之年。一切應辦事宜。會同烏里雅蘇臺將軍等辦理。

尙屬可行。著照所請。賽因諾顏扎薩克圖汗二部落事務。卽就近在烏里雅蘇臺會集與定邊左副將軍一同辦理。土謝圖汗車臣汗二部落事務。卽就近在庫倫會集。與辦事大臣一同辦理。

諭、俄羅斯交界四十七處卡倫。向來未定巡查之例。今蘊端多爾濟奏稱。明年四月。親查恰克圖西十九處卡倫。後年再查恰克圖東二十八處卡倫。逾十年與庫倫辦事大臣輪流一次往查。亦屬嚴肅邊界之意。著照所請行。

九月丙申。吳熊光奏興山縣寨勇殲斃黃號首逆唐明萬。

十月辛亥。禁番役子孫出仕應試。

勒保奏擒獲藍號匪首湯思蛟。德楞泰奏殲斃白號匪首戴四。

十一月戊辰。德楞泰奏殲擒首逆陳侍學等。

以博羅會匪作亂。吉慶辦理張皇。革去協辦大學士。仍留兩廣總督任。

命那彥成馳赴廣東查辦添弟會滋事一案。

己卯。額勒登保奏截勦川界竄匪。生擒首逆葉二。

丙戌。額勒登保奏追勦黃藍線等號教匪。生擒首逆景英等。晉封三等侯。擢乾淸門侍衞穆克登布爲御前侍衞。賞騎都尉世職。

惠齡以捕匪不力降爲二品頂帶暫留陝甘總督任

博羅會匪日久未平。革吉慶職。交與瑚圖禮那彥成審訊。旋命瑚圖禮署兩廣總督。以吏部尚書琳寧協辦大學士。

革江西巡撫張誠基職。解京治罪。

十二月戊戌。安徽宿州匪徒滋事。費淳等討平之。

額勒登保德楞泰勒保惠齡吳熊光等奏報川陝楚勦捕餘匪一律肅淸。自成親王儀親王以下論功行賞有差。額勒登保德楞泰俱由三等侯晉封一等侯。勒保明亮俱一等男爵。賽冲阿楊遇春俱輕車都尉世職。

兩廣總督吉慶畏罪自殺。

安南國王阮福映納貢請封。並請以南越二字錫封。帝以南越二字所包甚廣。不許。旋封阮福映越南國王。

嘉慶八年癸亥。正月。命伊犁廣開屯田。其無耕牛者官給之。

二月壬寅。那彥成等奏攻克廣東鐵籠嶂。生擒首逆黃亞程等。

額勒登保奏搜捕通江縣餘匪。殲首犯姚欣祖。生擒陳大海。

閏二月。有民人陳德潛匿禁門。俟帝入宫時。徑前犯蹕。捕得。並其子祿兒對兒伏誅。
庚寅。德楞泰奏搜捕竄匪。殲斃首逆曾之秀。
那彥成奏續獲會匪首逆温亞利。永安全境肅清。
癸巳。德楞泰奏殲斃首逆劉渣鬍子。
三月丙申。試翰林詹事等官。擢陳嵩慶等三員爲一等。餘升黜留任有差。
四月。勒保奏擒獲首逆宋國品。
辛卯。德楞泰奏生擒首逆張世虎。
五月戊子。德楞泰奏擒獲首逆趙聰觀。
六月丁卯。增設滿洲起居注二。
額勒登保奏生擒戕害提督穆克登布之首逆熊老八。
七月丙午。命安徽巡撫兼提督銜。改江南提督所轄壽春鎮及六安等十營。兩江總督所轄之安慶協遊兵營及池州分防把總並歸統轄。仍聽兩江總督節制。
壬子。帝秋獮木蘭。戊午。駐避暑山莊。
八月癸亥。諭前據緼布奏和孝公主府內已革長史奎福。呈控額駙豐紳殷德演習武藝。與父報仇。並欲毒害公主。反將侍妾帶至墳園。於國服內生女各款。經王大臣等詳細鞫問。俱屬誣妄。惟生女一節。自認不諱。前已降旨革去公銜。及所管職任。仍著在家圈禁。令其閉門思過。奎福挾私誣告。應斬監候秋後處決。

辛卯。帝還京師。

九月戊申。予告尚書彭元瑞卒。贈協辦大學士。予謚文勤。元瑞天才敏贍。所作應舉文字。婉麗清新與紀昀同有才人之目。

庚戌。東河衡家樓河溢。命劉權之那彥寶往勘。

十月。開衡工捐例。

雲貴總督琅玕奏生擒首逆恆乍綳家屬。

十一月己酉。申禁上控案件發原審官。

十二月。申嚴各省督撫將州縣員缺紛紛互調之禁。

乙亥。以雲南夷疆戡定。於維西麗江四路各設頭人二名。給把總外委頂帶。約束猓衆。

德楞泰奏追匪至橫山大梁。雪夜襲勦。忽前敵鄉勇袖手不動。匪踞巖下壓。致副將張應貴等陣亡。旋據鄉勇來稟。接仗時看見多是同當過鄉勇之弟兄親友。說是受寃屈。是以不肯動手。現在從權辦理。須給諭帖。令鄉勇持往招諭。帝命設法鈐束。並查明心懷挾制之人。軍法從事。

嘉慶九年甲子。二月癸亥。帝臨幸翰林院。

鑲黃旗都統查出本旗漢軍秀女十九人。俱經纏足。請將參佐領等交部議處。從之。

癸酉。遣編置佐領及安置各處安南人回國。賚銀有差。

三月丙辰。衡家樓河工合龍。

五月。廣東提督孫全謀奏上年十一月。在雷州洋面遇海盜鄭一烏石二等船二百隻。率兵船五十八號攻勦。官兵傷斃二十餘名。帝以兩廣總督倭什布並未詳晰陳奏。飭令嚴切查明。

丙午。以辦理餘匪坐失事機。革德楞泰內大臣。降爲二等侯。賽沖阿降爲騎都尉。額勒登保革去紫韁。釋回遣戍前陝甘總督宜緜。以四五品京堂候補。以其前奏鄉勇情形。切中時弊故也。

定身犯二罪均應斬決者加梟示例。

六月。閩浙總督玉德福建巡撫李殿圖奏。蔡牽匪船竄至鹿耳門滋擾。現在調遣官兵赴臺協勦。牽、同安人。奸猾善捭闔。能使其衆。時安南王阮福映新受封。守朝廷約束。盡逐國內奸匪。由是艇匪無所巢穴。其在閩者。悉爲牽所倂。勢大猖獗。凡商船出洋者。勒稅番銀四百圓。回船倍之。乃免劫。且結陸地會匪。陰濟船械硝磺米糧。而官修戰艦。笨窳不能放洋。轉雇商船爲勦捕之用。浙江巡撫阮元。率官商捐金十餘萬。

造大艦數十名曰霆船。鑄大礮四百餘配之。浙江提督李長庚追賊至閩洋。據其上風。賊不能遁。乃僞乞降於玉德。玉德遽檄浙師收港勿出。賊得揚帆去。至是、以百餘艘犯臺灣。沉舟鹿耳門。以塞官兵。又結土匪萬餘。攻府城。自號鎮海王。長庚令總兵許松年王得祿。繞安平港入攻之。焚獲三十餘船。俘賊千餘。連五戰皆破之。賊乃遁去。

以戶部尚書祿康協辦大學士。

吏部書吏舞弊。將告病治中趙曰濂虛選運同。事覺。協辦大學士尚書琳寧侍郎范建豐錢樾俱革職。

陝甘總督惠齡卒。贈二等男。予謚勤襄。以那彥成署陝甘總督。

七月丙午。帝秋獮木蘭。壬子。駐避暑山莊。

八月庚辰。命嗣後不准擅給軍功。初、福康安用兵臺灣。始給四五六品至七八品軍功。並不奏明請旨。至是乃禁止。

九月丁亥。重修隆恩殿成。

十二月庚辰。大學士劉墉卒。予謚文清。墉、大學士統勳子也。字石菴。以書法重於時。

嘉慶十年乙丑。正月。予告大學士王杰卒於京師。予謚文端。杰在政府。誠於奉職。與和珅共事十餘年。和珅雖厭之。卒莫能去也。

辛亥。命朱珪爲體仁閣大學士。管工部事。以禮部尚書紀昀協辦大學士。

二月。協辦大學士禮部尚書紀昀卒。予謚文達。昀爲四庫全書館總纂官。先後十餘年。每進一書。仿劉向曾鞏例。作提要。冠諸簡首。高宗輒覽而善之。又奉詔撰簡明目錄。存書存目多至萬餘種。皆一手所訂。評隲精審。識力在王仲寶阮孝緒上。

辛未。調劉權之爲禮部尚書。協辦大學士。

四月。禁西洋人刻書傳教。旋將西洋人德天賜。派員解往熱河。在厄魯特營房圈禁。代爲遞送書信人陳若望等。均發往伊犂。給厄魯特爲奴。

戊寅。賜彭浚等二百四十三人進士及第出身有差。

五月。以首先倡議堅壁清野之策平定教匪功。加勒保太子太保銜。明亮由一等男晉封一等子。

嚴禁監生把持漕務。

六月丁丑。直隸永定河溢。命那彥寶馳往堵築。

協辦大學士劉權之。因保奏軍機章京。欲將中書袁煦列入。袁煦者。協辦大學士紀昀女壻。紀爲權之房師。爲侍郎英和所劾。降編修。退出軍機處。英和亦以太僕寺卿降補。

閏六月。命托津在軍機處行走。

以吏部尚書費淳協辦大學士。
永定河漫工合龍。
七月戊辰。帝詣盛京謁祖陵。
八月壬寅。進額勒登保爵三等公。
乙巳。御前大臣都統公額勒登保卒。予謚忠毅。額勒登保初隸海蘭察部下。每戰輒陷陣。海誨之曰。子將才宜略識古兵法。以其不識漢字。取翻譯三國演義授之。遂爲名將。
寧陝新兵陳達順陳先倫等作亂。詔德楞泰以欽差大臣馳往辦理。
九月壬申。帝還京師。
十月。兩廣總督那彥成。先後招降洋盜五千餘人。悉賞銀牌。並予千總外委銜。爲巡撫孫玉庭所劾。降藍翎侍衛。又以私許洋盜黃正嵩四品服及守備劄。事覺。譴戍伊犁。調吳熊光爲兩廣總督。
十一月。湖北巡撫百齡。以在廣東巡撫任內。懲辦光棍。製用聯枷。並將署內物件搬運湖北。又在湖北截留批摺。革職拏問。旋部議發遣新疆。帝命免其發遣。在實錄館效力行走。
十二月庚辰。定廣東陸路鎮協各營屬廣州將軍節制。
嘉慶十一年丙寅正月壬子。命賽沖阿爲欽差大臣。馳赴閩省。因海盜蔡牽在臺灣肆擾也。旋令賽沖阿爲福州將軍赴臺灣督勦。定免死改遣罪犯分別年限減釋例。俄羅斯國商船駛至粵東懇請越關卸貨巡撫延豐不即照例駁回奉旨革職在萬年吉地工程處效力行走。

三月甲子嚴禁浙江江蘇等省販米出洋。

五月廓爾喀國王喇特納巴都爾被戕。以海盜蔡牽滋擾革閩浙總督玉德職以阿林保代之玉德旋拏問。阿拉善王瑪哈巴拉請獻吉蘭泰鹽池得旨嘉奬賞三眼花翎在乾清門行走。

七月丁卯帝秋獮木蘭。癸酉駐避暑山莊。阿林保劾奏李長庚勦盜不力請革職治罪。帝疑其誣。時浙撫阮元以憂去。新撫爲清安泰。帝以長庚事詢之清安泰力言長庚可用。帝乃切責阿林保。命將勦賊事宜專責長庚一人。如阿林保忌功掣肘。玉德卽其前車之鑒。並飭造大同安梭船三十。其未成以前先僱大商船備勦。

九月直隸藩司書吏王麗南等私雕假印事發。經大學士費淳等究出官員串通各弊。分別治罪。總督顏檢等因失察。發往新疆效力贖罪有差。

壬申。署直隸總督裘行簡卒。予諡恭勤。行簡、曰修子也。自天津赴永定河督工。卒於途。

癸亥。帝還京師。

十月丙子。永定河漫工合龍。

先是、陝西寧陝兵作亂。詔德楞泰馳往辦理。叛兵之起。頭目百四十人。各招黨羽。每人所招或百餘或數百。旬日至數萬。楊遇春與戰於方柴關。遇伏大潰。諸帥以敵勢甚盛。使提督楊芳入營。說其酋蒲大芳。使反正。大芳故隸楊芳麾下。服其爲人。乃誘縛其渠陳先倫陳逢順來降。德楞泰遂以叛兵震懾兵威窮蹙乞命奏。其叛卒二百二十四人。盡釋歸伍。帝震怒。責德楞泰專擅廢法。罷其御前侍衛領侍衛內大臣及一切差使。總督倭什布發烏魯木齊效力。戍降卒蒲大芳等二百人於新疆。後皆誅死。楊芳亦遣戍。尋赦還。

大學士保寧以疾辭職。允之。

十一月己未。命祿康爲東閣大學士。以刑部尚書長麟協辦大學士。

十二月戊寅。大學士朱珪卒。予諡文正。珪以好士聞。於其沒也。士論惜之。

嘉慶十二年丁卯。正月丙午。命費淳爲體仁閣大學士。以戶部尚書戴衢亨協辦大學士。

乙卯。四川總督勒保奏綏定府新兵滋事。官兵進勦。生擒首逆王得先孔傳世劉金定。殲除夥黨、戊辰。西安將軍德楞泰奏陝西西鄉瓦石坪汛新兵滋事。督兵截勦。殲擒首逆周士貴等並夥黨多名。

二月。申禁廷臣與諸王交接。

三月戊申。江南王家營減壩大工合龍。

四月。甘肅大通縣番衆肆劫。命提督百祥勦之。

甲午。命刑部清理庶獄。

申禁地方官擅造非刑。

五月丁未。定各直省奏咨案件違限處分。

甘肅大通野番滋事。命興奎督兵進勦。

六月癸未。禁直省各督撫幕友捐職奏留本省。

甘肅官兵勦卓色勒番族。克之。

乙未。命京察三等人員不得保送知府。

七月乙巳。以故琉球國中山王尚溫孫灝襲爵。命翰林院齊鯤工科給事中費錫章往封。

戊午。帝秋獮木蘭。甲子。駐避暑山莊。

八月。興奎等奏官兵攻破沙卜浪番族。焚燬巢穴。又奏番目尖木贊來降。

九月。丙辰。帝還京師。

乙丑。嚴禁八旗抱養民子爲嗣。紊亂旗籍。

十月乙未。罷武會試內場策論。改令默寫武經。

十一月甲辰。天壇齋宮災。

丙寅。定漢教習三年考試例。

嘉慶十三年戊辰。正月甲辰。閩浙總督阿林保奏。拏獲蔡牽義子蔡三來等。

浙江提督李長庚中礮沒於黑水洋。阿林保以聞。帝震悼。追封壯烈伯。予謚忠毅。長庚與福建提督張見陞等追牽入粵海。牽止餘三舟。長庚舉火攻牽船。將燔之。親卒躍入敵船。幾擒牽者再。牽奴林阿小素識長庚。暗由船尾發礮。中長庚喉。血湧不可止而仆。是時閩粵水師合勦十倍於敵。少持之。立可殄滅。而張見陞本庸懦。見中軍船亂。遽引舟師退。牽得遁走安南。

二月。定新疆卡倫回京侍衛章京六年更派例。

丙子。予告大學士公保寧卒。予謚文端。

賞辰沅永靖道傅鼐按察使銜。嘉慶初。湖北四川教匪方棘。諸將移征苗之師而北。草草奏戡定。月給降苗鹽糧銀羈縻之。而苗氛更惡。時鳳凰廳治鎮筸當苗衝。同知傅鼐有文武材。知苗愈撫且愈驕。乃日招流亡。棲之附郭。團其丁壯。而碉其要害。十餘碉則堡之。年餘。犄角漸密。苗妨出沒。遂死力攻阻。鼐以鄉勇東西援救。且戰且修。三年苗大出焚掠下五峒。大吏將中鼐開邊釁罪。又兵備道田灝者。阿大吏意。吝出納。以旁掣之事且敗。會四年。鎮筸黑苗吳陳受衆數千犯邊。於是有苗疆何嘗底定之詔。責巡撫姜晟嚴獲首要。鼐爲擒之。始奏加知府銜俸。是年。碉堡成。明年。邊牆百餘里亦竣。苗并不能乘晦霧潛出沒。六年。貴州變起。鼐以鄉勇千五百馳赴銅仁。貴州巡撫伊桑阿至。叱其越境要功。鼐還楚界。伊桑阿遂以招撫勘定奏。還貴陽。時首逆槍械皆未繳。各寨方沸然。邊民赴愬雲貴總督琅玕。琅玕至。急檄鼐會勦。二日盡破諸寨。琅玕奏楚兵功最。而伊桑阿冒功誤邊罪。爲新撫初彭齡所劾。伏法。鼐遂奉旨總理邊務。未幾。永綏苗石宗四等作亂。鼐生擒之。事聞。帝下其練兵法於各省。鼐又創立屯田諸法。至是入覲。帝爲下詔曰。國家治民以官。任官以人。辰沅兵備道傅鼐。專司苗疆十有餘載。鋤莠安良。除弊興利。修置碉堡十有餘所。屯田十二萬餘畝。收卹客民十餘萬戶。屯兵練勇八千人。追繳苗寨兵器四萬餘件。復勸墾化導。設書院六。義學百。楚苗駸駸向學。籲求考試。遂已革面革心。朕久聞其任勞任怨。不顧身家。悉心籌畫。臻斯完善。特因未識其人。尙未特沛恩施。今日召見。果安詳諳練。明白誠實。洵傑出之材。堪爲封疆保障。若天下吏咸若是。何患政治不日有起色。其卽加按察使銜。用風有位。

三月癸丑。命減直隸軍流以下罪。

以南河頻溢。命大學士長麟戴衢亨往勘。
四月辛卯。賜吳信中等二百六十一人進士及第出身有差。
閏五月丙寅。命工部左侍郎英和軍機處行走。
以誕育皇孫。提督仙鶴林賀表內措詞失體。命革職鎖拏。並代擬奏摺之人。一併審訊。交刑部擬罪。旋擬仙鶴林與代筆之石先幾。俱發往烏魯木齊效力贖罪。帝命加恩。問擬滿徒。
七月庚辰。帝秋獮木蘭。丙戌。駐避暑山莊。
八月戊申。諭留京王大臣。每日交代合符。方准散值。
九月己卯。帝還京師。
十一月。革兩廣總督吳熊光職。以永保爲兩廣總督。七月間。英吉利兵船十三艘泊香山雞頸洋。其酋度路利以兵船三入黃埔。並有杉板船入省河。聲稱防禦法蘭西。意殊叵測。故事外夷兵船或寄內洋。俱調兵立時驅逐。熊光以三年督率鎮將。追捕海盜。轉戰重洋中。匪氛雖稍戢。而師殊老。故務爲鎮靜。惟飭令回帆歸國。傳諭大班停開艙。以絕其望。而英船遷延至十月。始起椗。熊光坐奪職。命往南河效力。後以百齡督粵。有旨飭查英船來去之由。以熊光葸懦覆奏。遂遣戍伊犂。抵戍一載。召還。
十二月丁酉。嚴禁直省督撫奏留丁憂人員。

嘉慶十四年己巳。正月。總管內務府大臣廣興。先以宮中例應支給綢緞。並不遵辦革職。又前往山東河南審案任意威嚇婪索贓銀。發覺訊實處絞。其子蘊秀發吉林充當苦差。陝西總督長齡以曾在山東巡撫任內廣興過境時藩司邱庭瀧稟明勒帑辦差。置不究坐褫職。發伊犂效力。

二月。命德麟自行捐貲修理南河要工。以廷臣多有奏其父福康安生前簠簋不飭故也。

三月。西安將軍三等公德楞泰卒。予謚壯果。德楞泰英勇敢戰。與額勒登保同心戮力。以底大功。伊犂將軍松筠以濫殺遣犯馬友元王文龍等。交部嚴加申飭。即令來京候旨。旋賞給頭等侍衛授爲喀什噶爾參贊大臣。

四月甲寅。賜洪瑩等二百四十一人進士及第出身有差。

五月。海盜朱濆爲總兵許松年轟斃。其弟朱渥率衆來降。

六月。山陽縣知縣王伸漢辦賑浮冒。恐爲委員李毓昌稟揭。因置毒斃之。以自縊聞。事發。王伸漢正法。知府王轂查有得賄實跡。處絞。並革兩江總督鐵保職。

七月丙子。帝秋獮木蘭。壬午。駐避暑山莊。

九月庚申。帝還京師。

浙江學政劉鳳誥。以代辦監臨有將應試生員徐步鰲印用聯號情弊。革職拏交刑部治罪。旋發往黑龍江效力。

福建巡撫張師誠奏。殲除海洋積年首逆蔡牽。生擒助惡逆黨。初、李長庚之死。帝命長庚裨將王得祿邱良功嗣其任。勉以同心敵愾。爲長庚等仇憤。至是得祿良功二人合勦牽於定海之漁山。俱乘上風。賊懼。東南遁。轉戰至綠水深洋。偪賊船攻之。血戰一日夜。賊夥黨舟皆爲諸鎮所隔。不得援救。牽知不免。乃首尾舉礮自裂其船。沈於海。詔封王得祿二等子。邱良功二等男。又以兩廣總督百齡嚴斷接濟。致餘黨先後出降。賞騎都尉世職。

壬午。賞已革總督長齡藍翎侍衞。爲科布多參贊大臣。

十月癸巳。帝以五旬萬壽。御太和殿受賀。

山西布政使劉清奏才不勝任。懇請開缺。得旨以員外郎補用。清官蜀得民心。嘉慶三年。四川賊首王三槐俘至京。廷訊。供言官偪民反。帝曰四川一省官皆不善耶。對曰惟有劉青天一人。由是劉青天之名聞天下。以累戰功。官至山西布政使。與大吏不合。又不樂簿書錢穀。故自請開缺。後官至登州鎮總兵。

十二月。大學士祿康以失察刑部書吏王書常僞造印文。降爲協辦大學士。辦辦大學士長齡以目疾開缺。協辦大學士費淳以失察工部僞印。降爲侍郎。

嘉慶十五年庚午。正月。以兵部尚書劉權之協辦大學士。

庚辰。命勒保爲武英殿大學士。來京供職。以常明爲四川總督。
二月。以河工敝壞漕運滯。命試辦海運。
三月丙辰。命步軍統領等嚴查攜帶鴉片入城。
百齡等奏粤洋巨盗張保仔香山二等乞降。
四月。粤洋盜首張保率衆投誠。
五月戊午。大學士勒保以匿奏民間揭帖。降爲工部尚書。賞還祿康東閣大學士。明亮以兵部尚書協辦大學士。
癸酉。命戴衢亨爲體仁閣大學士。
六月。兩廣總督百齡奏生擒積年巨寇烏石二等。海洋一律肅清。
七年壬申。帝秋獮木蘭。戊寅。駐避暑山莊。
八月壬子。增設廣東水師提督。駐虎門。
九月己巳。帝還京師。
十月。甲午。江南高堰山盱兩廳堤壩決。
嘉慶十六年辛未。三月丙寅。帝巡幸五臺山。

乙亥。工部尚書費淳卒。賞還大學士銜。予謚文恪。

閏三月癸卯。帝還京師。

四月。大學士戴衢亨卒。予謚文端。時衢亨扈從五臺。途次得疾先歸。馳至圓明園賜第。遂不起。

召方維甸爲軍機大臣。維甸以母老辭。允之。

壬申。賜蔣立鏞等二百三十七人進士及第出身有差。

協辦大學士刑部尚書長麟卒。予謚文敏。

戊辰。以京師及河南山東旱。命清理庶獄。

五月辛巳。命劉權之爲體仁閣大學士。以吏部尚書鄒炳泰協辦大學士。

六月。明亮以失察轎夫聚賭。革去協辦大學士。並一切差使。

祿康以失察轎夫聚賭。革去東閣大學士。並一切差使。

以松筠協辦大學士。仍留兩廣總督任。

丁巳。命勒保爲武英殿大學士。

乙丑。湖南按察使傅鼐卒。帝念其經理苗疆有功。賜祭葬如巡撫例。

七月。加光祿寺少卿盧蔭溥四品卿銜。命在軍機大臣上學習行走。

丙申。帝秋獮木蘭。壬寅。駐避暑山莊。
九月庚子。帝還京師。
嘉慶十七年壬申二月己酉。試翰林詹事等官。擢徐頲等四員爲一等。餘升黜留館有差。
六月。諭凡軍流人犯有在配所遣人來京呈遞封章者。無論是非虛實。均一體治罪。
壬戌。御史榮椿以訛言偸翦髮辮入奏。命降一級以主事用。
七月戊子。帝秋獮木蘭。甲午。駐避暑山莊。
乙未。申諭直省督撫嚴查所屬私造非刑。
八月。以河工禮壩急難堵合。命將貽誤河工之河道總督陳鳳翔在工次枷號。限滿後。發往烏魯木齊效力贖罪。
九月戊子。帝還京師。
命松筠仍在軍機處行走。
嘉慶十八年癸酉正月。以松筠爲御前大臣。罷軍機處行走。命勒保軍機處行走。
六月甲辰。申禁宗室覺羅與漢人爲婚。
浙江巡撫代遞生員鮑廷博所刻知不足齋叢書第二十六集。命賞給舉人。

癸亥。准駐防子弟應各省文武鄉試。自丙子科始。

七月甲戌。申禁私販雅片煙。定官民服食者罪。

壬午。帝秋獮木蘭。戊子。駐避暑山莊。

八月壬子。定舉人每屆四科大挑一次。仍照例扣除近三科舉人。

九月。以溫承惠為欽差大臣。偕古北口提督馬瑜馳往長垣滑縣勦匪。先是、河南滑縣老岸地方。有黄興宰黄興相兄弟並宋姓為首。興天理教。天理教亦名八卦教。聚衆斂財。愚民苦胥吏者爭與焉。而河南滑縣李文成。直隸大興林清為之首。方是時。溫承惠總督直隸。高杞巡撫河南。同興巡撫山東。文成諸人。益煽惑其衆。指星象應在十八年秋九月十五日午時。文成黨數萬最盛。而清則密邇京邑。賄通內侍。外倚文成之衆為援。將乘帝幸木蘭秋獮時。伏莽行在。謀定。而中外莫知也。滑縣知縣強克捷聞之。密封白高杞及衞輝府知府郎錦騏。請兵掩捕。皆不應。克捷乃捕文成下獄。刑斷其脛。其黨以事迫。不能俟期。遂於九月初七日。聚衆三千。破滑。出文成於獄。強克捷死之。於是直隸之長垣東明。山東之曹定陶金鄉。同時殺官圍城。而曹定陶皆破。事聞。帝命溫承惠會同高杞同興勦辦。又命陝西提督楊遇春來直隸協勦。以章煦署直隸總督。尋詔陝甘總督那彥成為欽差大臣。溫承惠同興高杞俱受節制。

戊寅。帝駐丫髻山行宮。

教首林清使其黨二百餘人。由宣武門潛入內城。藏兵械。混酒肆中。日晡。分犯東華西華門。白帕其首爲號。太監劉金等引其東。高廣福等引其西。時東華門甫入數人。即爲護軍闔門格拒。奔散。其入西華門者八十餘人。反闔以拒官兵。教黨得內監嚮導。已知大內在西。而誤由尚衣監文穎館斬關入。侍衞急閉隆宗門。衆至。不得入。總管太監常永貴縛由東華門入之二人於蒼震門。皇子等在上書房聞變。皇次子綿寧急命進撒袋鳥銃腰刀。命諸太監登垣瞭望。俄有手白旗攀垣將踰養心門入者。綿寧發鳥銃殪之。再發再殪。貝勒綿志亦以銃殪敵。敵乃不敢越垣而進。將火隆宗門。而留守京師諸王大臣率禁兵自神武門入衞。敗教黨於中正殿門外。薄暮。忽大雷電。教黨股栗竄匿。先後就擒。詔封綿寧爲智親王。貝勒綿志進郡王銜。諸大臣賞黜有差。綿志、儀親王子也。

擒林清於黃村。

庚辰。帝以遇變。下詔罪己。

壬午。帝還京師。

大學士慶桂劉權之俱以原品休致。

命松筠爲東閣大學士。仍留伊犂將軍任。曹振鏞爲體仁閣大學士。托津百齡爲協辦大學士。

予獲匪被刦遇害河南滑縣知縣強克捷祭葬世職。予謚忠烈。

丙戌。帝廷訊首逆林清之黨劉進亭。太監劉得財劉金。悉凌遲處死。並傳示林清首於直隸河南山東地方。

十月癸卯。山東鹽運使劉清大破教黨於扈家集。賞布政使銜。

革溫承惠職。賞給五品職銜。責令辦理那彥成一路軍營糧餉。補授那彥成直隸總督。

甲寅。命托津赴河南督辦軍務。戶部右侍郎桂芳暫在軍機處學習行走。

辛酉。以直隸籍及漢軍各科道失察林清謀逆。俱命降調。

十一月。那彥成奏勦平道口鎮。進圍滑縣。李文成旣據滑以脛創甚。不能出四方爲流寇。遂出兵圍濬。而萃精銳於道口鎮。道口距滑十八里。臨運河。有積糧。恃以戰守。且爲長垣東明曹定陶金鄉諸股號召。溫承惠督兵大名。巡撫高杞軍濬。皆按兵不動。而山東巡撫同興閒報。踰旬不發兵。鹽運使劉清力爭。始發。那彥成至衞輝。聞敵勢盛。請俟調山西甘肅吉林索倫兵五千而後進。詔切責之。始馳至軍。楊遇春以固原兵奮擊。頗有斬獲。敵望見髯將軍。輒披靡。大破之。遂奪道口。進兵圍滑。

那彥成奏官兵截勦輝縣竄衆。全數殄滅。殲逆首李文成。命將李文成首傳示河南直隸山東地方。官軍圍滑三面。惟北門隔葦塘。未合圍。桃源匪首劉國明潛入滑。護李文成出收外黨。西入太行。爲流寇計。文成脛創不能騎。乃輕車出北門。招黨四千入輝縣山據司寨。那彥成遣總兵楊芳追之。伏騎白土岡。誘之出司寨。佯走伏起。敗之。進奪司寨。李文成縱火自焚死。獲其屍。劉國明亦死。

十二月壬寅。直隸獻縣捕獲馮克善。

乙巳。陝西岐山縣三才峽匪徒萬五等聚衆滋事。命長齡勦之。南山木商夫役。歲饑停工。掠食。盡捕之。遂反。衆至數千。詔長齡同楊遇春督兵進討。又命賽沖阿堵其入川之路。

丙午。那彥成奏攻克滑城。教黨宋元成劉宗順馮相林皆死。獲牛亮臣徐安幗王道溶等。滑縣平。加那彥成太子太保。封三等子。楊遇春二等男。將士楊芳劉清以下賞賚有差。

山東教首朱成貴伏誅。

嘉慶十九年甲戌正月。從侍郎吳璥奏。復開捐例。自十九年四月至明年五月乃止。謂之豫東例。

二月丁酉。長齡奏生擒首逆陳四並尹朝貴。零匪全數殄滅。

以生擒逆首龔貴。殲盡餘匪。賞長齡騎都尉世職。晉封楊遇春一等男。

賽沖阿長齡奏報南山匪一律肅清。

閏二月辛未。學士蔡之定請行用楮鈔。不許。

丁亥。諭將乾隆年間增設名糧額數。酌量減汰。仍復還舊制之處。著大學士軍機大臣會同兵部詳悉妥議具奏。旋經部議。各省統計裁兵一萬四千二百四十名。馬一千三百五十六匹。

革豫親王裕豐王爵。以匿奏教匪逆謀。及容留逆犯祝現之族人祝海慶。被人告發故也。
四月丙戌。賜龍汝言等二百二十六人進士及第出身有差。
八月辛未。大學士勒保以疾乞致仕。允之。命托津爲東閣大學士。管理戶部。以明亮爲兵部尙書。協辦大學士。
十一月丁未。命英和暫在軍機處行走。
御史陶澍奏。河南南汝光一帶及安徽潁亳等處。向多紅鬍匪徒。近來日聚日多。橫行日甚。每一股謂之一捻子。小捻子數人數十人。大捻子一二百人不等。命方受疇胡克家各遴選妥員。將爲首之王妮子李東山馬大振三犯。按名捕獲。
十二月。兩廣總督蔣攸銛奏。英吉利護貨兵船違例闖入虎門。經派員詰責。該大班始遞稟謝罪。因請嚴禁民人私爲夷人服役。洋行不得搭蓋夷式房屋。鋪戶不得用夷字店號。並不准內地民人私往洋館。命照所請行。
百齡以決獄疏忽。革去宮銜及協辦大學士。暫留兩江總督之任。以吏部尙書章煦協辦大學士。
嘉慶二十年乙亥三月。兩廣總督蔣攸銛等奏。酌定查禁鴉片煙章程。請於洋貨船到澳門時。先行查驗。並明立賞罰。使地方知所懲勸。命照所請行。

四月壬午。頒御製官箴二十六章。宣示內外臣工。

六月甲戌。原任閩浙總督方維甸卒。予謚勤襄。維甸、觀承子也。

四川中瞻對番酋洛布七力作亂。四川總督常明討平之。

七月癸卯。帝秋獮木蘭。辛亥。駐避暑山莊。

八月庚辰。諭本年春夏間。據湖北江西安徽江蘇等省各督撫先後奏報拾獲匿名揭帖。字體怪異。語句悖逆。上印九龍朱戳。共有十餘紙。茲據百齡於和州地方緝獲逆犯嚴士隴。究出僞造逆詞首犯方榮升。即於巢縣拏獲。並於窩藏方榮升之朱上信家。起獲九龍木戳。及僞造時憲書。違悖經卷字蹟四箱。百齡所辦甚好。著賞復太子少保銜。旋封三等男。賜其子扎拉芬五品廕生。

九月。命松筠馳往喀什噶爾。兼署參贊大臣事務。以成寧奏塔什密里克回匪孜牙墩作亂故也。前任喀什噶爾參贊大臣成寧等奏逆回孜牙墩就擒。回莊照常安業。

十月庚申。召大學士松筠回京。以長齡爲伊犂將軍。

十一月。御史果良額奏拾獲匿名揭帖。訐告禮親王昭槤各款。經軍機大臣查問。實有妄自尊大及於府內濫用非刑等事。昭槤著革去王爵。交宗人府圈禁。

十二月丙寅。諭灤州石佛口王姓。其先世自前明以來。倡立白蓮教。自稱聞香教主。流傳至今。二百餘年。

已閱十輩。其子孫仍怙惡不悛。改教名爲清茶門。種種悖逆情形。應照大逆辦理。其江南湖北河南等省傳教各犯。飭各督撫迅速查拏。

嘉慶二十一月丙子。正月丙戌。諭內廷行走諸王。遇有應奏事件。俱在乾清門外。交外奏事官員呈遞。不准徑交內奏事太監。因防閹寺人等與外廷諸王臣工交接故也。

四月乙亥。江蘇巡撫張師誠因父病危篤。將巡撫印務交藩司代辦。即日起程歸省。帝以其以私廢公。交部嚴議。尋革職。

六月。原任大學士慶桂卒。予謚文恪。

戊寅。那彥成以前任陝甘總督。與藩司陳祁。商挪賑銀。津貼脚價。並虛奏捐廉事。爲戶部尚書景安所劾。下獄論死。尋以繳完賠銀。改戍伊犂。留家終養。旋丁母憂。帝思其攻克滑縣功。免發遣。令閉門思過。

七月。以英吉利使臣不肯行三跪九叩首禮。革接伴尚書蘇楞額和世泰穆克登額等職。

乙丑。帝秋獮木蘭。辛未。駐避暑山莊。

八月壬辰。諭。歲舉秋獮。係吾朝家法。必當永遠遵循。嗣後每遇進哨。大小臣工。概不准以雨水寒冷爲詞。妄生浮議。倘仍造作浮言。希圖阻止。必將其人按軍法治罪。立正典刑。不稍寬貸。

九月壬戌。帝還京師。

十月。命協辦大學士禮部尚書章煦軍機處行走。

十一月。兩江總督百齡卒。贈協辦大學士。予謚文敏。百齡初抵兩廣總督任。洋盜張保挾衆數萬。勢張甚。百齡巡哨周巖。遇盜。輒擊之沈海。羣魁奪氣。始有投誠意。然懼誅。未敢遽至。揚言必制府親臨。望見顏色。乃降。頓舟以待。百齡乘單舸出虎門。從者十數人。保率巨艦數百。轟礮如雷。煙燄蔽天。百齡危坐舟中。不爲動。麾左右呼保使近前。曉以利害。皆面縛匄命。許貸其死。旬日間解散二萬餘人。復令保以計誘烏石二至雷州。斬之。全海肅清。

嘉慶二十二年丁丑。二月。閩浙總督汪志伊奏。提審改教知縣朱履中稟揭原管道府得受陋規一案。解任藩司李賡芸自縊。派熙昌王引之爲欽差大臣。前往審辦。旋革汪志伊並巡撫王紹蘭職。知府朱以輈以勒供凌偪發黑龍江充當苦差。

始命大挑人員分發河工差委。

雲南臨安邊外夷人高羅衣作亂。雲貴總督伯麟討平之。

辛未。章煦因病解任。以吏部尚書戴均元協辦大學士。

四月庚寅。停伊犂仲夏貢馬。

戊戌。賜吳其濬等二百五十五人進士及第出身有差。

壬寅。命刑部清理庶獄。

五月。命新進士朝考以論疏詩命題。裁去擬古詔不用。著爲令。

六月甲戌。松筠因諫阻明年至盛京謁陵。革去大學士。

七月庚申。帝秋獮木蘭。丙寅。駐避暑山莊。

九月。宗室海康慶遙俱以學習邪教絞死。

庚申。帝還京師。

嘉慶二十三年戊寅二月庚午。命協辦大學士吏部尚書戴均元兵部尚書和寧軍機處行走。

乙亥。大學士董誥以疾乞致仕。允之。

辛巳。試翰林詹事等官。擢潘錫恩等五人爲一等。餘升黜留任有差。

四月乙亥酉刻。京師風霾。室中然燭始能辨色。帝下詔修省。

六月丁亥。申禁州縣等官赴省干謁。

七月壬寅。予告大學士劉權之卒。予謚文恪。

甲子。帝詣盛京謁祖陵。

十月丙子。帝還京師。

丁丑。予告大學士董誥卒。予謚文恭。誥、邦達子也。父子俱以工繪事。久直南書房。至大用。

嘉慶二十四年己卯。正月甲午。帝以六旬萬壽頒詔天下覃恩有差。

罷和寧軍機處行走。命刑部右侍郎文孚在軍機大臣上學習行走。

四月丙戌。賜陳沆等二百二十四人進士及第出身有差。

五月辛未。禁旗人抱養民人及戶下人爲嗣。

七月庚午。帝詣避暑山莊。

壬午。直隸永定河溢。命吳璥那彥寶馳往堵築。

八月辛卯。河南蘭陽儀封北岸河溢。命吳璥馳往會同琦善堵築。

壬寅。予告大學士威勤伯勒保卒。晉贈一等侯。予謚文襄。

九月壬戌。帝還京師。

壬午。永定河漫口合龍。

嘉慶二十五年庚辰。二月癸卯。大學士章煦以疾乞致仕。允之。

命戴均元爲文淵閣大學士。管理刑部。調吳璥爲吏部尚書。協辦大學士。

三月丁丑。河南馬營壩漫工合龍。

四月庚戌。賜陳繼昌等二百四十六人進士及第出身有差。
以兵部遺失行印。松筠和世泰俱交部嚴議。
七月壬申。帝秋獮木蘭。戊寅。駐避暑山莊。不豫。皇次子智親王綿寧皇四子瑞親王綿忻侍。己卯。大漸。召御前大臣賽沖阿索特那木多布齋。軍機大臣托津戴均元盧蔭溥文孚。内務府大臣禧恩和世泰。公啓鐍匣宣示嘉慶四年四月初十日立皇太子御書諭旨。戌刻。帝崩於避暑山莊行殿寢宮。遺詔命皇次子智親王綿寧即皇帝位。
辛巳。尊皇后爲皇太后。
八月乙未。奉移梓宮至京。
庚戌。皇太子接皇帝位。以明年爲道光元年。己丑。帝改名旻寧。
九月。命大學士曹振鏞尚書黄鉞英和在軍機大臣上行走。
回人張格爾作亂。張格爾者。故回酋大和卓博羅尼都之裔也。博羅尼都當乾隆初。以叛被誅。其子薩木克自巴達克山逃匿敖罕。有三子。次即張格爾。以誦經祈福。傳食部落。回人假餽和卓之名。斂財聚衆。時有譌言。會南路參贊斌靜荒淫失回衆心。張格爾始糾布魯特數萬寇邊。有頭目蘇蘭奇入報。爲章京綏善叱逐。蘇蘭奇憤走出塞。領隊大臣色普徵額率兵敗之。張格爾僅餘二三十人。舍騎步逃。次日。官兵追及塞外。遺炊尚然。竟回軍喀城。與斌靜宴中秋節。所擒百餘人。斌靜悉殺之以滅口。帝以斌靜獲敵不訊明緣由。蒙隱具奏。疑之。特命伊犁將軍慶祥往勘。具得其實。逮斌靜治罪。

十月甲辰。上大行皇帝尊謚曰受天興運敷化綏猷崇文經武孝恭勤儉端敏英哲睿皇帝。廟號仁宗。

裁稽查軍機處御史。

十一月癸酉。以松筠爲熱河都統。侍講學士顧蒓奏。松筠宜置左右。帝怒。命交部嚴加議處。

十二月丁酉。河南儀封漫工合龍。

英和以言事忤旨。命出軍機處。

命山東運河事務。歸東河河道總督兼管。

清史綱要

卷十

道光元年辛巳。二月辛卯。雲南永北廳屬夷人滋事。命總督慶保勦之。

戊戌。協辦大學士吳璥以疾乞休。允之。

命孫玉庭協辦大學士。仍留兩江總督任。

三月辛酉。葬仁宗睿皇帝於昌陵。

四月庚寅。授呢瑪善爲欽差大臣督辦雲南永北軍務。

大學士三等侯明亮以疾致仕。命在家食俸。

甲辰。慶保等奏勦洗大姚拉古夷巢。全境肅清。永北首逆瞎眼唐老大就擒。

五月。命伯麟爲體仁閣大學士。兼管兵部。以長齡協辦大學士。仍留陝甘總督任。

丙寅。命廣西按察使潘恭辰册封越南國王阮福晈。

六月甲申。安定門災。

八月丁亥。命吏部尚書松筠在軍機處行走。

九月乙亥。命停閩省歲進荔枝樹素心蘭二項。永遠不必進呈。

十月己卯。帝御乾清門聽政。自是以爲常。

十二月癸巳。吏部尚書劉鐶之卒。予諡文恭。鐶之、統勳孫也。

道光二年壬午。正月。命凡旗人抱養民人之子爲嗣者。遇選八旗秀女時。其女俱不得入選。著爲令。

山西巡撫葉世倬奏。山西省州縣丁徭銀兩未歸入地糧攤徵者。尚有盂縣等二十一州縣。得旨。自道光二年起。一律攤入。

二月。命廣東督撫暨海關監督。派委員弁。認眞巡查出口洋船。不准偷漏銀兩。並飭海關監督有無收受鴉片煙重稅。據實奏聞。

閏三月庚子。賜戴蘭芬等二百二十二人進士及第出身有差。

五月。陝甘總督長齡奏。青海番人蘊依等作亂。官兵搜捕。已一律肅清。帝以藏功迅速。賞長齡雙眼花翎。

壬寅。停止巡漕御史。

六月。大學士伯麟以原品休致。

禧恩等參奏松筠刪改理藩院奏稿。大學士等議革職發往新疆。帝命降爲員外郎。

甲子。申禁直省各衙門額外增置書役。

戊辰。命長齡爲文華殿大學士。兼管理藩院事。以戶部尙書英和協辦大學士。

七月。予告大學士三等襄勇侯明亮卒。予謚文襄。明亮少時。尙履親王郡主。王母妃薨。奉移之東陵。道路積潦。輿夫皆憚行。明亮躬行泥淖。嚮導。舁夫不從令者。以杖撻之。在道數日。隊仗整肅如行軍。王喜。歎曰。吾壻。將材也。

八月癸卯。河南新蔡教匪朱麻子滋事。命程祖洛捕治之。

長齡以奏報勦番不實。召來京。以那彥成署陝甘總督。

九月乙酉。四川果洛克番人作亂。提督桂涵討平之。涵以平教匪立功。與羅思舉齊名。時人號曰羅桂。

十月癸亥。申禁收漕州縣書役侵漁各弊。並禁漕總名目。

十一月丙戌。帝奉皇太后懿旨。立繼妃佟佳氏爲皇后。

十二月戊申。申諭海口各關津。嚴拏夾帶鴉片煙。

道光三年癸未。正月壬午。帝幸圓明園。奉皇太后居綺春園。

乙未。命大學士長齡在軍機大臣上行走。

四月甲子。賜林召棠等二百四十六人進士及第出身有差。
五月乙亥。諭嗣後直省徵收錢糧將墊完民欠名目。永遠革除。
六月戊午。永定河溢。
壬戌。北運河決。
七月。杖太監曹進喜。以其私令吏部開道府名單送閱。有違定制故也。
河南漳河溢。
八月戊戌。定失察鴉片煙條例。
九月丁丑。永定河漫口合龍。
十二月。以陝西南山地方安靜。加陝西道嚴如熤按察使銜。如熤嘗言山內州縣距省遠。鞭長莫及。宜仿古梁州自爲一道。及明設鄖陽巡撫之例。專設大員鎮撫。而割三省邊郡州縣以附益之。庶勢專權一。可百年無患。以更張重大。議格不行。
道光四年甲申。四月壬寅。命程含章會同蔣攸銛籌辦直隸河工。
嚴禁幕友濫邀議敘。
七月。命毀蘇州府城西楞伽山五通祠。

辛巳。大學士戴均元以年老乞休。允之。
閏七月丁未。命孫玉庭爲體仁閣大學士。以蔣攸銛協辦大學士。均留總督任。
八月己巳。試翰林詹事等官。擢朱方增等五員爲一等。餘升黜留館有差。
丙戌。予告大學士伯麟卒。予謚文愼。
十月。予告大學士章煦卒。予謚文簡。
丙戌。命福建臺灣道兼管臺營水陸官兵。
十一月。命兵部尙書玉麟在軍機大臣上行走。
十二月。以黃河泛溢。革河督張文浩職。在工次枷號一個月。滿日發往伊犂效力贖罪。兩江總督大學士孫玉庭革職留任。
道光五年乙酉。三月壬寅。諭各督撫飭禁獄卒陵虐監犯。
五月丁酉。諭戶部尙書黃鉞年逾七旬。著無庸在軍機處行走。王鼎著在軍機處行走。
六月。命蔣攸銛爲體仁閣大學士。仍留直隸總督任。以禮部尙書汪廷珍協辦大學士。
諭軍機大臣等。御史汪世紱奏請防糧船水手設教斂錢流弊一摺。據稱各幫糧船舵手。設有三教。一曰潘安。一曰老安。一曰新安。所祀之祖。名曰羅祖。每教內各有主教。名曰老官。每幫有老官船一隻。供設羅祖。入其教者。投拜老官爲師。各船水手。聯名資助。統計三教。不下四五萬人。沿途縴手。尚不在此數。水手雇直。向例不過一兩二錢。近年挾制旗丁。每名索二三十千不等。及銜尾前進。忽然停泊。老官傳出一紙。名曰溜子。索添價值。旗丁不敢不從。水手滋事。必送老官處治。輕則責罰。重則立斃。沈入河中。沿途招雇縴手。必推曾經械鬬受傷者爲頭目。遇所爭鬬。以紅箸爲號。人即立聚。新安一教。尤多匪徒。宜設法嚴辦等語。糧船水手。膽敢設立教名。斂錢聚衆。不法已極。著漕運總督及有漕各省督撫。應如何示以懲創。俾運官旗丁不受挾制。悉心籌議以聞。

九月庚戌。申定世職人員犯贓革職。子孫不准承襲例。

十月。以大學士長齡署伊犂將軍。初、嘉慶二十五年。回民張格爾作亂。命伊犂將軍慶祥往勘。具得南路參贊大臣斌靜激變狀。以永芹代之。芹亦未能撫馭。張格爾屢糾布魯特數百騷掠近邊。官兵往捕輒遁。領隊大臣巴彥圖以兵二百出塞四百里掩之。不遇。即縱殺游牧之布魯特妻子百餘而還。無復行列。其酋沃列克恨甚。率所部二千。追覆官兵於山谷。勢遂猖獗。帝命慶祥俟長齡到任後。迅速前往喀什噶爾。會同永芹相機妥辦。

十一月庚子。命大學士蔣攸銛在軍機大臣上行走。

癸卯。命慶祥總辦喀什噶爾軍務。

道光六年丙戌。二月庚午。禁各省佐雜教職干預公事。

三月。初次試行海運。

四月丙子。賜朱昌頤等二百六十五人進士及第出身有差。

五月丁酉。雲貴總督趙慎畛卒予謚文恪慎畛方嚴嫉惡病中疏劾貪墨吏數十人。閱日屬纊。代者發急遞追回。滇人皆痛惜之。

六月。臺灣粵民黃文潤作亂。福建水師提督許松年馳往查辦。

七月。授長齡揚威將軍楊遇春武隆阿俱爲欽差大臣參贊軍務。督勦逆回。以鄂山署陝甘總督。

乙巳。命盧坤馳往甘肅。同鄂山督辦糧運。

八月。閩浙總督孫爾準奏。抵臺查辦北路械鬬情形。及參辦理錯誤之提鎮副將等。奉旨革提督許松年職。留臺差遣效力贖罪。

十月。長清等奏喀什噶爾漢城於八月二十五日失守。慶祥死之。先是、六月間。張格爾率安集延布魯特五百餘。由開齊山路突至回城。拜其先和卓木之墓。回人有謂瑪雜也。距喀城八十餘里。慶祥令協辦大臣舒爾哈善領隊大臣烏凌阿。以兵千餘勦之。殺敵四百。敵退入大瑪雜內。官兵攻之。突圍出各回部響應。旬日萬計。慶祥盡調各營卡兵還喀城。爲三營。令烏凌阿穆克登布分將之。迎戰渾河。先後沒於陳。官兵隔敵不得入城。東走阿克蘇者七百人。喀城旋陷。慶祥自縊。英吉沙爾葉爾羌和闐三城繼之。
十一月己丑。臺灣餘匪悉平。
十二月。御定宗室世次命名。用溥毓恆啓四字。
道光七年辛亥。二月。長齡等奏克復喀什噶爾。張格爾遁去。先是、回衆陷西四城。偪渾巴什河。距阿克蘇四十里。達淩阿自庫車。巴哈布自哈拉。先後來援。並分兵援烏什。攻其渡河之衆。擒斬三百。東四城始無恐。我兵於二月六日出師。十四日至巴爾楚軍臺。喀葉兩城分道處也。留兵三千。以防兩路繞襲之敵。分軍爲三隊。楊遇春將中軍。武隆阿左。楊芳右。敵遇戰輒敗走。進至洋達瑪河。距喀城八十里。次日。整隊至渾河北岸。會大霧晦。長齡欲須霽而進。楊遇春不可。乃遣索敦千騎。繞趨下游。牽敵勢。而自率親兵。驟渡上游。據上風。前鋒先扛礮轟敵。礮勢與風沙勢相拌。若百十萬兵摧壓驟至。敵陣亂。比曉。我兵盡渡。風止霧霽。乘勢衝入敵陣。敵土崩。我軍乘勝抵喀什噶爾。時三月朔也。三城旋以次皆復。帝以張格爾遁去。長齡奪紫繮。楊遇春武隆阿奪太子太保少保銜。仍勒限追捕。命留官兵八千防喀城。其餘兵九千。卽隨楊遇春入關。以楊芳代爲參贊。長齡武隆阿均奏請以西四城封和卓木子孫。帝怒。二人俱革職留任。未幾。復命直隸總督那彥成。以欽差大臣赴回疆。代長齡籌善後。
五月丁亥。命穆彰阿在軍機大臣上學習行走。

七月。協辦大學士禮部尚書汪廷珍卒。予諡文端。廷珍直上書房久。帝在潛邸。曾從講學。於其沒也。恩禮甚厚。

丁巳。以吏部尚書盧蔭溥協辦大學士。

英和以事革職。賞二品頂戴。補授熱河都統。以富俊爲理藩院尚書。協辦大學士。

八月己丑。以張格爾日久未獲。革長齡楊遇春楊芳武隆阿職。

十月。諭惇親王綿愷退出內廷行走。幷革去宗人府宗令。以潛匿脫逃太監故也。

道光八年戊子。正月。長齡等奏生擒張格爾。張格爾敗後。傳食諸部落。諸部落漸不能供。生計日蹙。時中國購求張格爾者。爵親王。金十萬。長齡等密遣黑回出卡。縱反間言官兵全撤。喀城空虛。諸回翹首以望和卓。其白回從張格爾出卡者。家室皆令出卡。以離其心。張格爾果復率步騎五百。欲乘官兵除歲不備。入卡煽衆。潛襲喀城。長齡楊芳嚴兵以待。敵由開齊山舊路。潛入阿木古回城。白回奔竄。黑回要拒。敵知有變。卽奔出卡。楊芳率兵三路。星夜追至喀爾鐵蓋山。擊斬殆盡。張格爾僅餘三十八。棄騎登山。副將胡超都司段永福等擒之。捷聞。詔封長齡二等威勇公。楊芳三等果勇侯。均賞戴雙眼孔雀翎。阿克蘇貝子伊薩克晉封郡王。其將士胡超以下。賞賚有差。

九月。以寶華峪地宮滲水。大學士英和革職。發黑龍江充當苦差。致仕大學士戴均元入京候訊。旋免其發遣。驅逐回籍。

道光九年己丑。正月。禁用光中通寶景盛通寶景興通寶景興巨寶景興大寶嘉隆通寶各種錢文。

二月。命回子當阿渾者。止准念習經典。不准干預公事。其阿渾子弟有當差及充當伯克者。不准再兼阿渾。以示限制。

四月戊子。賜李振鈞等二百二十一人進士及第出身有差。

七月辛丑。武隆阿以奏對喀什噶爾軍務情形。語多掩飾。降爲頭等侍衞。

八月庚辰。帝奉皇太后詣盛京謁祖陵。

十月乙酉。帝還京師。

十一月己酉。定一子兩祧服制。

道光十年庚寅閏四月。禁各省實缺人員赴省逗留。

五月。御史王瑋慶奏請裁革州縣白役。得旨。地方差役。至繁地方。不得過八十名。其餘以次遞減。所有白役。概行禁革。

六月癸卯。定查禁內地行銷鴉片章程。

九月。回疆復亂。以楊遇春爲欽差大臣。命都統哈朗阿赴回疆協勦。張格爾旣就擒。回人復奉其兄玉素普爲和卓糾衆數千入寇。回郡王伊薩克及客民。先後密報參贊大臣扎薩阿。皆不信。既聞警。始令幫辦大臣塔新哈禦之。又令副將賴永貴以兵千六百夾勦。皆敗沒。敵遂猖獗。時璧昌爲葉爾羌辦事大臣。盡徙城外商民於城內。傳集各回伯克。諭以禍福利害。選派回兵。分防各要隘。每路各守以兵勇二百。回兵一二千。部署甫定。而敵圍喀英二城後。即分隊由草湖來寇葉城。璧昌選回兵千餘。屯回漢二城中路。官兵四百。陣東門外。擒斬三百餘。又擒撲入回城者三百餘。敵退走三百里外。僅陣亡我兵一人。回兵五人。詔賞璧昌副都統銜。餘將士分別獎勵有差。

丁卯。命大學士公長齡爲欽差大臣。馳往新疆督辦軍務。

命盧蔭溥爲體仁閣大學士。以李鴻賓協辦大學士。仍留兩江總督任。

兩江總督大學士蔣攸銛。以辦理私梟黃玉林。苟且了事。革職。以侍郎降補。

十月。仍授長齡爲揚威將軍。命哈哴阿楊芳參贊軍務。

兩淮鹽務。改歸總督管理。命將鹽政一缺。即行裁撤。

道光十一年辛卯。正月。逮伊犂參贊大臣容安治罪。以哈豐阿代之。容安奉命解喀葉二城之圍。擁重兵八九千。反繞道烏什趨和闐。致喀葉圍久而不解。各回城子女玉帛。搜括殆盡。命押解刑部監禁。旋免死發往吉林充當苦差。提督哈豐阿奉命管領烏嚕木齊官兵。駐紮阿克蘇。以喀城危急。帶兵三千五百至。

破敵步騎二千於哈拉布扎什。遂進至英吉爾河。敵竄去。喀圍亦解。既而哈朗阿楊芳亦至。

二月。命長齡查訪逆回起釁根由奏稱那彥成驅逐安集延查鈔家財斷離眘口禁止大黃所致命革那彥成職。

三月己未。廣東黎匪滋事。命李鴻賓等勦之。

四月庚戌。李鴻賓奏黎匪韋色容等伏法。地方肅清。

五月。陶澍奏淮北商力積疲。請暫錣借項官督商運。詔從之。

六月。禁沿邊夷民私種罌粟。

七月。喀什噶爾參贊大臣扎隆阿以誣奏回子郡王銜阿奇木伯克伊薩克謀逆解京廷訊。命在阿克蘇枷號兩個月。交刑部監禁。秋後處決。

癸丑。高郵湖河溢。

己卯。命穆彰阿朱士彥往江南查辦賑災。

九月。新疆始行屯田法。從長齡請也。

十一月丙辰。大學士托津以病免。

十二月乙酉。命富俊爲東閣大學士。管理兵部。以吏部尚書文孚協辦大學士。

行票鹽法。從兩江總督陶澍請也。

道光十二年壬辰。正月癸丑。停向來盛京五部侍郎。及各省將軍都統副都統城守尉總管等年班輪替進京之例。

以喀什噶爾善後大局已定。撤滿漢官兵歸伍。

丁丑。定白陽白蓮八卦紅陽等教首犯遇赦不赦。從犯亦不准援減例。

二月。盧坤及海凌阿奏湖南江華縣錦田鄉猺人趙金龍作亂時楚粵奸民結天地會。屢強劫猺寨牛穀。黨連官役。猺無所愬。金龍妖煽其峒。倡言復仇。使趙福才糾廣東散猺二百餘。合湖南九沖猺。共六七百人。焚掠兩河口。殺會匪二十餘。官兵討之。毀其巢。斃三百餘人。猺竄藍山之五水猺山。所至虜脅。衆二三千。闖據九嶷山巢穴。參將成喜以百兵扼要路。衆寡不敵。猺人遂旁掠寧遠。

乙未。閩浙總督孫爾準卒。予謚文靖。

二月。湖南提督海凌阿陣亡。予一等輕車都尉世職。藍山告急。海凌阿率副將馬韜以兵五百餘進勦。冒雨深入。又不爲備。伏兵四起。乘高下突。皆戰死。命盧坤及湖北提督羅思舉貴州提督余步雲會師進勦。

庚午。命戶部尚書禧恩盛京將軍瑚松額馳赴湖南。勦辦猺人。

四月。長齡等奏卡外諸夷進卡貿易。懇恩一體免稅。允之。

盧坤率師至永州。猺已裹脅萬人。分爲三路。每路二三千。犄角出沒。詔以猺皆山民。趫捷負險。恐蔓延兩粤。或盤踞山峒。致稽捜捕。敕諸將誘至山外平野之地。聚而殲之。羅思舉建議。大兵由新田後路潛躡遏其南竄。與桂陽北路兵夾攻。並扼其西通道州零陵桂陽小路。於是三路猺爲官兵驅偪出兵。皆東竄常寗之洋泉鎮。思舉以猺偪歸一路。且失其翻山長技。乃密檄北路兵齊赴。又漸移各守隘兵進偪合圍。連日殲猺六千。趙金龍突圍中槍死。擒其子弟妻女及死黨數十。奏聞。詔以盧坤羅思舉蕩平迅速。各予一等輕車都尉世職。禧恩瑚松額已抵衡州。未至軍。先三日奏捷。禧恩詰趙金龍死狀虛實。思舉旋獲其尸。及所佩劍印木偶。乃止。

給事中隆勛以奏請拏辦會匪王老子卽王法中習教一案。超擢太常寺卿。

辛丑。賜吳鍾駿等二百六人進士及第出身有差。

五月乙丑。諭各督撫遇有題調缺出。先儘正途。不得以佐雜應升人員超越。

淮北試行票鹽。從兩江總督陶澍請也。

七月乙丑。廣西賀縣猺匪盤均華等滋事。祁墳遣兵勦平之。

八月。廣東八排猺作亂。官兵勦之失利。都司以下死者數十人。兩廣總督大學士李鴻賓以硝藥失火焚傷入奏。詔革職交部治罪。旋發往新疆。以禧恩暫署兩廣總督。

命阮元協辦大學士。仍留雲貴總督任。
九月。桃南廳屬于家灣河堤爲湖民盜決。命穆彰阿往江南。會同陶澍查辦。奪河督張井職。
戊午。禧恩奏各排沖縛獻首匪。率衆投誠。猺山全境肅清。詔進禧恩不入八分輔國公。瑚松額余步雲均世襲一等輕車都尉。李鴻賓既得罪。詔盧坤補授兩廣總督。禧恩聞其將至。急欲以平猺爲功。而猺洞天險不易攻。乃使按察使楊振麟設法招降。賂以洋銀鹽布。猺貪利踵至。旬日得數百人。會獲黃瓜寨附近猺人。諸將得以草草蕆事。迨盧坤至。遂以善後事委之。交印卽行。帝嘉其辦理迅速。而其受降始末。竟不
上聞云。
閏九月丁酉。飭河南湖北等省會拏捻匪。
戊戌。飭江西巡撫嚴拏會匪。
十月。廣東曲江乳源兩縣土盜。句結猺匪滋事。盧坤派兵勦平之。
戊辰。福建臺灣嘉義縣陳辦等滋事。命程祖洛馳往勦辦。
十一月戊寅。命署福州將軍瑚松額爲欽差大臣。都統哈哴阿爲參贊大臣。馳往臺灣勦辦。
道光十三年癸巳。正月。陳辦就擒。提督馬濟勝封二等男世職。
辛丑。桃南廳于家灣河工合龍。

二月己未。四川越嶲廳等處夷人滋事。命那彥寶桂涵等勦辦。
已革直隸總督那彥成卒。贈尚書銜。予謚文毅。釋其子容安回旗。
三月。允大學士盧蔭溥致仕。
乙酉。四川提督桂涵卒於軍。予謚壯勇。
四月己酉。命潘世恩爲體仁閣大學士。
己巳。皇后崩。
五月辛未。賜汪鳴相等二百二十八人進士及第出身有差。
己丑。四川峨邊廳夷人桑樹格等就擒。餘衆皆降。
六月乙巳。申禁各省將弁違例坐轎。
七月甲申。試翰林詹事官擢田嵩年等三員爲一等。餘升黜留任有差。
四川越嶲夷一律肅清。
乙未。禁外省道府州縣餽送京官別敬。
九月。以四川勦平夷人功晉封楊芳一等果勇侯。
十一月。禁各省督撫。概不准以本省屬員入幕襄理。

道光十四年甲午。正月丁亥。命大學士潘世恩在軍機大臣上行走。

二月庚申。申禁坊肆售賃淫書小說。

乙丑。大學士富俊卒。子謚文誠。

三月丙寅。以實缺人員告假捏飾規避。申嚴出結官處分。

七月甲戌。四川峨邊廳十三支赤夷內雅扎等支夷滋事。命瑚松額楊芳等查辦。

戊子。東河朱家灣漫口。命鍾祥堵治之。

庚寅。申禁各州縣佐雜丞倅擅受詞訟。

八月。瑚松額奏辦理夷案完竣。

以英吉利兵船闖入內河。兩廣總督盧坤革職留任。戴罪督辦。水師提督李增階革職。

九月丁丑。永定河溢。命琦善督辦。

十月。諭盧坤等驅逐洋面躉船。並申禁內地匪徒句結販運鴉片。

己酉。册立皇貴妃鈕鈷祿氏爲皇后。

十一月。命文孚爲東閣大學士。管吏部事。穆彰阿爲吏部尚書。協辦大學士。

十二月。以四川峨邊夷人出巢焚搶。提督楊芳交部嚴加議處。卽來京聽候部議。旋降爲二等侯。革退御前侍衞。以總兵前往甘肅候補。

道光十五年乙未。正月壬戌。以皇太后六旬萬壽。詔開恩科。

甲子。大學士曹振鏞卒。予謚文正。

禁學政閱文幕友。不得專用本籍之人。

大學士長齡以擅受霍罕夷使呈遞稟詞。交部議處。尋降四級留任。

二月己亥。命阮元爲體仁閣大學士。管理刑部。以戶部尚書王鼎協辦大學士。

三月。山西趙城縣教匪曹順作亂。知縣楊延亮全家遇害。

四月。鄂山奏官兵進勦峨邊廳屬雅扎等十三支夷人。合境肅清。

甲寅。賜劉繹等二百七十二人進士及第出身有差。

趙城縣教匪曹順於觀城縣境內偵獲。並其黨八十二人。先後淩遲斬決戮屍。傳首梟示。

五月。陝甘總督楊遇春以病懇請開缺回籍。命加封一等侯爵。在家支食全俸。

辛巳。休致工部侍郎前任大學士松筠卒。予謚文清。松筠以筆帖式起家。累官至大學士。中間屢起屢蹶。性坦率無城府。厭苛禮之官。常不挈眷屬。卽至亦處之別院。扃其門。每旦入院禮佛。坐堂中與夫人啜茗閑話而已。自伊犂將軍入長吏部。單騎雜喇嘛中。抵圓明園。家人出迎於近郊。不知其已至也。

六月癸卯。諭滿洲蒙古文職二品以下及五六品京堂各員。著自本月十九日起。各按單開。輪日在圓明園宮門。伺候考試。俱不准託故不考。

乙卯。申禁各省濫委佐貳佐雜署理州縣積弊。

七月甲辰。大學士文孚以兩耳重聽。面請解職。命以大學士管理吏部。無庸在軍機大臣上行走。

八月癸酉。山東巡撫鍾祥奏。英吉利船隻駛入東省劉公島洋面。派委員弁巡堵。不准進口。命直隸奉天江南山東福建浙江各督撫府尹等。嚴飭沿海文武員弁。巡防堵截。並嚴禁內地奸民交易接濟。

兩廣總督盧坤卒。予謚敏肅。

十月癸未。予告大學士託津卒。予謚文定。

道光十六年丙申。二月。湖南武岡州猺人藍正樽作亂。命訥爾經額勦辦。

四月。訥爾經額奏勦捕武岡州滋事猺人。已就肅清。

丁丑。賜林鴻年等一百七十二人進士及第出身有差。

七月甲午。禁外省州縣設立班館。

丙申。大學士文孚以年衰乞免。允之。

庚子。命穆彰阿爲武英殿大學士。管理戶部。以琦善協辦大學士。仍留直隸總督任。

九月戊申。圓明園三殿災。

己酉。降尚書耆英爲侍郎。以其不行拒絕太監請求故也。

十月。兩江總督陶澍以私刊奏疏。降四級留任。

道光十七年丁酉三月。予告陝甘總督一等侯楊遇春卒。予謚忠武。遇春結髮從戎。大小數百戰。皆陷陳冒矢石。或冠翎皆碎。袍袴皆穿。未嘗受毫髮傷。帝嘗詢及。歎爲福將。

六月戊午。命左都御史奎照戶部侍郎文慶在軍機大臣上學習行走。

四川馬邊廳夷人滋事。命鄂山勦辦。

癸酉。訥爾經額奏。拏獲從逆各犯。究出首逆藍正樽被鄉勇毆斃情形。帝以所奏不實。命來京聽候部議。

旋以三等侍衞充駐藏大臣。

七月。命山東鹽務改歸巡撫管理。

十月辛未。停吉林採珠例貢。

十一月。四川涼山夷人滋事。成都將軍凱音布總督鄂山討平之。

道光十八年戊戌。正月乙亥。大學士一等公長齡卒。予謚文襄。

二月癸卯。命琦善爲文淵閣大學士。仍署直隸總督。以雲貴總督伊里布協辦大學士。仍留任。

四月丙寅。賜鈕福保等一百九十四人進士及第出身有差。

閏四月辛巳。鴻臚寺卿黃爵滋奏請嚴禁鴉片。詔各直省將軍督撫妥議具奏。

乙丑。禧恩以管理奉宸苑事廢弛革兵部尚書職。

五月癸丑。大學士阮元以年老乞休。允之。

命王鼎爲東閣大學士。仍管刑部。調湯金釗爲戶部尚書。協辦大學士。

戊辰。惇親王綿愷以違例囚禁多人復將優匿府內降爲郡王。

九月丙午。莊親王奕賨輔國公溥喜因赴尼僧廟内吸食鴉片煙。奕賨革去王爵。溥喜革去公爵。

太常寺卿許乃濟請弛煙禁。降爲六品頂帶。即行休致。

十月。命河南衞輝府所奉無生老母塑像。由該撫派員全行拆毁。

十一月壬寅。嚴禁雲南種植罌粟。

癸丑。授湖廣總督林則徐欽差大臣。馳驛前往廣東查辦海口事件。所有該省水師兼歸節制。先是、詔各省將軍督撫會議禁煙章程。則徐所奏尤剴切言煙不禁絶。國日貧民日弱十餘年後。豈惟無可籌之餉。抑且無可用之兵。帝謂爲深慮遠識之言。故有是命。

中禁旗人婦女效漢人纏足者。將其家長治罪。

貴州匪徒謝法眞作亂。雲貴總督伊里布討平之。

道光十九年己亥。正月。以奎照氣體不充。罷軍機大臣。

二月壬午。試翰林詹事等官。擢李國杞四員爲一等。餘升黜留館有差。

三月。林則徐以是年正月馳抵廣東。傳集十三洋行。發交諭帖。令轉諭各洋公司人等。並辜校其煙土存儲之實數。飭令即時稟覆。英官義律先知其事。託以回澳門住。久不至。各洋商觀望推諉。遷延不覆。趣之急。義律始乘舟來省。仍置不理。則徐乃停其貿易。又撤其沙文而羈禁之。沙文者。漢人之受雇於洋館充其買辦者也。義律不得已。乃將洋面躉船上所存之煙土。據實呈繳。計二萬二千八十三箱。則徐會同總督鄧廷楨。親駐虎門驗收。每箱約賞茶葉三斤。其煙土請解京師。詔即在海口銷燬。則徐下令盡逐外洋之躉船。凡進口之船。均應具結。有夾帶鴉片者。船貨沒官。人即正法。他國皆遵具結。惟義律不肯。則徐與鄧廷楨嚴令不許逗留。義律乃率其眷屬及在澳英人五十七家。同寄居尖沙嘴貨船。詔以林則徐查辦妥協。交部從優議敍。

五月。予告大學士盧蔭溥卒。予諡文肅。

六月丁亥。前任兩江總督陶澍卒。予諡文毅。

辛卯。調周天爵爲湖廣總督。

十二月癸亥。調林則徐爲兩廣總督。
己卯。調伊里布爲兩江總督。
癸未。命刑部尚書隆文在軍機大臣上行走。
甲申。調鄧廷楨爲閩浙總督。桂良爲雲貴總督。
命戶部侍郎文慶毋庸在軍機處行走。
道光二十年庚子。正月壬寅。皇后崩。
二月丁卯。戶部尚書何凌漢卒。予諡文安。
丁丑。河東河道總督栗毓美卒。予諡恭勤。毓美治河有功。始倡以甎代石之法。後世師之。
三月辛亥。湖北提督羅思舉卒。予諡壯勇。思舉、嘉慶中以鄉勇從軍四川。起家至節鎮。威名亞二楊。軍中嘗號爲羅必勝。言晦夜刦營必勝。崖溝間道必勝。冒旗誘敵必勝也。
四月乙酉。賜李承霖等一百八十人進士及第出身有差。
五月己亥。諭各省藩臬運司道府出缺不得以隔品及試用人員濫行署理。
六月己巳。已革協辦大學士英和卒。賞三品卿銜。
大理寺卿曾望顏奏請封閉海禁。盡停各國貿易。帝欲從之。林則徐力言不可。且言各國不犯禁之人無故被禁。必且協而謀我。乃止。

林則徐旣奉命總督兩廣。與水師提督關天培。協力守海口。屢挫敵兵。至是、英將伯麥率兵船十餘。加以印度駐防船艦二三十艘。至粵。林則徐奏聞。尙有以逸待勞。以主待客。彼何能爲之論。則徐親赴獅子洋校閱水師。號令嚴明。聲勢壯甚。洋船至粵月餘。無隙可乘。遂乘風赴各省。駛入福建厦門。不利。謀犯浙江。攻定海。陷之。浙江巡撫烏爾恭額奏聞。命兩江總督伊里布爲欽差大臣。赴浙江寧波視師。以裕謙署兩江總督。又命福建提督余步雲。赴浙江會辦洋務。

七月。革烏爾恭額職。旋定絞監候。以劉韻珂代之。

自定海失守後。漸有蜚語上聞。有謂上年廣東繳煙。先許價買而後負約。以致激變者。帝意始疑。敕沿海督撫。遇洋船投書。即收受馳奏。適伯麥及義律。以五艘駛赴天津投書。多所要索。直隸總督琦善以聞。詔以琦善爲欽差大臣。赴粵查辦。革林則徐鄧廷楨職。留粵聽勘。並敕沿海各省。不得開礮。

十二月癸酉。命賽尚阿在軍機大臣上行走。

乙巳。以裕謙爲欽差大臣。命伊里布回兩江總督任。會同提督陳化成。防堵江蘇海口。

江南鄉試正考官文慶。以私帶舉人熊少牧入闈。革職。

命刑部尚書祁𡊮馳往廣東。督理糧臺。

道光二十一年辛丑。正月己丑。琦善奏英人入犯。沙角大角礮臺同時失守。琦善之至廣東。一切反林則徐所爲。謂可得外人歡心。而敵人則日夜增造小船。招集販煙之蜈蚣艇蟹艇數百。此外火箭噴筒竹梯攻具。增造不可勝計。水師提督關天培密請增兵。琦善惟恐其妨和議。固拒不許。義律乘其無備。突攻沙角大角礮臺。副將陳連升戰死。提督關天培及總兵李廷鈺游擊馬辰等。尚分守鎭遠威遠靖遠各礮臺。兵各僅數百。相向而泣。天培遣人至省城求增兵。闔城文武皆力求。琦善置不問。惟日夜作書。遣漢奸鮑鵬持送義律。於償還煙價外。復以香港許之。並歸浙江俘人。以易定海。琦善與立契約。帝不許。琦善奏言粤省情形。稱地利無要可扼。軍械無利可恃。兵力不固。民情不堅。帝以琦善危言要挾。孤恩誤國。實屬喪盡天良。著卽革職鎖拏來京。所有家產。卽行查鈔入官。以祁𡎴代之。

甲午。命御前大臣領侍衛內大臣奕山爲靖逆將軍。戶部尚書隆文湖南提督楊芳爲參贊大臣。馳赴廣東軍營。

二月。革大學士伊里布職。仍留兩江總督任。伊里布之抵浙江。帝誡以乘隙進勦。不得因琦善有不宜輕進之語。意存觀望。伊里布見英人勢盛。乃密奏不宜進兵。帝不悅。至是、乃奏英人全數起椗。定海業經收復。帝以其庸懦無能。故有是譴。旋入京。以裕謙代之。命寶興爲文淵閣大學士。仍留四川總督任。以吏部尙書奕經協辦大學士。

英人攻破虎門礮臺。提督關天培死之。

戊寅。命齊慎爲參贊大臣。赴粵會勦。

三月丙戌。釋周天爵赴廣東軍營。

乙未。致仕大學士文孚卒。予謚文敬。

賞林則徐四品卿銜。馳赴浙江軍營。

閏三月。協辦大學士吏部尚書湯金釗以事降四級調用。調卓秉恬爲吏部尚書。協辦大學士。

召伊里布來京。以裕謙爲兩江總督。

英人攻四方礮臺。陷之。遂直攻廣州省城。礮聲如雷。晝夜不息。將軍以下。皆避入巡撫署。議使廣州知府余保純出城講款。義律立索軍餉銀六百萬圓。煙價在外。香港再議。將軍等一切允之。城上改樹白旗。先令洋商出二百萬圓。餘於運庫藩庫海關庫發給。洋兵下山回船。義律即促將軍參贊離城。奕山隆文退兵屯金山。離省河數十里。先撤回湖南兵。惟楊芳等仍留廣州彈壓。隆文於講和時。即憤恚成疾。及抵金山。不數日卒。奕山飾詞入告。猶以義律窮蹙乞撫。求准照舊通商。帝亦微聞之。不之詰也。

四月己酉。賜龍啓瑞等二百二人進士及第出身有差。

五月癸亥。革林則徐四品卿銜。發往伊犂效力贖罪。

六月庚寅。革伊里布職。發軍臺效力贖罪。

刑部奏琦善應照守備不設失守城寨律擬斬監候。得旨。著照所請。秋後處決。

癸卯。河南下南廳祥符汛河溢。革河督文冲職。枷號河干。旋發往伊犁。以朱襄代之。

七月乙卯。命林則徐折回東河。效力贖罪。

命大學士王鼎等赴東河督辦大工。

戊辰。賞前任寧夏將軍特依順都統銜。作爲參贊大臣。赴廣東辦理洋務。

庚辰。英兵船闖進福建青嶼口門。廈門失守。先是、洋艘之攻廈門也。鄧廷楨督同兵備道劉耀春。止守舊礮臺。壘沙垣。據形勢。故不能破。及顏伯燾繼之。又於口外之峿嶼青嶼大小檔。增建三礮臺。備多力分。新鑄大礮。又多未就。及洋兵至。專攻一臺。一臺破。再攻一臺。將士死傷相繼。遂注攻大礮臺。飛礮從空墜岸上。顏伯燾退至同安。洋人得廈門。亦不守。不數日全隊駛往浙江。顏伯燾遂以收復廈門奏。詔降顏伯燾三品頂戴。仍留總督任。命怡良馳赴福建查辦。

八月。方英人之議和於粵也。繳還定海。帝命江浙各省撤兵裁餉。裕謙以兩江總督充欽差大臣。專辦浙事。甫行至鎮海。已聞廈門失守之信。於是飛檄定海總兵葛雲飛。會同處州鎮總兵鄭國鴻。壽春鎮總兵王錫朋。統各鎮兵五千。前赴定海。扼其內犯之路。英將濮鼎查郭士利等。果由廈門再犯定海。三總兵皆戰死。帝謂其以四千殘師當二萬巨寇。惋惜久之。均飭部從優議卹。
鎭海陷。欽差大臣裕謙死之。定海既失。鎭海僅餘兵四千。裕謙守城内。遣余步雲守城外招寶山。余步雲
有異志。不許士卒開礮。及洋兵由山麓攀援登岸。余步雲即率兵西走。洋兵據招寶山俯攻鎭海。裕謙知
事不可爲。令副將豐伸齋欽差大臣關防。送浙江巡撫。自沈泮池。死之。旋寧波失守。慈谿餘姚二城皆逃
散一空。
九月乙卯。命協辦大學士奕經爲揚威將軍。副都統特依順侍郎文蔚爲參贊大臣。馳赴浙江辦理軍務。
釋奕紀往廣東軍營效力贖罪。
己未。實授牛鑑兩江總督。
命戶部尚書祁寯藻在軍機大臣上行走。
十月。臺灣鎭達洪阿等奏英船入犯臺灣。堵禦獲勝。英人乘廈門之捷。以兵駛進雞籠口。臺灣鎭達洪阿
與兵備道姚瑩協力抵禦。英兵改犯大安港。達洪阿姚瑩以計誘之入口。爲暗礁所擊。擱淺中流。官兵鄉
勇乘危邀擊。遂俘其衆。捷聞。賞達洪阿太子少保銜。姚瑩加二品頂戴。
道光二十二年壬寅。正月。湖北崇陽縣匪徒鍾人杰等作亂。官兵討平之。
二月丙戌。命林則徐仍發往伊犂效力贖罪。

祥符大工合龍。

賞伊里布七品頂帶。赴浙江軍營。奕經進攻寧波。大敗。劉韻珂遂奏請伊里布來浙主款。帝復命宗室尚書耆英爲欽差大臣署理杭州將軍。與參贊齊愼同赴浙。降旨不許進兵。並不許擒斬洋人。有兵勇殺一洋兵。即行正法。皆劉韻珂所奏請也。

四月奕經奏收復寧波郡城。英人既得志於浙。遂北窺長江。於三月二十七日。棄城登舟。鎮海洋船亦棄城而北。犯乍浦陷之。伊里布至乍浦洋船議款。英人要挾甚侈。不能成議。

五月己酉。命伊里布以四品頂帶署乍浦副都統。

大學士王鼎自殺。予謚文恪。鼎自河防歸。爲遺疏數千言。極言穆彰阿等欺君誤國之罪。並薦林則徐可大用。遂服藥自盡。穆彰阿使人以危言怵其子。竟不得上。

命兵部右侍郎何汝霖在軍機大臣上學習行走。

英人攻陷寶山。江南提督陳化成死之。寶山城在吳淞口外。洋面寥闊。知縣周恭壽請伏兵口內。毋守海口礮臺。牛鑑不從。總兵王志元守小沙背之。徐州兵五百。即在浙從余步雲棄招寶山之潰兵也。牛鑑不懲創之。反令守要害。終日騷掠。居民洶洶。周恭壽力請撤換他兵。亦不聽。英人來攻。陳化成礮沈其二艘。敵以小舟攻小沙背。徐州兵果望風西走。化成中礮死。牛鑑走嘉定。寶山遂陷。上海城逃走一空。而松江以提督尤渤統壽春兵二千固守。得不陷。化成予謚忠愍。

命賽尚阿爲欽差大臣。馳往天津會同訥爾經額辦理防務。

六月己卯。命齊慎赴江蘇。扼要應援。

命伊里布回乍浦副都統任。暫留耆英會同牛鑑。辦理江蘇防勦事宜。

英人由海入江。至鎮江。參贊大臣齊慎湖北提督劉允孝督兵禦於城外。見兵力不支。退守距郡四十五里之新豐地方。外援既斷。英師距堙攻城。城中惟駐防一軍差完。副都統海齡率以死守。攻之二日不克。敵乃以火箭射入城中。延燒近城房屋。遂乘間架雲梯入城。海齡率家人自焚死。是時洋船八十餘艘。礮聲震江岸。自瓜洲至儀徵之鹽艘估船焚燒一空。火光百餘里。揚州鹽商賂以銀五十萬緡。不及於禍。英兵直偪金陵。東南大震。

七月。英兵抵江寧城下。時伊里布初到。耆英方自浙起行。牛鑑飛書照會。以欽差已奉諭旨永定和好。不日即可到省。伊里布復遣張喜至英舟。傳大府意。羈縻之。英將亦以要求各款照會到省。一議索煙價商欠戰費銀二千一百萬。一議准寄居貿易於廣山福州廈門寧波上海五港口。一議英人之有職者與中國官員用平行禮。其餘則劃抵關稅。釋放漢奸等款。末請鈐用國寶。以昭誠信。要三帥刻日畫諾。耆英至。遂一照覆。由八百里馳驛奏聞。帝覽而憤甚。以其奏示軍機諸臣。時穆彰阿當國。力言兵興三載。糜餉勞

師。無尺寸之採。勦之與撫。功費正等。而勞逸已殊。靖難息民。於計爲便。帝許之。七月初九日。耆英伊里布
牛鑑。親赴英將璞鼎查之舟。越二日。璞鼎查馬禮遜亦入城。會於正覺寺。連日分提江寧蘇州藩庫揚州
運庫銀數百萬。如數餽之。洋兵始出江而去。
庚午。江南桃北廳河溢。
九月。牛鑑革職拏問。交刑部治罪。以耆英爲兩江總督。
召奕山來京。以伊里布爲欽差大臣。廣州將軍。辦理善後事宜。
癸亥。召奕經文蔚來京。命齊愼回四川提督任。
十月己卯。程楙采奏江豫捻匪竄入皖境。拒捕傷人。命江蘇安徽河南各督撫。分飭所屬文武員弁。四路
兜擒。盡法懲治。
命奕山奕經文蔚俱交部治罪。特依順齊愼均交部嚴加議處。後奕山奕經依部議均定爲斬監候。秋後
處絞。文蔚特依順加恩改爲革職留任。
乙未。命戶部尙書敬徵協辦大學士。
十一月。以英人控訴臺灣鎭總兵㚟殺遭風被難洋人。冒功揑奏。命怡良渡臺查辦。
已革兩江總督牛鑑定爲斬監候。秋後處決。

十二月。提督余步雲伏法。

賞琦善四等侍衛。爲葉爾羌幫辦大臣。

道光二十三年癸卯。正月丙辰。改浙江定海縣爲定海廳直隸同知。

二月乙未。廣州將軍伊里布卒。

三月庚戌。以耆英爲欽差大臣。赴廣東辦理通商事宜。

丁巳。試翰林詹事等官。擢萬青藜等五員爲一等。餘升黜留館有差。

乙丑。賞琦善三品頂帶。爲熱河都統。

丙寅。賞文蔚藍翎侍衛。爲古城領隊大臣。奕經四等侍衛。爲葉爾羌幫辦大臣。

戶部銀庫虧空事發。命王大臣查辦。

怡良奏請將達洪阿姚瑩解交刑部治罪。帝不許。舊制臺灣歸閩省管轄。以遠在海外。許專摺奏事。及雞籠之捷。飛章入告。閩督怡良也。會洋人縱謠言。謂臺中兩次俘獲。均係遭風難人。而鎮道乘危微功。心所不服。愬之浙江閩粤四省大吏。脅令上聞。怡良奉命渡臺。正欲傳旨逮問。而臺中士民遠近奔赴合詞申理。怡良懼激變。許爲直之。而私奏其一意鋪張。致爲藉口指摘。各有應得。並逼取供詞。二人俱逮入都。幸帝卒鑒其枉。僅從革職。旋卽起用。迨咸豐初年。頒示謄黄。特爲二人湔雪。其論遂定。

四月丁丑。御史陳慶鏞奏稱琦善等三人起用。爲刑賞失措。無以服民。帝嘉其亢直敢言。命琦善奕經文蔚均著革職。即令閉門思過。以昭賞罰之平。

六月。雲南南甸土匪作亂。官兵討平之。

河南中牟河決。革河督慧成職。枷號河干。以鍾祥代之。旋命麟魁廖鴻荃往督辦。

七月丁未。釋鄧廷楨回籍。旋賞三品頂帶。署甘肅布政使。

八月丁未。裁稽查崇文門稅務滿漢御史。

釋奕山回家。

十月戊申。賞奕經二等侍衛。爲葉爾羌參贊大臣。奕山二等侍衛。爲和闐辦事大臣。

庚戌。賞琦善二等侍衛。爲駐藏大臣。

甲子。予已革臺灣鎮總兵達洪阿三等侍衛。爲哈密辦事大臣。

道光二十四年甲辰。正月戊辰。以來歲皇太后七旬萬壽。詔開恩科。

二月庚戌。以中牟堵口復決。尚書麟魁廖鴻荃均革職。

釋牛鑑於獄。發往河南。交鄂順安差委。

三月壬申。諭耆英、見已調任兩廣總督。各省通商善後事宜。均交該督辦理。著仍頒給欽差大臣關防。遇有辦理各省海口通商文移事件。均准鈐用。

臺灣匪徒洪協等作亂。旋就執伏誅。

四月乙巳。諭軍機大臣。開礦一事。前朝屢行。雲南一省。除見在開採外。尚多可採之處。著寶興桂良賀長齡周之琦體察地方情形。相度山場。民間情願開採者。准照見開各廠。一律辦理。斷不可假手吏胥。致有侵蝕滋擾阻撓諸弊。

辛酉。賜孫毓溎等二百九人進士及第出身有差。

五月辛巳。開採廣西北流鐵礦。

六月丁酉。直隸永定河溢。

七月湖南耒陽縣匪陽大鵬作亂。捕送京師伏誅。

九月乙酉。永定河隄工合龍。

申嚴武弁乘轎禁例。

道光二十五年乙巳。正月。中牟河工合龍。

二月。命兩廣總督耆英協辦大學士。

四月乙卯。賜蕭錦忠等二百十七人進士及第出身有差。

西寧番人作亂。總兵慶和被戕。命惠吉前赴甘肅。相機妥辦。
六月己未。江蘇中河廳桃源汛河溢。
九月。命林則徐回京。以四五品京堂候補。
十一月。以布彥泰爲陝甘總督。未到任前。命林則徐以三品頂帶先行署理。
道光二十六年丙午。三月。鄧廷楨卒。以林則徐爲陝西巡撫。
五月。前任湖南提督楊芳卒。予謚勤勇。芳與楊遇春齊名。天下稱二楊。及海疆事起。威名稍挫云。
閏五月。雲南永昌回人作亂。
戊戌。命端華襲鄭親王爵。並在御前行走。
八月。以雲南回匪日久未平。命李星沅爲雲貴總督。
十二月丙子。調鄭祖琛爲廣西巡撫。
賞琦善二品頂帶。授四川總督。
道光二十七年丁未。正月。緬人擾邊。
三月。李星沅奏官兵圍勦回匪。擒獲首要各犯。餘匪漸就肅清。
四月。調李星沅爲兩江總督。以林則徐爲雲貴總督。

蓍英奏英人帶領兵船突入省河。嗣經委員馳往佛山。將當日在場鬨鬧之匪徒關亞言等拏獲懲辦。茲船始退去。

癸酉。賜張之萬等二百三十一人進士及第出身有差。

五月丙戌。試翰林詹事等官。擢王慶雲等四人爲一等。餘升黜留館有差。

命文慶陳孚恩在軍機大臣上行走。

八月。喀什噶爾回人滋事。授布彥泰爲定西將軍。軍務一切。悉聽節制。奕山爲參贊大臣。襄辦軍務。

九月甲申。諭直隸山東河南官吏。會拏捻匪。

丁酉。仍著兩江總督兼轄河務。

十月。湖南新寧縣黃坡峒地方猺人雷再浩糾黨滋事。官兵討平之。

奕山奏勦匪獲勝。喀英二城解圍。

十二月戊午。湖南乾州廳苗人滋事。命裕泰等勦辦。

甲戌。召耆英來京。以徐廣縉署兩廣總督。葉名琛護理廣東巡撫。

道光二十八年戊申正月甲申。湖南乾州廳苗人被勦悔罪自首。命裕泰分別懲辦。仍搜獲餘匪。

二月。命文慶無庸在軍機大臣上行走。

四月乙卯。諭兩廣湖南江西各督撫飭拏會匪。

八月甲辰。申定道府以下官員祖孫父子及外姻親族同省同府回避例。督撫與河督鹽政有關糾察者。亦令回避。

十月甲寅。大學士寶興卒。予謚文莊。

丁巳。諭劉韻珂等。飭拏浙江沿海盜匪。

申諭海疆各督撫提鎮督飭水師堵拏洋盜。

十一月己卯。命耆英爲文淵閣大學士。以琦善協辦大學士。仍留四川總督任。

乙酉。諭四川雲貴兩廣江西各督撫。於所屬境內確切查勘礦產。

道光二十九年己酉二月。四川中瞻對野番工布朗出巢滋事。命琦善迅速勦滅。

四月。李星沅以病免。以陸建瀛爲兩江總督。

乙巳。以山東洋盜搶掠。申諭徐澤醇。飭屬搜拏沿海村塢盜藪。

癸丑。賞徐廣縉子爵。葉名琛男爵。初、鴉片之戰終局。政府許英人以五口通商。得派領事於五處。專理商賈事宜。福州廈門寧波上海已設領事。惟廣州紳民自三元里決戰後。積嫌已深。合詞請大府毋許英人入城。耆英知爲違約。又不能禁遏。及徐廣縉代爲總督。英人以兵艦入粵河。申前約。仍爲鄉練所阻。不得要領。至是、廣縉與香港總督更定廣東通商專約。遂以嚴禁入城之語載入約中。朝旨大悅。故有是賞。

閏四月辛巳。琦善奏親督漢土官兵進勦中瞻對野番。大獲勝仗。

五月庚戌。琦善奏中瞻對野番悔罪投誠。並附近中瞻對之章巴塞爾塔野番。傾心效順。

六月。江蘇浙江安徽湖北水災。命及時籌辦賑撫。

七月戊戌。協辦大學士吏部尚書陳官俊卒。予諡文愨。

己亥。命戶部尚書祁寯藻協辦大學士。

林則徐以病免。以程矞采爲雲貴總督。張日晸爲湖南巡撫。

九月甲辰。布彥泰以病免。以琦善署陝甘總督。裕誠署四川總督。

戊申。命署吏部右侍郎季芝昌在軍機大臣上行走。

戊午。命服闋尚書何汝霖以一品銜署禮部左侍郎。仍在軍機大臣上行走。

十月庚午。以故朝鮮國王李奐子昪襲爵。命瑞常和色本往封。

十一月丙申。予告大學士阮元卒。予諡文達。

湖南新寧縣匪徒李沅發滋事。官兵討平之。

壬戌。正陽門箭樓災。

十二月甲戌。皇太后崩。

湖南巡撫馮德馨奏。五排人李沅寶。係李沅發之弟。聞李沅發已被焚殺。定期分股前往新寧復仇。命湖廣總督裕泰由湖北省選派得力將弁數員。並挑帶精兵數百名。會同搜捕。

道光三十年庚戌。正月丙午。帝不豫。丁未。大漸。召宗人府宗令載銓。御前大臣載垣端華僧格林沁。軍機大臣穆彰阿賽尚阿何汝霖陳孚恩季芝昌。内務府大臣文慶。公啓鐍匣。宣示御書皇四子奕詝立爲皇太子。是日午刻。帝崩於圓明園苫次。

庚戌。封皇子奕訢爲恭親王。奕譞爲醇郡王。奕詥爲鍾郡王。奕譓爲孚郡王。

己未。皇太子卽皇帝位。

二月辛未。下詔求言。

四月甲戌。上大行皇帝尊謚曰。效天符運立中體正至文聖武智勇仁慈儉勤孝敏成皇帝。廟號宣宗。

丁亥。賜陸增祥等二百十二人進士及第出身有差。

五月丁酉。裕泰等奏。殲除湖南匪黨。地方一律肅清。

六月癸亥。大學士潘世恩因病乞休。允之。以祁寯藻爲大學士。杜受田以刑部尚書協辦大學士。

廣西洪秀全起兵於桂平縣之金田村。初、粵西歲饑多盜。適湖南雷再浩李沅發兩次之亂。均竄至粵境。

粤匪遂蠭起應之。秀全者。原籍廣東花縣。先是、有朱九濤倡上帝會。亦名三點會。秀全與同邑馮雲山師事之。旋以秀全爲教主。道光十六年。秀全及雲山至廣西。在桂平武宣二縣接壤之鵬化山中傳其教。秀全妹壻蕭朝貴、桂平人楊秀清、韋昌輝、貴縣人石達開、先後入教。凡入教者。拜上帝。稱爲天父。天父名耶和華。以耶穌爲長子。秀全爲次子。故稱耶穌爲天兄。凡入教皆平等。男稱兄弟。女稱姊妹。並有眞言寶誥等書。密爲傳布。蓄髮藏山箐間。遣人分途至各處勸誘。附從者日衆。時廣西巡撫鄭祖琛出省勦匪。駐平樂府。秀全等遂起兵於金田村。

九月。調向榮爲廣西提督。

辛丑。授林則徐欽差大臣。迅赴廣西。則徐旋行至廣東普寧縣病卒。詔贈太子太傅。予謚文忠。

十月丙戌。頒硃諭罪穆彰阿耆英。革穆彰阿職。永不敍用。耆英降爲五品頂戴。以六部員外郎候補。

命戸部尚書賽尚阿協辦大學士。

十一月庚子。命前任兩江總督李星沅爲欽差大臣。馳赴廣西。以周天爵署廣西巡撫。

清史綱要

卷十一

咸豐元年辛亥。正月戊子。命賽尚阿爲大學士。

三月丙申。命賽尚阿爲欽差大臣。馳往湖南。辦理防堵事宜。時洪秀全自金田北走象州。李星沅與周天爵以事相齟齬。奏請專派總統。故有是命。旋星沅因病命回湖南會辦防堵。命賽尚阿馳赴廣西接辦。又以周天爵年老。命回京。授鄒鳴鶴爲廣西巡撫。星沅旋病卒。

命內閣侍讀穆蔭以五品京堂候補。在軍機大臣上學習行走。

四月己未。命戶部侍郎舒興阿在軍機大臣上行走。

庚申。帝御乾清門聽政。自是以爲常。

甲子。以已革廣西巡撫鄭祖琛。廣西提督閔正鳳。養癰貽患。均發往新疆效力贖罪。

五月甲辰。陝甘總督琦善以勦辦黑城撒拉回子及黃喀窪番人。妄加誅戮。命革職交刑部審訊。旋發往吉林。充當苦差。

乙巳。命戶部尚書裕誠協辦大學士。調裕泰爲陝甘總督。以季芝昌爲閩浙總督。

壬子。命工部侍郎彭蘊章在軍機大臣上行走。

閏八月。洪秀全入永安州。建國號爲太平天國。秀全自爲天王。封楊秀清爲東王。蕭朝貴爲西王。馮雲山爲南王。韋昌輝爲西王。石達開爲翼王。洪大全爲天德王。秦日綱羅亞旺范連德胡以晄等各稱丞相軍帥等職。

南河豐北廳河隄潰決。

十月。癸卯。陝甘總督裕泰卒。予諡莊毅。授舒興阿陝甘總督。

十一月。賽尚阿督向榮烏蘭泰等攻永安。不克。遂圍之。時向榮統北路。烏蘭泰統南路。互有違言。知縣江忠源率勇從烏蘭泰軍。頗調停其間。不能得。因引疾去。

咸豐二年壬子。正月壬子。賞給緜悌之繼子奕劻貝子。命兼奉慶良郡王緜愍祭祀。

丁丑。閩浙總督季芝昌奏。臺灣匪徒洪紀作亂。由鎮道督兵討平。

辛酉。命裕誠爲大學士。以直隸總督訥爾經額協辦大學士。

二月。洪秀全自永安潰圍東走。總兵長瑞長壽董先甲邵鶴齡陣亡。副都統烏蘭泰受傷。旋卒。秀全遂逼桂林省城、烏蘭泰於上年二月。由廣州副都統調至廣西。屢戰皆捷。及圍永安。又生擒洪大全送京師。至是、以追敵涉險受傷而逝。

四月乙巳。賜章鋆等二百三十九人進士及第出身有差。

太平軍陷全州。秀全攻桂林。向榮與巡撫鄒鳴鶴等擊卻之。遂解圍去。出興安。陷全州。乘勝入湖南境。江忠源敗之於蓑衣渡。焚其舟幾盡。並礮斃馮雲山，太平軍遂棄輜重登陸。

五月。陷道州。提督余萬清棄城遁。遂分陷江華永明各縣。

七月丙寅。協辦大學士杜受田卒。予謚文正。受田為帝師傅。故飾終之典尤渥。

太平軍陷桂陽州郴州。趨長沙。

九月己酉。以調度乖方革大學士賽尚阿職。逮問。湖廣總督程矞采革職留營效力。授徐廣縉為欽差大臣。署理湖廣總督。

辛亥。命訥爾經額為大學士。仍留直隸總督任。戶部尚書禧恩吏部尚書賈楨俱協辦大學士。

十月壬辰。季芝昌以病免。調吳文鎔為閩浙總督。以羅繞典為雲貴總督。

甲午。冊立貴妃鈕祜祿氏為皇后。

太平軍攻長沙。官軍擊卻之。遂陷岳州。蕭朝貴詷長沙無備。率衆由醴陵上犯。總兵和春與江忠源馳至。與敵相持。向榮亦自桂林至。會朝貴中礮死。秀全等自郴州悉衆來攻。日久不克。遂解圍渡湘而西。陷益陽。渡洞庭。時湖北提督博勒恭武守岳州。先三日遁。遂陷之。盡得吳三桂時所遺軍械礮位。

十一月甲子。協辦大學士禧恩卒。予諡文莊。

浙江布政使椿壽自盡。諭巡撫黃宗漢詳細訪察。是否另有別情。尋奏稱因庫款不敷。漕運棘手。並無別情。

太平軍陷漢陽。十二月。陷武昌。巡撫常大淳等死之。時太平軍蔽江而東。所過城鎮。望風而靡。總督程矞采在衡州。旋革職遣戍。命張亮基署理湖廣總督。

己亥。授葉名琛兩廣總督。

乙亥。命丁憂侍郎曾國藩在湖南原籍。幫同辦理本省團練鄉民搜查土匪諸事務。

辛丑。徐廣縉逮問。授向榮爲欽差大臣。

命兩江總督陸建瀛爲欽差大臣。進防江皖。

命琦善爲欽差大臣。由河南進勦。琦善先已釋還。令署河南巡撫。至是、以防太平軍北竄。故有是命。

咸豐三年癸丑。正月。太平軍東下。至廣濟之武穴。陸建瀛兵潰退。九江安慶俱失守。安徽巡撫蔣文慶等死之。向榮收復武昌。建瀛逮問。命怡良爲兩江總督。

二月。豐北河工合龍。

江寧失守。將軍祥厚等死之。已革總督陸建瀛被戕。向榮率兵追至江寧。遂結營城外孝陵衞。

太平天國丞相林鳳祥等陷鎮江揚州。並由揚州分兵踞臨淮關。入鳳陽府。又至浦口。攻六合。秀全與楊秀清謀。欲分兵守江南。而自率衆由淮安北趨。有一老舟子言。北路無水乏糧。遇困莫解。不如踞南京爲都。秀清信之。乃遣林鳳祥羅大綱李開芳等北行。

壬寅。行用官票。命於京師先行。

三月丁卯。定各省捐貲備餉。准廣文武鄉試中額及文武試學額例。

四月。琦善率師圍揚州。初。琦善由信陽州與提督陳金綬學士勝保敗敵浦口。遂進攻揚州。旋總督慧成查文經福濟等。均率師來會攻。侍郞雷以諴亦募勇防揚州東路。

己亥。賜孫如僅等二百二十二人進士及第出身有差。

太平軍由鳳陽擾河南。陷歸德府。攻開封。爲官軍所敗。遂圍懷慶。立爲柵城。與官軍相持。

五月戊申。始製銀鈔。

福建會匪滋事。同安廈門失守。

福建漳州府及延平府土匪滋事。永安沙縣失守。鎮道被戕。旋即收復。

鑄當十大錢。

太平軍攻南昌。分陷各府。湖北臬司江忠源擊卻之。時楊秀清遣胡以晄攻安徽桐城。破集賢關。遂再陷安慶。又遣賴漢英石祥貞攻九江湖口進圍南昌。巡撫張芾拒守。適湖北臬司江忠源來援。屢戰皆捷。

六月。命各直省行堅壁清野法。

侍郎雷以諴始行抽收釐金於揚州。初、以諴以巡視黄河隘口。請捐貲募勇。自成一軍。因江都之仙女鎮各會館。舊有抽收釐金章程。遂仿行以濟軍需。坐賈則按月收捐。爲板釐。行商則設卡抽捐。爲活釐。按獲利之厚薄。約取百中之二三。其後各省皆仿行之。軍餉賴以得濟。

庚辰。命訥爾經額爲欽差大臣。尚書恩華將軍托明阿幫辦軍務。赴河北進勦。

豐北河工復決。

七月。河北軍破敵木柵。遂解懷慶圍。

河南軍馳援江西。初、丁憂侍郎曾國藩在湖南湘鄉原籍。團練鄉兵。仿明戚繼光編束隊伍法。創爲湘勇營。其制每營五百人。擇官紳誠樸者率之。日事訓練。先討土匪。皆平之。湘勇遂以勁旅稱。至是、敵圍南昌。並入江西腹地。江忠源飛書湖南請援。國藩與巡撫駱秉章。派湘勇馳援。時吉安土匪圍城。一戰解之。

八月己卯。調吳文鎔爲湖廣總督。以慧成爲閩浙總督。裕瑞爲四川總督。

太平軍由懷慶破山西平陽府。遂入直隸境。訥爾經額既解懷慶之圍。凱旋還直隸。方次臨洺關。先一日。有冒官軍旗幟責州縣供張者。蓋敵已由潞城黎城間小徑入關矣。官軍遇敵倉皇失措。遂大潰。訥爾經額以數十人走入廣平府。旋與山西巡撫哈芬均逮問。以勝保爲欽差大臣。桂良爲直隸總督。

前署兩江總督楊文定以奏報軍務失實。逮問。旋遣戍。

九月辛亥。授惠親王綿愉爲奉命大將軍。科爾沁郡王僧格林沁爲參贊大臣。保衞畿疆。京師戒嚴。

太平軍解南昌圍。趨九江。遂入湖北境。官軍失利於田家鎮。黃州漢陽二府復陷。

十月。太平軍陷深州。攻天津。踞靜海縣。分屯獨流楊柳青等處。

命曾國藩酌帶練勇。馳赴湖北協勦。

戊寅。命恭親王奕訢在軍機大臣上行走。

以麟魁爲總管內務府大臣。勿庸在軍機處行走。命侍郎瑞麟穆蔭在軍機大臣上行走。

上海土匪劉麗川踞城。命巡撫許乃釗勦之。

太平軍由安慶踞集賢關。入桐城舒城。侍郎呂基賢死之。遂圍廬州。

十一月。安徽潁亳捻匪滋事。踞雉河集。給事中袁甲三擊敗之。捻者、捏也。不逞之徒。聚捏成隊。肆刦掠。俗謂之捻子。江南之淮徐海。安徽之潁亳壽。河南之南汝光。山東之兗沂曹濟。湖北之襄棗鍾隨。其民類多慓悍。其股無慮千百。此次初稱亂於淮河。袁甲三駐臨淮關勦之。殄戮甚衆。各捻麤定。

甲辰。以和春爲江南提督。

閩浙總督王懿德奏克復廈門。

丁巳。定私鑄大錢罪名。時行用當百當十大錢。及鉛錢鐵錢。私鑄者衆。雖用嚴刑。勿能止也。

乙丑。行官票寶鈔。凡民間完納地丁錢糧。及一切交官解部協撥等款。均准以官票寶鈔五成爲率。官票銀一兩。抵制錢二千。寶鈔二千。抵銀一兩。與大錢制錢相輔而行。

勝保攻天津敗退。副都統佟鑑天津縣知縣謝子澄死之。

太平軍自揚州潰圍竄瓜州。革琦善等職。留營效力。

廬州失守。巡撫江忠源死之。以援救不力。革舒興阿職。以福濟爲安徽巡撫。與提督和春規畫廬州。田家鎮既敗。忠源突圍至廣濟。旋授安徽巡撫。以廬州事急。遂由六安州進。時胡以晄率衆十餘萬圍攻廬州。忠源入城拒守月餘。城陷。死之。事聞。照總督例賜卹。予謚忠烈。

咸豐四年甲寅。正月壬寅。授易棠陝甘總督。

僧格林沁勝保等攻破獨流。太平軍分竄東城陳官桃園九等村莊。

湖北官軍敗於黃州。總督吳文鎔死之。先是、太平軍犯省城。巡撫崇綸欲逃。文鎔力止之。及敵退。崇綸大憾。凡所奏請。百計齮齕。又奏文鎔閉門自守。有詔詰責。文鎔不得已出駐黃州。至是、師潰。死之。崇綸旋亦逮問。畏罪自殺。

二月辛巳。以台湧爲湖廣總督。時湖北德安諸郡縣均陷。台湧駐隨州。巡撫青麐守武昌。

乙未。晉封貴人那拉氏爲懿嬪。

太平軍遣孫寅三等陷安徽太平府。結壘三十餘。直達江干。爲金陵聲援。

楊秀清遣石祥貞曾漢黃各軍。溯江陷岳州。分擾靖江。並入湘陰城。

三月。太平軍自皖北入山東。逼臨清州。河北之太平軍自獨流破後勢已窮蹙。天王密令安徽之兵由豐工渡河。破金鄉縣臨清州。旋爲官軍克復。餘衆走保冠縣鄆城曹縣。旋亦爲官軍悉數殄除。

壬子。革山東巡撫張亮基職。遣戍。因勝保參其欺飾冒功也。

曾國藩統水陸師敗太平軍於湘潭。遂與塔齊布克復湘潭縣。此爲湘軍初興第一次奇捷。

四月己丑。予告大學士潘世恩卒。予諡文恭。

五月。高唐州失守。太平軍自獨流破後。走保阜城。又踞連鎮。至是、又分股南破高唐。

湖南常德府失守。太平軍由湘潭竄陷常德。

六月。武昌失守。布政使岳興阿等死之。巡撫青麐棄城遁長沙。旋命正法。革台湧職。以楊霈代之。

楚軍復岳州。

七月。江南軍克復太平府。

閏七月。琦善卒於軍。命前江寧將軍托明阿督辦揚州軍務。

八月。曾國藩督水陸各軍敗太平軍於武昌。遂復武昌漢陽二城。並復黃州。

十月。揚州軍敗太平軍於浦口。

十一月甲申。革四川總督裕瑞職。以其收受陋規辦案錯誤也。以黃宗漢爲四川總督。

雲貴總督羅繞典卒。以恆春代之。

庚寅。祁寯藻致仕。命賈楨爲大學士。

咸豐五年乙卯正月。江蘇巡撫吉爾杭阿克復上海縣城。斬劉麗川。

楊霈敗於廣濟。時官軍圍九江急。太平軍乃分軍擾上游。楊霈不設備。倉皇突圍走蘄水。太平軍遂陷漢口。入襄河。湖北大擾。

僧格林沁等攻破連鎮。擒林鳳祥。河北肅清。僧格林沁由郡王進封親王。

二月。僧格林沁等復高唐州。太平軍餘衆踞馮官屯。

三月。武昌復陷。巡撫陶恩培等死之。命胡林翼署湖北巡撫。林翼以翰林改官貴州知府。四年。率黔勇勦匪。由湖北通城援武昌。累升湖北布政使。屢戰於小河口鸚鵡洲。至是署巡撫。聚軍上游。力圖進取。

四月。僧格林沁破馮官屯。擒李開芳等。北軍告蕆。賞僧格林沁親王世襲罔替。西淩阿三等男爵。撤大將軍參贊大臣。京師解嚴。

西安將軍扎拉芬於隨州陣亡。德安失守。

己未。革楊霈職。以官文爲湖廣總督。官文爲荊州將軍。屢破敵於岳家口仙桃鎮。及復宜昌沔陽天門等處。至是、命爲湖廣總督。赴襄陽督師。

五月壬戌。命察哈爾都統西淩阿爲欽差大臣。馳往湖北。督辦軍務。並命荊州將軍綿洵爲幫辦。

六月。下北廳蘭陽汛銅瓦廂三堡河隄漫溢。

七月壬戌。尊康慈皇貴太妃爲康慈皇太后。

庚午。皇太后崩。

壬午。諭、恭親王奕訢。於一切禮儀。多有疏略之處。著勿庸在軍機大臣上行走。並開去宗人府宗令正黃旗滿洲都統缺。

命戶部尚書文慶在軍機大臣上行走。

湖南提督塔齊布卒於軍。塔齊布由侍衛揀發都司。在湖南疊著戰功。超升提督。素以智勇著名。所向無堅敵。至是、將攻九江。以力盡心悸而卒。予謚忠武。

楚軍克蔡店。拔漢口鎮。

八月。福濟奏捻匪張洛刑等復踞雉河集。

九月癸亥。大學士卓秉恬卒。予謚文端。

庚午。命戶部尚書文慶兩廣總督葉名琛俱協辦大學士。名琛仍留兩廣總督任。

乙酉。以官文爲欽差大臣督辦湖北軍務。時西凌阿綿洵以久攻德安未克。命革職。並逮問提督孔廣順。命官文赴德安督勦。德安旋即克復。

十月。和春福濟克復廬州府城。

十二月乙巳。命文慶葉名琛爲大學士。桂良彭蘊章協辦大學士。葉名琛桂良仍留兩廣直隸總督任。

雲南回民杜文秀起蒙化。襲踞大理府城。提督褚允昌死之。

咸豐六年丙辰三月。瓜州鎮江太平軍合攻揚州。陷之。旋爲官軍收復。革托明阿等職。以德興阿爲欽差大臣。翁同書幫辦軍務。

寧紹台道羅澤南力攻武昌。死之。澤南。湘鄉諸生。講學宗程朱。體用兼備。兵興後。即倡率生徒爲團練。至性感動鄉里。遂率其鄉人轉戰三楚江西大小二百餘戰。悉身先士卒。至是、力攻武昌。駐軍賓陽門外之洪山。乘勝追勦左額中槍子。遂卒。事聞。命照巡撫例優卹。旋予謚忠節。

安徽寧國府失守。太平軍由太平涇縣犯寧國。陷之。

辛巳。以皇長子載淳生。晉封懿嬪那拉氏爲懿妃。

四月辛亥。賜翁同龢等二百十六人進士及第出身有差。

江蘇巡撫吉爾杭阿由上海進攻鎮江。於高資力戰陣亡。命照總督例賜卹。予謚勇烈。

五月。江南大營失陷。向榮退保丹陽。江南大營因援勦寧國溧水。屢經抽撥兵力過單。至是、江寧太平軍約鎮江之兵來攻大營。兵勇潰散。張國樑力戰突圍。保向榮由高淳退保丹陽。旋命國樑幫辦軍務。

七月。向榮卒於軍。向榮自道光三十年調廣西提督。即與太平軍相持。追擊東下。直抵江寧。大小千百戰。終以積勞殞於軍。奉旨優卹。予謚忠武。

癸酉。命怡良暫署欽差大臣。督辦江南軍務。

八月戊子。命黃宗漢來京。以吳振棫爲四川總督。

甲午。命江南提督和春爲欽差大臣。督辦江南軍務。

太平天國北王韋昌輝。以天王洪秀全命。殺東王楊秀清。天王復殺昌輝。翼王石達開奔安慶。初、向榮卒。

太平諸王相慶。秀清素以秀全爲贅疣。陰有自立意。令其下呼萬歲。秀全密召韋昌輝石達開。令圖之。昌輝先至。秀清招之飲。昌輝於飲次刺殺之。盡殺其黨。達開至。責昌輝太酷。昌輝怒。將殺達開。達開縋城夜遁。昌輝盡殺其母妻子女。秀全懼。密諭秀清黨攻殺昌輝。

九月。捻匪西竄。逼陳州。先是、命河南巡撫英桂督辦三省勦匪事宜。至是、以匪蹤四竄。日久無功。交部議處。

易棠以病免。以樂斌爲陝甘總督。

十一月乙卯。賈楨丁憂。命彭蘊章爲大學士。翁心存以吏部尚書協辦大學士。

辛未。大學士文慶卒。予謚文端。文慶在政府。嘗密請破除滿漢藩籬。不拘資地用人。曾國藩以鄉兵破敵。政府中頗有詆排之者。文慶獨時時左右之。

葉名琛奏英國領事巴夏禮駛入省河肆擾。攻擊城垣。名琛既代徐廣縉督粵。遇交涉事。馭外人尤嚴。每接文書。輒略書數字答之。或竟不答。顧術僅於此。時英政府以巴夏禮任廣州領事。亦負氣好爭。適有華船入英籍者。官兵疑爲奸民。毀其旗。繫十三人去。英人責名琛謝罪。不得。遂以兵艦攻黄浦礮臺。名琛詰。釁由巴夏禮請入城面議。不許。至是、遂攻省城。陷之。以兵少。不久仍退還歸軍艦。粤民遂爭起暴動。凡各國洋樓。一切燒燬。

楚軍克復武昌漢陽二城。自是胡林翼經營武漢。爲東征之後援。武漢屹然爲上游重鎮。

十二月己酉。命桂良爲大學士。以譚廷襄署直隸總督。以柏葰協辦大學士。

楚軍合圍九江。先是、江西自饒廣失守。敵踞湖口。楚軍水師分爲外江內湖。隔閡不通。曾國藩在南昌。修整舟師。徐圖大舉。自武漢既定。袁州克復。湖北援軍大至。時李續賓率陸師。楊岳斌率水師。九江之圍復合。

咸豐七年丁巳。正月乙卯。晉封懿妃那拉氏爲懿貴妃。

二月。曾國藩丁憂。命楊載福彭玉麟分領其軍。

四月癸巳。怡良以病免。命何桂清署兩江總督。

五月。太平軍復犯湖北。時陳玉成由桐城以擾湖北之黃梅廣濟蘄州等邊界。楚軍連戰却之。

六月乙亥。恆春自殺。調吳振棫爲雲貴總督。以王慶雲爲四川總督。時雲南回民肆擾。逼近省城。恆春以堵截計窮。事處危急。與其妻在署自縊。

七月。袁甲三奏攻破鄧王姚三圩。生擒捻首李寅等。

楚軍克復瑞州府。

九月。參贊大臣法福禮奏收復英吉沙爾喀什噶爾二城。先是、回匪由卡外竄入。英喀回城失陷。漢城被閩。官兵甫到。即聞風潛遁。

楚軍克復湖口縣。又克彭澤縣。

十月丁丑。以雲南各屬漢回仇殺。革散貼告示倡議殺回之侍郎黃琮御史竇垿職。從總督吳振棫請也。

十一月。德興阿等克復瓜州。張國樑等克復鎮江。

十二月。初、英使額爾金至粵。貽葉名琛書。約期會議償款。重立約章。名琛置不答。法美領事亦以燬屋失財。移文責償。亦不聽。英法同盟軍遂貽名琛最後書。迫令於四十八時內引去。至期不得復。遂於十二日。遣六千人登陸。十三日。據海珠礮臺。十四日。陷廣州。名琛匿左都統署。同盟軍遂刦將軍巡撫都統等。大索名琛。得之。挾以登舟。事聞。褫名琛職。以黃宗漢代之。先令巡撫柏貴署理。自是廣州爲同盟軍占領者三年。名琛被虜至印度加爾各答。死焉。

楚軍克復臨江府。

咸豐八年戊午。二月。江南軍攻克秣陵關。

三月。江西太平軍入浙江。陷江山常山開化諸邑。

勝保袁甲三解固始城圍。先是、太平軍糾豫捻犯商固。擬由光州六安。以窺湖北隨棗。勝保等擊破之。遂解固始之圍。

四月。楚軍克復九江府城。九江自咸豐三年爲太平將林啓榮等占踞。已閱六年。至是、李續宜楊載福彭玉麟等水陸夾攻。乃克之。擒斬林啓榮等殆盡。

江南軍攻克雨花臺。

黑龍江將軍奕山與俄使木喇福岳福訂約於璦琿城。割黑龍江北岸地與俄。、初俄人通商。惟恰克圖一處。自五口通商後。俄人乘隙。大改康熙時尼布楚條約。咸豐三年。行文中國。謂自黑龍江格爾必齊河上流。以達於海。未設立界標。卽屬未定之地。請派員商議。蓋自道光末年以來。俄人乘中國多事。已於黑龍江北岸。設兵屯守。殖民其地。非一日矣。四年。復以艦隊順黑龍江而下。通過璦琿。中國官吏止之。不得。五年。奕山與木喇福岳福等會議界務。俄欲以黑龍江及烏蘇里江爲界。不諧而罷。次年。又遣海軍將普查欽爲全權大臣。乘艦至天津。再申前議。政府拒絕之。至是、又移住其人民於烏蘇里江口。奕山乃承政府命。與訂約於璦琿。於是康熙舊界自格爾必齊河。循大興安以至於海者。爲之一大變。而雍正五年約定烏特河爲兩國中立地者。更無論已。

英法聯軍陷大沽礮臺。命僧格林沁爲欽差大臣。督兵馳赴天津。京師戒嚴。聯軍既陷廣州。貽書中國首相。欲改訂約章。增開口岸。至上海待命。旣而各國軍艦向天津。集白河口。投書直隸總督譚廷襄。仍請轉達首相。朝命侍郎宗倫等往會廷襄議款。英人以其官小。不足當全權之任。辭不見。遂攻陷大沽礮臺。時俄美二國居間排解。乃命大學士桂良吏部尚書花沙納赴天津議款。又賞已革大學士耆英侍郎銜。飭令赴津。耆英往拜英使。不見懼而還京。帝震怒。賜自盡。

五月庚寅。吳振棫奏回民就撫。省城解嚴。

戊子。大學士裕誠卒。予謚文端。

太平軍自江西入閩。陷邵武等郡縣。

乙未。起復兵部侍郎曾國藩。馳赴浙江。辦理軍務。時浙江處州失守。恐前派督辦浙江防剿事宜總兵周天受資望較淺。未能統率各軍。故有是命。旋處州克復。浙江全境肅清。改命國藩援閩。

戊戌。命侍郎匡源內閣學士文祥。在軍機大臣上學習行走。

桂良等奏議款事定。英法兵艦退出天津。桂良等既至天津。英人持所定新例五十六條。要以畫押允行。其中最重要者。一、增開牛莊登州臺灣潮州瓊州等處。又於長江一帶許選擇三口。一、洋人帶眷屬在京師長行居住。一議償商虧軍費各二百萬兩。清款後交出粵城。法人所定四十二條。與英略同。軍費賠款則減英人之半。桂良據以入告。雖一時廷臣多憤激主戰。帝以戰守均無把握。不能從也。

六月己酉。命桂良花沙納與侍郎基溥武備院卿明善馳往江蘇。會議通商稅則事宜。

庚申。以天津失事。革譚廷襄職。遣戍新疆。以慶祺爲直隸總督。

七月。太平軍復陷廬州。時福濟以師久無功。命來京。以李孟羣署安徽巡撫。

丙申。命勝保爲欽差大臣。督辦安徽軍務。安徽巡撫翁同書幫辦軍務。袁甲三督辦三省勦匪事宜。

八月。楚軍克復吉安府。

福建軍克復邵武府。閩境肅清。

九月。揚州軍失利。府城復陷。時太平天國英王陳玉成攻浦口德興阿營。破之。遂陷揚州。德興阿退守邵伯。旋張國樑率江南軍渡江。克復揚州及儀徵。詔撤德興阿欽差大臣。以和春兼轄江北軍。

楚軍克復安徽桐城舒城二縣。進逼安慶。

壬午。命柏葰翁心存爲大學士。以官文協辦大學士。

六合縣失守。道員溫紹原死之。六合居江寧北。以浦口爲咽喉。紹原力守六年。至是。太平軍以全力克之。

十月。楚軍失利於三河。布政使李續賓死之。先是、官文胡林翼會籌東征之策。陸師渡江。先皖而後及江南。水師先安慶而後及江寧。以圖皖之事。屬之李續賓。請加巡撫銜。專摺奏事。時太平天國英王陳玉成主皖事。既陷廬州。於距廬州五十里之三河。屯糧械。築大城。環以九壘。防守甚嚴。續賓既下桐舒。遂進攻三河。大戰破敵。九壘皆下。而所部傷亡亦衆。玉成暨侍王李世賢糾合捻首張洛刑。自廬州至。抄官軍後路。四面圍裹。愈集愈厚。七營先陷。續賓知事不可爲。乘夜躍馬入敵陣死之。曾國華及諸員弁死者六千人。湘軍精銳殲焉。續賓少從羅澤南學。爲人含容淵默。其選士以知恥近勇樸誠敢戰爲上。遇敵則人當其脆。而己當其堅。糧仗則予人以善者。而己取其窳者。所屯軍地。百姓耕種不輟。萬幕無譁。大小六百餘戰。克四十餘城。口不言功。及沒。遠近痛哭。事聞。帝震悼。命照總督例賜卹。旋予謚忠武。

勝保奏捻首李兆受獻滁州投誠。命更名世忠。以參將補用。兆受。固始人。咸豐三年。降何桂珍。旋復叛。戕桂珍。至是、降於勝保。

十一月己亥。吳振棫因病解任。以張亮基爲雲貴總督。徐之銘爲雲南巡撫。時振棫受制回人。亮基入城。亦爲回人看守。出入均難自主。

戊辰。大學士柏葰以科場事革職。

十二月丁卯。命瑞麟爲大學士。

咸豐九年己未正月。以太僕寺卿袁甲三督辦三省勦匪事宜。日久遷延。訖無成效。命回京供職。以總兵傅振邦代之。從勝保奏請也。

二月甲寅。殺已革大學士柏葰等。自嘉道以來。公卿子弟。遇科場競通關節。視巍科爲故物。以通榜爲常事。戊午科場後。御史孟傳金奏中式舉人平齡硃墨不符。物議沸騰。奉旨將正考官柏葰革職。副考官朱鳳標程庭桂解任。聽候查辦。時端華肅順方用事。以柏葰資望較深。性頗鯁直。畏而惡之。肅順爲刑部尚書。遂據刑律。坐柏葰以因家人求請撤換試卷。與同考官編修浦安程庭桂之子程炳采等。均處斬。程庭桂等遣戍。內外簾官及新中舉人軍流降革至數十人。

慶祺卒。壬戌。以恆福爲直隸總督。

廬州官軍失利。前署安徽巡撫李孟羣死之。

太平天國翼王石達開犯湖南。達開自出金陵。與天王隔絕。連犯安徽江西福建。不得逞。至是、由江西南安取道崇義。入湖南。陷桂陽州。時湘軍分援各省。兵力自弱。故達開乘虛而入。巡撫駱秉章檄召劉長佑等募勇禦之。

四月壬寅。調王愛雲爲兩廣總督。黃宗漢爲四川總督。

己未。調勞崇光爲廣東巡撫。兼署兩廣總督。

壬戌。王懿德以病免。以慶端爲閩浙總督。

乙丑。賜孫家鼐等一百八十八進士及第出身有差。

五月辛卯。大學士翁心存因病乞休。允之。甲午。命賈楨爲大學士。

英兵艦攻大沽礮臺。官軍擊卻之。桂良等至上海。會同何桂清與四國使臣定約畫押而還。至是、各國艦隊駛赴天津。遵例換約。大吏遣人告以大沽現在設防。不便行走。須改由北塘口進。英艦先至。抗不遵行。

邏駛入大沽。開礮轟擊。官軍還擊。沈其數艦。且殺登岸兵數百。遂退去。美艦後至。遵約改道行走。

六月。石達開圍寶慶府。楚軍擊敗之。達開旣入湘。圍衡州不克。乃攻寶慶。衆稱數十萬。李續宜督諸軍大破之。城圍遂解。又破之永明道州。

陳玉成合捻黨陷安徽定遠。道員郭沛霖等死之。並陷天長盱眙。

九月。石達開犯桂林。達開自寶慶永明道州屢敗後。由新寧城步等處山僻小路。直犯桂林。巡撫曹澍鍾固守。攻之不克。遂解圍去。陷慶遠府。

戊寅。王慶雲以病免。以勞崇光爲兩廣總督。自廣州爲英占踞後。和議雖成。總督將軍皆駐佛山。不敢入城。至是、崇光始入城。

己丑。大考翰林詹事官。擢顏宗儀等二員一等。餘升黜留館有差。

十月庚子。以曾望顏署四川總督。命黃宗漢留京。以侍郎候補。

辛丑。勝保丁憂。命漕運總督袁甲三署理欽差大臣督辦皖省軍務。

命侍郎匡源文祥在軍機大臣上行走。

江南軍敗於六合。又敗於浦口。提督周天培死之。

十一月。太平天國守池州將韋志俊內應獻城。其部下古隆賢等復攻陷之。

袁甲三克復臨淮關。

咸豐十年庚申。正月己巳。命勝保督辦河南勦匪事宜。帝以勝保督勦皖省。日久無功。撤去欽差大臣。命馳往河南。督辦該省勦匪事宜。派關保爲幫辦。袁甲三仍署理欽差大臣。督辦安徽軍務。翁同書仍爲幫辦。並添派穆騰阿幫辦。傅振邦督辦徐宿一帶勦匪事宜。田在田幫辦。德楞額督辦山東勦匪事宜。哈勒洪阿幫辦。

袁甲三克復鳳陽府縣二城。生擒捻首張元龍等。

二月癸丑。加江寧布政使薛煥巡撫銜。幫辦五口通商事宜。

捻匪竄陷清江浦。太平軍將取蘇杭。豫結捻首張洛刑、龔瞎子等使擾清淮。以分江皖兵力。清江爲河漕聚匯處。居室器用。踵事華富。各捻首垂涎已久。至是、率衆由吳家墩驟至。河督庚長退保淮安。旋各路援軍至。遂收復清江。

杭州失守。巡撫羅遵殿等死之。先是、太平軍陷涇縣廣德州。遂闌入浙江之安吉。距杭州一百數十里。巡撫告急。帝命和春兼辦浙江軍務。以提督張玉良總統援浙諸軍。至是、太平軍由武康直撲杭州。援軍未至。守陴兵寥寥。遂陷。巡撫以下死之。將軍瑞昌堅守滿城六晝夜。不陷。及張玉良至。遂克復杭州城。

三月。援浙軍克復長興縣。

閏三月。江浙軍克復廣德州建平縣。

江南大營失陷。張國樑陣亡。和春受傷卒。江南軍自上年添募壯勇。增築長圍。意謂克復金陵。在指顧間。兵將志驕。各方有急乞援。輒分兵應之。孤軍轉鬬。往往累月不能歸。存營兵力漸薄。又以軍餉不繼。擬每四十五日發一月之糧。軍心攜貳。至是、太平軍糾合各路精銳。猛撲大營。張國樑苦戰八晝夜。勢不能支。至夜。各營火起。遂退守丹陽。敵踵至。國樑力戰創甚。躍入河中。死之。和春突圍走常州。受傷嘔血死。國樑初名嘉祥。廣東嘉應州人。始爲盜。後率所部於南寧鎮投誠。時頗有疑之者。巡撫周天爵知其忠勇。保護甚至。繼隨向榮轉戰數省。所向無敵。及幫辦江南軍務。東南半壁。倚如長城。至此遂力竭捐軀。事聞。奉旨優卹。予謚忠武。同時陣亡者。有湖北提督王浚。壽春鎮總兵熊天喜等。

四月。常州失守。總督何桂淸遁。桂淸以籌餉駐常州。及敵至。倉皇遁走。蘇州巡撫徐有壬不納。退往常熟。復避至上海。旋奉旨逮問。

蘇州失守。巡撫徐有壬死之。蘇省爲東南財賦區。自常州不守。藩籬盡撤。守兵脆弱不習戰。遂失守。有壬等死之。太平軍遂陷松江等郡縣。幷浙江之嘉興府。

庚辰。命荆州將軍都興阿督辦江蘇江北軍務。

癸未。命曾國藩署兩江總督。

命薛煥署欽差大臣。辦理五口通商事宜。

甲申。命兵部郎中左宗棠以四品京堂候補。襄辦曾國藩軍務。

壬辰。賜鍾駿聲等一百八十三人進士及第出身有差。

五月甲午。以薛煥爲江蘇巡撫。暫署兩江總督。

六月壬申。命彭蘊章毋庸在軍機大臣上行走。初、蘊章力保何桂清。至是、桂清敗。故有是命。

丙戌。實授曾國藩兩江總督。並命爲欽差大臣。督辦江南軍務。國藩奉命後。以破敵必據上游。應以江楚爲根本。逐節進兵。遂徵集兵勇。部署峻整。是月。進駐祁門。以固吳會人心。兼壯徽寧聲勢。

七月。英法兵陷天津。英兵自上年敗退後。謀大舉入犯。初、僧格林沁經營防務。頗以北塘爲地勢扼要。至是朝命撤北塘之備。退就大沽。英法兵遂由北塘進內港。抵新河。以七百人登陸。僧格林沁以勁騎蹴之。爲精利火器所殲。三千騎得脫者七八而已。於是英法兵輪進攻大沽。時僧格林沁爲朝野所倚重。帝恐其寄身命於礮臺。特旨令退守。又命大學士瑞麟等統京旗兵九千防通州。是月初五日。大沽遂陷。提督樂善死之。僧格林沁退次通州張家灣。初七日。英法兵據天津。

丁未。以崇實署四川總督。

八月己巳。帝秋獮木蘭。自圓明園啓鑾。丁丑。至熱河。駐避暑山莊。英法兵既據天津。命侍郎文俊前粵海關監督恆祺往津議約。英法人拒不納。改命桂良。得英人照覆。要以增軍費。開天津爲商埠。並各國酌帶數十人入京換約。皆巴夏禮主之。桂良奏聞。嚴旨拒絕。英法兵遂擾河西務。畿輔大震。是月初一日。英法兵薄張家灣。勝保禦之。傷頰墜馬。師奔。僧瑞二軍亦退至京城外。帝知禁兵不足恃。遂北狩熱河。鄭親王端華尚書肅順軍機大臣穆蔭匡源杜翰等皆扈從。恭親王奕訢留守。仍督僧瑞二軍。駐師海淀。方英法軍之逼通州也。帝命怡親王載垣赴通議約。桂良穆蔭皆在。英參贊巴夏禮帶十餘人入城。載垣等與之宴。巴夏禮言。今日之約。須面見皇帝。載垣答以須請旨定奪。巴遂佯睡不復語。載垣不得已暫退。會有馳告英將額羅金將襲我者。載垣無措。密告僧格林沁。設法擒巴夏禮解京。及帝出狩。奕訢桂良駐城外。惟大學士周祖培尚書陳孚恩等會議城守。城門晝閉。英人聲言攻城。且索巴夏禮甚急。勝保請殺之。諸王大臣皆不敢決。十一日。有詔飛召南軍入援。奕訢既奉全權大臣之命。英人給照會。限三日內交還巴夏禮。二十二日。英兵攻海淀。禁兵不戰而潰。爰釋巴夏禮。巴既出。遂縱火燔圓明園以洩忿。

徽州失守。太平軍由廣德州犯徽州。皖南道李元度甫抵府城。即被圍。至是遂陷。

九月。英法和議成。巴夏禮要奕訢至軍面訂和約。速開安定門。周祖培等允開城延入。巴夏禮帶百餘人入城。法使亦入。居間排解。先索卹款五十萬兩。如數予之。初九日。宴英使於禮部。和議成。凡條約於八年原定外。續增九條。法使亦擬續增十條。更闢天津爲商埠。許派遣公使領事駐中國。償英國銀一千二百萬兩。法國銀六百萬兩。十一日換約。皆奕訢主之。旋據以奏聞。奉旨均著允准。並諭止勤王之師。寧國失守。提督周天受等死之。太平軍由徽州分兵攻寧國。天受與皖南道福咸死守七十餘日。至是、城陷。皆死之。並陷浙江嚴州。

捻黨竄入山東境。命僧格林沁往勦。

十月壬戌。張亮基以病免。以劉源灝爲雲貴總督。

丁丑。命順天府府丞毛昶熙督辦河南勦撫事宜。旋以河南巡撫嚴樹森代之。仍命昶熙幫辦。

辛巳。命荊州將軍都興阿督辦江北軍務。李若珠幫辦。

戊子。命太常寺少卿焦祐瀛在軍機大臣上學習行走。

十一月戊申。命倉場侍郎成琦往吉林。會同將軍景淳查勘俄國分界事宜。方英法聯軍之入京也。俄使頗調和其間。和議既成。乃索厚報。與奕訢再訂北京條約。續增十五條。其第一二兩條。關係國界。故遣成琦往會同俄官。設立界牌。

太平軍攻湖州。道員趙景賢擊卻之。

多隆阿李續宜大破陳玉成於掛車河。時官軍圍安慶急。陳玉成糾集定遠六安各股精銳。由舒城廬江上進。至桐城縣西南之掛車河等處。築壘四十餘座。圖解安慶之圍。副都統多隆阿。安徽按察使李續宜。

會擊。大破之。盡毀各壘。追勦直至桐城。

十二月己巳。設立總理各國通商事務衙門。命奕訢桂良文祥管理。並於內閣部院軍機處各司員章京內。滿漢各挑取八員。作爲司員定額。

命崇厚爲辦理三口通商大臣。駐紮天津。管理牛莊天津登州三口通商事務。

命貴州提督田興恕爲欽差大臣。督辦全省軍務。先是、石達開由廣西分兵入貴州。陷廣順永寧。時貴州巡撫何冠英卒。命興恕兼署。

丁丑。裁撤長蘆鹽政。歸直隸總督管理。

丙戌。命官文周祖培爲大學士。官文仍留湖廣總督任。以戶部尚書肅順協辦大學士。時瑞麟先以兵敗革職。彭蘊章亦因病乞休也。

咸豐十一年辛亥。正月丙午。恆福以病免。以文煜署直隸總督。

二月。陳玉成陷黄州蘄州德安諸郡縣。武昌戒嚴。時曾國荃圍安慶。玉成既敗於掛車河。念湖北爲楚軍根本。衝其腹心。必撤圍自救。乃從英霍間道入犯湖北。思解安慶之圍。

三月辛丑。命欽差大臣勝保馳赴直隸山東。督辦防勦事宜。旋又命督辦安徽河南勦匪事宜。

四月乙亥。命左宗棠幫辦曾國藩軍務。宗棠於江皖之交。親督各軍。大敗黄文金李侍賢各股。故有是命。

練總苗沛霖攻壽州。沛霖以生員爲團練長。始叛。爲勝保招降。以功授川北道。猶持兩端。使其下呼爲苗先生。至是、與壽州豪族仇殺。遂攻壽州。巡撫翁同書時在壽州。旋失守。同書爲所刦。詔命同書來京。以李續宜代之。

七月辛丑。帝不豫。壬寅。大漸。召宗人府宗令載垣、右宗正端華、御前大臣景壽、肅順、軍機大臣穆蔭、匡源、杜翰、焦祐瀛。承寫硃諭。立皇長子載淳爲皇太子。癸卯寅刻。帝崩於避暑山莊行殿寢宮。

甲辰。尊皇后及皇太子生母皇貴妃那拉氏均爲皇太后。旋上皇太后徽號曰慈安皇太后。生母皇太后徽號曰慈禧皇太后。

丙午。授駱秉章四川總督。督辦軍務。秉章先已奉命入川。辦理軍務。至是、乃實授總督。又以劉蓉署四川布政使。崇實授成都將軍。並接辦川陝交界防堵事宜。

召劉源灝來京。以福濟爲雲貴總督。時雲南回匪滋擾。源灝福濟皆未抵任。張亮基告病未行。時升任陝撫布政使鄧爾恆。行次曲靖被殺。或謂巡撫徐之銘所主使。朝廷不能治也。

八月。安慶克復。安慶陷敵已九年。楚軍自克九江後。即漸次進兵。水陸合圍。曾國荃統領團師。陳玉成屢謀解圍。爲多隆阿李續宜鮑超所敗。不能逞。楊載福以水師截其糧道。城外各壘。俱爲國荃掃蕩。城中糧盡援絕。至是城破。守將葉芸來以下均死。玉成遁出集賢關。於是池州桐城宿松各郡縣均收復。

太平將李侍賢陷嚴州餘杭。又分陷紹興處州各郡縣。

湖北巡撫胡林翼卒。林翼聰強敏給。事至應機立斷。其署湖北巡撫也。當武昌三次淪陷。公私埽地。無可措手。林翼乃整飭吏治。籌備餉需。農不病而課充。法不苛而吏肅。與總督官文極意交歡。籌議東征。所向克捷。以積勞咯血。至是卒。詔贈總督。予謚文忠。

因東省捻匪爲僧格林沁痛剿。奉旨優獎。

十月己酉。帝奉兩宮皇太后還京師。

丙辰。授恭親王奕訢爲議政王。在軍機處行走。命大學士桂良、尚書沈兆霖、侍郎文祥、寶鋆。在軍機大臣上行走。鴻臚寺少卿曹毓瑛。在軍機大臣上學習行走。

辛酉。殺怡親王載垣。鄭親王端華。協辦大學士戶部尚書肅順。革景壽穆蔭匡源杜翰焦祐瀛職。載垣端華。俱以咸豐初襲爵。任宗人府宗令及領侍衛內大臣等職。端華同母弟肅順。以郎中供奉內廷。尤善迎合。洊升至協辦大學士。三人盤結。同干大政。軍機大臣拱手聽命而已。既以科場事殺柏葰等。又借鑄錢局事興大獄。戶部司員皆褫職逮問。京師自縉紳以至商店多被株連破家。怨肅順尤刺骨。英法聯軍之役。載垣等勸文宗幸熱河。迨和議成。留京王大臣疏請還京。文宗將從之。爲載垣等所尼。屢下詔改行期。及文宗崩。稱有遺詔。與景壽等共八人爲贊襄政務王大臣。不許恭親王等奔喪。時御史董元醇疏言。皇上沖齡。未能親政。暫請皇太后垂簾聽決。並派近支親王一二人輔政。疏入。皇太后召見贊襄王大臣。命照所奏行。載垣等抗論以爲不可。退。復以本朝無太后垂簾故事。令軍機處駁還。時奕訢已至熱河。見載垣等。卑遜特甚。肅順尤蔑視之。太后欲召見奕訢。杜翰昌言於衆。謂叔嫂當避嫌疑。且太后居喪。尤不宜召見親王。肅順稱善。然奕訢終設計得獨見太后。遂密謀誅載垣等。並召曹毓瑛密擬拏問各旨。以備到京即發。議定。奕訢即還京。太后亦即下還京之旨。載垣等力阻不聽。乃議命肅順護送梓宮。載垣等扈從太后等。先從間道還京。於是大學士賈楨等合疏請太后垂簾。欽差大臣勝保亦奏請簡近支親王輔政。太后既至京師。乃下詔暴載垣等罪狀。並降旨拏問。命奕訢捧詔宣示。載垣端華二人厲聲曰。吾輩未入。詔從何來。奕訢命侍衛擒出。擁至宗人府幽之。時肅順方次密雲。逮者至。毀門而入。遂械至京。旋廷議上。載垣端華賜自盡。肅順斬立決。景壽穆蔭匡源杜翰焦祐瀛俱革職。穆蔭發往軍臺。旋尚書陳孚恩侍郎黃宗漢等。均以載垣等黨革職遣戍有差。於是垂簾之局定矣。

乙卯。命議皇太后垂簾之儀。

甲子。帝行即位禮於太和殿。以明年爲同治元年。載垣等初擬建元爲祺祥。載垣等既得罪。遂改爲同治。諭、見在一切政務。均蒙兩宮皇太后躬親裁決。惟繕擬諭旨。仍應作爲朕意。嗣後議政王軍機大臣繕擬諭旨。著仍書朕字。

戊辰。命馮子材督辦鎮江軍務。

癸酉。命曾國藩統轄江蘇安徽江西三省。並浙江全省軍務。所有四省巡撫提督以下各官。悉歸節制。時浙江全省糜爛。省垣危急。故有是命。

十一月。乙酉朔。帝奉兩宮皇太后御養心殿。垂簾聽政。

杭州失守。將軍瑞昌巡撫王有齡等死之。時楚軍規取金陵。秀全乃令忠王李秀成侍王李侍賢。分途擾浙。以分兵力。張玉良與戰於鳳山門外。中礮陣亡。二十七日。遂失守。越四日。滿城亦陷。

十二月庚申。上大行皇帝尊謚曰協天翊運執中垂謨懋德振武聖孝淵恭端仁寬敏顯皇帝。廟號文宗。定文宗山陵名曰定陵。

庚午。以沈葆楨爲江西巡撫。

丁丑。以左宗棠爲浙江巡撫。

清史綱要

卷十二

同治元年壬戌。正月甲申。命兵部尙書麟魁兩江總督曾國藩均協辦大學士。
己亥。麟魁卒。時麟魁奉命至蘭州。查辦陝甘總督樂斌辦理撤回縱匪殃民一案。查訊得實。解樂斌職。命
暫署陝督。及卒。予謚文端。以沈兆霖署陝甘總督。
丙午。革前安徽巡撫翁同書職。逮問。同書於咸豐九年六月失守定遠。逃往壽州。倚苗沛霖爲聲援。及沛
霖圍壽州。又殺徐立壯等以媚之。壽州旣破。又力保沛霖之非叛。前後奏疏自相矛盾。至是、爲曾國藩參
奏。遂命逮問。旋定擬斬監候。
李世忠攻克天長江浦浦口。
太平軍犯上海。英法各國兵擊退之。初、上海官紳立會防局。議結外國兵助剿。遣人航海入京。請於政府。
許之。至是、太平軍犯吳淞口。又踞浦東之高橋。均爲美國人華爾英提督何伯法提督卜羅德擊敗。華爾

與白齊文教練中國兵勇習洋槍。稱洋槍隊。爲常勝軍。旋華爾陣亡。白齊文以索餉不遂。投入太平軍以戈登代領常勝軍。

二月。曾國藩遣道員李鴻章赴援上海。初、國藩議遣李鴻章別領一軍。由鎮江進規蘇常。至是、上海會防局雇備輪船。遣員至安慶迎援。國藩遂改令鴻章率楚軍及新募淮軍。乘輪東下。營上海城南。詔以鴻章署江蘇巡撫。而別授薛煥通商大臣。專辦交涉事件。

三月。鮑超攻克青陽石埭太平涇四縣。太平將古隆賢屯青陽城外。鮑超擊破之。遂進克各縣。

己酉。命左副都御史晏端書赴廣東。駐紮韶關。督辦通省釐金。接濟浙江等省餉需。

江西南昌民人拆毁天主教堂。命巡撫沈葆楨嚴密查拏究辦。

雲南巡撫徐之銘奏省城解圍。回人就撫。上年十一月。回民馬起等率衆進逼雲南省城。有武生馬如龍。情願解散招撫。親赴各營勸導。立解省圍。並退出所踞各城。奉旨嘉奬如龍。命以總兵用。

四月。彭玉麟曾國荃攻克太平府蕪湖縣。並金柱關東梁山各要隘。

戊辰。命辦理山東畝捐。從僧格林沁奏請也。

多隆阿等攻克廬州府城。陳玉成奔壽州。初、苗沛霖曾受太平平北王封號。至是、玉成往乞援。沛霖遣黨迎謁。誘入城。伏兵擒之。并其部將諸王二十餘人。解送潁州勝保軍。前勝保檻送京師。未至。詔於河南衞輝府之延津將玉成凌遲處死。玉成渾名四眼狗。勇悍亞楊秀淸。謀略過李秀成。既死。楚皖之間太平軍遂不振。

太平軍擾陝西。先是、太平扶王陳得才等。約同捻黨。由河南入陝西武關。復由孝義廳出山口。直逼西安。爲官軍擊退。遂東陷渭南。入河南南陽一帶。川匪藍大順二順等由雲南昭通倡亂。蹂躪全川。時亦竄入陝西。踞洋縣商州山陽等處。與陳得才等互爲應援。進攻潼關。爲官軍所敗。又圍鳳翔府城。

上海軍攻克南橋鎮。法提督卜羅德陣亡。

丁丑。上兩宮皇太后徽號。

五月。臺灣匪徒戴萬生等踞彰化作亂。命福建巡撫徐宗幹勦辦。

丙戌。賜徐郙等一百九十三人進士及第出身有差。

廣西巡撫劉長佑奏克復太平府城。先是、太平府城被匪徒吳凌雲等攻陷。至是、爲官軍克復。進擣隴羅老巢。

丁酉。命荊州將軍多隆阿督辦陝西軍務。

甲辰。添設長江水師提督。駐紮蕪湖。

浙江湖州失守。道員趙景賢被執。景賢湖州人。在籍辦團。每戰必捷。洊升福建糧儲道。時湖州被圍數月。

糧援俱絕。遂陷。景賢被執。不屈。至二年三月。被戕於蘇州。事聞。照巡撫例賜卹。予謚忠節。

曾國荃等攻克秣陵關等要隘。圍逼江寧。駐軍雨花臺。

六月。鮑超攻克寧國府。先是、太平輔王楊輔清。率衆十餘萬。踞寧國府。分股屯寨亭等處。爲鮑超所破。至是、又連破之城外。遂復府縣城。輔清遁去。保王洪容海降。幷收復廣德州。

癸酉。大學士桂良卒。予謚文端。

陝西回民作亂。圍攻省城。並擾同州蒲城等處。

七月己丑。袁甲三以病免。以安徽巡撫李續宜爲欽差大臣。督辦軍務。以吳棠署漕運總督。續宜旋丁母憂。請假還籍。屢乞病假。於二年冬病卒。予謚勇毅。

壬辰。以工部尚書倭仁協辦大學士。

署陝甘總督沈兆霖。於平番縣三道溝地方。猝遇山水漲發。沖沒殞命。事聞。奉旨優卹。

庚子。命欽差大臣勝保赴陝西督辦軍務。勝保先奉命督勦皖捻。因袒護苗沛霖。與袁甲三李續宜齟齬。旋命馳赴河洛。至是、因陝省回民猖獗。多隆阿在隨州棗陽一路布置。太平軍陳得才等又攻圍南陽。爲所牽掣。不能赴陝。故又命勝保赴陝督辦。

以熙麟爲陝甘總督。未到任以前。由布政使恩麟署理。

甲辰。以慶端爲杭州將軍。耆齡爲閩浙總督。

丙午。命欽差大臣親王僧格林沁統轄山東河南全省軍務。並調度直隸山西兩省防兵。四省督撫提鎮以下各官。及副都統遮克敦布、河南團練大臣毛昶熙、漕運總督吳棠。均歸節制。初、僧格林沁督師山東。初戰不利。後漸削平諸教黨及土匪。至是、始命以全力勦捻。

丁未。命貴州提督田興恕赴四川交駱秉章差遣。興恕先以意氣驕盈。行爲乖謬。被參。命繳還欽差大臣關防。毋庸署理巡撫。仍以提督勦辦貴州苗教各匪。至是、又以殺害外國傳教士及奏報不實。縱寇殃民。被參。奉旨先行交部議處。仍候查辦。旋議遣戍。

八月。多隆阿攻克荊紫關。多隆阿入陝。已抵商南。時陳得才等糾合豫捻。襲踞荊紫關。遂還師攻破之。又勦滅亳潁捻黨入陝回股。

閏八月癸巳。命左都御史李棠階在軍機大臣上行走。

丙申。命倭仁爲大學士。

甲辰。以劉長佑爲兩廣總督。時勞崇光被參離任。旋又命崇光往貴州查辦事件。長佑未到任以前。以晏端書署理。

陳得才糾合捻黨犯湖北。陷隨州等處。圍安陸府。爲官軍所敗。復還河南。

九月丁丑。詔畿輔行堅壁清野法。時畿輔教士捻各匪蠭起故也。

十月戊子。命吏部尚書瑞常協辦大學士。

己丑。命大理寺卿曹毓瑛在軍機大臣上行走。

曾國荃擊退援金陵之太平軍。國荃駐軍雨花臺後。守城兵出戰。輒敗創。天王乃促侍王李世賢忠王李秀成還援。時左宗棠力攻衢州。世賢不克離浙。秀成先遣其國宗回援。戰不利。及八月。江南大疫。徽寧尤甚。鮑超等病不能軍。金陵圍師亦死者山積。閏八月。秀成自蘇常率衆六十萬來援。圍官軍營數重。日夜猛攻。國荃裹創苦守。九月。李世賢自浙至。開隧道以攻。官軍亦掘內濠以阻之。相持四十六日。重圍始解官軍傷亡五千人。國荃之弟貞幹。亦以病後過勞卒。

十一月丙辰。大學士銜管理工部事務翁心存卒。予謚文端。時心存之子同書在獄。命暫行釋放。俟百日後再行監禁。後竟免死。在甘肅軍營效力。及卒。又開復原官。予謚文勤。

己未。予告大學士彭蘊章卒。予謚文敬。蘊章在政府。以力薦何桂清被斥。及再起。條議時事。謂楚軍徧天下。曾國藩權太重。恐有尾大不掉之患。爲政府所哂。由是不獲再用。

壬戌。勝保以督辦陝西軍務。驕恣欺罔。逮問。旋賜自盡。

授多隆阿爲欽差大臣。督辦陝西軍務。

十二月癸卯。命薛煥來京。以李鴻章暫署辦理通商事務欽差大臣。

甲辰。直隸總督文煜以辦理張錫珠股匪預顢粉飾革職發往軍臺。副都統遮克登布發往新疆。調劉長佑爲直隸總督。

同治二年癸亥。正月。浙軍克復金華府城。先是、太平侍王李世賢踞金華。圍衢州。左宗棠自開化遂安往援。破之。及世賢往援金陵。浙軍蔣益灃劉典等圍攻湯溪。至是克之。幷克龍游蘭溪。遂復金華府城。旋進克浦江諸暨。並克紹興府桐廬縣。浙東肅清。

陝軍攻克興安府城。陳得才等由湖北房竹二縣入陝境。陷興安。爲官軍克復。

二月。僧格林沁勦捻大勝。生擒捻首張洛型等。捻黨各自爲股。股各有首。以蒙亳之張洛型爲巨擘。受太平封號。跳梁楚豫江皖間幾十年。僧格林沁總統東三盟及馬步各隊。專勦捻黨大小數百戰。逐漸剗除。時在蒙亳一帶勦辦。適張洛型等聚集尹家溝。遂派隊往攻。侍郎國瑞等又遥攻其雉河集老巢二處皆破。洛型遁至宿州。爲知州英翰擒獲正法。其從子張總愚領其餘衆。

甘肅回民滋事。固原失守。時甘回蠢動。寧夏河洲狄道平羅靈州等處。亦時撫時叛。旋又圍攻平涼府城。

貴州回教各匪連陷安南興義。分擾郎岱等廳州。

設立同文語於京師。

上海軍解常熟昭文圍。先是、守常熟太平將駱國忠降於李鴻章。太平軍圍之。官軍進攻崑山太倉。爲慕王譚紹洸擊退。至是、鴻章令劉銘傳乘輪船濟師。洋將戈登率常勝軍助之。遂解常熟之圍。

浦口江浦復陷。李世忠突圍出。詔撤去督辦軍務。

江南軍敗李侍賢於蕪湖金柱關。克復要隘。

雲貴總督潘鐸爲回衆所戕。先是、雲南叛回蠢起。全省分裂。省城回民亦與叛回通。魚肉良民。脅制官府。巡撫徐之銘貪淫昏懦。既爲回民箝制。因又挾回自重。雖已能斥。而新授巡撫賈洪詔等皆不能入滇。之銘爲諸回擁護。託言不能交篆。踞位奏事如故。潘鐸既受命署雲貴總督。毅然入滇。視事後。欲力振威權。安輯回漢。而寇盜遍處。殊難措手。回人掌教馬復初名德新。以字行。爲回教中行輩最先。推爲大酋。羣回皆隱聽號令。之銘與謀。遣人至大理招撫杜文秀。許割大理永昌麗江三府封之。德新復親至姚州議和。文秀出示詆馬復初已允分給迤西之地矣。總兵馬如龍。亦回民渠魁。慓悍好鬬。然德新如龍雖首鼠兩端。尚未顯露逆跡。潘鐸頗欲羈縻之。德新示意欲封平南王。鐸嚴拒之。馬如龍亦欲兼并迤東諸郡。而臨安士豪梁士美不服。以忠義激官紳。糾衆據險以抗。如龍請勦之。鐸不許。如龍徑率所部往攻。鐸檄士美固守。又檄他郡練衆之與如龍爲讐者。使與士美合圖如龍。其謀爲之銘洩之德新。德新怨懼交并。密召回酋馬榮率黨二千餘人。冒鐸所調練衆旗幟入城。居五華書院。日出騷掠。鐸親往彈壓。諭令出城。馬榮嗾衆使前。鐸大罵。遂被戕。藩司岑毓英。以兵練數百。扼守藩署。臬司以下皆避入焉。之銘迎馬德新入居總督署。號令一切。德新初意召馬榮。使與官爲難。而己調停之。以市德於總督。幷解如龍之厄。及搆成大釁。又欲討馬榮以示己無叛意。乃密召如龍赴省。岑毓英亦致書如龍。獎其忠誠。如龍遂還省。與毓英攻馬榮。其黨死傷過半。榮逃回武定。旋爲官軍擒斬。之銘仍署總督。馬如龍署提督。事聞。詔潘鐸照總督陣亡例優䘏。予謚忠毅。之銘革職來京。旋以勞崇光爲雲貴總督。

三月甲子。以耆齡爲福州將軍。左宗棠爲閩浙總督。

上海軍克復太倉崑山。李鴻章令程學啓與戈登。以炸礮攻克太倉。進克崑山。又令劉銘傳等由常熟進江陰無錫。黃翼升以淮揚水師輔之。李朝斌以水師由泖澱湖達太湖。分路進規蘇州。

四月辛丑。賜翁曾源等二百人進士及第出身有差。

四川官軍生擒石達開於老鴉漩。初、達開自咸豐九年七月撤寶慶之圍。入廣西。攻桂林。不克。再走湖南。犯廣東邊。爲粵軍所敗。遣黨分擾黔滇。皆不得志。其部將中旂賴裕新出寧遠。亦爲官軍所殲。達開本蓄意入川。圖竊據。乃自率大隊。渡金沙江。擬由邊地土司小徑入川。爲避實蹈瑕之計。時川督駱秉章已懸重賞示諭土司。使抄其後。及達開至紫打地方。將渡大渡河。而河水適暴漲。川軍唐友耕等亦至。列營河對岸。其地左阻松林河。右阻老鴉漩河。而土司復自後偃古木塞路。達開糧罄路窮。奔老鴉漩。官軍追至。

遂降。送成都斬之。幷所部數千人無脫免者。達開爲秀全初起時五王之一。素蓄大志。以仁義籠絡其下。人心附之。自出金陵。獨樹一幟。滋擾六七省。蹂躪百數城。至是擒滅。太平之勢益孤矣。

五月丙寅。命晏端書來京。以毛鴻賓爲兩廣總督。

己巳。諭減蘇松太三屬賦額。從曾國藩李鴻章請也。江蘇蘇松太三屬賦額。因沿襲前代官田及籍沒諸田租。額比他省有多至一二十倍者。諭令設局分別查明。折衷議減。著爲定額。旋又命將浙江杭嘉湖三府賦額酌減。又經戶部議定三十分中減去八分。嗣李鴻章左宗棠等奏定江浙兩省減賦之額。奉旨允行。

甘肅西寧花寺回民句結撒匪滋事。攻撲丹噶爾廳城。

貴州苗教各匪攻陷思南府。爲官軍擊退。

苗沛霖攻陷壽州。沛霖前畏楚軍之逼。讓出壽州。旋因擒獻陳玉成。詔免其治罪。至是、又句結捻黨。戕官復叛。攻陷壽州。復圍攻蒙城。踞懷遠。以抗官軍。

八月乙未。以劉長佑等勦辦宋景詩股匪。日久無功。交部議處。宋景詩初以降捻隸勝保部下。勝保逮治。復叛。竄直隸。長佑奉督辦三省勦匪事宜。命數月未成功。爲僧格林沁參奏。與總兵德保按察使丁寶楨。均降級留任。

甘肅平涼府城失守。平涼被圍數月。至是、回民用地雷轟陷。回民復攻涇州。

陝西漢中府城固縣失守。太平軍糾合捻黨。由興安竄陷漢中等府縣。

九月。太平將古隆賢以石埭太平旌德三縣來降。三縣復陷後。由奉王古隆賢踞守。自堵王黃文金攻青陽。爲官軍所敗。隆賢窮蹙。遂降。

多隆阿等解鳳翔圍。鳳翔被圍十四月。至是、多隆阿遣陶茂林等轉戰而前。城圍立解。

十月。李鴻章等克復蘇州。上海軍迭克吳江江陰各縣。並攻克沿太河各卡。乃逼蘇州城而軍。李秀成力謀解蘇州之圍。既屢戰不利。滸墅關又爲官軍所奪。遂入城與譚紹洸堅守。官軍以炸礮轟城外石壘皆破。秀成以金陵待援急。留紹洸主城守事。乘夜遁去。程學啓等攻城。晝夜不息。納王部雲官等。因副將鄭國魁通款於學啓。丁卯。遂刺殺紹洸。開齊門降。鴻章入城撫視。學啓初與雲官等約爲兄弟。至是、恐降衆復叛。力請於鴻章。盡殺雲官等八王。及其黨數百人。

十一月。僧格林沁破苗沛霖於蒙城。斬之。沛霖既據壽州懷遠。欲北趨中原。號召羣捻。以蒙城扼其衝。悉衆圍之。僧格林沁督陳國瑞等往救。破其數壘。其部下之向爲陳玉成親兵者。乃殺沛霖。其黨皆降。

甘肅寧夏靈州均失守。

徐宗幹奏克復彰化縣城。旋又奏生擒戴萬生。勦滅巨股會匪。南北兩路肅清。

同治三年甲子。正月。陝西軍克復漢中府城。陳得才等既踞漢中。因金陵危急。思率衆還援。陝西巡撫劉蓉派兵邀擊。敗之。遂克復漢中府城。旋又追敗之上元觀。連克城固洋縣二城。得才等遂糾合各捻。竄入湖北境。

江寧圍師攻克鍾山天保城。遂合城圍。曾國荃駐軍雨花臺。奪取附城諸要隘。東西南三面。均爲官軍所有。惟東北鍾山各壘未克。至是、攻克鍾山之巔大石壘名天保城者。自此城北之圍始合。

二月丁亥。停山東畝捐。從巡撫閻敬銘請也。

蘇州軍攻克嘉興府城。程學啓進攻嘉興。揮衆肉薄登城。受槍子傷腦。舁歸。其部下遂奮攻克之。學啓。安徽懷寧人。曾國荃圍安慶時。率衆來降。國藩派令隨李鴻章至上海。所向有功。至是、創重遂卒。予謚忠烈。

浙江軍克復杭州省城。初、蔣益澧攻富陽久不下。得法國總兵德克碑洋槍隊之助。始克之。遂進薄杭州。康國器等攻餘杭。太平康王汪海洋自杭州出援。敗歸。旋左宗棠自嚴州至杭州督戰。太平海寧守將蔡元隆以城降。官軍又復桐鄉。與江蘇軍合。至是、遂大舉攻城。守將聽王陳炳文知不能守。乘夜出走。遂克杭州。汪海洋亦棄餘姚走德清。旋與炳文由徽州竄江西。

多隆阿攻克盩厔。受傷。旋卒。初、滇匪藍大順陷盩厔。踞之。多隆阿提師入陝。驅勦回匪。如風掃籜。陝回幾盡。將移勦甘回矣。惟盩厔未破。移師圍之。盩厔城小而固。大順百計守禦。久不能拔。朝廷以多隆阿用兵神速。諉其師久無功。嚴旨詰問。多隆阿亦自恥困於小寇。親督諸將力攻。頭眼受傷。忍創回營。傳令諸將。此城速克。傷重亦可痊。如不克。傷輕亦不欲復活。諸將四面環攻。遂克復縣城。不順逃至漢陰。爲團練所截殺。多隆阿以黑龍江馬隊。從征楚皖。身經數百戰。生平愛士卒如骨肉。而威令嚴明。智勇兼備。屢摧巨敵。至是、以創重卒。事聞。予謚忠勇。

四月。蘇州軍攻克常州府城。太平護王陳坤書守常州。李鴻章督劉銘傳郭松林及戈登之常勝軍攻克之。生擒坤書。時鎮江揚州官軍亦克丹陽。

甲申。命戶部侍郎阜保副都統文謙往封朝鮮國王李熙。

丙戌。以侍郎薛煥通政使王拯互相糾參。攻訐陰私。俱令降級調用。

庚寅。命西安將軍都興阿督辦甘省軍務。提督雷正綰幫辦軍務。

五月乙巳。熙麟以病免。以楊岳斌爲陝甘總督。岳斌初名載福。以水師立功起家。甘肅軍克復平涼府城。平涼被回民佔踞。提督雷正綰陶茂林會攻克之。

滇匪藍二順犯陝西省城。多隆阿既卒。副都統穆圖善接統楚軍。奉命旋楚防勦。二順初踞山陽。復游弋豫楚邊界。至是、疾撲西安省城。穆圖善會同劉蓉德興阿堵擊屢勝。旋將全股撲滅。穆圖善奉調赴甘肅。辦理西口軍務。

新疆南路回民金相印作亂。陷喀什噶爾。時浩罕爲俄所滅。其酋帕夏曰阿古柏。收餘衆保安集延者。浩罕八城之一也。金相印迎帕夏出山。圍喀什噶爾。破之。遂次第攻奪南八城。

六月。曾國荃等攻克金陵。金陵圍師自攻克鍾山石壘後。城中糧援俱絕。李秀成勸天王棄城同走。不聽。乃令李世賢先就食江西。而自留金陵主城守。金陵城周百里。於內築月城以禦敵。國荃百計圍攻。思築隧道轟之。阻月城勿能進。五月三十日。攻克龍膊子山陰堅壘。所謂地保城者。遂築礮臺其上。日夜轟擊。而潛穴其下。六月十六日。地道火發。城傾二十餘丈。李臣典蕭泗孚等蟻附爭登。城遂破。天王府火起。國荃閉城搜殺三日夜。太平脅目三千兵十餘萬皆死。生擒李秀成。及天王之兄洪仁達等。天王已於五月二十七日服毒自殺。其子洪福瑱年十五六。爲其下挾之突圍出走。事聞。朝廷動色相慶。詔封曾國藩一等侯。國荃一等伯。李臣典一等子。蕭泗孚一等男。旣又賞僧格林沁一貝勒。官文李鴻章均一等伯爵。楊岳斌彭玉麟駱秉章鮑超均一等輕車都尉。餘各奬敍有差。李秀成等磔於市。蘇州軍攻克湖州府城。洪福瑱之出走也。堵王黃文金迎至湖州。至是、蘇州軍力攻克之。浙軍亦下安吉。文金挾福瑱走寧國。蘇州軍並收復廣德州城。

七月。僧格林沁勦平太平軍及捻黨各股於豫楚邊界。初、扶王陳得才與捻黨蔓延楚豫邊界。官文出省與僧格林沁會勦。護軍統領舒保陣亡。至是。聞金陵已破。得才服毒自殺。端王藍成春等均降。

八月。江西軍生擒洪福瑱。太平天國亡。福瑱走廣德後。鮑超大破太平軍於許灣。黃文金挾福瑱走浙江之淳安。爲浙軍黃少春所破。文金死。福瑱輾轉走廣信。江西軍席寶田率輕兵緊躡之。及之石城。俘斬過半。卒獲之於荒谷中。磔於南昌市。天王之兄卹王洪仁政。弟干王洪仁玕。及黃文金之弟昭王黃文英等。亦已先爲席寶田所擒。於是太平餘衆。僅存李世賢汪海洋入閩一股。事聞。詔賞江西巡撫沈葆楨一等輕車都尉。並賞鮑超一等子爵。席寶田雲騎尉。

回民阿渾妥得璘參將索煥章踞烏魯木齊反。都統平瑞等死之。初、陝回阿渾妥得璘。假星命游蕩金積河湟間。及陝亂起。出關至烏魯木齊。主索煥章家。煥章前甘肅提督索文子。素蓄異志。師事妥得璘。時都統藉防餉勒州縣畝捐。回民無賴。倚勢苛斂。漢回因此互鬨。適提督聶布沖標兵赴南路討匪。潰歸。遂據漢城反。推妥得璘爲主。索煥章手刃提督。進圍滿城。陷之。平瑞闔門死。事聞。予世職。謚忠壯。旋哈密吐魯番呼圖壁庫爾喀喇烏蘇先後陷。妥得璘自稱清眞王。

十月辛未。以新疆回民煽亂。革伊犂將軍常清職。以明緒代之。乙亥。以保恆署烏魯木齊都統。命穆圖善率師出關。

戊寅。封左宗棠一等伯爵。賞蔣益澧騎都尉。

太平餘衆李世賢汪海洋竄福建。陷龍巖漳州。按察使張運蘭兵敗。死之。

十一月。署福建提督林文察進攻漳州。兵敗。死之。

新疆庫爾喀喇烏蘇失守。伊犁被圍。旋將軍明緒奏稱已將回民擊退。立解城圍。

同治四年乙丑。二月丙子。毛鴻賓緣事降調。以吳棠署兩廣總督。未到任前由將軍瑞麟暫署。

雷正綰奏攻克固原州。

三月壬寅。命恭親王奕訢毋庸在軍機處議政。並撤一切差使。旋惇親王等先後陳奏奕訢雖經獲咎。尚可錄用。命交王公大臣詳議具奏。經禮親王世鐸等覆奏。均以奕訢咎由自取。惟係懿親重臣。應否任用。予以自新。候旨定奪。給事中廣誠等更謂廟堂之上。先啓猜嫌。根本之間。未能和協。駭中外之觀聽。增宵旰之憂勞。於是奉太后懿旨宣示。謂奕訢信任親戚。不能破除情面。平時於內廷召對。多有不檢之處。朝廷杜微防漸。正小懲大戒。曲爲保全之意。奕訢著即加恩仍在內廷行走。並仍管理總理各國事務衙門。

四月戊寅。命恭親王奕訢仍在軍機大臣上行走。毋庸復議政名目。以示裁抑。

鮑超所部霆軍於湖北金口地方潰散。先是、新疆危急。命鮑超募勇出關勦辦。其舊部十八營由宋國永等率之。自江西行至金口。因勇丁不願西行。全軍潰散。由江西入閩廣。與太平餘衆李世賢汪海洋等合。

己丑。賜崇綺等二百六十五人進士及第出身有差。

僧格林沁追捻匪至山東曹州西。遇伏陣亡。先是、僧格林沁既殲苗沛霖。淮潁以北。揭竿烏合之徒。掃刮無遺。威震中原。既而勦捻匪於楚豫之間。因其地多山谷沮洳。騎不得逞。累中敵伏。喪良將恆齡舒通額蘇克金等。至是、大股捻匪張總愚賴文洸等。悉入山東曹州境。僧格林沁率師疾追。日夜逴一二百里。自率親兵數千。先大軍行。時官軍與捻匪皆重趼羸餓。寒暑不能休息。勢且俱踣。己丑。追及曹西。捻匪勾結鄆北伏莽數萬。四路麕集。僧格林沁進擊。大敗。避入空堡。敵圍之數重。及夜。突圍出。降卒叛反衝官軍。敵乘之。遂全軍敗沒。僧格林沁及總治何建鰲內閣學士全順皆戰死。陳國瑞僅以身免。事聞。詔以親王飾終典禮從優議卹。予謚曰忠。並命配饗太廟。繪像紫光閣。子伯彥訥謨祜襲親王爵。並賞博多勒噶台王號。

癸巳。命欽差大臣曾國藩赴山東督師。以李鴻章暫署兩江總督。旋又命國藩督辦直隸山東河南三省軍務。

五月乙未。命醇郡王奕譞籌辦京城防範事宜。

甘肅肅州回民占踞嘉峪關。并陷肅州州城。

汪海洋自福建竄入廣東。先是、浙軍會同蘇軍攻克漳州。李世賢遁。又追破之永安。閩境肅清。海洋入粵。敗粵軍於鎮平。復合霆營潰卒。勢復振。世賢尋爲海洋所殺。

六月甲午。增設安徽安廬滁和道。改鳳廬潁道爲鳳潁六泗道。增設渦陽縣。治雉河集。移鳳臺縣於下蔡鎮。

塔爾巴哈台回民叛亂。參贊大臣錫霖等死之。

淮軍劉銘傳周盛波等破任柱張總愚股匪於雉河。先是、捻竄海沭。命劉銘傳等軍馳往淮徐援勦。既至清江浦。捻不得下竄。遂由沭陽西走郯城。至是、張總愚等糾合各股攻撲雉河。國藩乃調劉銘傳周盛波進援雉河。大破之渦河西岸。雉河之圍遂解。時國藩以捻匪漸成流寇。若匪流而兵亦與之俱流。則匪之資糧無限。而我之兵力有窮。乃定議以四省十三府州地設四鎮重兵。安徽以臨淮爲老營。山東以濟寧爲老營。河南以周家口爲老營。江蘇以徐州爲老營。各駐大營。爲四省之重鎮。一省有急。三省往援。以劉銘傳駐防周家口。張樹聲駐防徐州。潘鼎新駐防濟寧。劉松山駐防臨淮。以李昭慶馬隊一支爲游擊之師。自此辦捻之局始漸有綱紀。

九月。提督雷正綰所部譁潰。初、正綰由鄂入陝。在甘肅攻勦回民。屢摧堅敵。及進攻金積堡。失利。朝旨革去幇辦。部將胡大貴等因師挫糧缺。遂譁潰。在固原殺掠。圍偪涇州。與回民赫明堂等之衆合併。正綰涕泣開導。百計撫循。至平涼始綏定。時金積堡回民馬化隆亦率黨將犯陝西。詔陝撫劉蓉嚴防。

十月。解陝西巡撫劉蓉職。蓉以諸生隨駱秉章入蜀。授四川布政使。蜀亂平。督軍援陝。授陝西巡撫。至是、以編修蔡壽祺言事。譏蓉夤緣。詔蓉自陳。覆奏伉直。又爲御史所糾。部議降級。旋又命復任。時西捻入陝。

官軍挫於華陰。又敗於壩橋。遂奪職終於家。

十一月壬申。禮部尚書李棠階卒。贈太子太保。予諡文清。棠階以碩望名儒。同治初以太常事卿。一歲遷至尚書。爲軍機大臣。朝廷有大賞罰。多所獻替。

命內閣學士李鴻藻在軍機大臣上學習行走。

十二月丙寅。以奉天馬賊猖獗。革將軍恩合職。以都興阿代之。命寧夏將軍穆圖善督辦甘肅軍務。

官軍蕩平太平餘衆於廣東嘉應州。汪海洋踞鎮平。霆營潰卒與海洋所部爭糧。多降於粵軍方曜。旋康國器克鎮平。海洋走平遠。席寶田破之贛南。矛傷其背。遂復走廣東。突陷嘉應州。官軍攻之。不克。海洋中礮死。其黨推嘉王譚體元主城守事。尋自南面出走。至黃沙嶂。路絕險。官軍四面蹙之。降者萬餘人。體元及諸將皆死。至是、太平餘衆始盡。

寧夏回民投誠。收復府城。寧夏回民將城池圩卡撤空。各堡回民俱移往納家牐。都興阿入城時。復將回目誅戮。並縱兵搶殺。爲穆圖善所奏。都興阿亦自認錯誤。奉旨交部議處。

同治五年丙寅。正月。派知縣斌椿率同官生前赴外國游歷。從總理各國事務衙門奏請也。

伊犁失守。安集延既踞南八城。纏頭以其同類。歸附之。至是、攻伊犁九城。陷之。

塔爾巴哈台失守。參贊大臣武隆阿死之。

三月。甘肅蘭州督標兵變。戕官踞城。時總督楊岳斌統軍在外。族還省討平之。

戊子。命左副都御史胡家玉在軍機大臣上學習行走。時軍機大臣兵部尚書曹毓瑛已病卒也。

四月戊戌。以馬如龍署雲南提督。時徐之銘已死。賈洪詔林鴻年皆以逗遛川境不敢入滇奪職。以劉嶽昭補巡撫。岑毓英署布政使。嶽昭尚在貴州。毓英統師在外。勞崇光始駐貴州至是道路稍通。遂入省城。如龍率回弁櫜鞬迎入。人心大定。

文祥等奏奉天馬賊匪首伏誅。餘黨遣散。撤兵還京。先是、因馬賊由口外竄入畿輔震驚陵寢。命文祥等率神機營督勦。至是、因殲除幾盡。撤還京師。

癸丑。大考翰詹等官。擢孫毓汶等四員一等。餘升黜留任有差。

貴州回民襲踞興義府城。

五月甲戌。以德興阿爲塔爾巴哈台參贊大臣。未到任以前。命李雲麟署理。以榮全署伊犁將軍。

命西安將軍庫克吉泰督辦新疆北路軍務。以德興阿幫辦。

六月。左宗棠奏請於福建擇地設廠。試造火輪船。從之。旋命丁憂巡撫沈葆楨總司船政事務。准其專摺奏事。

八月癸卯。楊岳斌以病免。調左宗棠爲陝甘總督。吳棠爲閩浙總督。實授瑞麟兩廣總督。旋以楊岳斌病急求歸。以穆圖善署理陝甘總督。

九月庚午。予告大學士祁寯藻卒。贈太保。予謚文端。咸豐時。曾國藩以丁憂侍郎。起鄉兵。肅清湖北。捷書方至。文宗喜形於色。謂軍機大臣曰。不意曾國藩一書生。乃能建此奇功。寯藻對曰。國藩以在籍侍郎。猶匹夫耳。匹夫居閭里。一呼蹶起。從之者萬餘人。恐非國家福也。文宗默然變色者久之。及同治初。兩江總督何桂清以失律擬斬。寯藻獨上疏力救之。

十月辛丑。命左都御史汪元方在軍機大臣上行走。時李鴻藻丁憂。屢詔奪情。在弘德殿行走。仍堅請終制。

十一月丙辰。命曾國藩回兩江總督任。授李鴻章欽差大臣。專辦勦匪事宜。國藩以勦捻無功。精力太衰。不能當此大任。屢請罷斥。故有是命。

湖廣總督官文撤任聽候查辦。命譚廷襄暫行署理。初、曾國荃奏參官文貪庸驕蹇。命綿森譚廷襄馳抵湖北查辦。至是、以訊有端倪。命先行任撤。侍郎胡家玉以收受官文餽遺。革職留任。並毋庸在軍機大臣上學習行走。官文旋革去總督。仍留大學士伯爵。改爲革職留任。命來京供職。

同治六年丁卯。正月丙寅。以李鴻章爲湖廣總督。仍在營督辦勦匪事宜。調李瀚章爲江蘇巡撫。命署理湖廣總督。

辛未。命左宗棠爲欽差大臣。督辦陝甘軍務。以劉典爲幫辦。

丙子。以太僕寺卿徐繼畬總管同文館事務。

鮑超大敗捻匪於尹隆河。先是、捻匪任柱賴文光牛洪李允等。由河南趨湖北。盤旋德安安陸之間。郭松林被圍於沙岡集。張樹珊戰死於楊家河。捻勢張甚。屯尹隆河。以窺安陸。至是、鮑超率霆軍由襄樊。劉銘傳率銘軍由隨棗。分路進勦。會於安陸。霆軍駐臼口。銘軍駐下洋港。期以庚午日辰刻進軍夾擊。銘傳冀獨得首功。先一刻進攻。大敗。所部唐殿魁等死之。及霆軍踐期來。乃大破捻衆。殺敵萬餘。生擒八千有奇。救銘傳於重圍之中。又追敗之於河豐樂河及襄河邊。事後銘傳內慚。反以失期咎霆軍。李鴻章據以入告。廷旨嚴責鮑超。超憤鬱成疾。引發舊傷。遂乞病歸。

二月癸丑。勞崇光卒。予謚文毅。以張凱嵩爲雲貴總督。

四月己丑。大學士周祖培卒。予謚文勤。

劉松山大敗捻回各匪於陝西同州。張總愚一股。自入陝後。勢張甚、省城岌岌。湘軍劉松山疾走入關。轉戰涇渭之間。大敗之同州東北。

五月辛酉。命曾國藩爲大學士。駱秉章爲協辦大學士。均仍留總督任。

候選直隸州知州楊廷熙奏請撤銷同文館。先是、京師設同文館。招生學習外國語言文字。本年又增習天文算學。御史張盛藻大學士倭仁。先後請罷前議。詔不許。而命倭仁在總理各國事務衙門行走。並管理同文館事。倭仁屢辭不獲。遂託病請假。至是、因旱。詔求直言。楊廷熙請都察院代奏。撤銷同文館以弭天變。並列詆各部院大臣奉旨當此求言之際。姑不深責。惟疑出倭仁授意。命速銷假到任。倭仁乘騎到館。偶墜馬傷足。竟不視事。

捻匪東竄至濟寧之戴廟。山東官軍失利。遂衝過運河。初、曾國藩等議於山東之運河東岸。河南之賈魯河沙河西岸。沿堤興築長牆。河南長牆已於上年爲捻竄破。惟運堤屢次被攻未陷。山東賴以完固。其分汛濟寧以北東軍守之。台莊以南湘淮各軍守之。會天旱水涸。運河成乾溝。人馬可行。捻酋任柱賴文光等。以鄆城梁山寨有土匪句引。率衆直犯戴廟。東軍不守。遂衝過運河東岸長牆。

七月。捻匪由海神廟渡濰河。膠萊防潰。任賴各捻過運河後。將趨登萊。李鴻章採諸將議。倒守運河。進扼膠萊。將蹙之海隅。調東豫各軍會同淮軍協守運河南堤。冒暑興築堤牆。至是、捻股疾馳回竄。屢攻防守運河各軍。不得逞。乃由海神廟以北海灘。撲渡濰河。於是膠萊之防又潰。

九月壬子。申諭各省嚴拏哥老會匪。

雲南定遠大姚兩城失陷。時劉嶽昭勦辦黔西股匪。張凱嵩方擬募勇暫駐東昭。俱未入滇。岑毓英亦在曲靖勦匪。宋延春以按察使護督篆。馬如龍攻大理失利。回省城養病。迤西回匪又陷定遠大姚兩城。

十月甲午。命侍郎沈桂芬在軍機大臣上學習行走。時軍機大臣左都御史汪元方病故也。

乙巳。派美國使臣蒲安臣往有約各國。充辦理各國中外交涉事務大臣。旋又派志剛孫家穀往。皆從總理各國事務衙門奏請也。

劉銘傳敗捻於贛榆。降人潘貴升殺任柱。初、銘傳破捻於濰縣之松樹山。又破之牟山。捻勢漸解。殘衆向諸城南趨。追至日照地方。槍傷魯王任柱。柱逕奔江蘇臨榆縣境。銘傳追破之。有潘貴升者。密信乞降。請殺任柱為進身階。至是、乘其不備。以槍洞其腰脅。縱馬來降。捻衆遂大潰。任柱。亳州人。為捻匪各股總頭目。飄忽善戰。既死。餘股推賴文光為首。

十一月。捻匪竄黃河。詔抽防軍協直東之師守黃河。時捻出沒昌濰壽光之間。屢為官軍所敗。不得志於運防。將竄青濟黃河之濱。朝旨恐黃河防軍有失。命抽軍防之師協防。

癸丑。以直隸梟匪蔓延。北趨涿州永清霸州等處。革劉長佑職。命官文署理直隸總督。長佑旋以親赴前敵。將梟匪殄除殆盡。賞給三品頂戴。命督帶所部楚勇回籍安置。

甲子。新設布倫托海辦事大臣幫辦大臣各一缺。以李雲麟明瑤為之。

捻匪張總愚由陝西壺口搶渡黃河。犯山西吉州。山西巡撫趙長齡及防河按察使陳湜均革職遣戍。

十二月。捻匪竄至揚州。官軍擊敗之。生擒遵王賴文光。東捻蕩平。初、捻匪分股極多。至五年秋。始分為二。

西捻小閻王張總愚。竄陝西。東捻魯王任柱與賴文光等。出入豫鄂山東江蘇。東捻自濰縣壽光間屢爲官軍所敗。俘斬幾三萬人。精鋭略盡。至此、各股全滅。斬文光於揚州。事聞。自李鴻章以下。賞加世職等有差。

丁酉。協辦大學士四川總督駱秉章卒。贈太子太傅。予謚文忠。秉章外樸內明。於賢不肖之尤著者。口雖不言。而辨之甚精。既能推轂賢才。賢才亦樂爲之用。左宗棠以在籍舉人。就湖南巡撫張亮基之幕。秉章接任。復賓禮之。專任以軍謀。集餉練兵。選用良將。屢卻勁敵。其後督師入蜀。值蜀中藍朝鼎李短搭搭等羣寇蠭起。蹂躪四十餘州縣。未及一年。而全蜀肅清。蜀人感之如父母。既卒。成都爲之罷市。居民多野哭巷祭。

調吳棠爲四川總督。未到任以前。以成都將軍崇實兼署。以馬新貽爲閩浙總督。未到任以前。以福州將軍英桂兼署。

庚子。以郭柏蔭署湖廣總督。

同治七年戊辰。正月庚戌。命吏部尚書朱鳳標協辦大學士。

捻匪張總愚由河南竄畿南。初、總愚既由陝渡河。犯山西吉州。復由絳州曲沃垣曲山僻小路。竄近豫疆。至是、遂由磁州廣平直犯順德雞澤平鄉鉅鹿等處。畿南震擾。詔切責李鴻章等。均奪職。惟丁寶楨率軍先至河間。詔嘉奬。

甲子。以捻匪竄擾畿輔。京師戒嚴。命恭親王奕訢會同神機營王大臣辦理巡防事宜。旋命各路統兵大臣暨各督撫均歸節制。

癸酉。大學士賈楨因病致仕。

乙亥。命左宗棠總統直隸各路官軍。時宗棠由陝追捻入直隸境。

三月壬子。雲貴總督張凱嵩以規避革職。以劉嶽昭代之。命岑毓英爲雲南巡撫。

乙亥。命朱鳳標爲大學士。

癸卯。賜洪鈞等二百七十八進士及第出身有差。

閏四月辛未。命盛京將軍都興阿管理神機營事務。授爲欽差大臣。赴天津等處會同左宗棠李鴻章勦辦捻匪。初、捻匪既游奕畿南李鴻章復議驅之太行黃河間。既而捻至濬滑西犯新鄉。循河至延津屢敗陝西軍淮軍。又自內黃趣東昌茌平德州吳橋東光。遂至天津。恭親王奏飭諸帥限一月平捻。至是限滿。左宗棠李鴻章均交部嚴議。而命都興阿爲欽差大臣。列名在左李上。以侍郎崇厚副之。

岑毓英遣將收復元謀。並攻克呈貢武定祿勸徵江等城。時雲南省垣久爲迤西回匪所困。楚雄徵江各府州縣二十餘處。俱陷於匪。劉嶽昭甫自黔西進至曲靖。岑毓英先勦豬拱箐海馬姑之苗平之。乃遣楊玉科等。繞由川境。收復元謀。進擣環洲。將武定祿勸兩城克復。省防官軍亦屢破敵城外。旋毓英自曲靖親自赴援。沿途屢破敵兵。提督馬如龍來會。毓英推誠慰勉。約共竭力報國。如龍感奮。由是雲南大局始有轉機。

六月。官軍蹙捻於茌平。張總愚赴水死。西捻平。初、李鴻章建防守黃運蹙捻海東之議。郭松林等屢破捻吳橋等處。河運之防始固。鴻章以爲前東捻在黃河之南。故扼之河北運西以蹙之於海。今西捻在河北。非扼張秋。不能合圍。張秋至臨清運河二百四十餘里。爲黃水倒灌。積漸淤成平陸。非引黃入運。則運河無水。因令官軍挑濬淤沙。引黃入運。及捻竄運東。遂力主防運之議。旋捻南下過滄州。滄州南有捷地壩者。在運河東岸。當減河口。以時啓閉蓄洩濟運者也。減河自捷地壩至海濱牧猪港。計百餘里。橫亙東西。水漲足阻敵騎竄津之路。是時運水適盛漲。即督軍士開壩導運入減。並就河北築牆以爲滄青靜海屏蔽。自此敵騎所至。遂有限制。而郭松林潘鼎新周盛波等。又屢敗之海豐楊丁莊沙河等處。是月。又逼之於老海窪及玉林鎮隆福寺。水師又敗之於高家渡。二十八日。諸軍追捻至茌平境之廣平鎮。困之於徒駭黃運之間。河汊紛歧。水溜泥陷。捻奔走無路。遂將大股殲除。總愚攜八騎走至徒駭河濱。下馬投水死。西捻蕩平。事聞。鴻章等開復處分加賞有差。

七月乙酉。賞勦平捻匪功。命李鴻章以湖廣總督協辦大學士。

黄河南岸滎澤汛十堡漫口。

乙未。調曾國藩爲直隸總督。馬新貽爲兩江總督。以英桂爲閩浙總督。

丁酉。命開缺兵部侍郎彭玉麟赴江皖會籌長江水師事宜。

八月乙巳。御史德泰奏請修理園庭。並以内務府庫守貴祥所擬章程。請於京外各地方按戶按畝按村鱗次收捐。爲可取。奉旨責德泰喪心病狂。卽革職。貴祥發往黑龍江給披甲人爲奴。

十月戊午。李鴻藻服闋。命仍在弘德殿及軍機大臣上行走。

十二月。劉松山收撫鎭靖堡。自西捻平後。左宗棠入覲。自期以五年平陝甘之亂。十月。還西安。檄劉松山由茅津北渡入山西。乘冰橋赴陝。時土匪董福祥犯綏德。窺榆林。金順迎擊。破之。松山之綏德。詗匪巢散布大小理川間。分兵攻之。破其巢以百數。遂度榆林。至靖邊。屯安定。又屢敗之。敗匪併竄鎭靖堡。堡爲董福祥老巢。其眷屬則踞靖邊縣城。松山抵鎭靖。福祥之父乞降。旋福祥亦降。收其衆十萬餘人。檢延北境正當河套迤南。古用兵之地。自陝甘回民倡亂。人民相與團結以與回抗。喪敗之餘。流爲盜賊。浸假失業無賴之徒及飢軍潰卒附之。又句結甘回。遂致戕官踞城。成爲土匪。自鎭靖受撫。官軍遂得專勦回匪矣。

烏魯木齊提督成祿奏收復肅州。自新疆陷後。屢催成祿出關。至是、始報收復肅州。

同治八年己巳。正月。滎工合龍。

董志原回匪棄巢徙金積堡。官軍追敗之。董志原地居秦隴要膂。今因糧絕棄去。涇州慶陽所屬肅清。

提督高連陞劉松山所部先後變亂。連陞被戕。高連陞所部果軍勦陝回有功。駐楊店。因所部哥老會謀變。捕之急。遂變。連陞及部將多被戕。嗣經他軍邀截。五日而事定。松山所部十營駐綏德。亦因哥老會煽亂。叛踞州城。松山馳往鎮撫。旬日而定。

二月。席寶田等敗苗教各匪。克復貴州鎮遠府衛二城。

三月。雲南澂江回復叛。襲踞府城。

五月。劉嶽昭收復尋甸。嶽昭上年冬攻尋甸失利。至是始收復。

八月。山東巡撫丁寶楨奏太監安德海矯旨出都。舟過德州。僭擬無度。招搖煽惑。得旨著嚴密擒捕。捕得即就地正法。旋奏於泰安拏獲正法。

收復布倫托海。初、李雲麟招集額魯特人衆。將進規伊犂。旋復遣散。遂致變叛。布倫托海被陷。雲麟亦褫職去。至是、經呼圖克圖棍噶扎勒參帶兵收復。

劉松山破回於靈州。自陝西肅清。左宗棠進兵甘肅。駐涇州。受總督印。調劉松山趨定邊花馬池。是時穆圖善狃撫議。羣回旋服旋叛。及松山抵靈州。金積回酋馬朝清即化隆。反側難信。屢代陝回乞降。而暗嗾其黨決秦渠水以阻官軍。陝西回酋白彥虎等。亦由黑城入金積。屢犯官軍。松山奮擊。大破之。旋克復靈州。化隆又哀詞乞降。陝回不自安。皆西竄。雷正綰黃鼎又破之固原州。岑毓英破圍攻省城各壘。省圍解嚴。自是附省各壘剗削無遺。所遺將亦先後克復富明嵩明易門安寧昆陽祿豐楚雄南安廣通大姚定遠等城。悍酋據匪二十餘萬擒斬殆盡。

九月。署寧夏將軍金順提督張曜破叛回於寧夏城外。先是董志原餘衆竄寧夏。北擾蒙古。由鄂爾多斯入烏拉特。趨阿拉善牙帳。圍定遠營。張曜要擊於察漢綽爾。大破之。又破之紅柳樹。旋與金順會師沙金托海。鼓行而西。時寧夏回復叛。邀擊於城外。大破之。

十月。席寶田破貴州苗。克復勝秉城。

十一月丁丑。裁撤布倫托海辦事大臣等。

十二月甲辰。命李鴻章馳赴貴州督辦軍務。以李瀚章署湖廣總督。

同治九年庚午。正月。廣東陸路提督劉松山攻馬五寨。陣亡。松山圍攻金積堡。破其附近各寨。馬化隆屢代陝回乞撫。松山令繳馬械。則以朽槍羸馬應。而晝夜修壘浚濠如不及。又決秦渠灌官軍營。松山進攻馬五寨。飛礮中左乳。遂卒。事聞。贈太子少保。予謚忠壯。左宗棠檄其兄子錦棠代統其衆。

二月壬子。命李鴻章先赴陝西。督辦陝省援勦事宜。時馬化隆遣其黨出惠安堡。分由寧州正寧入陝西之三水。於是陝西告警。朝廷恐左宗棠所留兵不敷分勦。故有是命。旋劉典奏官軍勦辦獲勝。陝西肅清。

四月。岑毓英遣楊玉科攻克姚州。

五月。天津人民毆死法國領事。焚毀教堂。初、天津有匪徒迷拐人口。人民疑外國教堂所爲。并傳言有挖眼剖心等事。遂聚衆焚毀各國教堂。並毆死法國領事豐大業。時曾國藩因病請假。朝命赴天津查辦。法使羅淑亞請以府縣官抵償。國藩不許。旋因國藩病增劇。法國有兵船到津。命李鴻章馳赴近畿一帶駐紮。又命毛昶熙馳赴天津。會同曾國藩查辦事件。嗣仍由國藩與法使議結。定正法滋事人民十五人。軍流二十一人。天津府知府張光藻。天津縣知縣劉傑。皆遣戍。

乙未。命侍郎崇厚爲出使法國大臣。

七月。兩江總督馬新貽被刺卒。新貽赴署右箭道校閱。被張文祥刺傷脅肋。遂卒。事聞。予謚端敏。文祥訊無主使。極刑處死。

八月丁酉。調曾國藩爲兩江總督。李鴻章爲直隸總督。以李瀚章爲湖廣總督。

十月乙未。命劉銘傳督辦陝西軍務。

壬子。裁撤三口通商大臣。歸直隸總督經管。頒給欽差大臣關防。兼轄山東之東海關。奉天之牛莊關。嗣後直隸總督於春融開凍後。移駐天津。封河再還保定省城。歲以爲常。並增設津海關道。

甘肅甘涼肅三處回匪。自額哲呢河土爾扈特竄入三音諾顏部。攻陷烏里雅蘇臺。留四日。仍回肅州。

安集延酋帕夏踞烏魯木齊。、初妥得璘既踞烏垣。北路漢民。結團自保。立壯士爲之長。於是徐學功起迪化。趙興體起綏來。劉鄉約等起河西古城奇台而學功勇略冠一時。尤爲回人所畏。安酋帕夏聞其名。使使約和。九年妥得璘遣兵與安集延戰於庫車。敗績。安酋潛句馬仲自吐魯番共攻妥得璘。妥得璘乞降。帕夏仍令爲清眞王。以馬仲爲阿奇木。總回務。其後馬仲爲學功所斬。其子馬人得襲職。與妥得璘積不相能。復糾安酋攻之。閏八月。安酋拔吐魯番。與學功進攻烏垣。妥得璘出禦。大敗。走死綏來。帕夏遂踞烏垣。令漢回薙髮易服。效其國俗。仍以馬人得爲阿奇木。而令學功還南山。學功大恚。與之爭戰數月。以糧罄還南山。

席寶田攻都台拱。台拱苗砦以百數。革夷最大。寶田先攻旁三砦克之。進破革夷。薄台拱廳城。苗棄城遁。遂克之。

十一月。官軍攻破金積堡。自劉松山戰死。馬化隆勢復熾。遣黨四擾。冀牽動圍師。屢卻官軍。並陷峽口。又結河狄回竄渭源。窺鞏昌。劉錦棠等邀擊屢勝。乃傍壘築隄北抵黃渠。南接金積。里許高丈餘。闊三丈。回計大窮。化隆乃率其子馬耀邦乞撫。錦棠勒繳馬械。嗣又屢敗其出犯之衆。斷其糧道。東南北三面回寨皆平。外援已絕。、至是化隆親詣錦棠營請罪。錦棠派弁守之。令繳馬械。毁堡垣。餘衆皆降。分別安插。化隆父子旋俱凌遲處死。化隆之父曰馬二。與穆三之祖穆大阿渾友善。穆大阿渾傳習新教。臨死。以所服白帽紅衣授化隆。囑徒衆歸其管束。穆三與其弟穆四穆五。均爲新教阿渾。自京師天津及黑龍江吉林之寬城子。山西之包頭。湖北之漢口。均有新教徒。化隆自託神靈。回羣尊信之。比就俘。其黨見之。猶長跪。既死。回黨遂瓦解。

貴州官軍攻克都勻府城。都勻爲苗人金幹二等占踞。前爲官軍得而復失。至是、又攻破之。

同治十年辛未正月。因越南匪徒滋擾諒山等處。命提督馮子材馳赴太平府。派兵應援。

壬寅。大學士官文卒。予諡文恭。

二月戊子。命瑞常爲大學士。文祥協辦大學士。

岑毓英攻克澂江府城。澂江被陷十餘年。圍攻一年。至是克之。生擒匪首馬和等。並拔江那等處。旋楊玉科又攻克賓居。收復雲龍州城。

四月辛巳。大學士倭仁卒。予諡文端。倭仁講求義理之學。一時稱爲理學名臣。

甲申。賜梁耀樞等三百二十三人進士及第出身有差。

金順張曜攻克納家牐。寧夏肅清。

五月辛亥。日本使臣伊達宗城柳原前光來議訂約。命李鴻章爲全權大臣。與議於天津。旋於九月定修好規條十八條。通商章程三十三款。

俄羅斯據伊犂。初、俄國乘中國有事。漸蠶食邊界卡倫外甌脫地。及哈薩克布魯特諸部。伊犂塔爾巴哈臺遂與逼處。至是、以兵六百人據伊犂。電其駐京使臣告吾總理衙門。幷言欲往收復烏魯木齊。詔伊犂將軍榮全赴伊犂。收回城池。並命劉銘傳由肅州出關。規復新疆各城。銘傳旋乞假歸。

六月丙子。命瑞麟爲大學士。仍留兩廣總督任。

七月。陝回分掠西寧。白彥虎陷小南川漢堡踞之。肅州降回亦潰叛東下。甘涼戒嚴。詔左宗棠分兵勦辦。

九月甲午。命英桂留京。以張之萬爲閩浙總督。之萬旋開缺養親。

十一月丁亥。以李鶴年爲閩浙總督。

同治十一年壬申。二月丁巳。奉皇太后懿旨。立阿魯特氏爲皇后。諏吉於本年九月。舉行大婚禮。

大學士兩江總督曾國藩卒。予謚文正。國藩初講義理學。亦宗尚考據治古文辭。公誠之心。形於文墨。生平公牘私函。無一欺飾語。治軍行政。務求蹈實。或籌議稍迂。成功轉奇。發端至難。取效甚遠。凡規畫天下事。鮮不效者。文章奏議尤美。有集百餘卷行世。子紀澤襲爵。

二月丙寅。以何璟署兩江總督。

庚午。詔起彭玉麟巡閱長江水師。

甘肅河州回目馬占鼇投誠。官軍進攻河州太子寺失利。提督傅先宗徐文秀陣亡。至是、占鼇就撫。時西寧回日馬永福亦降。

三月辛丑。大學士瑞常卒。予謚文端。

官軍攻克烏鴉坡苗砦。苗民投械乞撫者六萬餘人。貴州苗匪平。

甘肅循化撒納就撫。循化廳洮州廳岷州三屬。舊爲番族所居。史所稱枹罕羌人者也。番衆僧俗各隸於土司。自回亂以來。番衆據險自守。與回人頻年戰鬬。傷亡頗多。至是、因土司楊元。就撫於官軍。

五月乙酉。御史李宏謨奏請勤召對。奉旨本年入春以來。慈禧皇太后時有不適。三月以後。始月餘未經視朝。李宏謨以逐日召見爲請。冒昧已極。傳旨嚴行申飭。

庚子。命李鴻章爲大學士。仍留直隸總督任。

六月甲子。命文祥爲大學士。全慶協辦大學士。

丁卯。以單懋謙協辦大學士。

官軍克復貴州興義府城。興義久被回匪盤踞。至是、爲滇軍克復。

七月。御史邊寶泉以直隸總督李鴻章奏進瑞麥。奏稱恐滋流弊。又以永定河又復潰決。請撤銷前次保案。奉旨嘉納。

八月庚申。命單懋謙爲大學士。時朱鳳標已因病乞休也。

九月丙申。帝行大婚禮。册立阿魯特氏爲皇后。
辛丑。奉皇太后懿旨。於明年正月。舉行皇帝親政典禮。
十月己未。以大婚禮成。上皇太后徽號。
十一月。日本遣副島種臣來議改約。許之。旋於十二年四月。約成互換。
劉錦棠等解西寧圍。先是、回目馬桂源自爲署西寧知府。出城與陝回謀亂。漢民閉城拒之。桂源遂與禹得彥、崔三、白彥虎等圍西寧。劉錦棠督軍擊敗之。桂源等遁巴燕戎格。西寧解嚴。大通諸回堡亦乞撫。
十二月。岑毓英督總兵楊玉科等克大理。杜文秀自殺。文秀踞大理歷十八載。攻陷五十三城。西及四川。東及貴州。造禁城。擬王制。官軍進攻。皆因東南黨援牽掣。屢次失利。自曲靖、澂江、臨安以次收復。遂得專力迤西。至是、楊玉科等已盡破趙州、蒙化等處。大理藩籬盡失。遂穴地道。破其外城。文秀窮蹙。以子女分寄其大司衡楊榮、大經略蔡廷棟家。而與妻妾飲毒自盡。其黨趁其未絶。舁之出城詐降。時岑毓英亦至大理。令三日內繳軍械。而密令玉科帶兵入城受降。定期與城外兵夾擊。坑敵數萬。盡破三城。獲文秀子女及楊榮、蔡廷棟等。斬之。大理肅清。旋毓英遣兵攻順寧、雲州、騰越。皆下之。全滇底定。
同治十二年癸酉。正月丙戌。以李宗羲爲兩江總督。並充辦理通商事務大臣。
貴州官軍克新城。上游回匪肅清。全黔底定。

辛丑。革烏魯木齊提督成祿職。拏問。成祿屢奉出關之命。藉會攻肅州。久留不進。又訴軍糧乏難赴哈密。左宗棠參其糜餉遷延。舉動乖張。至是、又因在高臺苛派捐輸。誣士民赴營申訴者爲叛逆。掩殺二百餘人。爲宗棠揭參。遂命逮問。以金順接統其軍。

丙午。帝親政。

二月戊午。加上皇太后徽號。

六月壬子。各國駐京使臣始於紫光閣前瞻覲。並呈遞國書。

閏六月丙戌。予告大學士朱鳳標卒。予謚文端。

九月。甘肅官軍收復肅州。關內肅清。自十一年四月。提督徐占彪等進攻肅州。屢破城外各堡。左宗棠調宋慶軍由神木赴甘助勦。西寧既降。陶生林等亦來會。金順馬隊亦至。三月。白彥虎竄塔爾灣。肅州回出城應之。占彪等合擊敗之。白彥虎遁關外。四月。長圍始合。閏六月。破其外城。八月。宗棠自至肅州督戰。劉錦棠亦自西寧至。因猛攻多損精銳。議增修濠壘圍之。至是、回目馬四出城就撫。諸將縱兵屠之。並斬馬四等。

十月庚子。以平肅州功。命左宗棠以總督協辦大學士。並由騎都尉改爲一等輕車都尉。金順穆圖善宋慶張曜等恩賞有差。

十一月壬申。御史吳可讀以言事降調。先是、提督成祿逮問至京。刑部定擬斬立決。聲明應否改爲斬監候。恭候欽定。可讀奏請將成祿立在典刑。王大臣等以其刺聽朝政。請旨究詰。帝命降調。毋庸究詰。而成祿則定爲斬監候。

同治十三年甲戌。正月丙辰。諭禁廣東闈姓賭博。

三月。以全慶緣事降調。命吏部尚書寶鋆協辦大學士。

辛未。命李鴻章爲全權大臣與祕魯國使臣會商事務。

四月丁丑。大學士單懋謙因病乞休。允之。

戊子。授沈葆楨爲欽差辦理臺灣等處海防兼理各國事務大臣。時有日本船避風泊臺灣。爲生番所殺。日本遂派西鄉從道率兵登岸進攻番社。嗣葆楨抵臺。布置防務。與日本議定撫卹。七月。日本遣大久保利通到京受償款五十萬。撤兵歸國。

丁酉。賜陸潤庠等三百三十七人進士及第出身有差。

七月壬子。命左宗棠爲大學士。仍留陝甘總督任。

授烏魯木齊都統景廉爲欽差大臣。督辦新疆軍務。都統金順爲幫辦。

己巳。命停止圓明園工程。酌量修理三海。

庚午。奕訢革去親王世襲罔替。降爲郡王。其子載澂革去郡王銜貝勒。時帝與載澂戲。因微故失歡。故有是命。越日。即奉太后懿旨賞還。

九月丁未。大學士兩廣總督瑞麟卒。予諡文莊。以英翰爲兩廣總督。

乙丑。予告大學士賈楨卒。予諡文端。

十月己亥。帝不豫。命軍機大臣李鴻藻代批答章奏。時帝好微行游宴。遂以致疾。

十一月己酉。諭。朕於本月遇有天花之喜。所有內外各衙門陳奏事件。呈請皇太后披覽裁定。

命寶鋆爲大學士。

十二月甲戌。李宗羲以病免。以劉坤一署兩江總督。

帝疾大漸。酉刻。崩於養心殿東暖閣。兩宮皇太后御養心殿西暖閣。召親王奕誴、奕訢、奕譞、郡王奕譓、奕詳、貝勒載治、載澂、公奕謨、御前大臣伯彥訥謨祜、奕劻、景壽、軍機大臣寶鋆、沈桂芬、李鴻藻、內務府大臣英桂、崇綸、魁齡、榮祿、明善、貴寶、文錫、弘德殿行走徐桐、翁同龢、王慶祺、南書房行走黃鈺、潘祖蔭、孫貽經、徐郙、張家驤入。奉懿旨立奕譞之子載湉承繼文宗顯皇帝爲子。入承大統。爲嗣皇帝。並奉懿旨俟嗣皇帝生有皇子。即承繼大行皇帝爲嗣。時載湉年甫四齡。即由醇王府移居禁中。即皇帝位。以明年爲光緒元年。

丁丑。兩宮皇太后命王大臣奏請。垂簾聽政。

癸未。准醇親王奕譞奏請。開除所管各項差使。並命以親王世襲罔替。

侍講王慶祺以素行有虧。爲御史陳彝所參。奉旨革職永不敍用。

丙戌。大學士九卿會同議上大行皇帝尊謚曰。繼天開運受中居正保大定功聖智誠孝信敏恭寬毅皇帝。廟號穆宗。

戊子。封皇后爲嘉順皇后。

乙未。以聲名平常。被御史奏參。革內務府大臣貴寶文錫職。又斥革太監張得喜等。

清史綱要

卷十三

光緒元年乙亥。正月辛丑。以英桂沈桂芬協辦大學士。

內閣侍讀學士廣安奏請飭廷臣會議。將嗣皇帝生有皇子卽承繼大行皇帝爲嗣。頒立鐵券。奉旨申飭。

戊午。帝行卽位禮於太和殿。

二月。盛京將軍都興阿卒。予謚清愨。

戊子。嘉順皇后崩。后爲尚書崇綺女。端莊謹默。動必以禮。正位中宮後。不得寵於慈禧皇太后。穆宗崩。慈禧皇太后訓責備至。后本已慟極。誓以身殉。遂不復食。至是、崩。距穆宗之崩未百日也。謚曰孝哲毅皇后。

乙丑。命左宗棠爲欽差大臣。督辦新疆軍務。調景廉爲正白旗都統。命來京供職。調金順爲烏魯木齊都統。仍督辦軍務。

四月壬辰。以沈葆楨爲兩江總督。兼辦理通商事務大臣。

五月壬子。命李瀚章往雲南查辦事件。以翁同爵兼署湖廣總督。
六月己巳。嚴禁廣東闈姓賭局。
以勦匪不力。革吉林將軍奕榕職。發往軍臺。
壬申。盛京將軍崇實奏。官軍平燬大東溝沙河子巨匪宋三好等巢穴。擒斬首要。奉旨獎勵。
八月丁卯。英翰緣事革職。以劉坤一爲兩廣總督。
己巳。派郭嵩燾許鈐身充出使英國大臣。旋改派許鈐身充出使日本國大臣。而以劉錫鴻爲駐英副使。
又以何如璋代許鈐身使日本。
九月。越南匪徒黃崇英等滋事。廣西官軍出境會勦。生擒崇英。
十一月。劉嶽昭緣事革職。以劉長佑爲雲貴總督。
以陳蘭彬容閎爲出使美國兼日國祕國大臣。
十二月壬申。太后命翁同龢夏同善授帝讀。並命醇親王奕譞妥爲照料。
丁丑。吳棠卒。予諡勤惠。調李瀚章爲四川總督。
丁亥。命盛京將軍一缺。管理兵刑兩部。兼管奉天府府尹。照各省總督體例加銜。
乙酉。添設臺北府知府等缺。從沈葆楨奏請也。

光緒二年丙子。正月己亥因出關餉需緊迫。准左宗棠借洋款一千萬兩。

三月丁未。命景廉在軍機大臣上學習行走。

四月丙戌。賜曹鴻勛等三百二十四人進士及第出身有差。

五月乙未。大學士文祥卒。予謚文忠。

六月丁酉。命李鴻章爲全權大臣。卽赴煙臺。與英國使臣威妥瑪會商一切事務。初、英翻譯官馬嘉理。領總理各國事務衙門護照。往緬甸迎印度派來副將柏印等。旣遇。折還雲南。元年正月。行至騰越廳屬蠻允地方被戕。英人指爲由署雲貴總督岑毓英指使。要挾多端。五月。派李瀚章入滇査辦。又派薛煥幫同辦理。旋瀚章等覆奏。謂馬嘉理由緬還滇。中隔野人司土地界。該處向多匪徒。與野人句結。刦掠行旅。當馬嘉理由滇赴緬時。由地方官妥爲護送。嗣由緬還滇。未經知會地方官。致匪徒伺隙。乘機刦殺。地方官並無調兵阻止及指使戕害情事。英使威妥瑪與總理衙門王大臣會議。仍堅求將全案人證提京覆訊。王大臣等不允。遂於四月出京。詔李鴻章俟其到津時。與之互商。旣而威妥瑪至煙臺。未卽南下。詔鴻章赴煙臺與議。

七月辛酉。加上皇太后徽號。

雲南騰越練軍武弁蘇開先踞城叛。提督楊玉科等討平之。

甲申。李鴻章與威妥瑪定約於煙臺。鴻章至煙臺。至威妥瑪處會商。仍堅執事由岑毓英主使。要求將全案人證提京。適俄德美法等國使臣均在煙臺。公論亦以無確實憑據請提京爲非。威妥瑪始允另議辦法。旋訂定會議條款三端。專款一條。第一端、昭雪滇案。第二端、駐京大臣及各口領事與中國官員往來之禮。及審辦案件交涉事宜。第三端、通商事務。又擬明年派員赴西藏探路。請給護照。列爲專款。即所稱爲煙臺條約也。旋奉旨允准。滇案遂結。

官軍收復烏魯木齊。新疆北路略定。初、左宗棠奉督辦新疆軍務之命。請以前署陝撫劉典爲幫辦。是年二月。劉典至蘭州。宗棠以甘肅善後事畀之。遂啓行。三月。駐軍肅州。四月。劉錦棠出嘉峪關。閏五月。次巴里坤。進駐古城。時馬人得踞烏魯木齊。白彥虎踞紅廟子。土回馬明踞古牧地。安集延遣纏回助之。六月。錦棠圍古牧。帕夏遣夷目阿托愛率騎來援。錦棠令余虎恩擊敗之。復以開花礮攻城。克之。守兵六千殲焉。師次烏垣。城東安夷土回纏頭皆宵遁。遂收復烏魯木齊。迪化州及王城。王城者。妥得璘所築也。錦棠遣諸將分道至鹽池。阻戈壁而返。於是呂吉呼圖壁瑪納斯北城守兵皆棄城遁。帕夏所遣援兵至達板。亦不敢進。新疆北路略定。惟瑪納斯南城未克。至是、捷聞。劉錦棠等賞世職有差。

八月。定嚴禁栽種罌粟例。

總理各國事務衙門奏定出使經費。奉旨允行。時因滇案已結。郭嵩燾等將出洋赴任故也。

江蘇等省有邪教紙人翦辮。諭飭地方官查拏懲辦。

九月戊辰。調李瀚章爲湖廣總督。以丁寶楨爲四川總督。

收還英國商人所築上海達吳淞鐵路。初、英人擅築鐵路。沈葆楨等照會領事阻止。不允。由總理各國事務衙門商之威妥瑪。亦不允。詔李鴻章與威妥瑪妥商。乃以二十八萬五千兩買斷。行止聽中國自便。尋以不適用毀之。

金順等攻克瑪納斯南城。

十月癸丑。命李鴻藻景廉在總理各國事務衙門行走。

乙卯。召榮全來京。以金順爲伊犁將軍。英翰署烏魯木齊都統。

十二月戊子。李鴻章沈葆楨奏請於閩廠前後學堂選派學生三十名。分赴英法兩國。學習製造駕駛。派道員李鳳苞洋員日意格爲監督。奉旨允行。

光緒三年丁丑。正月癸亥。命載齡以吏部尚書協辦大學士。

二月壬寅。以訊辦餘杭民人葛品蓮身死一案。始終迴護。革浙江巡撫楊昌濬學政侍郎胡瑞瀾職。

三月癸酉。改派劉錫鴻充出使德國大臣。

官軍克吐魯番。自克瑪納斯南城後。大雪封山。諸軍不能踰嶺而南。帕夏與白彥虎乘暇移達板新城兩山間。以大通哈守之。大通哈、猶言大總管也。帕夏次子海古拉。日役萬夫。造王府於吐魯番。自守托克遜。令白彥虎馬人得守吐魯番。帕夏居喀喇沙爾。爲中權以策應。至是冰解。劉錦棠自烏垣攻達板。破之。擒其酋愛伊德爾呼里。大小頭目無一脫者。張曜自哈密西進。趨吐魯番。下奇克騰木。攻闢展。劉錦棠遣將會之。進攻吐魯番。敗敵城外。馬人得及纏回萬餘降。遂克吐魯番滿漢兩城。錦棠至托克遜。海古拉亦遁。三城皆下。

四月。帕夏自殺。自吐魯番既克。南八城門戶洞開。帕夏在庫爾勒。憂懼不知所爲。遂飲藥死。其子海古拉舁之西行。將達庫車。伯克胡里使使截之半途。殺海古拉。帕夏名阿古柏。自稱畢調勒特汗。有子六人。長哎哥。即伯克胡里。次即海古拉。伯克胡里失寵於其父。既殺海古拉。保南境而王。夷回推白彥虎守庫爾勒。彥虎自踞開都河西岸。覬入俄羅斯。

五月。賜王仁堪等三百二十九人進士及第出身有差。

六月。山西河南大旱。諭籌辦賑卹。

九月。官軍復新疆南路東四城。劉錦棠等自托克遜進兵。白彥虎先期走庫車。遂復喀喇沙爾庫爾勒。追至庫車。拔難回十萬人。進薄阿克蘇。守城回目出降。白彥虎走烏什。官軍追敗之。遂復烏什。一月中南疆東四城皆下。

十月。沈桂芬與日斯巴尼亞國使臣伊巴里議訂古巴華工條款十六條成。

光緒四年戊寅。二月乙酉。命王文韶在軍機大臣上學習行走。時李鴻藻丁母憂開缺也。

官軍克復南路西四城。新疆平。東四城既復。伯克胡里踞喀什噶爾。而和闐伯克呢牙斯圖反正。乘隙圍葉爾羌。遙應官軍。伯克胡里引兵擊敗之。遂踞和闐。而喀什噶爾滿漢兵弁守漢城者。使使迓官軍。安酋阿里達什保回城以攻漢城。伯克胡里棄和闐。走英吉沙爾。及三年冬。劉錦棠遣余虎恩等逼喀城。伯克胡里白彥虎分路遁入俄羅斯。遂克喀城。錦棠亦收復葉爾羌英吉沙爾。董福祥收復和闐。於是南疆西四城皆下。俘帕夏妻女及其幼子。並金相印父子。誅之。新疆平。至是捷聞。詔晉左宗棠二等侯爵。劉錦棠二等男爵。其餘諸將給獎有差。

四月戊寅。大學士英桂致仕。

五月庚戌。以載齡爲大學士。全慶以刑部尚書協辦大學士。

七月辛未。命王文韶周家楣在總理各國事務衙門行走。

乙亥。命曾紀澤充出使英國法國大臣。李鳳苞充出使德國大臣。

直隸永定河北六工漫口。

十月。安集延酋阿里達什自俄境入寇。糾纏回出奈曼。謀襲喀什噶爾。劉錦棠擊破之於玉都巴什奈曼回目庫彌什設伏殺阿會以獻。

十一月庚申。永定河漫口合龍。

光緒五年己卯正月乙丑。停止捐輸。先將京捐局裁撤。各省限於五月悉數截止。

安集延布魯特寇邊。劉錦棠破之於烏帕爾。

三月庚午。葬穆宗毅皇帝孝哲毅皇后於惠陵。

閏三月。主事吳可讀在薊州馬神橋三義廟內仰藥自殺。遺有密疏。請明降懿旨。預定將來大統之歸。略謂同治十三年十二月初五日懿旨。嗣後皇帝生有皇子。即承繼大行皇帝爲嗣。將來大統之歸未奉有明文。必歸之承繼之子。故請皇太后再行明白降一諭旨。將來大統仍歸承繼大行皇帝嗣子。疏入。皇太后命王大臣等議奏。旋諸臣覆奏。均以繼統似涉建儲。不敢參議。皇太后諭。皇帝將來誕生皇子。自能愼選元良。纘承統緒。其繼大統者爲穆宗毅皇帝嗣子。皇帝必能善體此意。所有吳可讀原奏及王大臣等會議摺幷諭旨。均另錄一分。存毓慶宮。

日本滅琉球。夷爲沖繩縣。

乙未。命前任福建巡撫丁日昌以總督銜專駐南洋。會同沈葆楨等籌辦海防。節制沿海水師。旋又命充兼理各國事務大臣。

四月。從丁寶楨奏請。四川鹽務改辦官運商銷。初、寶楨任川督。以川省鹽務積弊甚深。改爲官運商銷。富廠竈戶。以爲不便。揑詞呈控。時尚書恩承侍郎童華查事在川。遂據以入告。諭令寶楨確查具奏。寶楨奏稱。自上年開辦官運局後。本年奏銷核計邊計各額引。已全數銷清。復帶銷積引一萬餘張。所收稅羨截釐及各雜款至一百餘萬兩。商人從前一切無名使費。悉予删除。民皆食賤。私梟潛蹤。實屬商民皆便。旋恩承等又以弊少利多爭奏。乃命戶部酌核具奏。至是、戶部覆奏。請飭寶楨妥籌辦理。因諭寶楨將官運商銷各事。悉心區畫。愼始圖終。不可動於浮言。亦不可操之過蹙。蓋中旨頗利寶楨變法之溢收。又不欲顯斥阻撓者。故爲調停之詞。

己巳。山東署嶧縣知縣朱永康以誘殺委員高文保。定爲斬監候。先是、朱永康強借商民銀兩。迫控經委員高文保查提管帳門丁。永康聽從伊姪朱寶森之言。誘殺文保。並給銀令寶森等逃逸。由尚書廣壽侍郎錢寶廉往訊勘明。至是定罪。

五月癸巳。以崇綺爲熱河都統。時御史孔憲穀奏稱碩輔不宜遠離。請收回成命。不許。

乙未。命侍郎崇厚充出使俄國大臣。旋又命爲全權大臣便宜行事。與俄政府議收還伊犁事。

六月。刑部奏議結四川東鄉縣濫殺案。初、四川署東鄉縣孫定揚議派捐輸。每正銀一兩。加多五百文。人民反抗鬧糧。定揚遽誣爲叛逆。請兵勦洗。提督李有恆等遂妄殺寨民數百。經御史參劾。屢派大員查辦。

至是、經恩承童華往勘訊明。由刑部議定。定揚有恆均斬監候。護理總督文格有痛加勦洗之札。與擬罪輕縱之丁寶楨等均下部嚴議。

己未。翰林院侍講王先謙奏言路宜防流弊。奉旨嘉納。並諭近來頗有攙越陳奏。逞其私見。率意上陳。必至是非淆亂。漸開攻訐之端。甚至此唱彼和。議論紛騰。亦恐啓黨援之漸。於風俗人心。大有關係。嗣後不得以雷同附和之詞。相率瀆陳。蓋自光緒元年以來。言路如寶廷張之洞張佩綸等。遇事敢言。朝廷亦頗嘉納之。至是、漸爲政府所厭。故因王先謙之奏而有是諭。旋御史李端棻參王先謙爲莠言亂良。朝旨斥其措詞過當。

七月丙子。許朝鮮與各國通商修約。命李鴻章作書告之。

八月壬子。致仕大學士單懋謙卒。予謚文恪。

九月癸巳。命麟書崇禮在總理各國事務衙門行走。

十月。廣西巡撫張樹聲奏擒獲李揚才。初、總兵李揚才。前勦越南土匪有功。旋以未奏留廣西。觖望。上年秋間在廣東原籍。糾衆萬餘出關踞越南者巖等處。詔命馮子材統師出關。至是、奏稱於龍登山搜獲揚才。

己巳。致仕大學士英桂卒。予謚文勤。

十一月癸未。兩江總督沈葆楨卒。葆楨初守江西廣信府。與其妻林氏乞援卻敵。以此名聞天下。超擢巡撫。肅吏治。繩悍將。以籌餉用人與曾國藩不合。乞假回籍。及督兩江。爲治嚴肅。江南風氣爲之一變。至是以積勞卒。予謚文肅。

甲申。調劉坤一爲兩江總督。以張樹聲爲兩廣總督。

十二月乙卯。前都察院左都御史崇厚革職拏問。交刑部治罪。崇厚奉使至俄。議收還伊犂事。俄人議以伊犂歸我。而償兵費二百八十萬。割伊犂西界數百里予俄。又割南界數百里。跨天山以隔南八城。并開口岸多處。其他損失權利處尤多。崇厚悉許之。與立約十八條。蓋印畫押。事聞。朝野駭然。廷臣交章論劾。詔撤崇厚歸國。以邵友濂暫署。至是、褫崇厚職。逮問。而令廷臣疆臣會議萬全之策。崇厚旋究爲斬監候。尋因曾紀澤奏請。卽行開釋。

光緒六年庚辰。正月辛未。命曾紀澤充出使俄國大臣。將崇厚所議收還伊犂條約。再行商改。

丙子。李鴻藻起復。命仍在軍機大臣上及總理各國事務衙門行走。

庚寅。命劉錦棠幫辦新疆軍務。

二月己未。沈桂芬景廉與德使巴蘭德續訂條約六款善後章程九款成。

五月丁丑。賜黃思永等三百十三人進士及第出身有差。

六月甲辰。命李鴻章爲巴西議約全權大臣。
七月壬申。召左宗棠來京陛見。以劉錦棠署理欽差大臣。張曜署幫辦。楊昌濬護理陝甘總督。
命曾國荃督辦山海關防務事宜。時因俄國議約不易轉圜。且聞有派兵來華封閉遼海。以爲挾制之信。
故有是命。並命鮑超募勇駐紮天津山海關兩處適中之地。
庚辰。因軍機大臣辦事遲延。交該衙門議處。
八月。允李鴻章奏請。於陸路設立電線。
九月丙戌。大學士載齡因病乞休。允之。
十月庚戌。大學士寶鋆尙書李鴻藻與美使安吉立等續修條約四款。又續補修約四款成。
辛亥。命毛昶熙仍在總理各國事務衙門行走。
甲子。命醇親王奕譞寶鋆管理神機營事務。
十一月。劉銘傳奏請試辦鐵路。先由淸江至京一帶興辦。詔李鴻章劉坤一議奏。旋張家驤劉錫鴻等奏
阻。遂罷其議。
己巳。以全慶爲大學士。吏部尙書靈桂協辦大學士。
辛未。侍郎長敍護理山西巡撫布政使葆亨。以聖祖忌辰爲兒女嫁娶。交部嚴議。旋均革職。

光緒七年辛巳。正月乙丑。協辦大學士沈桂芬卒。予謚文定。

己丑。曾紀澤與俄人定約於森彼得堡。紀澤抵俄京。議改崇厚之約。俄人以崇厚爲頭等全權大臣。而紀澤係二等公使。拒不與議。又欲遣其海部尚書到北京議約。駐京俄使亦以去留相要挾。並以兵船游奕中國海面。又增防邊戍卒。嗣經紀澤反覆辨論。往返磋商。始行定議。計改前約者七端。一、歸還伊犂南境。二、喀什噶爾界務。不據崇厚所定之界。三、塔爾巴臺哈界務。照崇厚明誼所定兩界之間。酌中勘定。四、嘉峪關通商。仿照天津辦理。西安漢中兩路及漢口字樣均刪去。五、松花江行船至伯都訥專條廢去。六、添設領事。僅於吐魯番添設一員。餘俟商務興旺時。再議添設。七、天山南北路貿易納稅事。改均不納稅爲暫不納稅。此外添償盧布四百萬圓。奏入。奉旨允准。收還伊犂事遂結。旋紀澤奏稱。此次俄人輕棄已得之權利。全由俄土戰後。財殫力竭。其君臣雅不欲再啓釁端。故得從容商改。和平了結。若議者以爲俄強大之國。尚不難遣一介之使。取已成之約而更改之。執此以例其餘。則中外交涉。更無難了之事。斯言一介。將來必有承其弊者。

壬辰。命大學士左宗棠在軍機大臣上行走。並在總理各國事務衙門行走。

二月癸巳。以曾國荃爲陝甘總督。

甲午。諭總理各國事務衙門。再向日本使臣妥商球案。先是、光緒五年。日本夷琉球爲沖繩縣。吾國與爭。

不理。美前總統格蘭德從中排解。有割島分隸之說。日人又以前與吾國所訂約章。無一體均霑之條。與各西國獨異。欲援照加入。而以琉球南島歸吾。時中外大臣以俄事未結。南島枯瘠。議暫緩與議。今俄事已結。詔以劃分兩島於存球祀一層。未臻妥善。命與日使議結。旋日使宍戸璣悻悻而去。命沿海各省嚴行戒備。

三月壬申。慈安皇太后崩。太后咸豐初年正位中宮。文宗好游宴。嘗婉言規諫。及垂簾聽政。召見大臣。吶吶如無語。悉以權讓慈禧太后。晚年尤謙讓未遑。事無鉅細。必待慈禧裁決。或委樞府主持。蓋益務韜晦云。年四十有五。謚曰孝貞顯皇后。

命黎庶昌充出使日本國大臣。又命駐德使臣李鳳苞兼義奥荷三國使事。

四月。恆訓丁寶楨奏勦辦雷波夷務肅清。四川雷波拋阿忽庚札等支夷匪。於上年九月出巢滋擾。經成都將軍恆訓四川總督丁寶楨。派總兵李培榮等。迭破堅巢。殄除悍黨。至是奏報肅清。

己未。命奕訢奕譞會同左宗棠李鴻章等。興修畿輔水利。

六月己未。命工部尚書李鴻藻協辦大學士。

七月己丑。以彭玉麟署兩江總督。玉麟疏辭。允之。

命鄭藻如充出使美國大臣。

八月庚午。李鴻章與巴西使臣喀拉多訂立條約十七款成。
癸未。實授劉錦棠爲欽差大臣。督辦新疆軍務。張曜幫辦軍務。
曾國荃因病乞休。允之。以譚鍾麟爲陝甘總督。
大學士全慶致仕。
九月乙未。命劉坤一開缺。以左宗棠爲兩江總督。
添設吉林琿春副都統。
十月癸酉。以靈桂爲大學士。文煜協辦大學士。
癸酉。以寶廷爲禮部右侍郎。寶廷以宗室翰林。遇事敢言。屢有陳奏。多見採擇施行。至是、擢任侍郎。疏辭。不許。
十一月壬寅。以張之洞爲山西巡撫。之洞在翰林。屢上封奏。遇事敢言。至是、以內閣學士簡任巡撫。
癸卯。安徽巡撫裕祿奏。巳革提督李世忠怙惡不悛。兇暴恣肆。命卽正法。
光緒八年壬午。三月戊子。李鴻章賞假往湖北省視母病。以張樹聲署直隸總督。
命陳蘭彬在總理各國事務衙門行走。
李鴻章丁母憂。命改爲署任。穿孝百日後。卽行回任。旋鴻章迭請終制。詔開缺駐紮天津。並署通商大臣。

李瀚章丁母憂。以涂宗瀛爲湖廣總督。

四月己巳。以曾國荃署兩廣總督。

朝鮮與美國立約。命道員馬建忠提督丁汝昌往蒞盟。旋英法二國先後與朝鮮立約。皆由建忠介之。

甲戌。致仕大學士全慶卒。予謚文恪。

五月壬辰。召劉長佑入覲。以岑毓英署雲貴總督。

七月。張樹聲奏誘獲朝鮮大院君李昰應。送保定安置。初、朝鮮王李熙以支派入承正統。其本生父大院君李昰應攬國權。及王年長總攬朝綱。王妃閔氏用事。閔族執政。昰應失權怏怏。至是、兵士因缺餉譁變。奉以爲主。借清君側之名。殺大臣及辦外交者數人。並攻日本使館。殺日本人數人。以翦王羽翼。殺王妃。并囚國王。署直隸總督張樹聲聞報。遣提督丁汝昌道員馬建忠往。又遣提督吳長慶率陸軍至漢城。誘昰應至營。送歸天津。捕其黨百餘人置之法。日本亦遣兵至。旋以償金開埠定約而還。昰應至天津。朝命免其治罪。安置保定。旋因國王懇請。於十一年八月釋放歸國。長慶遂率所部留駐朝鮮。

十月庚辰。巴里坤領隊大臣沙克都林札布與俄國分界大臣在喀城會議。定喀什噶爾東北界約四條成。

十一月丁亥。王文韶開缺養親。命翁同龢在軍機大臣上行走。先是、太常寺卿周瑞清包攬雲南報銷。有賄託關說情事。爲御史陳啓泰等揭參。先後派王大臣查辦。有戶部需索賄銀。景廉王文韶均有賂遺鉅萬之風說。文韶在軍機。尤爲言路所指目。屢疏乞退。不許。至是以養親去職。雲南報銷案。旋於九年五月結案。周瑞清及御史李郁華戶部主事孫家穆等。均發往軍臺。景廉王文韶等以失察交部議處。

戊子。命潘祖蔭在軍機大臣上行走。祖蔭旋於九年正月丁父憂開缺。

十一月癸巳。命張佩綸署理都察院左副都御史。佩綸以敢言稱。至是旋議。不許。

十二月。侍郎寶廷典試福建。途中買妾。自行奏請從重懲責。奉旨交部嚴議。旋議革職。

光緒九年正月甲午。派曾紀澤辦理洋藥稅釐併徵事務。洋藥稅釐併徵。載在煙臺條約。因英使威妥瑪藉詞延宕。懸閣數年。至是英使還國。故命紀澤與英外部商辦。

己亥。命吳廷芬在總理各國事務衙門行走。

四月壬申。劉長佑因病開缺。以岑毓英爲雲貴總督。

賜陳冕等三百八人進士及第出身有差。

五月壬寅。涂宗瀛因病開缺。以卞寶第署湖廣總督。

六月戊午。命李鴻章署直隸總督。張樹聲還兩廣總督任。曾國荃來京陛見。鴻章疏辭。不許。

山東歷城等處黃河漫溢。

癸亥。諭禁在理教。京城直隸等處有在理教。以戒人吸煙飲酒爲名。御史李璲奏請密拏。故命查禁。

七月。越南與法蘭西立新約十三條。初、嘉慶間。越南舊阮王起自南圻與新阮爭國。假法蘭西兵以滅新阮。許給酬金。後止付其半。咸豐間。又因殺害教民。與法國搆兵。同治元年。始立約講和。割南圻之嘉定邊和定祥。名爲外三省。以畀法人。十二年。又開兵釁。再訂和約。又割永隆安江河仙。名爲內三省。以畀法。自是南圻全爲法踞。改嘉定爲西貢。成爲大埠。上年。法人欲實行紅河通商。紅河卽富良江。又名珥江。發源於雲南元江。爲北圻最大之江。有劉永福者。咸豐間聚衆於粤西。號黑旗。爲官軍所逼。走入越。越王招撫。授以三宣副提督。轄宣光興化山西三省。遂於保勝設卡抽稅。越王不能制。聽其自行收稅養兵。法人以爲有礙通商。必須驅除。幷因和約內有代出貲勦匪之條。遂以兵船駛入東京。命河內總督讓故宮與之屯兵。總督不從。法人卽拘留之。是年三月。攻陷河內。九年二月。又攻陷南定。其夏。再陷河陽。其附近之廣安寧平二省。均爲所佔。時劉永福駐山西。屢與法人戰獲勝。而法人別以兵船攻東京順化河岸礮臺。陷之。適國王阮福時先於六月中病故。養子三人。立其長者。臣民廢之。推立故王之弟福昇。法人逼脅立約。權利盡失。旋福昇仰藥自殺。國人又立福時次養子福膺。年纔十二。受脅未能自振。

八月己巳。命彭玉麟往廣東。會同督撫辦理海防。時朝廷以越南久列藩封。暗助劉永福軍餉械。並命雲南巡撫唐炯駐紮山西。廣西巡撫徐延旭駐紮北寧。相機援助。法人因之屢有責言。初命李鴻章往廣東。

督辦越南事宜。節制廣東廣西雲南三省防務。嗣又命在上海。與法使脫利古商辦。脫利古聲言將乘兵船入京。命鴻章還直督任。至是、脫利古又揚言至廣東。故命玉麟赴粵。而命南北洋妥籌防務。

九月庚辰。伊犁參贊大臣升泰等與俄國分界大臣佛里德。在塔城會議。定塔爾巴哈臺界七條成。自曾紀澤在俄改約後。兩國各派分界大臣。科布多幫辦大臣額福與俄國大臣撇裴索富。在阿拉克別克河口會議科布多新界約。亦於八月間竣事。

十一月辛巳。命張佩綸在總理各國事務衙門行走。

致仕大學士載齡卒。予謚文恪。

光緒十年甲申正月丁亥。左宗棠因病請開總督缺。允之。

乙未。以曾國荃署兩江總督。

三月戊子。命奕訢寶鋆李鴻藻景廉翁同龢均退出軍機處。奕訢開去一切差使。並撤去恩加親王雙俸。寶鋆原品休致。李鴻藻景廉開去一切差使。降二級調用。翁同龢革職留任。奕訢等久居政府。頗委蛇保榮。屢爲言路所攻。至是因法越事急。朝廷將力圖振作。故將軍機大臣全數斥退。而命禮親王世鐸戶部尚書額勒和布、閻敬銘。刑部尚書張之萬。在軍機大臣上行走。工部左侍郎孫毓汶在軍機大臣上學習行走。

己丑。皇太后命軍機處遇有緊要事件。著會同醇親王奕譞商辦。

壬辰。廣西巡撫徐延旭雲南巡撫唐炯均革職逮問。先是、延旭奉命出關。自駐諒山。而令提督黃桂蘭道員趙沃守越南之北寧。及法兵來攻。全軍潰退。北寧失守。詔徐延旭黃桂蘭趙沃均拏問。以潘鼎新代爲廣西巡撫。王德榜署廣西提督。桂蘭自殺。唐炯奉命出關。未奉諭旨。率行回省。致官兵退紮山西。失守。至是、亦逮問。命岑毓英出關督師。

命奕劻管理總理各國事務衙門事務。周德潤在總理各國事務衙門行走。

己亥。命閻敬銘許庚身在總理各國事務衙門行走。

四月戊子。命許景澄充出使法德等國大臣。

戊午。命通政使吳大澂會辦北洋事宜。內閣學士陳寶琛會辦南洋事宜。翰林院侍講學士張佩綸會辦福建海疆事宜。

辛酉。李鴻章與法國水師總兵福祿諾議訂簡明條款五款於天津。法越一事。自七年以來。曾紀澤與法外部沙美拉古費理等。總理衙門及李鴻章與法使寶海脫利古等。往復辯論。均無成議。自山西北寧失守。法勢益張。越南臣民望風降順。事勢益亟。本年三月。稅務司德璀璘力任調停。詔李鴻章通盤籌劃酌定辦法。旋授爲全權大臣。至是、與福祿諾議訂五款。大略爲不侵犯中國南界。撤還北圻各防營。不索賠費。不傷礙中國威望體面。其餘詳細節目。俟該國別遣大臣前來會商。
壬申。張樹聲因病請開缺專治軍事。允之。以張之洞署兩廣總督。
五月甲申。巴里坤領隊大臣沙馬都林札布與俄國分界大臣在新瑪爾噶拉會議喀什噶爾西北界約六條成。
丁亥。以文煜爲大學士。
戊子。以額勒和布閻敬銘俱協辦大學士。
己丑。命張蔭桓在總理各國事務衙門學習行走。
辛卯。命中外大臣保薦人才。
丁酉。命中外大臣將職分應辦之事。盡心講求。切實辦理。
己亥。命左宗棠仍在軍機大臣上行走。時宗棠病痊來京。故有是命。並命毋庸常川入直。遇有緊要事件。預備傳問。並命管理神機營事務。
閏五月。命尚書福錕、崑岡、左都御史錫珍、侍郎徐用儀、內閣學士廖壽恆。並在總理各國事務衙門行走。
丁未。賞劉銘傳巡撫銜。督辦臺灣事務。
庚午。授曾國荃爲全權大臣。與法使巴德諾在上海會議詳細條約。並派陳寶琛會辦。初、福祿諾臨行。與李鴻章言。擬派隊巡查越境。鴻章不以上聞。奉旨申飭。時岑毓英駐保勝。潘鼎新駐諒山。朝命將駐紮北圻各軍調還關內。而法軍旋以巡邊爲名。攻犯諒山。潘鼎新等屢有捷奏。法提督孤拔率兵船來福州馬尾。有占踞地方爲質索賠兵費之説。法使巴德諾逗遛上海。詔國荃前往與議。旋國荃議許給撫卹銀五十萬兩。奉旨申飭。又以巴德諾照會無理已甚。諭一意主戰。

六月。法兵攻陷臺北基隆礮臺。又攻滬尾礮臺。劉銘傳擊卻之。

七月癸卯。法國使臣謝滿祿下旗出京。

乙巳。實授張之洞兩廣總督。

法國海軍攻燬福州馬尾各礮臺。並擊沈兵船多艘。轟燬船廠。初、法提督孤拔率兵船駛入馬尾。及和議決裂。遂開礮轟擊。吾兵船礮臺應戰均敗。法船旋即駛出口外。

己酉。下詔與法國宣戰。

丁巳。命周家楣、吳廷芬、崑岡、周德潤、張蔭桓、陳蘭彬均無庸在總理各國事務衙門行走。時因法事決裂。言路頗咎辦理交涉諸人。故有是命。

辛酉。實授曾國荃兩江總督。

授左宗棠欽差大臣。督辦福建軍務。穆圖善楊昌濬幫辦軍務。

庚午。命何璟來京。旋革職。以楊昌濬爲閩浙總督。
八月癸酉。命許庚身在軍機大臣上行走。鄧承修在總理各國事務衙門行走。
丙子。實授李鴻章直隸總督。
九月壬子。以劉銘傳爲福建巡撫。仍駐紮臺灣。督辦防務。
甲子。以額勒和布爲大學士。以恩承協辦大學士。
十月壬申。以皇太后五旬萬壽。加恩近支王公、在京大臣、及封疆大臣等有差。
授劉錦棠爲甘肅新疆巡撫。仍以欽差大臣督辦新疆事宜。先是、錦棠與陝甘總督譚鍾麟。奏設新疆郡縣。謂左宗棠初議設新疆總督一員。駐烏魯木齊。新疆巡撫一員。駐阿克蘇。將新疆另爲一省。臣頗不以爲然。新疆與甘肅形同唇齒。若劃爲兩省。以二十餘州縣孤懸絕域。勢難自存。擬仿江蘇建置大略。添設甘肅巡撫一員。以烏魯木齊爲省治。設布政使一員。以鎮迪道加按察使銜。其伊犁將軍。無庸總統全疆。移烏魯木齊提督駐喀什噶爾。舊有之參贊辦事領隊各大臣。酌量裁撤。疏入。下吏部議行。至是、乃設甘肅新疆巡撫暨布政使等缺。以錦棠等爲之。裁撤烏魯木齊都統等缺。
丁酉。致仕大學士文煜卒。予謚文達。
朝鮮金玉均洪英植等作亂。殺其大臣閔台鎬趙寧夏等。召日本兵入宮。吾駐防提督吳兆有等助勤王兵。殺英植等護朝鮮王入營。玉均等出奔日本。日本公使竹添進一郎焚使館。走仁川之濟物浦。朝命吳大澂續昌往查辦。旋日本遣井上馨至朝鮮。與其全權大臣議給賠款行成。

十一月乙丑。內閣學士徐致祥奏請罷開鐵路急修河工。詔以其信口詆訐。交部議處。旋部議降三級調用。左中允樊恭煦鴻臚寺卿鄧承修相繼以因言獲咎。恐中外臣工致生猜測爲言。均交部議處。降級留任有差。

己巳。允彭玉麟等電奏。弛禁粵省闈姓濟餉。

十二月癸未。定唐炯徐延旭均斬監候。並議處保薦各大臣有差。炯延旭旋於十二年冬赦免。

戊辰。張佩綸何如璋均發往軍臺。馬江敗後。翰林院編修潘炳年等由都察院代奏張佩綸等僨事情形。給事中萬培因又奏佩綸等諱敗捏奏濫保徇私各節。詔左宗棠楊昌濬查辦。覆奏請交部議處。朝旨謂情重罰輕。佩綸先以濫保徐延旭等革職。至是、與何如璋均發往軍臺效力贖罪。

總兵吳安康率南洋兵船五艘援臺灣。於浙江海面遇法國兵船。自沈二船。餘退入鎮海口。法船遂攻鎮海口。守礮臺兵擊卻之。

光緒十一年乙酉。正月。諒山失守。法兵進攻鎮南關。自和議破裂。潘鼎新屢有捷奏。至是、法兵猛攻諒山。官兵敗走。提督楊玉科等陣亡。惟滇粵各軍。尚力攻宣光未退。并敗法兵於臨洮。

乙丑。派李鴻章爲全權大臣。與日使商議事務。日本因上年吾駐朝鮮兵援王宮。迎朝王入營。以爲不便。特遣伊藤博文西鄉從道來議朝鮮事。旋立約三條。略謂兩國屯朝鮮兵各盡撤歸。將來兩國如有派兵至朝鮮事。須互先行文知照。自是吾駐朝鮮兵遂能歸。

二月戊寅。革潘鼎新王德榜職。以提督蘇元春督辦廣西軍務。李秉衡署廣西巡撫。

馮子材等攻克文淵州。克復諒山。時鎮南關外各軍馮子材蘇元春王孝祺等。屢敗法兵。克復諒山。

法兵陷澎湖。

壬辰。與法人議和。命越南臺灣等處定期停戰。

乙未。命卞寶第回湖南巡撫任。以裕祿署湖廣總督。

三月丙午。派李鴻章爲全權大臣與法使辦理詳細條約事務。並派錫珍鄧承修會同商辦。

四月乙未。李鴻章等與法使巴特納在天津會訂越南新約十款成。初、由總稅務司英人赫德力請仍照津約。與法人重議詳細條約。於天津簡明條約外。別無要求。至是約成。法兵退出基隆澎湖。不索兵費。法兵永不得過北圻與中國邊界。中國亦不派兵前赴北圻。蓋是時中國兵於諒山獲勝。法人亦多主和。故和議得成。

五月丁未。命李鴻章等籌議大治水師。增拓船廠。

甲戌。曾紀澤與英外部續訂煙臺條約專條十款成。
癸未。命孫毓汶沈秉成續昌在總理各國事務衙門行走。
召曾紀澤回京。以劉瑞芬充出使英國俄國大臣。
甲申。以張蔭桓充出使美國兼日國比國大臣。
庚寅。准彭玉麟回籍。先是、玉麟授兵部尚書。屢辭不許。至是以廣東防務解嚴。乞病回籍。許之。
辛卯。以和局既定。通諭中外。
壬辰。訓飭封疆大吏。如有仍蹈舊習瞻顧因循者。一經查出。輕則立予罷斥。重則分別治罪。
御史吳峋編修梁鼎芬均交部嚴議。上年吳峋劾閻敬銘目爲漢奸。鼎芬劾李鴻章指爲可殺。至是、以其誣謗大臣。加以懲儆。並諭諸臣務當精白乃心。竭誠獻替。
七月辛丑。准左宗棠交卸差使。回籍調理。
丁巳。命周德潤往雲南。鄧承修往廣西。會同督撫。辦理中越勘界事宜。
八月丁丑。命李鴻章爲滇越邊界通商議約全權大臣。
乙酉。大學士左宗棠卒。贈太傅。予謚文襄。宗棠督辦福建軍務。時年七十有三。積勞過久。本已多病。聞命慷慨戒行。冒暑兼程抵閩。晝夜孜孜。以謀援臺。旋聞澎湖被陷。推胸頓足。至廢寢食。痰疾因之而起。至是、遂卒於閩。

九月庚子。改福建巡撫爲福建臺灣巡撫。駐紮臺灣。福建巡撫事由閩浙總督兼管。

辛丑。命醇親王奕譞總理海軍事務。沿海水師。悉歸節制調遣。並命奕劻李鴻章會同辦理。善慶曾紀澤幫同辦理。自和局既定。籌議海防善後事宜。至是、定議先從北洋精練水師一支。以爲之倡。此外分年次第興辦。命李鴻章專司其事。而設海軍衙門於京師。

壬寅。大學士靈桂卒。予謚文恭。

十月癸未。命穆圖善爲欽差大臣。會同東三省將軍。辦理練兵事宜。

英滅緬甸。英國由印度派兵進據緬甸。中國以緬甸爲朝貢之邦。命駐英大臣曾紀澤與英外部會商。初議立君存祀。俾守十年一貢之例。不可得。乃議定由英駐緬大員。按期遣使賫獻儀物。另行派員先定分界。再籌通商。

十一月癸亥。以恩承閻敬銘爲大學士。福錕張之萬協辦大學士。

丙子。添設福建臺灣布政使。

辛巳。侍郎黃體芳奏請開去李鴻章會辦海軍差使。朝旨謂其迹近亂政。交部議處。旋降二級調用。

光緒十二年丙戌。三月癸丑。賞醇親王奕譞與其福晉坐杏黃轎。

乙卯。李鴻章與法使戈可當等在天津會議越南邊界通商章程十九款成。

五月癸巳。以張曜爲山東巡撫。張曜先以提督改授廣西巡撫。未至任。命挑濬京師護城河。又命查勘山東黄河。至是、調山東巡撫。

己亥。四川總督丁寶楨卒。予諡文誠。寶楨任川督。凡有興革。不避嫌怨。復都江故隄。還民田數十萬畝。裁減夫馬。民困大蘇。川鹽久敝。刱滇邊黔邊官運法。國家溢收百餘萬。

以劉秉璋爲四川總督。

壬寅。賜趙以炯等三百人進士及第出身有差。

六月。依克唐阿吳大澂與俄員巴拉諾伏等勘定圖們江界牌。

壬申。皇太后諭自本年冬至大祀圜丘爲始。皇帝親詣行禮。並於明年正月內舉行親政典禮。諄醇親王奕譞禮親王世鐸等。累疏請皇帝親政後太后再行訓政數年。許之。

乙酉。奕劻孫毓汶與英使歐格納會議緬甸條約五款成。

八月丙寅。命續修大清會典。

乙酉。御史朱一新奏遇災修省預防宦寺流弊。先是四月間。醇親王奕譞巡閱北洋海口。皇太后派總管太監李連英隨往。至是、一新因順直水災奏請修省。並以李蓮英隨奕譞巡閱。恐蹈唐代監軍覆轍爲言。

奏入。太后怒。以奏中深宮或別有不得已之苦衷一語。命明白回奏。旋命以主事降補。
庚子。前湖南提督鮑超卒。予諡武襄。
丙子。命馮子材辦理瓊州客黎各匪。
乙卯。閻敬銘因病請於軍機處戶部兩項差使開去其一。允開去軍機大臣差使。
十月丙寅。賞還奕訢親王雙俸寶鋆以大學士致仕賞食半俸。
戊寅。添設福建臺灣臺北道缺。
十一月丁未。命曾紀澤在總理各國事務衙門行走。
十二月丙戌。命李鴻章派員勘辦黑龍江漠河山地方金鑛。
光緒十三年丁亥。正月癸丑。實授裕祿湖廣總督。
二月丁丑。命各省認眞辦理保甲。
庚辰。總理海軍事務衙門奏請興造大沽至天津鐵路。允之。
辛巳。賞唐炯巡撫銜。命督辦雲南礦務。
五月己未。以洪鈞充出使俄德奧和國大臣。劉瑞芬充出使英法義比國大臣。李興銳充出使日本國大臣。興銳因病未行。以黎庶昌代之。

壬戌。奕劻孫毓汶與法使續議界務專約五款商務專約十款成。

六月。前雲貴總督劉長佑卒予謚武慎。長佑在官以廉率下。所得祿賜以卹戰士。接僚屬雖雜職微弁。必假詞色。統兵三十年。未嘗誅將佐。然諸將亦憚之。無敢犯約。

八月。黃河南岸鄭州下汛十堡河水漫溢。

九月戊寅。命薛允升李鴻藻往鄭州工次。尋命鴻藻督辦工程。

壬午。允戶部奏請開鄭工捐例。

癸未。命李鶴年署理河東河道總督。已革前河督成孚留工效力。

十月庚子。奕劻孫毓汶與葡萄牙使議中葡條約五十四款及專款三條成。

十一月乙卯。命黑龍江將軍定安爲欽差大臣。會同東三省將軍辦理練兵事宜。時穆圖善已病故也。

戊午。帝奉皇太后至醇親王邸第視疾。嗣於壬申及十二月甲申甲辰。屢往視疾。

光緒十四年戊子。正月辛未。添置甘肅新疆伊塔道缺。

癸酉。撤還駐藏大臣文碩。以長庚代之。並命幫辦大臣升泰迅速赴任。初、哲孟雄布魯克巴兩部。均爲西藏藩屬。乾隆間。哲孟雄爲廓爾喀所逼。過藏曲大河。遂賴喇嘛將日納宗地方給與管理。及英人由印度窺藏。先收哲布兩部爲保護。藏人懼英之逼。并恨哲部之私結英人。遂欲攘奪哲布兩部之地。於哲部隆吐地方設立卡房。於是英人麻葛藟有帶兵入藏之說。總理各國事務衙門聞之。與駐京英使定約。停止入藏。而飭令藏人速撤隆吐卡房。文碩徇藏人意。謂地爲藏地。撤無可撤。奉旨斥其迂謬。先行撤還。旋隆吐爲英兵所攻。藏兵自行退還。

二月癸未。以重修淸漪園改爲頤和園工程告竣。諭擇於四月初十日奉皇太后臨幸駐蹕。

庚子。帝奉皇太后至醇親王邸視疾。

丁未。譚鍾麟因病乞休。允之。調楊昌濬爲陝甘總督。以卞寶第爲浙閩總督。

四月癸未。先是、命江西布政使李嘉樂署陝西布政使李用淸來京另候簡用。因二人經督撫年終密考。均謂其性情褊急故也。至是、大學士閻敬銘奏爭。謂二人爲近時藩司之最。巡撫德馨葉伯英劾去之。行圖自便。奏入。命將原摺擲還。並諭閻敬銘一偏之見。一似經其保薦。不進不止。他人遂不得更置一詞者。蓋二人均以淸操先爲敬銘所保也。

六月己亥。皇太后諭明年二月歸政。

七月甲辰。准彭玉麟開兵部尚書缺。仍留巡閱長江水師差使。

丙辰。帝奉皇太后至醇親王邸視疾。

庚申。以吳大澂署河東河道總督。李鶴年成孚均發往軍臺。李鴻藻及河南巡撫倪文蔚均革職留任。鄭工自上年八月漫口後口門寬至五百五十餘丈。先後由部撥工需銀九百萬兩。自歲杪開工。至本年夏間。奏報僅餘六占。不日可望合龍。乃六月下旬。西壩捆鑲船失事。阻礙不能進占。以致口門淘刷日深。秋汛已臨。不克堵合。時御史劉綸襄燕起烈多參倪文蔚等縻帑誤工。故有是譴。

甲子。永定河堤工漫口。旋於九月奏報合龍。

丙寅。准大學士閻敬銘開缺。敬銘累疏乞病。不許。至是、乃准其開缺在京調理。

八月西藏番兵與駐紮捻都納印兵啓釁。藏兵敗退。西藏自隆吐卡房被英兵攻燬後。屢思復仇。印度兵將哲孟雄全部收取。藏兵畏逼。遂相攻擊。藏兵萬餘。全行潰敗。陷利亞東朗熱等隘。同時失去。旋由駐藏大臣升泰派員赴邊。阻止英兵。並自至邊境。與英員保爾會商界務。

十月癸未。皇太后諭副都統桂祥之女葉赫那拉氏立爲皇后。侍郎長敘之十五歲女他他拉氏封爲瑾嬪。十三歲女他他拉氏封爲珍嬪。

十一月壬戌。以丁汝昌爲北洋海軍提督。林泰曾爲左翼總兵。劉步蟾爲右翼總兵。時北洋海軍已成軍也。

十二月壬辰。太和門災。

丙申。鄭州河工合龍。

丁酉。因太和門災。命停止頤和園工程。

戊戌。命林維源幫辦全臺開墾撫番事宜。

光緒十五年己丑正月辛丑。以張之萬爲大學士。徐桐協辦大學士。

辛酉。命各省將軍督撫議興辦鐵路事。先是、總理海軍衙門奏請接修天津至通州鐵路。御史余聯沅等奏阻。命海軍衙門會同軍機大臣妥議覆奏。仍執前說。故又命各省將軍督撫各抒所見迅速覆奏。

丁卯。御史屠仁守奏請皇太后歸政後。外省密摺廷臣封奏。仍書皇太后聖鑒字樣奏入。斥爲所見乖謬。命開去御史。交部議處。尋革職永不敍用。

癸未。帝行大婚禮。册立葉赫那拉氏爲皇后。

二月己卯。帝親政。

宣示醇親王奕譞豫杜妄論原奏。先是、光緒元年正月初八日。奕譞奏稱。歷代繼統之君。推崇本生父母者。以宋孝宗不改子稱秀王之封爲至當。慮皇帝親政後。僉壬倖進。援引治平嘉靖之說。肆其奸邪。豫具封章。請俟親政時宣示天下。俾千秋萬載。勿再更張等語。至是、河東河道總督吳大澂奏請飭下廷臣會議醇親王稱號禮節。奉皇太后懿旨。茲當歸政伊始。吳大澂果有此奏。若不將醇親王原奏及時宣示。則後此邪說競進。妄希議禮梯榮。其患何堪設想。用特明白曉諭。將醇親王原奏發鈔。俾中外臣民知之。

壬辰。以大婚禮成。上皇太后徽號。

以薛福成充出使英法義比四國大臣。

三月丙午。以崔國因充出使美日祕國大臣。

庚申。以歸政禮成。上皇太后徽號。

戊辰。帝奉皇太后幸頤和園。閱視神機營水陸操。

四月庚子。賜張建勳等三百三人進士及第出身有差。

六月丙子。雲南總督岑毓英卒。予謚襄勤。毓英在滇廿餘年。恩信感人深。父老兒童皆稱我老宮保云。

丁丑。以王文韶爲雲貴總督。

七月甲寅。以裕祿爲盛京將軍。

丙辰。調張之洞爲湖廣總督。以李瀚章爲兩廣總督。

八月甲戌。定興辦盧溝橋至漢口鐵路。先是、各省將軍督撫覆奏鐵路事。多偏執成見及不達時勢之言。惟劉銘傳欲由津沽開至京師。黄彭年欲先辦邊防漕路。而張之洞創議。自盧溝橋起。徑行河南達於湖北之漢口鎮。尤爲詳盡。太后命海軍衙門詳細覆議。至是議定先從兩頭試辦。南由漢口至信陽州。北由盧溝橋至正定府。派李鴻章張之洞會同海軍衙門妥籌開辦。

癸未。安徽巡撫陳彝奏陳因利局章程。請通飭各省仿行。不許。

十月丁亥。因江浙兩省水災。命辦賑撫。

詹事府左庶子崇文因參劾大學士張之萬查無實據。革職。

壬辰。命各省藩臬陳奏事件。

丙辰。命禁革差徭諸弊。

丁巳。命各省將支應善後採辦轉運等局。刪減歸併。勒限三個月。開單奏報。

乙丑。命各省將軍督撫嚴緝盜賊。訪拏訟棍。

光緒十六年庚寅。正月戊辰。帝二旬萬壽。加恩獎敍懿親及中外大臣有差。

二月己丑。駐藏大臣升泰與英國總理印度大臣蘭士丹在孟加臘城會議藏印條約八款成。升泰至藏邊後。勒令藏兵解散。總理各國事務衙門亦派稅務司赫政往幫同商議。尋英員約升泰至獨脊嶺會議。詔授升泰全權大臣。至印度畫押。至是約成。承認哲孟雄全歸英國管理。幷定藏哲分界。以自布坦交界之支莫摯山起。至廓爾喀邊界止。分哲屬梯斯塔及近山南流諸小河。藏屬莫竹及近山北流諸小河。分水流之一帶山頂爲界。其通商游牧事。則再行派員議訂。

閏二月己酉。命張蔭桓在總理各國事務衙門行走。

三月辛未。裁福建船政大臣。以總督兼管。

命劉銘傳幫辦海軍事務。時曾紀澤已病故也。

乙未。成都將軍岐元等奏。瞻對番目與巴宗喇嘛句結野番滋事。派兵破寨擒渠。邊境敉定。

四月壬寅。前兵部尚書彭玉麟卒。予謚剛直。玉麟剛介絕俗。遇部下若布衣昆弟。而紀律極嚴。其巡閱長江水師也。劾罷營哨官百八十二人。江湖肅然。將佐畏之如神。地方有司。亦望風震慴。民間諸不軌之徒。作奸犯科。懲不畏法者。輒相驚曰彭宮保來。其威望有如此。

賜吳魯等三百二十六人進士及第出身有差。

五月乙亥。以長庚爲伊犁將軍。升泰爲駐藏大臣。

六月。直隸水災。

壬子。永定河堤漫口。

七月壬辰。以許景澄充出使俄國兼德國奧國和國大臣。李經方充出使日本國大臣。

八月乙丑。前陝甘總督楊岳斌卒。予謚勇慤。法越之釁。岳斌奉詔率師入閩。幫辦軍務。由泉州附漁艇渡臺灣。與巡撫劉銘傳籌戰守。和議成。還籍。是是、卒於家。

九月壬午。御史吳兆泰奏請停止頤和園工程。命交部嚴加議處。

癸未。永定河漫口合龍。

十月丁未。兩江總督曾國荃卒。予諡忠襄。以劉坤一爲兩江總督。

十一月乙酉。帝幸醇親王邸視疾。丁酉。醇親王奕譞薨。帝詣邸成服行禮。奉皇太后懿旨定稱號曰皇帝本生考。諡曰賢。子載灃即日承襲王爵。載洵晉封不入八分鎭國公。載濤晉封不入八分輔國公。尋定皇帝持服期年。御縞素十一日。輟朝十一日。期年內御便殿時用素服。

光緒十七年辛卯二月。王文韶奏四川會理州匪徒黃子榮等攻陷雲南富民祿勸二縣城。經官兵收復勦平。

四月辛酉。帝奉皇太后幸頤和園。

安徽蕪湖江蘇丹陽湖北武穴鎭等處教堂相繼被匪徒焚燬。命各督撫查拏首要各犯。訊明正法。并命出示曉諭居民勿輕信浮言妄生事端。

六月戊戌。命查拏哥老會。

七月甲申。山東巡撫張曜卒。予諡勤果。所部嵩武軍命歸李鴻章節制調遣。

八月癸巳。命奕劻總理海軍事務。定安劉坤一幫辦海軍事務。

己亥。命刊發勸善要言。

致仕大學士寶鋆卒。予謚文靖。

十月。直隸邊外熱河等處金丹道教首楊悅春等作亂。竄擾蒙古。並陷朝陽等州縣。經奉直兩省官軍勦平。

乙亥。命崇禮洪鈞均在總理各國事務衙門行走。

十一月。俄羅斯侵帕米爾。英吉利人哪格爾及坎巨提。帕米爾者。在甘肅新疆邊外。距疏勒州約一千四百里。屬布魯特回族。分為大帕米爾小帕米爾蘇滿等十數區。咸同以來。俄人蠶食哈薩克浩罕各部。以設阿爾給斯坦斜米七河費爾干等省。浸及帕米爾。以通道印度。英人惎之。十六年。駐京英使以剖分帕地請。吾政府恐啓俄人之爭。拒不許。至是、俄兵遂侵入帕境。坎巨提在葱嶺東南。一名乾竺。與哪格爾隔水相望。本納貢於吾。又與英人立約。且交通於俄。其地西北通帕米爾。及俄兵侵帕。英人亦入哪格爾及坎巨提。以固印度北境。新疆巡撫陶模與英俄邊吏力爭。並請政府爭之兩國外部及駐京公使。旋議以帕地為三國甌脫。英允而俄不從。久之不得要領。惟坎酋弒父虐民。並侵掠英人。由新撫奏請廢黜。而令其弟率餘民歸部。會英人立之。使仍守職貢。

十二月。貴州巡撫崧蕃奏下江廳苗人滋事。經官軍勦平。

匪首李國珍等在敖罕滋事。分掠東翁牛特各旗。踞烏丹城北大寺。爲直隸官軍勦平。

光緒十八年壬辰。正月庚辰。王文韶奏雲南鎭邊地方新附猓夷滋事。經官軍勦平。

三月。前大學士閻敬銘卒。予諡文介。敬銘在戶部。綜核名實。吏胥畏憚。旣授大學士。忽失太后眷。屢忤旨遭詰責。遂引疾去。

四月。賜劉福姚等三百十七人進士及第出身有差。

五月乙酉。卞寶第因病開缺。以譚鍾麟爲閩浙總督。

六月丁酉。以汪鳳藻充出使日本國大臣。

壬寅。派薛福成商辦滇緬界線商務。

閏六月。永定河堤工漫口。旋於九月奏報合龍。

庚辰。大學士恩承卒。予諡文愼。

七月。山東惠民等處堤埝漫溢。旋於九月奏報合龍。

壬子。革山西巡撫阿克達春職。先是、徐致祥參新授山西巡撫阿克達春貪黷。帝責其旣有所聞。應卽隨時具奏。御史余聯沅又參阿克達春在安徽藩司任內。劣迹昭著。及不通文理。命劉坤一查辦。尋阿克達春召見。於詢問事件。奏對未明晰。命開缺。至是、劉坤一覆奏。所參皆實。遂革職。
戊申。定竊毀電報桿線罪。
八月甲申。以福錕爲大學士。麟書協辦大學士。
十月己巳。諭禁各省州縣濫用非刑。
十二月丙辰。以甲午年爲皇太后六旬萬壽。命禮親王世鐸等爲總辦萬壽慶典王大臣。會同各部辦理。
丙子。以楊儒充出使美國兼日國祕國大臣。
光緒十九年癸巳五月。貴州巡撫崧蕃奏。普安直隸廳妖匪劉燕飛滋事。爲官軍勦平。
六月。永定河堤工漫口。旋於九月奏報合龍。
八月壬子。從出使大臣薛福成奏請。豁除海禁。
七月丙子。四川越巂營參將何長榮稅務司赫政。與英國政務司保爾在大吉嶺議定藏印通商交涉游牧條約九款。又續款三條成。
十一月戊子。以龔照瑗充出使英國兼法義比國大臣。
十二月庚戌。許庚身卒。予謚恭慎。
辛亥。命徐用儀在軍機大臣上行走。

光緒二十年甲午。正月辛巳。以皇太后六旬萬壽。晉封妃嬪及宗室外藩王公。並加恩中外文武大臣有差。

乙未。先是、命各省將軍督撫副都統提鎮藩臬內每省各酌派二三員來京慶祝皇太后萬壽、至是、派出盛京禮部侍郎文興等三十一人。命於十月初一日以前到京。恭候屆期隨同祝嘏。

丁酉。命許振禕會同李鴻章籌辦永定河口。振禕任河東河道總督數年。上年冬。召令來京。命會勘永定河工。至是奏稱擬疏下游保近險、疏中洪、建減壩、治上游、各條。命分別籌辦。又命覆勘上游情形。尋以商議就緒。命還河督本任。

王文韶奏越南游匪竄擾邊境。攻撲都竜等處。經官軍勦退。

駐英大臣薛福成與英外部大臣勞偲伯力續議滇緬條約二十款成。先是、英初滅緬。曾紀澤與英外部議滇緬分界事。英人願以潞江以東地自雲南南界、抵暹羅北界、西濱潞江、東抵瀾滄江下游、劃歸中國。其間北有南掌國。南有撣人各種。聽中國處置。及紀澤解職。懸閣日久。英人漸不肯踐前言。至是、福成與英外部定約。僅得邊外龍川江中之大洲及蠻秀士司全地。與野人山之昔馬一地。又收還孟連江洪兩土司上邦之權而已。

二月戊午。駐美使臣楊儒與美外部續定華工條約六款成。

己巳。諭各部院堂官逐日進署辦事。不准藉口兼差。稍涉因循。
三月己卯。湖南巡撫吳大澂奏設南洲直隸廳。下部議攻之。
庚寅。江西巡撫德馨奏湖南酃縣會匪鄧世恩等竄入江西圍攻永寧縣城。為官軍勦平。
四月甲寅。予大考翰詹一等之編修文廷式等升降有差。
辛未。賜張謇等二百八十一人進士及第出身有差。
王文韶奏雲南永北廳屬匪首丁洪潰等滋擾川滇邊境。為官軍勦敗。生擒洪潰等。餘匪竄逸。
癸酉。李鴻章校閱海軍畢覆奏。命交部議敘。本年為海軍會校之期。命李鴻章定安校閱。並周歷旅順等處。校閱沿海陸軍及各處臺塢等工事。至是覆奏。盛稱技藝純熟。行陣整齊。及臺塢等工一律堅固。
五月戊寅。朝鮮東學黨作亂。命直隸提督葉志超等馳赴朝鮮之忠清道助勦。東學黨者。創始於崔福成。剌取儒佛老諸說。起於慶尚道之慈仁縣。蔓延忠清全羅諸道。朝鮮賦重刑苛。民不聊生。黨人乘之。三月。創亂於全羅道之古阜縣。官兵討之。大敗。遂陷全州。將直搗王京。朝鮮政府大震。因中國駐朝委員袁世凱。乞援於李鴻章。鴻章奏派志超及總兵聶士成等率兵三營東援。屯牙山。因光緒十一年中日之約有嗣後中國發兵前往朝鮮必先咨照日本之語。使駐日公使汪鳳藻告日本。日本覆書。不認朝鮮為中國藩屬。且亦發重兵入朝京。是時東學黨聞中國兵至。已棄全州遁。中國以朝亂已平。約日本同撤兵。而日本要改朝鮮內政。中國以內政應歸其自主卻之。

六月。日本兵入朝鮮王宮。幽朝王。使大院君主國事。流閔泳駿等。日本兵既入朝京。使臣大鳥圭介首責朝鮮獨立自主。勿認爲中國藩屬。復以改革內政五事要之。二十一日。圭介遂率兵入宮。殺衛兵。政令無鉅細。皆入日本人筦鑰。時吾駐朝委員袁世凱歸國。始爲戰備。

日本海軍擊沈吾運兵船高陞於豐島海面。并擄操江運船。駐牙山陸軍亦敗於成歡。時駐牙山兵因孤露無援。移屯公州及成歡。鴻章以和議不成。租英商高陞船載兵兩營援牙山。爲日人偵知。邀擊於海面。以水雷沈之。日本陸軍亦來犯成歡駐兵。吾兵迎擊敗退。趨公州。

七月。乙亥。與日本宣戰。布告中外。

己亥。命葉志超總統駐紮平壤諸軍。時馬玉崑統毅軍。左寶貴統奉軍。衛汝貴統淮軍之盛軍。豐伸阿統奉天之盛軍。皆由陸路渡鴨綠江至平壤。葉志超以公州之兵。亦繞王京北走達平壤。志超方以成歡之戰。鋪張戰績。遂拜總統之命。

壬寅。命敬信汪鳴鑾在總理各國事務衙門行走。

前甘肅新疆巡撫劉錦棠卒。予謚襄勤。

八月。癸丑。從戶部奏請。命各省息借商款。以充軍需。

己未。上皇太后徽號。

日本陸軍攻平壤。吾駐朝各軍敗績。高州鎮總兵左寶貴等死之。平壤爲朝鮮舊京。城垣壯闊。綿延十餘里。吾軍共萬四千餘人。盡屯平壤。諸將日置酒高會。而軍士殘掠役丁壯。漁婦女。朝民大失望。葉志超庸懦無布置。惟於城內外築壘爲自守計。及日兵來逼。諸將分畫守界。城之北面左寶貴豐伸阿江自康守之。城之西面葉志超守之。城之南面迤西南隅衛汝貴守之。城之東面大同江東岸馬玉崑守之。復以左寶貴部分統聶桂林策應東南兩面。蓋以東南當敵衝。尤我兵力所注也。其時志超居城中調度。寶貴駐城北山頂守玄武門。十三日。敵前鋒已抵大同江東岸。十四十五二日小戰。時前時卻。十六日敵分枝猛進。馬玉崑力戰卻之。而玄武門已失守。蓋日兵分四大枝以包平壤。一枝由王京西北而抵平壤東南。此由大道來之敵。馬玉崑禦之於大同江東岸者也。一枝亦由王京西北至黄州。遂渡大同江。分道至江西甑山。以襲平壤西南面。一枝由王京東北至江東縣渡大同江。以襲平壤北面。一枝由其本國來。自元山登岸。以截平壤西北大道我軍歸路者也。四枝皆期十六日會平壤。而吾軍方墨守城垣。附郭而屯。惟知大同江東岸大道之敵。不虞其分路以議吾後也。十五日。敵踞城北山頂。左寶貴爭之。不能勝。諸將始慮後路將絕。志超欲冒圍北歸。寶貴不從。而自扼玄武門山頂。十六日敵分道來撲。外重三壘及內重之西一壘先陷。內重牡丹一壘據全城形勝。吾軍以全力持之。而爲敵礮所專注。寶貴中礮殞。我軍奪氣。敵軍遂奮玄武門入城。志超乃徧於城上豎白旗。乞緩兵。是夜。志超率諸將棄平壤北走。敵兵要於山隘。槍礮排轟。吾潰兵回旋不得出。死亡甚衆。平壤軍儲糧餉盡委之敵。過安州定州皆棄不守。朝命褫志超職。以宋慶總統諸軍。志超與衞汝貴旋均逮問。

丁汝昌率海軍與日本海軍戰於大東溝口外海面。敗績。先是、六月杪。北洋海軍濟遠等艦護高陞運兵船赴牙山。於豐島西北遇日本兵艦。開戰。廣乙受重傷。自焚。閣海岸淺灘。濟遠遁歸威海。時丁汝昌率全軍在威海衞堵塞口門。爲自守計。朝廷屢令巡弋洋面。汝昌屢報出巡未遇敵艦。而日艦亦時來窺威海。八月十三日。汝昌率全軍抵旅順。朝命以銘軍十二營濟師平壤。自鴨綠江登岸。凡商輪五艘爲運船。海軍全隊十二艘翼之。十七日。抵大東溝。陸軍旣登岸。十七日。海軍將歸旅順。巳刻。與日本海軍全隊遇。吾戰艦十艘。分五隊。鎭遠定遠兩鐵甲艦爲第一隊。致遠靖遠爲第二隊。經遠來遠爲第三隊。濟遠廣甲爲第四隊。超勇揚威爲第五隊。汝昌居定遠督戰。平遠廣丙開戰後始來會。日本兵船十二艘。海軍中將伊東祐亨爲司令官。旣交綏。揚威超勇先中彈火起。超勇卽沈沒。陣漸亂。致遠彈盡。管帶鄧世昌粤人。素忠勇。以爲敵艦惟吉野速率最大。苟沈之。足以奪敵氣。遂開機向吉野衝突。吉野駛避。而致遠中其魚雷。遂炸沈。世昌死之。濟遠遁。撞傷揚威舵葉。沈之。廣甲亦逃。閣淺沈沒。靖遠經遠來遠不能支。亦駛出陣。敵船來追。經遠亦沈。時敵船萃於鎭定兩艦。定遠受重傷。日暮。敵船懼吾魚雷襲擊。解而南去。我軍亦歸旅順。

二十四日。以臨陣先逃。斬濟遠管帶方伯謙。是役吾軍失船五。存者惟鎮遠定遠來遠靖遠濟遠及平遠廣甲七艘。皆受創甚。已不能軍。

壬戌。以李鴻章未能迅赴戎機。日久無功。命拔去三眼花翎。褫去黃馬褂。日本交涉初起。鴻章力主和議。謀撤牙山兵。未果。袁世凱葉志超請濟師。又不報。至是、海陸軍皆失利。廷議皆咎鴻章。故有是譴。

丙寅。命四川提督宋慶幫辦北洋軍務。

丁卯。命御前侍衛公桂祥統帶馬步各營。至山海關一帶駐紮。

庚午。皇太后命六旬慶辰典禮。仍在宮中舉行。其頤和園受賀事宜。即行停辦。先是、議定十月初十日太后萬壽。援康熙乾隆間成例。踵事增華。帝率中外臣工詣萬壽山行慶賀禮。自大內至頤和園。沿途所經。臣民報效點綴景物。建設經壇。今因海陸軍屢敗。故命停辦。

九月甲戌。命恭親王奕訢管理總理各國事務衙門。並添派總理海軍事務。會同辦理軍務。

己亥。九連城及安東縣失守。先是、朝命宋慶率毅軍自旅順。劉盛休率銘軍自大連灣。依克唐阿率鎮邊等軍自黑龍江。皆赴東邊九連城。時平壤諸軍敗歸。渡鴨綠江始止。鴨綠江爲中國與朝鮮界。江以北吾之九連城。與江以南朝之義州。隔水相望。時吾軍駐鴨綠江以北者。宋慶依克唐阿劉盛休合平壤敗歸各軍。約七十餘營。除依克唐阿一軍外。皆秉宋慶節度。九連城南倚鴨綠。東枕靉河。河東有虎山。爲險塞。

再東至安平河口。踰河爲蘇甸。爲長甸。其九連城以西爲安東縣。再西則大東溝。爲鴨綠江口。宋慶駐九連城。聶士成守虎山。劉盛林守江岸。依克唐阿守安平河口長甸各隘。豐伸阿聶桂林守安東諸城邑。二十二日。日本第一軍集義州。二十六日。其枝隊出東路鴨綠上游。從安平河口對岸徒涉而渡。依軍遽潰。奔寬甸。二十七日。其大隊從義州稍東與虎山相値對岸。架浮橋渡江。銘軍先潰。諸軍繼之。宋慶遣軍來爭。敵兵已畢渡。乃退保鳳凰城。二十八日。日人入踞九連城。別遣枝隊陷安東。豐伸阿聶桂林奔岫巖州。

庚子。日本兵由奉天金州花園港登岸。進逼旅順。日本第二軍由海道襲踞金州西之花園港。進抵皮子窩。其他距金州大連灣百餘里。距旅順二百餘里。詔宋慶回援旅順。

壬寅。以榮祿爲步軍統領。時榮祿爲西安將軍。以祝嘏入覲。特命福錕開步軍統領缺。以榮祿代之。

十月甲辰。日本兵陷鳳凰城。宋慶既退保鳳凰城。以爲不可守。以退扼摩天嶺守遼陽東道入告。初一日。棄城走。初二日。日本兵遂入踞鳳凰城。初六日。依克唐阿亦棄寬甸北走。

戊申。以畿輔大兵雲集。命恭親王奕訢督辦軍務。奕劻幫辦軍務。翁同龢李鴻章榮祿長麟會同商辦。召劉坤一入覲。調張之洞署兩江總督。譚繼洵署湖廣總督。

己酉。命翁同龢李鴻藻剛毅爲軍機大臣。

癸丑。皇太后萬壽。帝率王公百官行慶賀禮。

日本兵陷金州。
甲寅。日本兵陷大連灣。
戊午。命王之春如俄。唁俄皇亞力山德之喪。並賀新皇尼可來第二卽位。
壬戌。命額勒和布張之萬均毋庸在軍機大臣上行走。
甲子。日本兵陷岫巖州。豐伸阿等奔析木城。
乙丑。命劉秉璋開缺。調譚鍾麟爲四川總督。以邊寶泉爲閩浙總督。
丁卯。日本兵陷旅順。日本兵踞大連灣。十日。始向旅順。旅順船塢總辦龔照璵及諸將。不爲守禦計。惟艤漁舟海曲。備逃遁。二十一日。日兵踞南關嶺。二十五日。椅子山案子山松樹山等礮臺相繼不守。旅順遂陷。照璵及將諸雜亂軍中。或逃煙臺。或奔復州。照璵尋拏問。
庚午。聶士成復連山關、初宋慶回援旅順。以聶士成守摩天嶺。屢卻日兵。至是、收復連山關。
壬申。太后命以瑾妃珍妃近來習尚浮華。屢有乞請。均降爲貴人。
十一月庚辰。命恭親王奕訢爲軍機大臣。
辛卯。命祿榮在總理各國事務衙門行走。
庚辰。日本兵陷析木城。辛巳。陷海城。

乙未。日本兵陷復州。

戊戌。命張蔭桓邵友濂往日本議和。先是、十月中。蔭桓在天津。與李鴻章議和議事。旋遣稅務司德璀琳賫鴻章與日本總理大臣伊藤博文書往日本。日本卻之。鴻章乃請派員會議。至是、派蔭桓友濂往。由美國公使爲介。並聘美員福世德助訂和約。

十二月甲辰。命劉坤一爲欽差大臣。關內外防勦各軍。均歸節制。尋又命宋慶吳大澂幫辦軍務。

御史安維峻奏參李鴻章。詞連太監李連英。并謂皇太后遇事牽制。何以對祖宗天下。帝以其肆口妄言。恐開離間之端。命革職遣戍。

丙辰。日本兵陷蓋平。

癸亥。衞汝貴伏法。

丁卯。日本兵自山東落鳳岡登陸。陷榮城。逼威海。

庚午。命王文韶充幫辦北洋事務大臣。

辛巳。日本兵陷威海衞。日兵既踞榮城。吾兵禦之橋頭楓嶺。皆敗。威海南北幫礮臺相繼陷。日兵又旁襲文登寧海。皆陷之。

清史綱要

卷十四

光緒二十一年乙未。正月乙酉。日本兵陷劉公島。海軍全隊被擄。自大東溝海戰後。海軍留旅順修蠶。及旅順危。移駐威海。偶出巡弋。西不過登州。東不過成山。十一月杪。鎮遠誤觸礁受傷。管帶總兵林泰曾畏罪自殺。時日本海軍屢來威海口外窺伺。並礮擊登州府城。及其陸軍攻威海。又與之夾攻。威海南幫礮臺既陷。丁汝昌燬北幫各臺。至此陸地惟劉公島尚存。敵以南幫礮臺攻吾澳內諸艦。並以魚雷艇入口狙擊。定遠艦中雷鑿沈。來遠威遠靖遠等亦相繼沈。吾魚雷艇十二艘出口遁。全數被擄。島內兵譁躁匄生路。諸洋員亦請姑許乞降。總兵劉步蟾自殺。汝昌乃與劉公島守將總兵張文宣均仰藥死。營務處道員牛昶炳召諸將及洋員議。作降草。署以海軍提督印。懸白旗詣日本軍降。於是海軍艦隊全數被擄。日本以康濟練船載汝昌諸櫬還煙臺。而縱水陸將士居民西渡。

辛卯。命李鴻章爲頭等全權大臣。與日本商議和約。張蔭桓邵友濂於正月初六抵日本廣島。日本亦令伊藤博文陸奥宗光爲全權大臣。會蔭桓等議約。及互校敕書。因有請旨之語。伊藤等謂委任之權殊不完全。拒絕會議。送蔭桓等還國。而告美使謂中國誠派有位望大員畀以全權。仍可隨時開議。意蓋指鴻章也。至是、遂以鴻章爲全權大臣。仍以美員福世德從。而以王文韶署直隸總督。

己亥。吉林將軍恩澤奏伯都訥烏拉屬界教匪孟福山等造言惑衆。推朱承修爲首。建立統兵元帥等名目。約期謀叛。經官軍勦平。

二月庚戌。日本兵陷營口。初、宋慶依克唐阿長順等屢攻海城不利。時朝廷以淮軍挫衄。欲倚用湘軍。魏光燾陳湜李光久等。皆令募軍北援。吳大澂以湖南巡撫自請從軍。幫辦劉坤一軍。駐山海關。正月。出關抵田莊臺。所部皆逼海城而軍。二月初。屢次進攻。不利。初四日。敵兵自海城出犯。依克唐阿禦之不利。遂與長順以援遼陽爲名。率兵東去。牛莊勢益孤。敵兵來襲。光久光燾與戰皆敗。遂失守。大澂聞之。自田莊臺夜奔石山站。時宋慶戍營口。聞大澂走。亦棄營口還田莊臺。乙卯。田莊臺亦不守。自此遼陽錦州聲援梗阻矣。

東邊軍克復寬甸門甸。初、朝廷以畿疆危逼。調聶士成入援。以陳湜代守摩天嶺。時鳳凰城敵兵亦少。故鮮戰事。新授東邊道張錫鑾統定邊軍。逼寬甸。屢戰破敵。遂復寬甸長甸及香爐溝。敵兵阻河爲守。靉水以東無敵蹤矣。

己巳。日本兵陷澎湖。日本兵船攻澎湖媽祖宮。吾守礮臺兵擊卻之。旋由文良港登陸。守將知府朱上泮等走臺灣。遂失守。

庚午李鴻章在日本馬關。爲日本人槍傷。鴻章抵日本。以馬關春帆樓爲會議所。日本仍以伊藤博文陸奧宗光爲全權大臣。既互勘敕書。請先停戰。日人要以大沽天津山海關爲質。消不諧。遂請暫緩停戰。先議和款。二十八日。鴻章自會所歸。途次爲小山豐太郎槍彈傷顴。創甚。驚問播歐美。議甚沸。日人懼。乃允奉天直隸山東停戰。以二十五日爲限。凡訂約六款。

三月癸巳。李瀚章開缺。調譚鍾麟爲兩廣總督。以鹿傳霖爲四川總督。

甲午。李鴻章與日本全權大臣伊藤博文等在馬關議定和約十一款。另約三款。日本既允停戰。初七日。博文等以締和條款出示鴻章。限四日議覆。其最要者。一、朝鮮自主。二、奉天南邊各地臺灣澎湖各島均割隸日本。三、賠兵費庫平銀三百兆兩。其他尚有添開口岸七處。及要減子口半稅爲值百抽二。並將一切稅鈔豁除。及機器進口改造土貨等。十五日。鴻章覆文。允割奉天之安東寬甸鳳凰城岫巖及澎湖列島。賠庫平銀一萬萬兩。通商權利。一如各國成約。時鴻章創已愈。十六日。博文而交末次約稿。謂此次但允不允兩言而決。其稿視初次所擬。於割地內減去寬甸。而賠款減至二萬萬兩。要減子口稅及內地釐稅亦删去。經數次會議辯論。日人堅不肯讓。僅減小節目數處。二十一日遂定議。二十三日。互簽約稿。展停戰期二十一日。約於煙臺互換。鴻章乃歸天津。方鴻章之未東渡也。朝命三品以上官議和戰。迨割地賠款議定。朝野憂忿。臺灣臣民爭尤力。中外封章電奏阻款議凡百十上。朝意頗爲動。命王文韶劉坤一議決和戰。兩人覆奏頗依違。且奏海嘯成災。和議遂定。

四月。俄法德三國阻日本割吾遼東地。日本遂以遼東各地歸吾。而增索兵費三千萬兩。三國甚日本之攘吾土地也。俄尤怒其據遼東。遂聯合以公文致日本外部抗議。而俄艦及法德艦分泊長崎遼海以示威。日本畏之。遂允以遼東歸吾。時和約尙未批准互換。中國派伍廷芳聯芳爲換約使。十四日。與日使伊東已正治會於煙臺互換。又派李經方爲割臺灣使。與日使樺山資紀換約於日艦中。旣而日本索贖遼東費一萬萬兩。至九月。乃由三國公斷以三千萬兩償之。十月始撤兵。

乙卯。宣示與日本定約先後辦理緣由。

賜駱成驤等進士及第出身有差。

五月壬申。臺灣官民推唐景崧爲總統。宣告自立。先是、日本釁起。以布政使唐景崧署臺灣巡撫。調提督楊岐珍總兵劉永福渡臺。景崧自任守臺北。以永福守臺南。及割臺之議起。臺人惶懼。主事邱逢甲首建自主議。登臺誓衆於新竹。出示告臺民。遂議立民主。開議院。製國旗。及和議旣定。朝命景崧以下率兵民內渡。時臺人議句各國保護。幷議抵押與法國。皆不成。景崧令官弁以五月初四日爲斷。欲去者聽。留者錄用。於是楊岐珍及道府各員均內渡。初一日。日本艦窺滬尾。初二日。景崧受臺灣總統印。文曰臺灣民主之章。國旗藍地黃虎文長方五幅。虎首內向尾高首下。設內部外部軍部等。初六日。日本兵由基隆北之澳底登陸。十二日。臺北城中兵勇互相殘殺。撫署火起。景崧微服出走。十五日。日本兵來據城。臺北亡。

癸酉。允定安開去練兵差使。定安先以東省練兵無成效革職。至是、稱病請開去暫留差使。允之。並命三省練兵事宜即由三省將軍畫分辦理。

戊戌。與法國續議商務專條附章成。

甘肅回民作亂。甘肅河湟等處。漢回雜處。積不相能。回民又有新舊教之分。上年冬。新舊教互鬨。繼乘東方有事。合而抗官。三月。撒拉回破積石關。圍循化城。至是、河州回閔伏英馬永琳相繼揭竿。陷漢民堡寨數十。攻狄道河州城。西寧回韓文秀劉四伏。大通回包良等。各擁衆數萬。四出焚掠。巴燕戎格碾伯各屬均響應。固原提督雷正綰河州鎮總兵湯彥和既與回約和。復襲之以弋利。敗於起臺堡。正綰亦被圍於河州。

閏五月甲辰。大學士福錕乞休。允之。

癸丑。命吳大澂開缺。大澂兵敗。詔還湖南巡撫本任。至是命開缺。

命中外大臣保薦人材。

乙卯。日本公使林董覲見。
丁卯。命各省將軍督撫。就本省情形。將籌餉練兵恤商惠工各節。妥籌辦法。限一月內覆奏。
六月甲戌。孫毓汶請開缺。允之。毓汶與徐用儀在軍機。以主持和議。爲輿論所攻。屢乞病假。至是、允其開缺。
庚辰。福建古田縣民殺英國教士數人。命嚴拏首要。並諭地方官實力保護教堂。
御史鍾德祥以受贓革職遣戍。
乙酉。命徐用儀退出軍機處。並毋庸在總理各國事務衙門行走。
命翁同龢李鴻章在總理各國事務衙門行走。
命錢應溥在軍機大臣上行走。
以麟書爲大學士。崑岡協辦大學士。
庚寅。命閩廣督撫派員赴南洋各島暨新舊金山。招徠僑商。承辦各省船械機器等局。
命喀什噶爾提督董福祥統甘軍赴甘肅。福祥先以祝嘏入京。東事起。統甘軍留防畿輔。至是命還甘肅。勦辦回亂。
七月丁未。命李鴻章入閣辦事。調王文韶爲直隸總督。以崧蕃爲雲貴總督。

甲寅。楊昌濬雷正綰均下部議。革湯彥和職。時平番回亦變。河西四郡文報不能達於東路。大道亦陷。循化圍雖解。彥和又敗於河州。詔以總督楊昌濬措置乖方。正綰受回愚弄。下部議。均議革職。改爲留任。

辛酉。江西巡撫德馨以貪婪荒縱革職。

八月。成都將軍恭壽等奏瞻對番官對堆奪吉等滋事。

己卯。以四川省城本年五月間匪徒打毀教堂。省外各處又疊出教案。革前四川總督劉秉璋職。永不敍用。時各省教案迭起。外人要求懲辦官吏。故有是譴。

丁亥。調魏光燾爲陝西巡撫。旋命帶兵赴甘肅勦辦回亂。

癸巳。調裕祿爲福州將軍。以依克唐阿爲盛京將軍。

九月。日本取臺南府城。初。劉永福以幫辦臺灣軍務。守臺南。臺北既陷。臺南僻在一隅。餉械已涸。不足守。於是鎮道以下及守中路之臺紳邱逢甲林朝棟等。相繼內渡。臺南土匪滋擾。紳士相率之旗後迎永福。並上總統印章。永福不受。仍稱幫辦。入府城議防守。五月以後。日本時以兵船窺安平等口。而陸軍先踞新竹。永福所部及團民拒戰。互有勝負。七月初。彰化失守。至是餉械皆竭。饑軍悉潰。土匪蜂起引敵。臺南府城遂陷。永福登德國商船內渡。臺南亡。

癸卯。命吳廷芬在總理各國事務衙門行走。

十月辛未。命楊昌濬開缺回籍。以陶模署陝甘總督。昌濬先已革職。至是命回籍。而以新疆巡撫陶模署理。並命酌帶營旗入關。先清西路。先是、甘回有循白彥虎故事西竄新疆之議。陶模增兵哈密。並派總兵趙有正進駐肅州。提督牛允誠助守安西玉門。時關內回遣人出關煽動。九月。綏來縣回民托昌等謀變。省城回亦謀響應。均卽撲滅。旋署甘肅提督張永清兵敗於水泉堡。乃命趙有正進駐甘州。又命哈密肅州守將扼要守望。使甘回不得偸渡漠北。

甲申。侍郎汪鳴鑾長麟。以上年召對時屢次信口妄言。迹近離間。命均革職永不敘用。是時太后與帝日益猜忌。凡廷朝臣奏對抑揚其詞者。均蒙嚴譴。

丁亥。命胡燏棻督辦津盧鐵路。

董福祥奏擊敗回匪。河州解圍。詔嘉獎。福祥行抵狄道。進至安定。知回衆均聚洮河兩岸。遂督兵渡河。轟破敵卡。又破三甲集堅卡。十五日。由狄道西山及康家崖兩路進。會於太子寺。回人望風奔潰。河州圍解。於是循化河州狄道三處肅清。斬閔伏英及撒拉回首馬古祿馬永琳等。福祥交部議敘。尋甘肅提督李培榮以援西寧失利革職。以福祥調補。任總統甘軍。

十一月癸丑。命劉坤一張之洞各回兩江湖廣總督本任。

十二月。以明年四月俄皇加冕。派李鴻章爲正使往賀。

光緒二十二年丙申。正月丁巳。總理各國事務衙門奏設官書局。命孫家鼐管理。先是、京師官紳設強學書局。講求時務。經御史楊崇伊奏請封禁。族御史胡孚宸奏請將強學書局改歸官辦。至是、經總理各國事務衙門奏准。並派員管理。

二月辛未。前臺灣巡撫一等男爵劉銘傳卒。予諡壯肅。

魏光燾解西寧圍。斬韓文秀。光燾提師抵寧。先清東北關。遂蕩平北川。進攻哆巴。并解大通縣之圍。

壬申。設立郵政。從總理各國事務衙門奏請也。

癸酉。駐藏大臣奎煥以行止不檢撤還。以文海代之。

辛巳。翰林院侍讀學士文廷式革職永不敘用。驅逐回籍。先是廷式以編修大考一等第一超擢學士。至是、御史楊崇伊參其遇事生風。廣集同類。議論時政。並有與太監文海結爲兄弟情事。諭旨亦謂其召見時語多狂妄。遂予嚴譴。

己丑。戶部衙門災。

三月戊戌。大學士額勒和布致仕。

新疆官軍破回黨於北大通營。先是正月。趙有正攻甘州南四百餘里之俄博永安二城。下之。乘勝進攻北大通營。失利。及署總督陶模入關至甘州。乃令潘效蘇等由扁都口進攻祁連山南諸堡。北大通營者。

大通縣西北境也。地險而瘠。回族踞之。屢擾驛道。破民堡。至是、回人棄城聚十大莊堡。無就撫意。效蘇等屢戰浹甸。盡破各莊堡。

甘回竄青海。西寧回黨由水峽口竄青海。蒙古王公及新疆均告急。詔董福祥魏光燾分兵追勦。尋光燾因與福祥不合。詔還陝撫任。追勦青海之師。亦爲陶模奏罷。

四月戊子。以崑岡爲大學士。榮祿協辦大學士。

五月壬寅。帝本生母醇親王福晉赫葉那拉氏薨。

丁巳。因山東曹單一帶刀匪肆擾。命江南山東督撫速即勦除。

六月。鹿傳霖奏瞻對番官帶兵出巢越界侵擾。命派員懾以兵威。妥籌進勦。瞻對土司上年與明正土司搆兵。近又盤踞章谷土司官寨。不遵川督命令。並糾合朱窩土司及喇嘛寺之衆。抗拒官軍。旋經官軍將朱窩寨及瞻對新寨攻破。其酋仔仲則忠扎霸逃歸老寨據守。

壬午。命福州將軍裕祿兼充船政大臣。

永定河堤工漫口。

七月。新疆官軍殲回衆於羅布淖爾。擒劉四伏。西寧回黨既竄青海狂走不少留。五月。由柴達木犯玉門安西南路。官軍迎擊。大破之。其酋劉四伏以數千騎由色爾騰海向羅布淖爾。餓斃強半。餘衆均降。四伏亦就擒於淖爾東南之和兒昂。

八日甲子。出使俄國大臣許景澄與華俄道勝銀行訂立東省鐵路公司合同十二條。初、李鴻章使俄。與俄訂密約。俄得在東三省境內建築鐵路。並借膠州灣爲軍港。蓋爲索還遼東之報酬也。至是、命景澄與訂合同。

戊辰。鹿傳霖奏辦理松潘番滋事一律肅淸。予總兵夏毓秀等獎敍有差。

九月丙申。前大學士福錕卒。予謚文慎。

丙午。設立鐵路總公司。以盛宣懷爲督辦。

丁未。允大學士張之萬致仕。

督辦軍務處王大臣與俄國駐京使臣訂新約十二條成。

庚戌。命李鴻章在總理各國事務衙門行走。

十月丙寅。以甘肅回亂肅淸。賞董福祥太子少保銜。並騎都尉世職。陶模補授陝甘總督。奎順魏光燾等獎敍有差。

鹿傳霖奏攻克上中下三瞻全境。一律歸順。瞻對土司。在裏塘巴塘之旁。爲四川入藏要路。本爲四川轄境。同治初。其酋工布朗結作亂。經西藏助兵勦平。遂以賞給西藏達賴喇嘛。自瞻酋對堆奪吉滋事。傳霖奏撤其番官。達賴不應。及用兵進討。有達賴派兵援瞻之謠。尋駐藏幫辦大臣訥欽徇達賴請。奏易番官赴瞻接任。詔從其請。傳霖以瞻對旣謀叛攻克。亟應收還其地。改土歸流。無須再派番官。奏請撤還。廷議恐達賴不肯甘心。不許。

庚辰。以羅豐祿充出使英國大臣。黃遵憲充出使德國大臣。伍廷芳充出使美國大臣。

己丑。以徐桐爲大學士。李鴻藻協辦大學士。

十二月。派許景澄總辦黑龍江吉林交界鐵路公司事宜。

光緒二十三年丁酉正月甲寅。中英續議緬甸條約十八款成。二十一年五月。與法國訂約。以前與英國所訂緬甸界約所得江洪界內之地與法。以爲索還遼東之報酬。英人聞之不悅。屢有責言。至是、始訂約不再索問。而改劃界線。將工隆全地劃歸英國。幷以那布喀相近三角地一段永租與英國。邊界益蹙。又添開梧州等口岸三處。

二月乙亥。命張蔭桓赴英國賀女皇卽位六十年慶典。

己卯。命崇禮許應騤在總理各國事務衙門行走。

三月甲辰。貝勒載澍忤皇太后旨。命革去貝勒。交宗人府重責八十板。於空室永遠圈禁。

丙辰。命呂海寰充出使德國大臣。

五月己亥。鹿傳霖奏德爾格忒小土司昂翁降白仁青母子恣行不義。業經擒獲收禁。老土司頭目人等獻地歸誠。擬改流設官。允之。

甲辰。前大學士張之萬卒。予謚文達。

七月庚寅。協辦大學士李鴻藻卒。鴻藻曾授穆宗讀。因援歷代優崇師傅禮。予謚文正。

丙申。命廖壽恆仍在總理各國事務衙門行走。

癸卯。提督林秀全因召見謝恩時起立不跪。命革職。

八月壬申。命翁同龢以戶部尚書協辦大學士。

九月戊子。命鹿傳霖開缺。以李秉衡爲四川總督。傳霖先以堅持瞻對改流。與朝旨不合。繼又用兵三巖披桑。及將瞻對所併德爾格忒土司改流。將軍恭壽駐藏大臣文海。皆奏稱其獨斷獨行。恐有後患。朝旨亦責其辦理不善。命將德爾格忒土司父子釋放。毋庸改流。而奪傳霖職。以恭壽署川督。尋又命將三瞻地方仍給達賴喇嘛。毋庸改土歸流。

庚寅。刑部尚書薛允升以玉田縣買參差徭一案。牽涉其姪薛濟。不知迴避。降調。

十月癸亥。山東曹州鉅野縣天主堂德國教士二人被殺。

乙亥。德國海軍佔吾膠州灣礮臺。德國與俄法同索還遼東地。獨未得利益。至是藉曹州教案。遽佔踞膠洲灣礮臺。

十一月癸卯。因山東教案。解巡撫李秉衡任。以裕祿爲四川總督。

庚戌。從剛毅徐桐奏。請命戶部及各省將軍督撫籌餉練兵。

十二月丙寅。命董福祥添練甘軍。分紮大慶關平陽府一帶。從督辦軍務大臣奏請也。

戊寅。諭各省地方官實力保護教堂。

庚辰。諭各部院堂官務當常川進署辦事。

光緒二十四年戊戌正月庚寅。設經濟特科。先是、貴州學政嚴修奏請設專科。至是、由總理各國事務衙門會同禮部議。先行特科。次行歲舉。特科約以六事。曰內政、外交、理財、經武、格物、考工。由三品以上京官及督撫學政各舉所知。咨送總理衙門。會同禮部奏請試以策論。名爲經濟特科。歲舉則每屆鄉試年分。由各省學政調取各學堂書院高等生。送鄉試分場專考。奏入允行。

戊戌。頒發昭信股票。詹事府右中允黃思永奏籌借華款。請造自強股票。命戶部速議。戶部議印造股票一百萬張。名曰昭信股票。以五釐行息。分二十年本利還訖。令京外王公將軍督撫及大小文武官員。均領票繳銀。以爲商民倡。奏入允行。

己酉。命開辦京師大學堂。

癸丑。命嗣後武科改試槍礮。

二月甲子。命廖壽恆在軍機大臣上學習行走。

戊辰。因山東曹州教案。與德國訂膠澳租界條約四款成。條約大意。膠澳租界以九十九年爲期。並得膠濟鐵路建築權。路旁百里內之鑛山均許其開掘。

三月丙戌。開湖南岳州府福建三都澳兩處爲通商口岸。尋又開直隸秦皇島爲通商口岸。

丁亥。諭各省裁撤各局。又整頓保甲。嚴裁空糧。又勸辦常平社倉。皆從尚書剛毅奏請也。

己丑。與俄人訂旅順大連灣租借條約九款。德人既租膠澳。俄人援例租借旅順大連灣。以爲西伯利亞鐵路通過東三省之尾閭。以二十五年爲期。凡鐵路所經。許俄國派兵保護。朝廷均許之。

閏三月丙辰。大學士麟書卒。予謚文恪。

癸亥。命福州將軍增祺兼充船政大臣。

戊寅。德國親王亨利覲見。

四月壬辰。恭親王奕訢卒。予謚曰忠。並命入祀賢良祠。並配饗太廟。

丁酉。許英人於廣東九龍地方闢立租界。尋由李鴻章與英使訂立中英展拓香港界址專條。

甲辰。以榮祿爲大學士。剛毅協辦大學士。

命各省府廳州縣將現有之大小書院。一律改爲兼習中學西學之學校。以省會爲高等學。郡城爲中等學。州縣爲小學。並命民間祠廟不在祀典者。一律改爲學堂。

乙巳命各省督撫保舉使才。

下詔定國是。宣示中外。是時帝決意變法。故有是詔。

丁未。賜夏同龢等三百四十八人進士及第出身有差。

戊申。翰林院侍讀學士徐致靖保薦工部主事康有爲等。卽召見。旋命有爲在總理各國事務衙門行走。

己酉。命王文韶來京。以榮祿署直隸總督。

協辦大學士戶部尚翁同龢罷。時帝發憤變法。稍攬政權。同龢在毓慶宮授帝讀最久。又爲軍機大臣。亦鑒於世變。贊成變法。並薦康有爲才堪大用。爲太后所惡。遂命開缺回籍。

命二品以上大臣謝恩陛見。並詣皇太后前謝恩。外官一體奏謝。

五月丁巳。以孫家鼐協辦大學士。

命王文韶爲戶部尚書。在軍機大臣上行走。並在總理各國事務衙門行走。實授榮祿直隸總督。

命自下科爲始。鄉會試及生童歲科各試向用四書文者。改試策論。

乙丑。與英國訂立租借威海衞專條。自俄借旅順大連。英人亦索租威海。期限亦如俄與旅大。時威海日兵已將退出。遂轉以予英。

丁卯。派孫家鼐管理大學堂事務。

賞舉人梁啓超六品銜。辦理譯書局事務。

壬申。御史文悌奏言官黨庇誣罔。牽涉御史宋伯魯楊深秀及主事康有爲等。帝斥其難保不受人唆使。不勝御史之任。命回原衙門行走。

癸酉。命神機等營改練洋操。

乙亥。命裕祿在軍機大臣上行走。

丙子。以奎俊爲四川總督。

因四川川北廳廣西永安州湖北沙市均有教案。申諭各省地方官實力保護教堂。

六月癸未。從張之洞陳寶箴奏請。定鄉會試隨場去取之法。並推行於生童歲科考。又停止朝考。

己丑。命頒發張之洞所著勸學篇於各省。

癸巳。從李端棻奏請。命刪改各衙門則例。

甲子。申諭各省實力舉行保甲。

丁酉。命設鑛務鐵路總局於京師。派王文韶張蔭桓管理。

甲辰。申諭變法不得已之苦衷。命諸臣精白乃心。力除壅蔽。

命康有爲督辦上海官報。從孫家鼐奏請也。時有爲屢有陳奏。爲軍機大臣等所忌。故出之。

七月丙辰。命於京師設立農工商總局。派端方徐建寅吳懋鼎督理。

己未。諭擇於九月中奉皇太后至天津閱兵。

乙丑。命裁撤詹事府通政司光祿寺鴻臚寺太僕寺大理寺衙門。湖北廣東雲南三省巡撫並東河總督缺。其各省不辦運務之糧道。向無鹽場之鹽道。亦均裁撤。其餘京外應裁文武各缺。命大學士、六部、各省將軍督撫。分別詳議以聞。

庚午。禮部尚書懷塔布許應騤侍郎堃岫徐會灃溥頲曾廣漢均以阻格主事王照條陳革職。王照以不畏強禦賞給三品頂戴。以四品京堂候補。

辛未。命內閣候補侍讀楊銳。刑部候補主事劉光第。內閣候補中書林旭。江蘇候補知府譚嗣同。均賞加四品卿銜在軍機章京上行走。時帝欲變法。而軍機大臣不能輔佐。又無權驟易。故特擢四人使參預新政事宜。

癸酉。命祿裕在總理各國事務衙門行走。

以昭信股票擾民。命即停止。

命李鴻章敬信均毋庸在總理各國事務衙門行走。因忤德使意。
乙亥。置三四五品卿三四五六品學士各職。從徐致靖奏請也。
戊寅。諭以改行新法之意布告天下。時守舊諸臣謠謗紛紜。故復下此諭。命刊刻謄黃。切實開導。
己卯。命各省藩臬道府凡有條陳。自行專摺具奏。州縣等官由督撫原封呈遞。士民上書由本省道府隨時代奏。
八月壬午。命直隸按察使袁世凱開缺以侍郎候補。專辦練兵事務。
丁亥。帝有疾。皇太后復訓政。自四月以來。京師謠言皆謂帝病重。然仍日日召見臣工。未嘗有病。及革禮部六堂官。擢四京卿。守舊者愈側目。滿洲大臣及御史楊崇伊等、至天津與榮祿謀。請太后復訓政。甲申。崇伊等至頤和園。上封事於太后。至是、乃下詔稱帝病不能視事。太后復訓政。同日。下詔捕康有爲。有爲先已出京。梁啓超亦出走。
革御史宋伯魯職。永不敍用。
己丑。太后臨朝訓政。置帝於南海之瀛臺。
庚寅。侍郎張蔭桓、徐致靖、御史楊深秀、京卿楊銳、林旭、譚嗣同、劉光第、均下獄。
辛卯。以帝疾。命中外保薦精通醫理之人。先是、內廷徧布帝病重之謠。至是、又有徵醫之命。

命徐用儀在總理各國事務衙門行走。

命詹事府等衙門照常設立。毋庸裁併。又禁止士民上書言事。廢官報局。停止各省改設學校。

甲午。命榮祿在軍機大臣上行走。授裕祿直隸總督。北洋各軍仍歸榮祿節制。以裕祿爲幫辦。太后訓政。

卽召榮祿入京。而以袁世凱護理直督。至是、乃令留京。而仍綰北洋各軍。

殺楊深秀楊銳林旭譚嗣同劉光第及康有爲之弟康廣仁。深秀等旣下獄。刑部請派大臣會訊。太后命

毋庸訊鞫。卽行處斬。

乙未。命將張蔭桓發往新疆。嚴加管束。徐致靖永遠監禁。

停止九月至天津閱兵。

戊戌。命袁昶在總理各國事務衙門行走。

庚子。革尙書李端棻職。發往新疆。數月來與變法有關係諸臣已誅逐殆盡。又下詔捕王照等。

以李盛鐸充出使日本大臣。

壬寅。革湖南巡撫陳寶箴職。永不敍用。寶箴在湘。銳意整頓。湘紳守舊者。頗多指摘。六月中。帝特詔褒美。

至是、乃以曾保康梁罷斥。

乙巳。命各項考試仍用四書文試帖經文策問。並停經濟特科。

命禁止報館。嚴拏主筆。
廢農工商總局。
丁未。禁止結會。
命宋慶所部毅軍。董福祥所部甘軍。聶士成所部武毅軍。袁世凱所部新建陸軍。及北洋各軍。均歸榮祿節制。
九月。先是、廣西土匪滋事。擾及梧州鬱林各屬。容縣興業陸川博白等縣均失守。至是督撫奏報一律肅清。
辛酉。邊寶泉卒。以許應騤爲閩浙總督。
戊辰。復設湖北廣東雲南三省巡撫並河道總督缺。
己巳。命許景澄在總理各國事務衙門行走。
丙子。命胡燏棻在總理各國事務衙門行走。尋又因其辦理鐵路事務較繁。命毋庸行走。
庚辰。命李鴻章往山東。會同河東總督任道鎔山東巡撫張汝梅籌議山東黃河工程。
十月丙戌。命張翼督辦直隸全省及熱河鑛務。
辛丑。奪前協辦大學士軍機大臣翁同龢職。並交地方官嚴加管束。時榮祿剛毅等憾同龢不已。遂以甲午日本之役主戰主和。及密保康有爲爲辭。奪職管束。並奪前湖南巡撫吳大澂職。同龢旋病卒於家。

甲辰。江西廣豐縣副貢生楊恭宸。以投書教堂潛謀不軌伏法。賞舉發教士劉在鐸三品頂戴。

榮祿奏請分聶士成董福祥宋慶袁世凱所部爲武衛前後左右四軍。另募中軍萬人。許之。旋派喀什噶爾提督張俊爲武衛軍翼長。

乙巳。派胡燏棻督辦天津至鎮江鐵路。以張翼爲幫辦。

十一月庚戌。總理各國事務衙門奏分別鐵路緩急次第。蘆漢粵漢要幹及寧滬蘇浙浦信廣九等近幹要枝。均由總公司盛宣懷承辦。津鎮及山海關內外。責成胡燏棻辦理。太原至柳林。由山西商務局承辦。廣西龍州由蘇元春承辦。此外已與各國定有成議。及近幹要路地不過百里。款不出百萬。不在停辦之列外。凡華洋各商請辦各枝路。此時概不准行。奏入。允之。

癸丑。命桂春在總理各國事務衙門行走。

甲寅。命趙舒翹聯元在總理各國事務衙門行走。

命啓秀在軍機大臣上行走。

庚午。命裕庚在總理各國事務衙門行走。

辛未。命各直省將軍督撫均兼總理各國事務衙門大臣。

十二月乙酉。新授湖北巡撫曾鉌奏請變通成例。命革職永不敘用。

戊戌。開廣西南寧府爲通商口岸。從總理各國事務衙門奏請也。

劉坤一等奏皖北渦陽等處土匪倡亂。經官軍擊散。生擒劉疙瘩等。

光緒二十五年己亥。正月壬戌。榮祿等奏請將認領昭信股票銀兩作爲報效。允之。自慶親王奕劻以下及中外文武大小各官。均獎敘有差。仍諭各省紳商士民認繳之款。照原議按年計利。如期還本。

二月辛巳。以毓賢爲山東巡撫。

山東沂州民教啓衅。德人遣兵踞沂州。尋退出。

三月乙卯。命葉祖珪薩鎮冰爲海軍統領。

壬申。調增祺爲盛京將軍。

乙亥。王文韶許景澄與俄使議立勘分旅順大連灣租界專條八款成。

四月己丑。命剛毅前往江南一帶查辦事件。時政府急欲籌款練兵。議整頓關稅釐金鹽課等項。以江南地大物博。特派剛毅前往認眞辦理。尋江南查辦事畢。又命往廣東籌款。剛毅所至搜括。共得數百萬兩。

五月丁未。以虎神營訓練五年。著有成效。予端郡王載漪等議敘有差。

壬子。命吳廷芬在總理各國事務衙門行走。

甲寅。軍機大臣錢應溥以病免。
六月庚辰。命各直省將軍督撫實力整頓關稅釐金鹽課等項。將現在收數。無論爲公爲私。凡取諸商民者。一併和盤托出。一律澈底清查。裁去陋規中飽之數。酌量提歸公用。限三個月擬定奏報。並命將輪船招商局、電報局及開平鑛務局盈餘利息。酌提歸公。
八月壬午。太僕寺卿徐壽朋與朝鮮外部大臣在朝鮮都城訂立通商條約十五款成。
十月戊子。先是法人助吾索還遼東。僅得滇邊隙地及德佔膠澳、俄租旅大。遂因廣州附近有法國兵官爲游匪所戕。以兵艦入廣州灣踞之。至是。命提督蘇元春與法國來使會議廣州灣租界約七條成。租約期限一如俄之旅大。
丙申。命李鴻章爲商務大臣。前往通商各埠考察商務。
甲辰。命陶模來京陛見。以魏光燾署陝甘總督。
十一月戊申。命毓賢來京。以袁世凱署山東巡撫。
辛酉。命譚鍾麟來京。以李鴻章署兩廣總督。
壬戌。懸賞購拏康有爲梁啓超。
丙寅。命劉坤一來京陛見。以鹿傳霖署兩江總督。

戊辰。協辦大學士孫家鼐以病免。
己巳。以王文韶協辦大學士。
十一月丁酉。立端郡王載漪之子溥儁爲皇子。繼承穆宗毅皇帝爲子。時后黨諸臣。日慫恿太后廢立。載漪爲太后所信任。使掌虎神營。至是、遂立其子爲皇子。而命崇綺爲師傅。徐桐照料。是時廢立之舉。已喧傳中外。兩江總督劉坤一致電信於榮祿。頗持異議。上海紳商經元善等亦電爭。遂不果。尋命逮捕元善。元善走澳門以免。
光緒二十六年庚子。正月甲辰。以帝三旬壽誕。加恩王公大臣有差。
乙巳。張之洞等奏湖北稅釐鹽課三項無可裁提。請每年由總督以下捐銀報效。奉旨嚴行申飭。
戊午。命南洋閩浙廣東督撫。懸賞十萬兩緝拏康有爲梁啓超。如有購閱所發報章者。亦一體嚴拏懲辦。
二月庚辰。各國公使夫人覲見皇太后於儀鑾殿。
丙戌。調毓賢爲山西巡撫。實授袁世凱山東巡撫。
四月丁酉。譚鍾麟開缺。實授李鴻章兩廣總督。
五月壬寅。因近畿一帶拳匪滋事。命嚴拏要首。解散脅從。義和拳爲白蓮教遺孽。初起於山東之清平冠縣定陶等處。時毓賢爲山東巡撫。因沂州教案。由駐京各國公使訴諸政府。將其撤任。毓憾之。遂貽書朝貴。謂匪皆義民。且有神技可用。今國勢日衰。由於民志未伸。若再殺拳民。無異自翦羽翼也。載漪剛毅等信之。因欲利用拳匪。排斥外人。地方官希旨。不敢言勦匪。勢益猖。及袁世凱代毓賢爲巡撫。一意主勦。其徒蔓延至直隸京津一帶。設壇建醮。誘惑鄉愚。其法以降神爲主。降神者謂神附其體。卽精武藝。不畏槍礮。每有人入壇。有所謂大師兄者。爲之焚符誦咒。其宗旨以滅洋仇教爲名。凡洋人及教民與爲洋人服役通洋語用洋貨者。分別等差。有十毛之目。一落其手。必殺無赦。遂借此舞刀跳躍。刼殺焚掠。又有紅燈照者。皆女子。與之相輔而行。時直隸總督派副將楊福同至淶水勦捕。被戕。匪又燬京津鐵路及車站。外人屢有責言。且將調兵入京。故有嚴拏首要之命。然諭旨仍以良莠錯出。及團民中多有游勇會匪溷迹其間爲辭。蓋終不以團民爲作亂之匪徒也。旋又派剛毅趙舒翹至近畿一帶曉諭。二人覆奏稱已解散。而實已招集入京。於是兵匪相合。圍攻各國公使館。焚掠街市。虐殺官商。朝貴爭相信從。其禍一發不可遏矣。

甲寅。命載漪管理總理各國事務衙門。啓秀溥興那桐均在總理各國務事衙門大臣上行走。廖壽恆毋庸在總理各國事務衙門行走。

乙卯。甘軍戕日本使館書記官杉山彬於永定門外。日本兵將入京保護使館。杉山彬至車站迎候。途遇董福祥所部。遂被戕。

庚申。召巡閱長江水師大臣李秉衡來京。秉衡以教案罷職。命至奉天查辦事件。又命巡閱長江水師。至是、命帶兵入京。行至景州。所部陳澤霖助匪攻燬村落數處。

辛酉。各國聯軍踞大沽礮臺。時政府既助匪仇洋。京津鐵路已燬。英提督西摩爾統各國兵入京。至楊村。被阻折還。北京使館被圍。天津兵匪亦攻租界。各國兵遂奪踞大沽礮臺。

召各省兵入援。

壬戌。召李鴻章來京。以德壽兼署兩廣總督。

甲子。德國駐京公使克林德被戕。克林德將至總理衙門議事。行至東單牌樓。爲一滿兵所戕。

丁卯。下詔與各國宣戰。

命各省招集義和團助戰。

命莊親王載勛爲步軍統領。

戊辰。命載勛剛毅統率義和團。並派左右翼總兵英年載瀾會同辦理。

劉坤一張之洞與各國駐上海領事訂立東南保護約款九條。時有義和團南下及官兵進攻上海租界之謠。外國人於租界多方設備。劉坤一等恐東南再起兵釁。全局益形糜爛。遂不奉中央命令。派盛宣懷及上海道余聯沅與各國領事申明各不相犯。並訂立約章。互相保衛。沿江各省。賴此以安。

六月丙戌。天津失守。自五月中旬後。天津拳匪焚殺教堂教民。攻擊租界。直隸總督裕祿奉拳匪頭目及紅燈照爲上賓。使共禦洋兵。遂兵匪聯合與租界洋兵相攻。直隸提督聶士成先以勦匪落職。被嚴旨申飭。至是力戰陣亡。及天津城陷。裕祿退至楊村。

命李鴻章調補直隸總督。

七月甲辰。殺吏部侍郎許景澄太常寺卿袁昶。昶屢疏請勦拳匪。景澄召對時亦有不何聽信妄言致觸列強之怒之語。爲載漪剛毅等所惡。李秉衡亦奏參二人擅改電諭。至是、遂以大不敬正法。時又殺張蔭桓於戍所。

戊申。命榮祿派兵護送各國公使往天津。自德使被戕後。兵匪聯合圍攻使館益急。荷奧兩使館及道勝銀行先後被燬。各國兵及教民堅守英日等使館。時李鴻章劉坤一及駐外各公使等屢請保護使館。諭旨亦命派兵保護。並饋蔬果食物。而兵匪仍環攻不已。至是、命榮祿派兵護送出京。各國公使不應。

癸丑。授李鴻章爲全權大臣。命電商各國。先行停戰。

福建浦城縣土匪滋事。陷浙江江山常山二縣。旋被官軍擊敗。

楊村失守。直隸總督裕祿死之。聯軍踞天津後。屢得北京使館乞援之信。遂大舉分路進攻。先據北倉。馬玉崑禦之楊村。敗退。裕祿受傷死於蔡村。

丙辰。殺尚書徐用儀、立山、内閣學士聯元。時聯軍已逼京師。而匪燄轉熾。凡所欲殺。朝廷無不從之。既殺用儀等。將盡殺不肯附和諸人。會聯軍入京。遂不果行。

丁巳。聯軍至通州。李秉衡死之。秉衡至京。命幫辦武衛軍。至是、所部夏辛酉張春發等軍潰。秉衡自殺。

庚申。各國聯軍入京。太后挈帝出奔宣化。京師兵匪久攻使館及教堂未下。而聯軍已至。俄日兵由東直齊化二門先入。英兵亦由水門入使館。遂佔正陽永定兩門。是日黎明。太后挈帝出德勝門。隨行者。惟皇后大阿哥及載漪奕劻等數人。壬戌。至懷來縣。軍機大臣及其他王大臣始有至者。丙寅。至宣化。前黑龍江將軍延茂、祭酒王懿榮、熙元、侍讀寶豐、崇壽、翰林院庶吉士壽富等。均於城破時死之。徐桐亦自縊。榮祿崇綺至保定。崇綺卽自殺。

下詔罪己。並宣布將巡幸太原。命部院堂司各官分班速赴行在。又命各督撫整頓邊防。力固疆圉。

戊辰。下詔求直言。

庚午。准李鴻章便宜行事。將應辦事宜迅速辦理。

唐才常等謀起兵於湖北。事洩被誅。才常等結合江湖會黨。設自立會。散放富有票。議起自立軍。未發。於漢口地方被官兵破獲。才常等二十餘人均死。同黨先起兵於安徽之大通湖北之新堤者。亦先後敗死。黨人之在湖南者。多爲巡撫俞廉三捕斬。

八月辛未。太后挈帝自宣化府啓鑾。

命鹿傳霖在軍機大臣上行走。以尚書候補。傳霖由江蘇巡撫帶兵勤王。甫至近畿。京師已陷。遂赴行在。時剛毅在聞喜病死。以傳霖代爲軍機大臣。

壬申。命奕劻回京。會同李鴻章商辦一切事宜。

命毓賢開缺。以錫良爲山西巡撫。毓賢誘各國教士至撫署。屠殺甚慘。錫良以湖南布政使勤王赴行在。遂代毓賢爲山西巡撫。

調陶模爲兩廣總督。以魏光燾爲陝甘總督。岑春煊爲陝西巡撫。春煊以甘肅布政使率兵勤王。未到京。太后已挈帝出奔。遂率所部扈從。至是、授陝撫。

甲戌。太后挈帝至山西大同府。

添派劉坤一張之洞會同商辦和議。尋又派榮祿會同辦理。並准其便宜行事。旋因各國不願接待榮祿遂赴西安行在。

俄兵佔齊齊哈爾。黑龍江將軍壽山死之。初、六月中。海蘭泡俄兵欲假道齊齊哈爾至哈爾濱保護鐵路。將軍壽山不許。旣俄兵又虐殺海蘭泡華商數千人。遂與愛琿副都統鳳翔開戰。二十九日。愛琿失守。七月十七日。俄兵佔北大嶺。鳳翔陣亡。八月初四。俄兵至齊齊哈爾。壽山自殺。

丙戌。太后挈帝至太原府駐蹕。

戊子。命於陝西省城酌備駐蹕之所。聯軍既入北京。德國派瓦德西爲統帥。旋俄國首創撤兵。李鴻章等奏陳各國之意。屢請太后回京。不允。至是定議行幸西安。

閏八月辛丑。懲治縱容拳匪諸臣。莊親王載勛、怡親王溥靜貝勒載濂載瀅均革去爵職。端郡王載漪撤去一切差使。交宗人府嚴議。載瀾英年交該衙門嚴議。剛毅趙舒翹交都察院吏部議處。優卹被戕德國公使克林德。日本書記官杉山彬。

壬寅。命各督撫保薦人材。

乙巳。俄兵佔營口及遼陽。旋入盛京。將軍增祺避至義州。尋命還盛京。時吉林亦爲俄佔。東三省全失。

丙午。聯軍佔山海關。

丁未。太后挈帝自太原啓鑾幸西安。

丙辰。聯軍佔北塘礮臺。

己未。授奕劻爲全權大臣。會同李鴻章妥商和議。劉坤一張之洞會商辦理。

壬戌。聯軍至保定。殺布政使廷雍等。

乙丑。太后挈帝至潼關駐蹕。

壬申。太后挈帝至西安駐蹕。

庚寅。加重懲治縱庇拳匪諸臣。載漪革爵。與載勛溥靜載瀅同交宗人府圈禁。載濂革爵。載瀾英年降調。趙舒翹革職留任。毓賢革職發往極邊充當苦差。時外人以懲治肇禍諸臣爲太輕。奕劻等屢請加重處分。故復有此旨。

十月丙午。張之洞奏開武昌北門外爲商埠。允之。

庚戌。命董福祥革職留任。帶兵還甘肅。時外人堅索治福祥罪。朝廷因其帶兵。未敢加罪。僅命還甘肅原籍。

壬子。調崧蕃爲陝甘總督。魏光燾爲雲貴總督。

癸丑。以王文韶爲大學士。徐郙崇禮均協辦大學士。

癸亥。以山西陝西災區甚廣。開秦晉實官捐輸。

十一月甲戌。允奕劻李鴻章電奏和議大綱十二條。初、鴻章奉命自廣東北上。既至天津。閏月中。乃入京。時奕劻先已還京。遂與各國公使開議。各國堅請先懲罪魁。並請兩宮先行回京。奕劻等據以電奏。太后雖未允回京。而罪魁已允嚴懲。至是。乃開出大綱十二條。一、戕害德使一事。由中國派親王專使至德。代表皇帝慚悔之意。並於被害處樹立銘誌之碑。二、嚴懲肇禍諸人。其戕害陵虐各國人民之各城鎮。五年內不得舉行文武各考試。三、戕害日本書記生事。中國必須用優榮之典。以謝日本政府。四、汚瀆發掘各國人民墳墓之處。建立碣碑。五、軍火及專爲製造軍火之材料。不准運入中國。六、中國允賠補各國人及爲外國執事之中國人身家財產所受公私各虧。七、各國常駐兵隊。護衛使館。八、京師至海邊。須留出往來暢行通道。大沽等礮臺一律削平。九、由各國駐兵留守通道。十、張貼永禁軍民人等仇視諸國之諭旨。十一、修改通商行船各約。十二、改變總理各國事務衙門。並各國駐使覲見皇帝禮節。末言以上各款。若非中國國家允從足適各國之意。難許有撤退京畿一帶駐紮兵隊之望。奏入照允。仍命設法磋商詳細節目。

庚辰。授楊儒爲全權大臣。與俄國商辦接收東三省事宜。自聯軍入京。俄國首倡撤兵。而一面佔踞東三省。又屢催訂約交還。由奕劻等電請派駐俄使臣楊儒在俄京商議。時盛京將軍增祺派周冕至旅順與俄擅立奉天交地暫約九條。奉旨責其荒謬。交部嚴議。俄人又藉口中俄有特別關係。欲另訂約章。種種要索。日本合英美力阻。遂從緩商辦。

十二月丁未。下詔變法。

庚戌。諭禁仇視外國官民。並嚴禁各省匪徒藉仇教爲名。糾衆立會。

壬子。命張百熙充頭等專使。往英國唁英君之喪。並賀新君卽位。

壬戌。加懲肇禍諸臣。載漪載瀾均發往新疆永遠監禁。載勛賜自盡。毓賢正法。英年趙舒翹斬監候。董福祥革職。剛毅追奪原官。徐桐李秉衡革職撤銷卹典。

開復徐用儀立山許景澄聯元袁昶原官。尋又復張蔭桓原官。

癸亥。降諭宣示拳匪構亂朝廷一切委曲難言之苦衷。並命將五月二十四日以後七月二十日以前諭旨彙呈。將矯擅妄傳各旨提出消除。

光緒二十七年辛丑正月己巳。歸綏道鄭文欽因戕害洋員周尼思。命正法。並革綏遠城將軍永德職。

庚午。加重懲治肇禍諸臣。載漪載瀾定爲斬監候。加恩發往極邊新疆永遠監禁。英年趙舒翹賜令自盡。啓秀徐承煜正法。時啓秀徐承煜在京。爲聯軍拘禁。由奕劻等照會各國交還行刑。

二月癸亥。命劉光才一軍退紮山西境內。聯軍既佔北京。分兵近畿各屬。勦捕拳匪。南至正定。北至張家口。東至山海關。均在聯軍權力範圍以內。亦屢與錫良升允等軍衝突。光才駐紮井陘。聯軍擬由獲鹿進攻。由全權大臣請旨撤退。聯軍仍進攻娘子關。尋卽退去。

三月己巳。設立督辦政務處。派奕劻李鴻章榮祿崑岡王文韶鹿傳霖爲督辦政務大臣。劉坤一張之洞遙爲參預。

丁丑。降諭懲處各省不能實力保護教士教民之地方官。

四月甲辰。命瞿鴻禨在軍機大臣上學習行走。尋又命爲政務處大臣。

丙午。命銷燬各部署案卷。裁汰書吏。案卷已爲聯軍所焚

允各國所索償款四百五十兆兩。四釐息。

壬子。復開經濟特科。

命各省清釐例行文籍。仿照部章。删繁就簡。各衙門書吏差役分别裁汰裁革。不准假以事權。

癸丑。授醇親王載灃爲頭等專使大臣赴德國。

甲寅。命整頓翰林院。課編檢以上各官以政治之學。

丙辰。以和局已定。諭擇於七月十九日由河南直隸一帶回京。

五月癸酉。命那桐爲專使大臣。往日本。

癸未。以蔡鈞充出使日本大臣。

甲申。命出使大臣訪察游學生。咨送回華。聽候考試錄用。

六月丙申。命許台身充出使朝鮮大臣。廕昌充出使德國大臣。

癸卯。改總理各國事務衙門爲外務部。派奕劻爲總理。王文韶爲會辦大臣。瞿鴻禨爲尙書。並授爲會辦大臣。徐壽朋聯芳爲左右侍郎。

七月甲子。諭改於八月二十四日啓蹕回京。
乙丑。命直省河運海運自本年爲始一律改徵折色。
丙命。命世鐸開去軍機大臣差使。
丙子。命各省綠營防勇限於本年內裁去十之二三。
丁丑。各國公約定議。命奕劻李鴻章卽行畫押。
己卯。命自明年爲始。鄉會試等均試策論。不准用八股文程式。
命停止武生童考試及武科鄉會試。
調羅豐祿爲出使俄國大臣。時楊儒與俄外部議約未成。因病請派員接替。故以豐祿代之。
戊子。全權大臣奕劻李鴻章與十一國駐京公使議訂和約十二款成。
壬辰。命各省籌建武備學堂。
命停止捐納實官。
癸巳。命各省將原有各營嚴行裁汰。精選若干營。分爲常備續備巡警等軍。
八月乙未。命各省所有書院。於省城改設大學堂。各府及直隸州改設中學堂。各州縣改設小學堂。並多設蒙養學堂。

戊戌。命各省選派學生出洋肄業。

壬子。派盛宣懷爲辦理商稅事務大臣。理辦通商行船各條約。及改定進口稅則一切事宜。

癸丑。特頒懿旨。責成中外臣工。將應行變通興革諸事。力任其難。破除積習。以期補救時艱。並將劉坤一張之洞會奏整頓中法以行西法各條。隨時擇要舉辦。

丁巳。太后挈帝自西安啓鑾回京。

九月壬午。命王文韶瞿鴻禨督辦關內外京榆鐵路。仍以張翼會辦。

己丑。李鴻章卒。贈太傅。晉封一等侯爵。入祀賢良祠。予謚文忠。尋命於京師建立專祠。予李經述襲爵。

命文王韶署理全權大臣。袁世凱署理直隸總督。

十月甲午。太后挈帝至開封府。

丙申。以張德彝充出使英國大臣。

壬子。撤去溥儁大阿哥名號。

丙辰。太后挈帝自開封啓鑾。

戊戌。命明年會試展至癸卯年舉行。順天鄉試及會試。借河南貢院舉行。

丁巳。定學堂選舉鼓勵章程。凡由學堂畢業考取合格者。給予貢生舉人進士等名稱。

庚申。賞奕劻親王雙俸。榮祿王文韶劉坤一張之洞袁世凱等雙眼花翎宮銜有差。因議和及共保東南疆土有功也。

各國聯軍撤出京師。僅留保護使館兵。

十一月乙未。設外務部左右丞左右參議等缺。以瑞良等爲之。

庚寅。太后挈帝還京師。

壬辰。追贈珍妃貴妃位號。上年太后出奔時。命人將珍妃納入井中。至是、以隨扈不及殉難宮中宣布。

十二月癸巳。派張百熙爲管學大臣。

甲午。派王文韶充督辦路礦大臣。瞿鴻禨充會辦大臣。張翼幫同辦理。關內外鐵路改派袁世凱接收督辦。

壬寅。命袁世凱參預政務處。

乙巳。帝御乾清宮。各國使臣覲見。

甲寅。榮祿奏請開去各項重要差使。優詔不許。

授孫家鼐大學士。

乙卯。准滿漢通婣。

光緒二十八年壬寅。正月丁卯。派吳汝綸爲大學堂總教習。

癸酉。四川提督宋慶卒。晉封三等男。予謚忠勤。以馬玉崑總統武衞左軍。

丁丑。派呂海寰會同盛宣懷籌議商約事宜。

派張翼總辦路礦事宜。

戊寅。裁撤河東河道總督缺。

戊子。命將詹事府歸併翰林院。

二月癸巳。命各出使大臣查取各國通行律例。責成袁世凱劉坤一張之洞。愼選熟悉中西律例者。保送來京。聽候簡派。開館編纂。

三月辛酉。奕劻王文韶與俄國駐京公使雷薩爾議訂交收東三省條約四款成。先是、各國公約未定之際。俄人脅增祺及楊儒議另訂交還東三省條約。要索甚苛。李鴻章將許之。劉坤一張之洞及東南士紳力爭。英日兩國亦以爲言。遂未畫押。至是、公約既定。乃與訂約四款。其撤兵期限。畫押後六個月。先撤盛京西南段至遼河。再六個月。撤退盛京其餘各段。並吉林省。再六個月。撤退黑龍江省。

四月丙申。派沈家本伍廷芳將一切現行律例。按照交涉情形。參酌各國法律。悉心考訂。修定呈覽。候旨頒行。

以善者爲步軍統領。

五月癸亥。實授袁世凱直隸總督。

丙戌。兩廣總督陶模因病乞休。允之。以德壽署兩廣總督。陶模受代後卽卒。予謚勤肅。

六月乙未。以胡維德充出使俄國大臣。

丁酉。以孫寶琦充出使法國大臣。

辛亥。命張之洞充督辦通商大臣。

七月己未。奎俊開缺。以岑春煊署四川總督。時四川資陽等土匪蠭起。焚燬教堂。奎俊不能制。故以春煊代之。尋春煊抵任。整頓吏治。嚴捕匪首。川亂悉平。

庚午。張百熙奏呈所議學堂章程。詔頒行各省。

丁丑。袁世凱奏各國聯軍交還天津。天津自聯軍佔踞後。設立都統衙門。治理地方。至是、世凱蒞任。照約接收。

甲申。命袁世凱督辦津鎮鐵路。先是、派許景澄張翼與德國德華銀行英國匯豐銀行訂立借款草合同。至是、因勘路已竣。改派世凱與議詳細合同。

八月辛卯。呂海寰盛宣懷與英使馬凱在上海續議通商行船條約十六款成。

戊戌。袁世凱奏將各項陋規一律酌改公費。命各省仿照辦理。
丁未。加貽穀理藩院尙書銜。命辦理山西邊外各蒙旗開墾事宜。
戊申。奕劻王文韶與俄使雷薩爾商定交還山海關鐵路條款七條成。
九月辛酉。命各省選擇學生。派往西洋各國。講求專門學業。
癸亥。劉坤一卒。追封一等男爵。晉贈太傅。予謚忠誠。
以張之洞署兩江總督。端方署湖廣總督。
盛宣懷與華俄銀行訂立正太鐵路借款合同簽押。
貴州巡撫鄧華熙奏粵邊游匪攻陷興義縣城。
癸酉。命各督撫仿照袁世凱所定警務章程辦理巡警。
壬午。命袁世凱充督辦商務大臣。與張之洞會同辦理。以伍廷芳爲會辦大臣。並會議各國商約事宜。
十月丁亥。派汪大燮爲日本游學生總監督。
十一月戊午。命自明年會試爲始。凡授職修撰、編修、及改庶吉士、用部屬中書者。皆令入京師大學堂分門肄業。
壬戌。調魏光燾爲兩江總督。以丁振鐸爲雲貴總督。

己巳。命袁世凱等收回電報局爲官辦。旋派袁世凱爲督辦大臣。吳重熹爲駐滬會辦大臣。
十二月癸巳。派溥倫爲美國散魯伊斯城博覽會赴會正監督。
光緒二十九年癸卯正月丁卯。命榮慶會同張百熙管理大學堂事宜。
三月壬戌。許應騤開缺。以錫良爲閩浙總督。
乙丑。命盛宣懷隨同袁世凱等會議商約事宜。
己巳。大學士榮祿卒。贈太傅。追封一等男爵。予謚文忠。
庚午。命緩行印花稅。
命奕劻在軍機大臣上行走。
丙子。調岑春煊署兩廣總督。以錫良署四川總督。李興銳署閩浙總督。德壽爲漕運總督。
庚辰。派奕劻瞿鴻禨會同戶部整頓財政。
命載振袁世凱伍廷芳先訂商律。俟商律編成。卽行開辦商務。
四月甲午。與葡萄牙增改條約九款成。命奕劻畫押。先是、光緒十三年春間。因議辦洋藥稅釐倂徵。派稅務司登幹往葡國議立節略四款。其第二款載明允葡國永駐管理澳門。旋葡使來京。意在展拓澳界。經外務部駁阻。遂停議勘界。先增改稅則各條。至是約成。

己酉。雲南箇舊地方人民因阻撓外國人修造鐵路。官軍往捕。遂揭竿起事。推周呈祥爲首。陷臨安府石屏州。聚衆萬餘人。旋派按察使劉春霖等率兵勦平。

庚子。以崇禮爲大學士。敬信協辦大學士。

五月癸亥。命侍郎鐵良會同袁世凱辦理京旗練兵事宜。

戊辰。外務部奏張之洞盛宣懷等所定滬寧鐵路籌借英款訂立詳細合同。請准如所議辦理。允之。

壬午。賜王壽彭等三百十五人進士及第出身有差。

閏五月甲申。命馮子材會同岑春煊辦理廣西軍務。子材尋病卒。予謚忠毅。

丙申。革廣西巡撫王之春提督蘇元春職。廣西匪亂數年。始於沿邊游匪。繼蔓延內地。提督蘇元春邊防各營。與匪鉤聯。根株盤互。元春袒護養癰。及之春爲巡撫。不知整頓吏治以清亂源。惟一意主撫。以圖早報肅清。至是、爲岑春煊參奏。均奪職。以柯逢時爲廣西巡撫。旋又以蘇元春縱兵殃民缺額扣餉。拏交刑部治罪。

六月壬戌。予考取經濟特科一等袁嘉穀等九名二等馮善徵等十八名升敘有差。

七月乙酉。以效忠守正。賞湖北游學日本學生王璟芳舉人。

辛卯。命鄭孝胥以四品京堂督辦廣西邊防事務。

大學士崑岡因病乞休。允之。
戊戌。設立商部。以載振爲尙書。伍廷芳陳璧爲侍郎。並裁撤路鑛總局。歸併商部。
八月己巳。商約大臣呂海寰等與美國來使康格等續議通商行船條約十七款成。又與日本來使日置益等議通商行船條約十三款成。
壬申。以敬信爲大學士。裕德協大辦學士。
九月丙申。命王文韶開去會辦外務部大臣。調那桐爲外務部尙書會辦大臣。
命榮慶爲軍機大臣。並充政務處大臣。
丁酉。命那桐會同奕劻瞿鴻璣辦理戶部財政處事務。
戊戌。命孫家鼐張百熙充政務處大臣。
十一月壬午。因開平煤鑛與英人交涉貽誤。革前辦鑛務侍郎張翼職。責令設法收回。
己丑。設立練兵處。命奕劻等管理。以徐世昌充練兵處提調。劉永慶充軍政司正使。段祺瑞充軍令司正使。王士珍充軍學司正使。
丙午。頒布學堂章程。先是、命張之洞會同管學大臣。將學堂章程悉心釐訂。至是、議定進呈。命次第推行。
丁未。改管學大臣爲學務大臣。命孫家鼐充學務大臣。

十二月丙子。因日本與俄羅斯開戰。宣告局外中立。俄人在東三省既不遵約撤兵。本年反增兵重佔奉天等處。日本與交涉不諧。遂開戰。於是東三省爲日俄戰地。吾國僅保遼西。稱中立。

頒行商律中之公司律。

光緒三十年甲辰正月癸未。御史蔣式瑆因奏稱奕劻有存放滙豐銀行私款。命回原衙門行走。

日本兵敗俄兵於鴨綠江。佔九連城鳳凰城。

四月。日本兵於奉天之大孤山上陸。佔金州。以困旅順。

五月癸卯。賜劉春霖等二百七十二人進士及第出身有差。

乙巳。裁撤粵海淮安兩關監督。由總督兼管。

六月。日本兵佔大石橋、營口、牛莊、及析木城、海城等處。

七月癸未。命鐵良往江蘇等省查勘財政武備事宜。

戊戌。調魏光燾爲閩浙總督。以李興銳署兩江總督。

八月。日本兵敗俄兵於遼陽城外。遂佔遼陽。又敗俄兵於沙河。

九月癸未。大學士敬信因病乞休。允之。

庚子。李興銳卒。以周馥署兩江總督。

壬寅。以唐紹儀爲議約全權大臣。先是十六年。中英訂立藏印條約八款。十九年。復將通商游牧交涉三款。議訂九條。並續款三條。嗣因藏人爭執。久未照行。上年。英員榮赫鵬帶兵入藏。本年六月至拉薩。達賴喇嘛走庫倫。英人與番衆立約十款。朝廷以西藏爲吾屬地。力阻畫押。派唐紹儀由印入藏查辦。至是、命與英國所派全權大臣。將條約酌量改訂。

十月丁未。以裕德爲大學士。世續協辦大學士。

己酉。商約大臣呂海寰等與葡使白朗穀續定中葡商約二十款成。

十一月庚辰。裁雲南巡撫湖北撫巡兩缺。

辛巳。實授錫良四川總督。魏光燾閩浙總督。丁振鐸雲貴總督。

戊子。以俄國波羅的海艦隊東來。飭沿海各省戒嚴。

十二月壬戌。袁世凱奏請試辦直隸公債票。允之。

丙寅。改漕運總督爲江淮巡撫。先是、署兩江總督端方代奏修撰張謇條陳。請於徐州建立行省。御史周樹模亦請裁漕運總督。均下政務處議。至是議覆。改漕運總督爲巡撫。仍駐淸江。名爲江淮巡撫。江淮揚徐四府暨通海兩直隸州全歸管理。仍歸兩江總督兼轄。奏入。允行。

俄國旅順守將乞降於日本。日本自與俄國開戰後。海陸軍圍攻旅順。苦戰經年未下。至是、乃以援絕出降。

光緒三十一月乙巳。正月甲午。魏光燾開缺。以升允爲閩浙總督。

二月。日本兵敗俄兵。佔奉天省城。

三月。駐藏幫辦大臣鳳全爲巴塘番人所戕。先是、瞻對土司改流。泰寧寺喇嘛藉端煽亂。詔鳳全就近勦辦。及爲番人所戕。命提督馬維騏往勦。

丙子。派柯逢時管理八省土膏統捐事宜。先是、鐵良奏稱湖北湖南於宜昌設立總局。抽收土膏稅捐。繼又並江西安徽兩省合辦。較各省分辦之時。溢收甚鉅。兩廣蘇閩亦係雲貴川土行銷之地。若合八省爲一。收數必更可觀。事下財政處及戶部。至是、與各督撫商定。請將宜昌原設之局。改爲八省總局。而派逢時管理。

丁丑。調升允爲陝甘總督。崧蕃爲閩浙總督。

庚寅。裁撤江淮巡撫。改淮揚鎮總兵爲江北提督。江淮分省。江蘇京官爭言其治理不便。事下政務處。至是、奏請裁撤江淮巡撫。設江北提督。允之。以劉永慶爲江北提督。

癸巳。伍廷芳沈家本等奏請將律例內重刑凌遲梟首戮尸三項永遠刪除。凡死刑至斬決而止。允之。

四月丙午。以趙爾巽爲盛京將軍。

俄國波羅的海艦隊爲日本海軍殲滅於日本海。

五月己亥。大學士崇禮因病乞休。允之。

庚子。王文韶開去軍機大臣差使。命徐世昌在軍機大臣上學習行走。並充政務處大臣。

辛丑。命鐵良徐世昌會辦練兵事宜。

六月乙巳。命張之洞督辦粵漢鐵路。

甲寅。考試出洋學生。賞金邦平等進士舉人出身有差。自是每歲試留學生以爲常。

丙辰。命載澤戴鴻慈徐世昌端方分赴東西洋各國。考求一切政治。

己未。以世續爲大學士。那桐協辦大學士。

癸亥。裁廣東巡撫缺。

七月乙酉。續派紹英爲出洋考察政治大臣。

丁酉。命鐵良在軍機大臣上學習行走。並充政務處大臣。

壬寅。因各省工商抵制美約。命各督撫認眞勸諭。美國定禁止華工苛例。東南各省提倡不用美貨。以爲抵制。美使以爲言。故有是命。

甲辰。停止鄉會試及各省歲科考試。

戊辰。載澤等將出洋考察。至正陽門車站。遇炸彈。載澤紹英均受微傷。遂改期行。
己巳。錫良等奏官軍勦平巴塘番匪。獲戕害鳳全之喇嘛阿澤隆本郎吉等斬之。予提督馬維騏道員趙爾豐等奬敍有差。
日本與俄羅斯議和於美國之朴子茅斯成。
外務部與各國使臣改訂修濬黃浦河道條款成。
八月。收還粵漢鐵路合同於美京畫押。
九月庚辰。設巡警部。以徐世昌爲尚書。毓朗趙秉鈞爲侍郎。
派袁世凱鐵良爲秋操閱兵大臣。至河間閱操。
辛卯。以廣西全省肅清。予岑春煊太子少保銜。李經羲丁槐等奬敍有差。春煊自二十九年五月至廣東。即帶兵赴廣西潯柳督師。時廣西游土各匪四起句合。南泗鎭色柳慶思潯太平恩順等屬無地不匪。春煊遴選文武分路勦辦。八月還廣東。旋鎭太泗色思南各路漸告平靖。先後擒斬匪首黃五肥等數十人。三十年五月。柳州兵變。柳慶土匪又同時蠭起。春煊遣龍濟光王芝祥陸榮廷等分路攻勦。擒斬萬餘人。至是、始告肅清。
戊戌。命尚其亨李盛鐸會同載澤戴鴻慈端方前往各國考察政治。徐世昌紹英遇炸彈後不果行。故改派尙李二八。

德人歸吾膠洲海關。

十月丁未。命奕劻瞿鴻璣袁世凱爲全權大臣。與日本使臣小村壽太郎等開議滿洲條約。日本旣與俄和。凡俄國在奉天南部權利。盡讓與日本。故小村來與吾國訂約。

辛酉。命政務處王大臣籌定立憲大綱。

乙丑。以陸徵祥充出使和蘭大臣。兼理海牙平和會事。

戊辰。諭各省嚴禁革命排滿之說。

設考察政治館。

十一月辛未。大學士裕德卒。予謚文愼。

己卯。設立學部。以榮慶爲尙書。熙瑛嚴修爲侍郎。並以國子監歸併學部。

乙未。奕劻等與日使訂中日新約成。

十二月己酉。崧蕃卒。以端方爲閩浙總督。

辛亥。以那桐爲大學士。榮慶協辦大學士。

光緒三十二年丙午。正月乙酉。賞給軍機處王大臣等養廉銀。

甲午。徐郙休致。以瞿鴻禨協辦大學士。
命善耆往蒙古查辦事件。
三月戊寅。從學部奏請宣示教育宗旨。
癸未。命將綠營一律改爲巡警。從巡警部奏請也。
己丑。江西南昌縣法國教士王安之邀知縣江召棠至天主堂議事。召棠咽喉被創。旋卒。人民聚衆毀法國教堂。戕王安之等。詔撤巡撫胡廷幹任。派梁敦彥偕法使館人員往查辦。尋以給撫卹賠償銀結案。
四月己亥。裁撤各省學政。改設提學使司提學使。
頒行破產律。
辛丑。唐紹儀與英使薩道義訂藏印正約成。又命張蔭棠由印赴藏查辦事件。
癸丑。派鐵良充督辦稅務大臣。唐紹儀爲會辦大臣。
七月戊申。宣示預備立憲。命先將官制分別議定。俟數年後規模粗具。再行宣布立憲實行期限。時載澤等考查各國政治回國。條陳仿行憲政。派載灃等公同閱看。決定先從官制等入手預備。故有是詔。
己酉。調端方爲兩江總督。以周馥爲閩浙總督。
派載澤等編纂官制。並命端方等派員來京隨同參議。又派奕劻孫家鼐瞿鴻禨總司核定。

戊午。以雲春煊爲雲貴總督。調周馥爲兩廣總督。丁振鐸爲閩浙總督。

八月。諭禁鴉片。定限十年以內將洋土藥之害一律革除淨盡。

以趙爾豐爲督辦川滇邊務大臣。

九月。陸軍會操於河南彰德府。派鐵良袁世凱爲閱兵大臣。

乙卯。宣示釐定官制。內閣軍機處外務部吏部學部均如舊。巡警部改爲民政部。戶部改爲度支部。以財政處稅務處併入。太常光祿鴻臚三寺併入禮部。兵部改爲陸軍部。以練兵處太僕寺併入。商部改爲農工商部。另設郵傳部。理藩院改爲理藩部。各部除外務部外均設尚書一員。侍郎二員。不分滿漢。都察院改爲都御史一員。副都御史二員。改大理寺爲大理院。

命編訂直省官制。

以鹿傳霖爲吏部尚書。溥頲爲度支部尚書。溥良爲吏部尚書。鐵良爲陸軍部尚書。戴鴻慈爲法部尚書。張百熙爲郵傳部尚書。壽耆爲理藩部尚書。其民政部尚書徐世昌。學部尚書榮慶。農工商部尚書載振。均不更換。

命鹿傳霖榮慶徐世昌鐵良均開去軍機大臣。專管部務。

命奕劻瞿鴻禨仍爲軍機大臣。世續補授軍機大臣。林紹年在軍機大臣上學習行走。

改政務處爲會議政務處。
丁巳。日本歸吾營口。
十月戊寅。頒行禁煙章程十條。
江西萍鄉會黨起事。官軍勦平之。革命黨先舉事於湖南之瀏陽。萍鄉鑛工應之。旋爲官軍所敗。
袁世凱請開去各項兼差。以第三第五第六鎭陸軍歸陸軍部直轄。允之。
改軍機處章京爲實官。
十一月戊申。升孔子爲大祀。
裁廣東陸路提督缺。歸併水師提督兼轄。
十二年設京師內外城總廳。以榮勳朱啓鈐爲廳丞。
以鳳山總統一三五六四鎭新軍訓練。
光緒三十三年丁未正月辛亥。調岑春煊爲四川總督。錫良爲雲貴總督。
壬子。丁振鐸開缺。以松壽爲閩浙總督。
二月己卯。張百熙卒。予謚文達。
三月己亥。改盛京將軍爲東三省總督。兼管三省將軍事務。奉天吉林黑龍江各設巡撫。以徐世昌爲東三省總督。並授爲欽差大臣。唐紹儀爲奉天巡撫。朱家寶署吉林巡撫。段芝貴署黑龍江巡撫。

庚子。以那桐兼署民政部尚書。

壬子。以岑春煊爲郵傳部尚書。趙爾巽爲四川總督。

命奕劻管理陸軍部事務。

丙辰。以程德全署理黑龍江巡撫。

丁巳。致仕大學士崑岡卒。予謚文達。

四月乙丑。御史趙啓霖以奏參疆臣貪緣親貴革職。初、奕劻之子貝子銜鎮國將軍尚書載振至東三省查事、還過天津。段芝貴購歌妓楊翠喜以獻。及芝貴署黑龍江巡撫。啓霖據以糾參。派載灃孫家鼐確查。至是、據稱查明楊翠喜實爲商人王益孫買作使女。遂以汚衊親貴重臣名節。奪啓霖職。時芝貴已命毋庸署理巡撫。載振旋亦奏請開去各項差使。優詔許之。至六月。復啓霖職。

丁卯。以溥頲爲農工商部尚書。載澤爲度支部尚書。

丁丑。周馥開缺。以岑春煊爲兩廣總督。春煊甫任郵傳部。卽劾罷侍郎朱寶奎。奕劻等以爲不便。適廣東欽廉及饒平會黨起事。遂借此出之。春煊奏辭。不許。

以陳璧爲郵傳部尚書。

五月丁酉。命瞿鴻璣開缺回籍。鴻璣在軍機處。與奕劻不協。學士惲毓鼎參鴻璣暗通報館。授意言官。陰結外援。分布黨羽。奏入。命孫家鼐鐵良查明具奏。又詔姑免深究。著開缺回籍。

戊戌。以呂海寰爲外務部尚書。善耆爲民政部尚書。

己亥。命載灃在軍機大臣上學習行走。鹿傳霖爲軍機大臣。陸潤庠爲吏部尚書。

奕劻請開去軍機大臣要差。溫諭慰留。

辛丑。大學士王文韶因病乞休。允之。

以張之洞協辦大學士。

致仕大學士崇禮卒。予謚文恪。

丁巳。改各省按察使爲提法使。增設巡警勸業道。裁撤分巡分守各道。分設審判廳。增易佐治員。命由東三省先行開辦。直隸江蘇兩省亦擇地先爲試辦。其餘各省分年分地。請旨辦理。統限十五年一律通行。

己未。安徽巡撫恩銘爲道員徐錫麟槍斃。錫麟及其黨陳伯平等。均爲官兵所殺。錫麟。浙江紹興人。與同志設光復會。共謀革命。至是、在皖舉事不克。其黨秋瑾等在紹興謀起事。亦爲浙吏所殺。

六月辛酉。設禮學館。

壬戌。命嗣後各衙門引見人員。暫歸內閣驗放。

設軍諮府。以馮國璋爲正使。
癸酉。以張之洞爲大學士。仍留湖廣總督任。以鹿傳霖協辦大學士。
七月辛卯。命內外各衙門妥議化除滿漢畛域。
以林紹年爲河南巡撫。
癸巳。岑春煊開缺。以張人駿爲兩廣總督。春煊至滬稱病請假。至是、將赴任。特旨命開缺。
致仕大學士敬信卒。予謚文恪。
甲午。改考察政治館爲憲政編查館。歸併會議政務處於內閣。
壬寅。派楊士琦往南洋各埠考察華僑。
丙辰。以袁世凱爲外務部尚書。呂海寰爲會辦稅務大臣。
以張之洞袁世凱爲軍機大臣。
調趙爾巽爲湖廣總督。陳夔龍爲四川總督。以楊士驤署直隸總督。
八月辛酉。命汪大燮于式枚達壽分赴英德日本國考察憲政。
辛未。命提督夏辛酉率所部往長江一帶扼要屯紮。
命各省籌畫駐防旗丁生計。

壬申。派溥倫孫家鼐爲資政院總裁。

九月辛卯。命禮部及修訂法律大臣議定滿漢通行禮制刑律。

癸巳。派沈家本俞廉三英瑞充修訂法律大臣。

辛丑。命中外大臣薦舉人才。

命各省速設諮議局。

壬寅。命外務部派員與英人商訂蘇杭甬借款造路章程。

甲辰。命各省設立調查局各部院設立統計處。

十月乙丑。命孫家鼐等輪班進講經史及國朝掌故。

十一月。廣西鎮南關右輔山礮臺失守。孫文黃興等由越南進攻鎮南關。奪礮臺三座。旋爲官軍擊退。孫文。廣東香山人。始入興中會。潛謀革命。乙未十月。謀起事於廣州。事洩。遁海外。會員陸皓東等死之。旋至倫敦。爲駐英公使龔照瑗所捕。因英政府干涉。乃得釋放。黃興。湖南長沙人。與陳天華宋教仁等創華興會。庚子十月。謀舉事於長沙。事洩。走日本。尋孫文至日本。乃與黃興等合創同盟會。密購軍火。糾合會黨。思於閩廣雲南起事。至是、攻鎮南關。以軍火不繼而敗。

復設廣東水陸兩提督缺。

諭禁學生干預政治。

諭禁京師開會演說等事。

十二月丁卯。命提督姜桂題統兵馳赴浙江。辦理勦撫梟匪事宜。時蘇浙兩省紳民力爭鐵路商辦。適蘇浙交界有梟匪滋擾。朝命桂題率兵南下。以資鎮懾。旋報梟匪解散。姜軍不果行。

甲戌。命景星俞廉三丁振鐸曹鴻勛陸元鼎協理開辦資政院事務。旋又命寶熙沈雲沛爲幫辦。

乙亥。派呂海寰充督辦津浦鐵路大臣。那桐充督辦稅務大臣。

辛巳。派江蘇布政使瑞瀓督辦蘇松太杭嘉湖緝捕清鄉事宜。

光緒三十四年戊申。正月。廣東緝獲日本輪船二辰丸私運軍火。日人抗議。旋以賠款服禮結案。

二月庚申。調趙爾巽爲四川總督。陳夔龍爲湖廣總督。

賞趙爾豐尚書銜。作爲駐藏辦事大臣。仍兼邊務大臣。

外務部郵傳部奏請與英國公司議訂滬杭甬鐵路合同二十四條簽押。允之。

三月壬辰。派溥偉鹿傳霖景星丁振鐸充辦理禁煙大臣。

四月丙辰。綏遠城將軍貽穀以放墾蒙地浮收漁利濫殺台吉丹丕爾一家五命逮問。

甲子。頒行違警律。

雲南河口南溪等處失守。革命黨在雲南河口邊界起事。遂佔礮臺。黃興自越南海防至河口。分兵攻蠻耗開化蒙自等處。旋爲官軍所敗。所失各地均收復。

五月。加恩咸豐同治以來功臣子孫有差。

六月丙子。因美國減收賠款。派唐紹儀充專使。前往致謝。

戊寅。頒行諮議局章程及議員選舉章程。

七月庚子。查禁政聞社。

八月甲寅。奕劻等奏進憲法大綱。暨議院法選舉法要領及議院未開以前逐年應行籌備事宜。命刊刻謄黃。分發在京各衙門。在外各督撫府尹司道。懸掛堂上。責成依限舉辦。每屆六個月。將籌辦成績臚列奏聞。

癸酉。馬玉崑卒。以姜桂題接充武衛左軍總統。

己卯。因江南湖北陸軍在安徽太湖地方秋操。命廕昌端方爲閱兵大臣。

九月。派毓朗梁敦彥往廈門勞問美國海軍。

丙申。郵傳部借匯豐匯理兩銀行英金五百萬鎊。爲贖京漢鐵路之用。命郵傳部堂官畫押。

壬寅。達賴喇嘛朝來。達賴避英兵至庫倫。還至西寧。至是來朝。

十月壬戌。加封達賴喇嘛爲誠順贊化西天大善自在佛。

壬申。授醇親王載灃爲攝政王。

命載灃之子溥儀在宮內教養。並在上書房讀書。

癸酉酉刻。帝崩。遺詔以載灃之子溥儀入承大統。爲嗣皇帝。太后命以溥儀承繼穆宗爲嗣。兼承大行皇帝之祧。

以攝政王爲監國。

尊皇太后爲太皇太后。兼祧母后爲皇太后。

甲戌未刻。太皇太后葉赫那拉氏崩。謚曰孝欽顯皇后。

戊寅。安徽馬礮營兵變。駐安徽馬礮營隊官熊成基乘秋操起事。城中嚴守。不得入。又爲兵艦所攻。遂率衆向西北桐城樅陽等處退走。衆漸潰散。成基後於哈爾賓被捕。死於吉林。

十一月辛卯。嗣皇帝卽位。以明年爲宣統元年。

丁酉。上大行皇帝尊謚曰同天崇運大中至正經文緯武仁孝睿智端儉寬勤景皇帝。廟號德宗。陵曰崇陵。

壬寅。頒行監國攝政王禮節。

丙午。設立變通旗制處。派溥倫載澤等專司其事。

丁未。上皇太后徽號曰隆裕皇太后。

戊申。命奕劻以親王世襲罔替。並加恩王公大臣等有差。

定諭旨由軍機大臣署名之制。

十月甲寅。命載濤毓朗鐵良充專司訓練禁衛軍大臣。時另編禁衛軍。由攝政親統。而派載濤等司訓練。

庚申。致仕大學士王文韶卒。贈太保。予謚文勤。

辛酉。收還京漢鐵路。

頒布調查戶口章程。

壬戌。命袁世凱開缺回籍養痾。

命那桐在軍機大臣上學習行走。

癸亥。以梁敦彥署理外務部尙書。

辛未。頒布淸理財政章程。

戊寅。頒布城鎭鄕地方自治章程。

宣統元年己酉。正月丁酉。郵傳部尙書陳璧以用款糜費調員冒濫革職。

庚子。以徐世昌爲郵傳部尚書。錫良爲東三省總督。李經義爲雲貴總督。
庚戌。派善耆載澤鐵良薩鎮冰籌備海軍。鐵良開去訓練禁衛軍差使。
二月乙丑。降諭宣示朝廷一定實行預備立憲。
甲戌。申諭禁煙辦法。
庚辰。頒行清理財政處各項章程。
閏二月甲申。定嗣後丁憂人員。無論滿漢。一律離任守制。
三月丙辰。各國派送德宗景皇帝梓宮專使覲見。
辛酉。德宗景皇帝梓宮奉移山陵。
己巳。予立山徐用儀許景澄聯元袁昶謚。
四月庚辰。命載振往日本。戴鴻慈往俄國。答謝派遣專使來送梓宮。
甲申。命各省財政統歸藩司或度支司綜核。其餘一切局所予限一年次第裁撤。
五月甲寅。升允以奏阻立憲開缺。以長庚爲陝甘總督。
己未。楊士驤卒。以端方調補直隸總督。未到任前以那桐署理。
調張人駿爲兩江總督。以袁樹勛署兩廣總督。

戊辰。開復前協辦大學士翁同龢原官。
丙子。諭以欽遵遺訓。皇帝自爲海陸軍大元帥。未親政以前。暫由攝政王代理。並先行專設軍諮處。以毓朗管理。尋又添派載濤管理。
命載洵薩鎮冰充籌辦海軍大臣。
六月甲申。奕劻請開去管理陸軍部事務差使。允之。
甲午。呂海寰以失察津浦路局員李德順李蓮英姪營私。開去督辦津浦鐵路大臣差使。以徐世昌代之。並派沈雲沛幫辦。
丙午。以薩鎮冰爲海軍提督。
七月乙卯。頒行資政院章程。
丙辰。派張人駿爲南洋勸業會會長。
遣載洵薩鎮冰巡視沿江沿海各省武備。旋又至歐洲各國考察海軍。
丁卯。與日本訂立東三省交涉五案條款成。日本因安奉鐵路改築事自由行動。交涉幾至決裂。至是、并其他諸案及吉長借款契約訂立條款完案。
八月己亥。大學士張之洞卒。贈太保。予謚文襄。

命戴鴻慈在軍機大臣上學習行走。以廷杰爲法部尚書。
庚子。以溥良爲察哈爾都統。葛寶華爲禮部尚書。
丙午。以九月初一日各省諮議局開議。降諭誥誡議員及各督撫。
九月丙寅。以鹿傳霖爲大學士。陸潤庠協辦大學士。
十月丁亥。直隸總督端方以恣意任性不知大體革職。端方因恭送梓宮。令人在隆裕皇太后行宮外攝影。爲人參奏。下部議革職。
調陳夔龍爲直隸總督。以瑞澂爲湖廣總督。
甲午。大學士孫家鼐卒。贈太傅。予謚文正。
十一月壬子。以玩誤要政。革甘肅布政使毛慶蕃職。
乙丑。以載澤爲督辦鹽政大臣。
丙寅。以陸潤庠爲大學士。戴鴻慈協辦大學士。李殿林爲吏部尚書。
十二月己卯。諭誡建言諸臣。不得懷挾私見。及毛舉細故。不知大體。
壬午。賞給游學專門詹天佑嚴復等進士舉人有差。
乙未。直隸各省諮議局議員孫洪伊等請速開國會。諭俟將來九年預備業已完全。國民教育普及。屆時必毅然降旨。定期召集議院。

頒行禁煙條例。

壬寅。頒行府廳州縣地方自治章程。

癸卯。頒行法院編制法。

宣統二年庚戌。正月戊申。廣東新軍因與巡警交鬨起釁。革命黨乘機起事。爲防軍擊斃數百人。餘衆潰散。

辛酉。革阿旺羅布藏吐布丹甲錯濟寨汪曲卻勒朗結達賴喇嘛名號。時川兵至西藏拉薩。達賴喇嘛遁入印度。故黜其封號。

御史江春霖以奏參奕劻。斥爲莠言亂政。命回原衙門行走。

癸亥。戴鴻慈卒。予謚文誠。以徐世昌協辦大學士。

命吳郁生在軍機大臣上學習行走。

甲戌。定嗣後內外文武滿漢諸臣陳奏事件。一律稱臣。

二月辛巳。鐵良因病乞休。允之。以廕昌爲陸軍部尚書。

丙申。葛寶華卒。調榮慶爲禮部尚書。以唐景崇爲學部尚書。

山西交城文水兩縣人民因禁煙暴動。爲官兵勦平。
丁酉。汪兆銘等謀刺攝政王事洩。被獲。命永遠監禁。
三月戊申。湖南省城饑民暴動。焚毁巡撫衙門及教堂學堂。
癸亥。裁奉天巡撫缺。
四月庚辰。頒行現行刑律。
甲申。以督辦鹽政大臣與各督撫互爭權限。均傳旨申飭。
己丑。頒行幣制則例。中國國幣單位。定名曰圓。暫就銀爲本位。以一圓爲主幣。重庫平七錢二分。另以五角二角五分一角三種銀幣。及五分鎳幣二分一分五釐一釐四種銅幣。爲輔幣。圓角分釐各以十進。永爲定價。
五月癸亥。諮議局議員孫洪伊等並各省旗籍各代表。請速開國會。諭仍俟九年籌備完全。再行降旨定期召集議院。
山東萊陽海陽縣人民因抵抗苛稅暴動。爲官兵殺傷數百人。
六月庚寅。命籌辦海軍事務大臣載洵充參預政務大臣。載洵考察歐洲各國海軍。於上年冬還京。是月。又往日本美國考察。

壬辰。梁敦彥因病乞休。允之。以鄒嘉來爲外務部尚書。

丁酉。諭飭各督撫愼選牧令。

戊戌。諭飭各部院堂官各省督撫。嚴治貪官汚吏。並飭貴戚及內外大臣敦品勵行。整躬率屬。

七月甲寅。命世續開去軍機大臣。吳郁生毋庸在軍機大臣上學習行走。以毓朗徐世昌爲軍機大臣。以唐紹怡署郵傳部尚書。

庚申。革開缺江西提學使浙路總理湯壽潛職。不准干預路事。壽潛電軍機處詆郵傳部侍郎盛宣懷。政府以爲措詞荒謬。予嚴譴。

甲子。大學士鹿傳霖卒。贈太保。予謚文端。

乙丑。設各省交涉使。

八月乙亥。以鐵良爲江寧將軍。

癸未。命沈家本充資政院副總裁。

己丑。命廕昌兼充訓練近畿各鎭大臣。以鳳山爲荊州將軍。

辛卯。召集資政院議員。

甲午。命近畿陸軍均歸陸軍部直接管轄。裁撤近畿督練公所。

改四川鹽茶道爲鹽運使。並設奉天鹽運使。
乙未。以吉林等省清除種煙未淨。該督撫均交部議處。
丙申。以徐世昌爲大學士。李殿林協辦大學士。
戊戌。以營私罔利居心狡詐革江海關道蔡乃煌職。
九月辛丑。資政院開院。監國攝政王臨院宣布訓詞。
甲辰。四川定鄉兵變。竄陷雲南中甸。旋被官軍勦平。
丙寅。袁樹勛因病乞休。允之。以張鳴岐署兩廣總督。
十月癸酉。因各省督撫及資政院奏請欽頒憲法。組織內閣。速開國會。命縮改於宣統五年實行開設議院。並先將官制釐訂。預即組織內閣。編訂憲法。並命各省代表即日散歸。
甲戌。派溥倫載澤充纂擬憲法大臣。
己卯。以程允和爲長江水師提督。並命雲南提督張勳接統駐紮江南浦口各營。
十一月癸卯。改籌辦海軍處爲海軍部。以爲載洵海軍大臣。譚學衡爲副大臣。
裁撤陸軍部尚書侍郎等缺。設陸軍大臣副大臣各一員。以廕昌爲陸軍大臣。壽勳爲副大臣。
乙巳。派薩鎮冰統制巡洋長江艦隊。

丁巳。奕劻奏請開去軍機大臣要差。不許。同日資政院奏劾軍機大臣。命毋庸議。

癸亥。命民政部步軍統領衙門將東三省要求速開國會代表。送回原籍。並命各督撫開導彈壓。如有違抗。查拏嚴辦。

乙丑。奕劻奏懇開去軍機大臣等差。溫諭慰留。

十二月丙子。唐紹怡因病乞休。允之。以盛宣懷爲郵傳部尚書。

雲南大姚縣人民暴動。縣城失守。旋爲官軍勦平。

辛巳。資政院閉會。

癸未。派錫良陳夔龍張人駿瑞澂李經羲參訂外省官制。

乙未。頒布新刑律暨暫行章程。

派載振爲賀英君加冕專使。

戊戌。頒布宣統三年預算案。並命如實有窒礙難行之處。准由京外各衙門逕行具奏。候旨辦理。

廷杰卒。以紹昌爲法部尚書。

宣統三年辛亥。正月乙巳。因英兵佔踞片馬。命駐英大臣請英政府撤兵。中英滇緬界務。久未解決。上年秋間。英派兵駐片馬。雲貴總督及雲南紳民屢請力爭。外務部命駐英使臣劉玉麟速與英政府交涉。

辛酉。因東三省鼠疫流行。命設法消弭。
乙丑。申諭各省停止刑訊。
二月乙亥。四川德格春科高日三土司改流。設邊北道登科府等官。並改巴塘打箭鑪爲巴安康定二府。設康安道。
丙戌。裁撤駐藏幫辦大臣。改設左右參贊。
辛卯。以溥倫爲農工商部尚書。溥頲爲熱河都統。
以世續充資政院總裁。李家駒充副總裁。世續奏辭。不許。
以劉若曾充修訂法律大臣。
癸巳。郵傳部尚書盛宣懷奏借日本正金銀行款一千萬元。訂立合同。
三月癸卯。頒全國軍隊訓諭六條。
戊申。署廣州將軍孚琦被刺。孚琦至城外觀飛艇。爲溫生才槍斃。
甲寅。簡授張鳴岐兩廣總督。
乙卯。度支部尚書載澤奏借英美德法四國銀行款一千萬鎊合同簽押。
庚申。錫良因病乞休。允之。調趙爾巽爲東三省總督。

辛酉。以趙爾豐署四川總督。王人文充督辦川滇邊務大臣。
丁卯。黃興等起事於廣州。燬總督衙門。被官軍擊退。死者七十二人。興走還香港。
四月癸酉。江蘇諮議局與兩江總督張人駿爭預算案。全體議員辭職。
甲戌。宣布因改定幣制振興實業。借英美德法四國及日本銀行款。並命該管衙門竭力慎節。不得移作別用。
戊寅。頒布內閣官制。設立內閣。以奕劻爲總理大臣。那桐徐世昌爲協理大臣。梁敦彥爲外務大臣。善耆爲民政大臣。載澤爲度支大臣。唐景崇爲學務大臣。蔭昌爲陸軍大臣。載洵爲海軍大臣。紹昌爲司法大臣。溥倫爲農工商大臣。盛宣懷爲郵傳大臣。壽耆爲理藩大臣。均爲國務大臣。
裁撤內閣軍機處會議政務處。舊設內閣大學士協辦大學士。仍序次於翰林院。
設立弼德院。以陸潤庠爲院長。榮慶爲副院長。
設立軍諮府。以載濤毓朗爲軍諮大臣。
添派趙爾巽會同商訂外省官制。
己卯。因外務部與英使續訂禁煙條件。飭各省督撫迅將禁種禁吸禁運各事認眞整頓。
宣示鐵路政策。幹路均歸國有。枝路准商民量力酌行。從前批准鐵路各案。一律取銷。如有抵抗。即照違制論。
庚辰。召集資政院第二次常會。
丁亥。資政院奏請開臨時會議決借款預算兩事。不許。
戊子。以端方充督辦粵漢川漢鐵路大臣。
以本年秋季調集禁衞軍及近畿各鎮陸軍在永平府大操。派馮國璋充東軍總統官。舒清阿充西軍總統官。
壬辰。命停止四川湖南兩省鐵路租股。旋又允湖南京官奏請。停止因路抽收之米鹽捐及房捐。
五月辛丑。湖南巡撫楊文鼎代諮議局奏稱湘路力能自辦。不甘借債。奉旨嚴行申飭。
癸卯。署四川總督王人文代諮議局奏稱鐵路改爲國有。請飭暫緩接收。奉旨嚴行申飭。
戊午。宣布川粵漢鐵路收回詳細辦法。
甲子。頒布內閣屬官制暨內閣法制院官制。裁撤憲政編查館吏部等衙門。
六月丁卯。改訂資政院院章。旋卽改定頒行。
丙子。都察院代奏直省諮議局議員請另行組織內閣。不許。時人民以皇族組織內閣。不合君主立憲公例。由諮議局議員呈請都察院代奏。奉旨以黜陟百司。係君上大權。議員不得干預。不許。

辛巳。皇太后因皇帝七月內在毓慶宮入學讀書。派陸潤庠陳寶琛授讀。並派伊克坦教習國語清文。
以榮慶充弼德院院長。鄒嘉來充副院長。
辛卯。以禮部改設典禮院。以李殿林爲掌院學士。
閏六月己酉。頒行廣東禁賭條例。
壬子。因永平秋操。派載濤代臨總監兩軍。
癸丑。命溥倫載澤會同宗人府纂擬皇室大典。
丁巳。調鳳山爲廣州將軍。以壽耆爲荊州將軍。
調善耆爲理藩大臣。以桂春署民政大臣。
廣東水師提督李準被刺受傷。傳旨慰問。
辛酉。命裁各省府治首縣。設立地方審判廳。
七月乙酉。命趙爾豐勸辦四川爭路人民。本月初。四川鐵路公司股東開保路大會。決議罷市。學堂亦停課。商民供德宗牌位舉哀。將軍玉崑總督趙爾豐等聯名奏請川路暫歸商辦。政府不允。端方奏劾爾豐庸懦無能。朝旨命端方自湖北帶兵入川查辦。十五日。川人舉代表詣督署求阻端方兵。爾豐允爲代奏。旣而知朝意不欲轉圜。遂誘保路會會長鄧孝可、股東會會長顏楷、張瀾、及諮議局議長蒲殿俊、羅綸等。

入署拘禁。人民相率至督署哀求釋放。統領田徵葵命官兵開槍。擊斃多人。及電奏至京。朝廷命爾豐嚴飭新舊各軍相機勦辦。時近省各縣民團多爲官兵焚殺。死者甚衆。

戊子。命岑春煊前往四川。會同趙爾豐辦理勦撫事宜。春煊至武昌。與瑞澂議不合。稱病乞歸。會趙爾豐奏勦辦得手。朝旨許春煊還上海。

己丑。攝政王校閱禁衛軍。

八月丙申。稅務總司英人赫德卒。贈太子太保銜。

壬寅。奕劻奏請開去差缺。溫諭慰留。

庚戌。改鹽政處爲鹽政院。以載澤兼任鹽政院大臣。

癸丑。以接收湖北境內粤漢川漢鐵路。辦理迅速。瑞澂等傳旨嘉獎。

武昌民軍起。推第二十一混成協協統黎元洪爲都督。瑞澂遁。武昌漢陽及漢口鎮俱爲民軍所佔領。初、革命黨定期十八夜起事。先爲總督瑞澂統制張彪等偵知。捕獲數十人。十八夜。斬劉汝夔楊宏勝彭楚藩三人於督署前。電奏到京。朝旨嘉獎。十九夜。工程營起事。先奪楚望台軍械局。輜重營縱火攻督署。瑞澂倉皇登楚豫兵輪。張彪亦棄營遁。民軍遂佔武昌。分兵下漢陽漢口及兵工廠。推黎元洪爲都督。二十一日。朝命蔭昌督兵兩鎮前往湖北。薩鎮冰督兵艦程允和督長江水師赴援。革瑞澂張彪職。仍令瑞澂署總督。帶罪圖功。並停止秋操。又命各省緩裁綠營巡防隊。
丁巳。以袁世凱爲湖廣總督。岑春煊爲四川總督。均督辦勦撫事宜。
戊午。撤去王人文川滇邊務大臣。以趙爾豐代之。又以端方署四川總督。
九月乙丑。資政院開院。派世鐸代臨行開院禮。
湖南長沙民軍起。推焦昰爲都督。陳作新爲副都督。防營統領總兵黃忠浩死之。
丙寅。江西九江民軍起。推標統馬毓寶爲都督。
丁卯。陝西西安民軍起。推張鳳翽爲都督。
戊辰。廣州將軍鳳山被刺。鳳山到粵甫登岸。至大南門外。爲炸彈轟斃。
己巳。以違法行私貽誤大局革郵傳大臣盛宣懷職。以唐紹怡代之。
命趙爾豐釋放因爭路被捕士紳。並將王人文趙爾豐交內閣議處。道員田徵葵等革職遣戍有差。
貴州貴陽民軍起。推楊柏舟爲都督。
庚午。授袁世凱欽差大臣。節制各軍。以馮國璋總統第一軍。段祺瑞總統第二軍。召廕昌回京。
辛未。湖北民軍退出漢口。
壬申。山西太原民軍起。推協統閻錫山爲都督。巡撫陸鍾琦闔家死之。

瑞澂潛逃至上海。命張人駿派員拏解來京治罪。
癸酉。下詔罪己。
資政院奏請取消內閣暫行章程。不以親貴充國務大臣。允之。並允將憲法交資政院協贊。
諭開黨禁。
雲南省城民軍起。推蔡鍔爲都督。統制鍾麟同布政使世增死之。
世續因病請開資政院總裁缺。允之。以李家駒爲資政院總裁。達壽爲副總裁。
以趙秉鈞署民政大臣。命桂春回倉場侍郎本任。
甲戌。江西南昌民軍起。推協統吳介璋爲都督。巡撫馮汝騤死之。
乙亥。以袁世凱爲內閣總理大臣。時奕劻載澤鄒嘉來等均自請罷斥。允之。命袁世凱組織內閣。以魏光燾爲湖廣總督。士王珍先行署理。
載濤罷。以廕昌爲軍諮大臣。
以奕劻爲弼德院院長。
長沙兵變。殺焦昱陳作新。推譚延闓爲都督。
丁丑。頒布憲法信條。擇期宣示太廟。先是、第二十鎮由奉天調赴前敵。至灤州。統制張紹曾與混成協統藍天蔚等。電奏要求實行立憲。並憲法由議院制定。奏入。政府大驚。卽命資政院起草憲法。是日、先行擬定憲法內重大信條十九條入奏。卽命頒布。刊刻謄黃宣示天下。

戊寅。命統兵大員。剴切布告。宣布朝廷德意。妥速安撫。俾皆曉然於朝廷實心與民更始。不忍再以兵力從事。又命各省統兵大員申明紀律。

庚辰。賞張紹曾侍郞銜。授爲宣撫大臣。赴長江一帶。宣布朝廷德意。

己卯。浙江杭州民軍起。推湯壽潛爲都督。

江蘇蘇州民軍起。推巡撫程德全爲都督。時江蘇之上海。亦先二日爲民軍佔領。推陳其美爲都督。

庚辰。署山西巡撫吳祿貞在石家莊被刺。祿貞任第六鎭統制。先與張紹曾等要求實行立憲。旋命署山西巡撫。是夜在石家莊被刺。

釋汪兆銘等。

辛巳。廣西桂林民軍起。推巡撫沈秉堃爲都督。

壬午。安徽安慶民軍起。推巡撫朱家寶爲都督。

癸未。廣東廣州民軍起。推湖漢民爲都督。

福建福州民軍起。推統制孫道仁爲都督。總督松壽將軍樸壽死之。

任命袁世凱爲內閣總理大臣。資政院遵照憲法信條。選舉袁世凱爲總理大臣。故重行任命。海軍各艦歸附民軍。

甲申。以世續爲總管內務府大臣。

乙酉。毓朗罷。以徐世昌爲軍諮大臣。旋又命充訓練禁衞軍大臣。

山東省城紳士奏請獨立。推巡撫孫寶琦爲都督。

蘇浙滬民軍會攻南京。推徐紹楨爲聯軍總司令。時南京民軍謀起事。爲兩江總督張人駿南江提督張勳所持。第九鎭與防軍開戰。挫於秣陵關。統制徐紹楨退至鎭江。蘇浙滬各派兵會之。

桂林兵變。改舉陸榮廷爲都督。

奉天省城設保會安。奉天紳民謀獨立。因軍界不贊成。乃改設保安會。推總督趙爾巽爲正會長。旋吉林黑龍江兩省亦設保安會。各推巡撫爲會長。

丙戌。江西改舉彭程萬爲都督。

丁亥。命近畿各鎭及各路軍隊。並姜桂題所部。均歸袁世凱節制調遣。

戊子。派張謇等爲各省宣慰使。

命每省選派代表三五人來京。公同會議。以定國是。

王士珍因病請開去署任。允之。以段芝貴護理湖廣總督。

己丑。安慶兵變。朱家寶出走。

庚寅。袁世凱組織內閣成。世凱既奉任命。屢辭不許。是日入閣辦事。薦舉梁敦彥爲外務大臣。趙秉鈞爲民政大臣。嚴修爲度支大臣。唐景崇爲學務大臣。王士珍爲陸軍大臣。薩鎮冰爲海軍大臣。沈家本爲司法大臣。張謇爲農工商大臣。楊士琦爲郵傳大臣。達壽爲理藩大臣。並以胡維德等爲各部次官。

辛卯。以段祺瑞署理湖廣總督。

以升允署理陝西巡撫。督辦陝西軍務。

十月辛丑。四川成都民軍起。推蒲殿俊爲都督。

官軍復克漢陽。時官軍與民軍壘有戰爭、至是漢陽復爲官軍所得。民軍退守武昌。

壬寅。以克復漢陽功。賞馮國璋二等男爵。

端方至資州。爲軍士所殺。端方入川。聞湖北民軍起。謀北走陝西。所帶湖北軍士斬其首還鄂。

癸卯。各省民軍政府舉伍廷芳爲外交總長。

甲辰。各省民軍政府公推鄂軍政府爲中央軍政府。

山東取銷獨立。袁世凱派張廣建吳炳湘至濟南。命署布政使及巡警道。聯合陸軍統制吳鼎元等取銷獨立。旋以廣建代孫寶琦爲巡撫。
乙巳。外蒙古庫倫宣告獨立。逐辦事大臣三多。
丙午。民軍攻取南京。張人駿等出走。
丁未。民軍推程德全改任江蘇都督。移駐南京。
河南巡撫寶棻開缺。以齊耀琳代之。以倪嗣沖爲河南布政使。幫辦軍務。尋又命兼署安徽布政使。
武漢南北兩軍議和。停戰三日。嗣又展期三日。
庚戌。監國攝政王載灃以醇親王退歸藩邸。
以世續徐世昌爲太保。
辛亥。命臣民自由翦髮。
壬子。袁世凱委任唐紹怡爲全權代表。與民軍議和。
以馮國璋爲察哈爾都統。
江西改舉馬毓寶爲都督。
四川成都兵變。改舉尹昌衡爲都督。
癸丑。以馮國璋充禁衛軍總統官。

以良弼爲軍諮使。
壬戌。唐紹怡與民軍議和代表伍廷芳等會議於上海英租界之市政廳。時又展停戰期十五日。嗣又展期七日。
山西巡撫張錫鑾帶兵至太原。時民軍山西都督閻錫山因兵單退駐平陽府。
十一月丙寅。四川成都民軍殺前川督趙爾豐。
安徽舉孫毓筠爲都督。
戊辰。廣東舉副都督陳炯明代理都督。時孫文歸國過香港。胡漢民從之至上海。
壬申。命開臨時國會。公決政體。時南北議和代表。因所主張政體不同情形。電達內閣。故降諭召集臨時國會。付之公決。而命內閣迅將選舉法妥議施行。
癸酉。各省民軍代表選舉孫文爲臨時大總統。時孫文甫自海外回國。十七省代表在南京投票公舉之。
丙子。中華民國臨時大總統孫文在南京就任。改用陽曆。以是日爲民國元年元旦。
江蘇舉莊蘊寬代理都督。時程德全因病不能視事。故舉蘊寬代理。移駐蘇州。
丁丑。袁世凱撤銷唐紹怡議和代表。紹怡與伍廷芳等在上海議定國民會議召集方法。電達北京。袁世凱不允承認。唐辭職。允之。世凱致伍廷芳電。謂嗣後應商事件。直接電商。

戊寅。民國各省代表選舉黎元洪爲副總統。

民國臨時政府成立。黄興爲陸軍總長。黄鍾瑛爲海軍總長。伍廷芳爲司法總長。陳錦濤爲財政總長。王寵惠爲外交總長。程德全爲內務總長。蔡元培爲教育總長。張謇爲實業總長。湯壽潛爲交通總長。

壬午。伊犂民軍起。推前任將軍廣福爲都督。將軍志銳死之。

辛卯。袁世凱途遇炸彈。未傷。

十二月辛丑。錫封袁世凱一等侯爵。世凱固辭不受。

李家駒開缺。以許鼎霖充資政院總裁。

己酉。陳夔龍賞假。以張鎭芳署理直隸總督。

丁未。軍諮使良弼被刺。良弼爲民黨彭家珍炸折一足。越二日死。

授袁世凱全權。與民軍商酌遜位條件。時段祺瑞等電請速定共和國體。隆裕皇太后諭。朝廷何忍以一姓之尊榮。貽萬民以實禍。惟是宗廟陵寢以及皇室之優禮。皇族之安全。八旗之生計。蒙古回藏之待遇。均應預爲籌畫。故授世凱全權。與民軍研究一切辦法。

戊午。隆裕皇太后下詔率皇帝將統治權公諸全國。清亡。袁世凱與民國議和代表議定優待皇室八條。待遇皇族四條。待遇滿蒙回藏七條。隆裕皇太后屢召皇室會議。至是、決定下詔辭位。清自順治元年至宣統三年。凡二百六十八年。

清史綱要勘誤表

頁數	行數	誤	正
一九	六	騰蛟	騰「蛟」
八六	二	之昭	「以」昭
八八	七	到部	「刑」部
九八	一一	搆蓬舍	「構」蓬舍
二二〇	四	總管	總「督」
三一三	一三	遺官	「遣」官
四二七	一一	出車	出「身」
四四〇	一二	俞辦理	「命」辦理
四五二	九	一貝勒	一「等」貝勒
四五七	二	太常事卿	太常「寺」卿
三七	三	順冶	順「治」
八七	一	王郡	「郡王」
九八	二	遺兵	「遣」兵
二一五	一〇	曾同	「會」同
二七〇	二	慱恆	「傅」恆
三五一	一二	辦辦	「協」辦
四三八	一〇	左棠宗	左「宗棠」
四四五	一四	同文語	同文「館」
四五二	九	官文	「文官」
四七六	二	在典刑	「正」典刑

四七六	二	刺聽	「刺」聽
五四二	一一	事詹府	「詹事」府
五五七	二	入京	「入」京
六〇五	一三	湖漢民	「胡」漢民
六〇六	九	保會安	保「安會」
四九五	一一	有羞	有「差」
五五三	一三	義和拳	義和「團」
六〇四	一〇	士王珍	「王士」珍
六〇六	六	南江	「江南」

四二六六上

中華民國二年一月初版
中華民國二十三年十月國難後第一版

清史綱要 上下冊

每冊實價國幣壹元陸角

編輯者 吳曾祺

發行兼印刷者 商務印書館

發行所 商務印書館 上海及各埠

（本書校對者印頌文）